Günther Pokrant/Andreas Gran

Transport- und Logistikrecht

RWS-Skript 61

Transport- und Logistikrecht

Höchstrichterliche Rechtsprechung
und Vertragsgestaltung

10., neu bearbeitete Auflage

2013

von

RiBGH Günther Pokrant

RA Dr. Andreas Gran, LL.M.

FA f. Transport- und Speditionsrecht/FA f. Versicherungsrecht

RWS

RWS Verlag Kommunikationsforum GmbH · Köln

Die Deutsche Bibliothek verzeichnet diese Publikation in der Deutschen Nationalbibliografie; detaillierte bibliografische Daten sind im Internet über http://dnb.d-nb.de abrufbar.

© 2013 RWS Verlag Kommunikationsforum GmbH
Postfach 27 01 25, 50508 Köln
E-Mail: info@rws-verlag.de, Internet: http://www.rws-verlag.de

Satz und Datenverarbeitung: SEUME Publishing Services GmbH, Erfurt
Druck und Verarbeitung: Hundt Druck GmbH, Köln

Vorwort zur 10. Auflage

Für die Neuauflage ist der Teil A (Höchstrichterliche Rechtsprechung zum Gütertransportrecht) von Günther Pokrant umfassend überarbeitet und auf den neuesten Stand gebracht worden. Seit dem Erscheinen der Vorauflage hat der I. Zivilsenat des Bundesgerichtshofs im Zeitraum von Oktober 2008 bis Oktober 2012 insgesamt 49 veröffentlichte Entscheidungen auf dem zu seiner Zuständigkeit gehörenden Gebiet des Fracht-, Speditions- und Lagerrechts erlassen. Davon sind 47 Urteile und Beschlüsse in diese Auflage eingearbeitet worden. Vor allem Entscheidungen zum Montrealer Übereinkommen, die es zum Zeitpunkt des Erscheinens der Vorauflage vom BGH noch nicht gab, sind jetzt ausführlich dargestellt worden.

In den von Andreas Gran aktualisierten Teil B (Vertragsgestaltung) ist vor allem die seit der Vorauflage erschienene einschlägige Literatur zum Transport- und Logistikrecht eingearbeitet worden.

Karlsruhe und Frankfurt am Main, im Februar 2013

Günther Pokrant
Dr. Andreas Gran

V

Inhaltsverzeichnis

	Rn.	Seite

Vorwort zur 10. Auflage V

Literaturverzeichnis XIX

Teil A Höchstrichterliche Rechtsprechung zum
    Gütertransportrecht 1 1

I.   Einleitung 1 1

II.   Nationaler Straßengüterverkehr 4 2
    1.   Zustandekommen eines Frachtvertrags bei Einlieferung
         von sog. Verbotsgut 4 2
    2.   Einbeziehung der AGB des Speditionsunternehmens in
         den Speditionsvertrag 9 3
         a)   ADSp 9 3
         b)   Auftragserteilung per Internet 11 4
    3.   Aktivlegitimation des klagenden Transportversicherers 12 4
         a)   Anspruchsberechtigung aus abgetretenem Recht
              des Versicherungsnehmers 12 4
         b)   Führungsklausel im Versicherungsvertrag 14 5
    4.   Drittschadensliquidation 15 5
    5.   Haftung des Spediteurs/Frachtführers bei Verlust von
         Transportgut 23 7
         a)   § 425 Abs. 1 HGB: Beginn des Haftungszeitraums 23 7
         b)   Darlegungs- und Beweislast im Rahmen von
              § 435 HGB 26 8
         c)   Einlassungsobliegenheit des Spediteurs/
              Frachtführers im Allgemeinen 28 8
         d)   Einlassungsobliegenheit des Spediteurs/
              Frachtführers im Einzelnen 32 10
              aa)   Vortrag zur Lagerorganisation 32 10
              bb)   Vortrag zu Kontrollen fremder
                   Unternehmen 34 10
              cc)   Vortrag zur Behandlung des verloren
                   gegangenen Gutes nach dessen Eingang im
                   Lager 35 11
              dd)   Vortrag zum Ablauf von Ein- und Ausgangs-
                   kontrollen 36 11
              ee)   Vortrag zu Sicherheits- und Kontroll-
                   maßnahmen beim Umverpacken von Ware 37 11
              ff)   Beweislast für den vom Spediteur/
                   Frachtführer zu haltenden Vortrag 38 11

		Rn.	Seite

gg) Fehlender Sachvortrag des Spediteurs/
Frachtführers bei völlig ungeklärtem
Schadenshergang 41 13

hh) Einlassungsobliegenheit von Paketdienst-
unternehmen 43 13

e) Sorgfaltspflichten des Spediteurs/Frachtführers 44 14

aa) Erfordernis von durchgängigen Schnittstellen-
kontrollen 45 14

(1) Stichprobenartige Ein- und Ausgangs-
kontrollen 47 15

(2) Dokumentationsverzicht 48 15

(3) Verzicht auf Schnittstellenkontrollen
in AGB des Spediteurs/Frachtführers 53 16

(4) Entbehrlichkeit von Schnittstellenkontrollen bei der Beförderung von
Briefen/briefähnlichen Sendungen 56 17

bb) Geringe Schadensquote 61 17

cc) Erfordernis von Schutzvorkehrungen gegen
Diebstahl des Frachtgutes 62 18

dd) Verstoß gegen vertraglich vereinbarte
Sicherungsmaßnahmen 64 19

ee) Unzureichende Dokumentation des Frachtführers zu angestellten Schadensrecherchen 65 19

ff) Fehlen der Voraussetzungen für § 435 HGB 67 19

f) Voraussetzungen für das Vorliegen einer bewussten
Leichtfertigkeit i. S. v. § 435 HGB 69 20

g) Schadensnachweis 72 23

aa) Vorhandensein einer Übernahmequittung 73 23

bb) Beweis der Übergabe des Transportgutes bei
Vereinbarung des EDI-Verfahrens 75 23

cc) Teilregulierung des Spediteurs/Frachtführers 80 25

dd) Beweis des Inhalts und Werts einer Sendung ... 82 25

ee) Eigentumsvermutung gemäß
§ 1006 Abs. 1 BGB 88 27

ff) Bemessung des gemeinen Handelswertes
(§ 430 HGB) 91 27

gg) Schadensersatz bei Verlust von vertretbaren
Sachen 94 28

h) Mitverschulden des Warenversenders 95 28

aa) Unterlassene Wertdeklaration 96 29

(1) Entstehung eines Selbstwiderspruchs
beim Versender 96 29

(2) Kennenmüssen des Versenders 98 29

(3) Mitverschuldenseinwand und
CMR-Haftungsregime 101 30

		Rn.	Seite
(4)	Mitverschuldenseinwand bei qualifiziertem Verschulden (§ 435 HGB)	102	31
(5)	Fortgeltung der Rechtsprechung zu § 254 BGB im Rahmen von § 425 Abs. 2 HGB	104	31
bb)	Unterlassener Hinweis auf die Gefahr eines ungewöhnlich hohen Schadens	105	32
(1)	Grundlage für die Mithaftung des Geschädigten	105	32
(2)	Rechtzeitigkeit des Hinweises	109	32
(3)	Anwendung im Rahmen des CMR-Haftungsregimes	110	33
(4)	Voraussetzungen für die Annahme eines ungewöhnlich hohen Schadens	111	33
cc)	Beauftragung eines Transportunternehmens mit mangelhafter Betriebsorganisation	116	34
(1)	Kenntnis und Billigung der Betriebsorganisation	117	35
(2)	Grundsatz: Alleinige Verantwortung des Unternehmers	118	35
(3)	Beauftragung eines anderen Unternehmers	119	35
(4)	Aufrechterhaltung der Geschäftsbeziehung trotz behaupteter grober Organisationsmängel in Vorprozessen	121	36
(5)	Geringe Schadensquote	123	37
(6)	Fortsetzung der Geschäftsbeziehung nach Schadensentstehung	124	37
dd)	Kausalität der unterlassenen Wertangabe für den eingetretenen Schaden	126	37
(1)	Grundsatz	126	37
(2)	Kausalitätserfordernis	131	38
(3)	EDI-Verfahren	134	39
(4)	Kenntnis des Unternehmensgegenstandes des Warenversenders	139	40
(5)	Nachnahmesendungen	142	41
(6)	Angabe des Wertes in Versandlisten	144	41
ee)	Haftungsabwägung	145	42
6.	Haftung des Spediteurs/Frachtführers bei Beschädigung von Transportgut	146	45
a)	Einlassungsobliegenheit des Spediteurs/Frachtführers	146	45
aa)	Grundsatz	146	45
bb)	Verladungsfehler des Spediteurs/Frachtführers	150	46

			Rn.	Seite
b)		Darlegungslast des Anspruchstellers	154	47
c)		Sachschaden bei Vorliegen eines bloßen Schadensverdachts	157	47
d)		Haftung des Spediteurs/Frachtführers für sog. Folgeschäden	159	48
7.		Verjährungsfragen	165	49
	a)	§ 439 Abs. 1 HGB	165	49
		aa) Übergangsregelung	165	49
		bb) Verlängerung der Verjährungsfrist	168	49
		cc) Von § 439 Abs. 1 HGB erfasste Ansprüche	171	50
	b)	Verhältnis von § 439 Abs. 3 HGB zu § 203 BGB	172	52
	c)	Unterbrechung der Verjährung durch Einleitung eines Mahnverfahrens	175	53
	d)	Hemmung der Verjährung gemäß § 439 Abs. 3 Satz 1 HGB	177	54
	e)	Hemmung der Verjährung gemäß § 204 Abs. 1 Nr. 1 BGB	179	54
	f)	Verjährungsbeginn gemäß § 439 Abs. 2 Satz 3 HGB	180	54
8.		Weitere Entscheidungen zum nationalen Straßengüterverkehr und zum Lagerrecht	183	55
	a)	Beendigung der Frachtführerhaftung des Sammelladungsspediteurs (§ 460 Abs. 2 HGB)	183	55
	b)	Verpflichtung des Frachtgutempfängers zur Frachtzahlung (§ 421 Abs. 2 HGB)	186	56
	c)	Anspruch des Unterfrachtführers auf Standgeld (§ 421 Abs. 3 HGB)	188	56
	d)	Pfandrecht des Lagerhalters (§ 421 HGB a. F. = § 475b HGB n. F.)	192	57
	e)	Wirkung eines Erlassvertrages	195	57
	f)	Auftragserteilung an einen Konzern (§§ 133, 157 BGB)	197	58
	g)	Haftungsbegrenzung gemäß Nr. 24 ADSp (Fassung 1998)	198	59
	h)	Forderungsabtretung zu Sicherungszwecken	202	59
	i)	Einbeziehung mehrerer Klauselwerke in einen Vertrag	205	60
	j)	Anspruch auf Zusatzvergütung gemäß § 420 Abs. 3 HGB	206	60
	k)	Aufrechnung gegenüber Ansprüchen des Spediteurs/Frachtführers	212	62
		aa) Nr. 19 ADSp (Fassung 1999)	212	62
		bb) Nr. 27 ADSp (Fassung 1999)	215	62
		cc) Aufrechnung mit einer verjährten Gegenforderung	217	63

		Rn.	Seite

dd) Aufrechnung bei Vorliegen eines Treuhandverhältnisses 219 63

l) Haftung des Kommissionärs (§ 390 Abs. 1 HGB) ... 221 63

m) Übernahme der Verladepflicht durch den Frachtführer (§ 412 Abs. 1 HGB) 223 64

n) Anwendungsbereich des § 454 Abs. 2 HGB 226 65

   aa) Verpackung des Gutes durch Spediteur 226 65

   bb) Schlechterfüllung einer speditionellen Nebenpflicht 229 65

o) Ersatzfähigkeit von Kosten für die Feststellung von Schadensursachen (Gutachterkosten) 233 66

p) Voraussetzung für einen Direktanspruch gegen den „ausführenden Frachtführer" i. S. v. § 437 Abs. 1 Satz 1 HGB 236 67

q) Direktanspruch des Empfängers gegen den Unterfrachtführer bei Verlust und Beschädigung von Transportgut 237 67

r) Zum Anspruch auf Standgeld aus § 412 Abs. 3 HGB 240 68

s) § 429 Abs. 1 und 2 HGB: Abgrenzung Verlust – Beschädigung von Transportgut 242 68

t) Zum Aufwendungsersatzanspruch aus § 419 Abs. 4 HGB 243 69

u) Pfandrecht des Frachtführers gemäß § 441 HGB ... 244 69

v) Unwirksamkeit einer absoluten Kundenschutzklausel 248 70

9. Haftung der Deutschen Post AG bei einer grenzüberschreitenden Beförderung 249 71

a) § 3 PostG, Art. 34 Nr. 4.1 Weltpostvertrag (WPV) 249 71

b) Art. 26 Nr. 3.1 Postpaketübereinkommen (PPÜ) 1994 ...... 258 73

10. Kontrahierungszwang für die Deutsche Post AG 261 73

11. Prozessuale Fragen 265 74

a) Beweisaufnahme im Ausland 265 74

b) Streitverkündung, Bindungswirkung des Ersturteils 267 75

c) Nebenintervention in der Rechtsmittelinstanz 268 75

d) Gewillkürte Prozessstandschaft 269 76

e) Individualisierung der Klagegründe 270 77

f) Bestimmtheit eines Beweisantrages 272 77

g) Hilfsvorbringen im Rechtsstreit 273 78

h) Erlass eines Grundurteils 274 78

i) Beschränkung der Revisionszulassung auf die Frage der Verjährung 276 78

XI

		Rn.	Seite
j)	Anspruch auf Befreiung von einer Verbindlichkeit	278	79
k)	Kollisionsrecht	280	79
l)	Beweiswirkung des § 314 Satz 1 ZPO	282	80
m)	Voraussetzungen für die Wirksamkeit einer unselbständigen Anschlussrevision	284	80
n)	Keine zwingende Revisionszulassung beim Vorliegen des absoluten Revisionsgrundes gemäß § 547 Nr. 6 ZPO	288	82
o)	Gebot der Unmittelbarkeit einer Beweisaufnahme (§ 355 Abs. 1 ZPO)	291	82
p)	Verpflichtung der Gerichte, entscheidungserhebliches ausländisches Recht von Amts wegen zu ermitteln	294	83

III. Güterbeförderung im multimodalen (kombinierten) Verkehr (§§ 452 ff. HGB) ... 296 ... 83
1. Grundsätze ... 296 ... 83
2. Multimodaler Transport unter Einschluss einer Seestrecke ... 299 ... 84
3. Anwendbarkeit des Vertragsstatuts bei einem multimodalen Transport ... 304 ... 85
4. Inhalt des Begriffs „Verjährung" in § 452b Abs. 2 Satz 2 HGB ... 307 ... 86

IV. Grenzüberschreitender Straßengüterverkehr (CMR) ... 310 ... 87
1. Gesetzliche Grundlagen ... 310 ... 87
2. Geltungsumfang ... 311 ... 87
3. Auslegung ... 312 ... 87
4. Maßgeblichkeit des englischen und französischen Textes (Art. 51 Abs. 3 CMR) ... 316 ... 88
5. Anwendungsbereich ... 318 ... 89
6. Unabdingbarkeit ... 322 ... 90
7. Ergänzend anwendbares nationales Recht ... 324 ... 91
8. Haftung für Bedienstete ... 327 ... 91
9. Frachtbrief ... 328 ... 92
10. Rechte des Empfängers ... 329 ... 94
11. Anspruchsberechtigung ... 338 ... 97
    a) Aktivlegitimation ... 338 ... 97
    b) Doppellegitimation von Absender und Empfänger ... 342 ... 98
    c) Drittschadensliquidation ... 346 ... 99
        aa) Grundsätze ... 346 ... 99
        bb) Obhutspflichten des Frachtführers ... 348 ... 100
        cc) Klage auf Leistung an den Anspruchsinhaber ... 349 ... 101

		Rn.	Seite

12. Passivlegitimation 350 101
13. Verbindlichkeit einer dem Frachtführer erteilten
    Weisung 352 102
14. Wirkung der Leistung eines Transportversicherers 354 103
15. Haftung des CMR-Frachtführers 355 103
    a) Grundlagen/Beweisfragen 355 103
    b) Haftungsbefreiung gemäß Art. 17 Abs. 2 CMR 364 105
       aa) Grundsätze 364 105
       bb) Einzelfälle: 366 106
    c) Besondere Haftungsausschlusstatbestände
       (Art. 17 Abs. 4 CMR) 367 109
    d) Unbeschränkte Haftung des Frachtführers
       nach Art. 29 CMR 371 110
       aa) Bewusste Leichtfertigkeit als dem Vorsatz
           gleichstehendes Verschulden 371 110
       bb) Voraussetzungen der bewussten Leicht-
           fertigkeit als qualifizierte Verschuldensform
           gemäß Art. 29 CMR 373 110
       cc) Bedeutung und Folgen bewusster
           Leichtfertigkeit i. S. d. Art. 29 CMR 376 111
       dd) Gehilfenverschulden 378 112
       ee) Beispielfälle für grobe Fahrlässigkeit 380 113
       ff) Vorliegen einer bewussten Leichtfertigkeit 381 115
       gg) Fehlen eines qualifizierten Verschuldens 382 115
    e) Haftungszeitraum 385 116
    f) Verlust des Gutes 389 117
    g) Nachnahme (Art. 21 CMR) 397 119
    h) Gefährliche Güter (Art. 22 CMR) 400 119
    i) Schadensberechnung bei Verlust
       (Art. 23 Abs. 1 bis 4 CMR) 401 120
    j) Wahlrecht des Geschädigten bei der
       Schadensberechnung im Fall eines qualifizierten
       Verschuldens (Art. 29 CMR) 416 123
    k) Mitverschuldenseinwand des Frachtführers
       (§ 254 Abs. 2 BGB) 419 123
    l) Beschädigung des Transportgutes (Art. 25 CMR) 423 124
    m) Besonderes Lieferungsinteresse (Art. 26 CMR) 427 126
    n) Zinsen (Art. 27 CMR) 428 126
    o) Frachtdokumente (Art. 11 Abs. 1 CMR) 430 126
16. Erlöschen des Schadensersatzanspruchs/Reklamation
    (Art. 30 CMR) 432 127
17. Internationale Zuständigkeit (Art. 31 CMR) 433 128
    a) Regelungsgehalt von Art. 31 Abs. 1 CMR 433 128
    b) Art. 1a CMR-Vertragsgesetz 434 129
    c) Reichweite des Art. 31 Abs. 1 CMR 438 130

		Rn.	Seite
d)	Verhältnis von Art. 31 Abs. 1 CMR zu Art. 20, Art. 57 Abs. 1 EuGVÜ	446	131
e)	Anderweitige Rechtshängigkeit i. S. v. Art. 31 Abs. 2 CMR	451	132
18.	Verjährung (Art. 32 CMR)	458	134
19.	Aufrechnung	471	137
20.	Vertragliches Aufrechnungsverbot	472	137
21.	Aufeinanderfolgender Frachtführer (Art. 34 ff. CMR)	473	138
22.	Keine Unwirksamkeit einer Verbotsgutklausel wegen Verstoßes gegen Art. 41 Abs. 1 CMR	479	139
23.	Anwendung der Ausnahmebestimmung des Art. 2 Abs. 1 Satz 2 CMR	480	140
V.	Seefrachtrechtliche Entscheidungen	486	141
1.	Multimodaler Transport unter Einschluss einer Seestrecke	486	141
a)	Anwendbares Recht	486	141
b)	Beendigung der Seestrecke	489	142
c)	Voraussetzungen des § 660 Abs. 3 HGB	490	142
2.	Haftung des Verfrachters gemäß § 559 HGB	498	144
3.	Haftung des Verfrachters gemäß §§ 606, 607 HGB	502	145
a)	Grundsatz	502	145
b)	Haftungsausschluss gemäß § 607 Abs. 2 Satz 1 HGB	503	145
4.	Bindung an eine in einem Konnossement vereinbarte Gerichtsstandsklausel	508	146
5.	Zum Anwendungsbereich des § 625 HGB	509	147
VI.	Güterbeförderung per Luftfracht	511	148
1.	Montrealer Übereinkommen	511	148
2.	Geltung des Montrealer Übereinkommens für die Bundesrepublik Deutschland	516	149
3.	Höchstrichterliche Rechtsprechung zum Warschauer Abkommen (WA 1955)	520	150
a)	Der Luftfrachtvertrag	520	150
b)	Der Luftfrachtbrief nach dem Warschauer Abkommen	524	150
c)	Der Luftfrachtführer	527	151
d)	Der Regelungsbereich des Warschauer Abkommens	530	152
e)	Die Haftung des Luftfrachtführers	533	152
aa)	Multimodaler Transport	533	152
bb)	Haftung nach Art. 12 Abs. 3 WA	538	153
cc)	Haftung nach Art. 18, 19 WA	539	153
dd)	Haftungsbeschränkungen	550	155

			Rn.	Seite
	ee)	Unabdingbarkeit der Haftung (Art. 23 WA)	554	157
	ff)	Unbeschränkte Haftung des Luftfrachtführers (Art. 9, 25 WA)	555	157
	gg)	Schadensanzeige (Art. 26 WA)	560	158
	hh)	Ausschlussfrist für Schadensersatzklagen (Art. 29 WA)	564	159
	ii)	Internationale Zuständigkeit gemäß Art. 28 Abs. 1 WA 1955	576	162
4.		Höchstrichterliche Rechtsprechung zum Montrealer Übereinkommen	578	162
	a)	Einheitlicher Luftbeförderungsvertrag (Art. 1 MÜ)	578	162
	b)	Reichweite der Obhutshaftung des Luftfrachtführers (Art. 18 Abs. 1 und 3 MÜ)	581	163
	c)	Zum Zubringerdienst i. S. v. Art. 18 Abs. 4 Satz 2 MÜ	586	164
	d)	Verteilung der Darlegungs- und Beweislast im Rahmen von Art. 18 Abs. 4 Satz 2 MÜ	587	164
	e)	Persönlicher Anwendungsbereich des Art. 18 Abs. 4 Satz 2 MÜ	591	165
	f)	Haftungserweiterung gemäß Art. 25 MÜ durch ADSp	592	166
Teil B	**Vertragsgestaltung**		597	169
I.	Einleitung		597	169
II.	Vorüberlegungen		610	171
1.	Kaufrechtliche Aspekte		612	171
2.	Vertriebsrechtliche Aspekte		614	172
3.	Gesellschaftsrechtliche Aspekte		615	172
III.	Vertragsanbahnung		617	173
1.	Ausschreibung		618	173
2.	Absichtserklärungen		622	173
IV.	Logistikvertrag		627	174
1.	Vertragsparteien		644	177
2.	Präambel		651	179
3.	Geltungsbereich		656	180
4.	Güter		666	182
5.	Logistikleistungen		669	183
	a)	Lagerung	679	185
	b)	Inventur	692	187
	c)	Fertigung	697	188
	d)	Kommissionierung	703	189

		Rn.	Seite
e)	Transport	708	190
f)	Verpackung	720	193
g)	Paletten und Container	724	194
h)	Verwiegen	729	195
i)	Kennzeichnung	733	195
j)	Verladen und Entladen	738	196
k)	Zollamtliche Abwicklung	748	198
l)	Inkasso	754	199
6.	Pflichtenheft	761	201
7.	Dokumentation	766	202
8.	Bedarfsänderung	772	203
9.	Service Levels und Mängelhaftung	781	205
10.	Überleitung	795	208
11.	Investitionen	804	209
12.	Betriebsübergang	814	212
13.	Exklusivität	824	214
14.	Subunternehmer	833	215
15.	Weisungen	841	217
16.	Vertraulichkeit	848	218
17.	Elektronische Datenverarbeitung	853	219
18.	Genehmigungen und Rechtsvorschriften	856	220
19.	Personaleinsatz	860	221
20.	Werbemaßnahmen	870	223
21.	Kontrollen	874	223
22.	Tätigkeit für Wettbewerber	890	226
23.	Veränderungen beim Auftraggeber	894	227
24.	Vergütung	899	227
a)	Vergütungsbemessung	902	228
b)	Mindestvergütung	913	230
c)	Vergütungsanpassung	916	230
25.	Abrechnung	924	232
a)	Rechnungsstellung	926	232
b)	Aufrechnungsverbot	930	233
c)	Abtretungsverbot	935	234
d)	Pfand- und Zurückbehaltungsrecht	940	234
26.	Haftung des Logistikunternehmers	948	236
a)	Haftung bei Lagerung	963	238
b)	Haftung bei Transporten	979	241
c)	Haftung bei sonstigen Logistikleistungen	1000	245
27.	Haftung des Auftraggebers	1006	246
28.	Freistellung	1009	247
29.	Vertragsstrafe	1020	249
30.	Versicherung	1027	250
31.	Vertragslaufzeit	1069	255
32.	Kündigung	1082	257

		Rn.	Seite
33.	Rückabwicklung	1097	260
34.	Vorrangregelung	1103	261
35.	Zusammenhang mit anderen Verträgen	1118	264
36.	Kommunikation	1127	266
37.	Schiedsverfahren	1130	266
38.	Gerichtsstand	1135	267
39.	Anwendbares Recht	1138	268
40.	Vertragsanpassung	1148	270
41.	Änderungen und Ergänzungen	1157	272
42.	Unterzeichnung	1159	272
V.	Logistik-AGB	1164	273
1.	Anwendungsbereich	1180	275
2.	Elektronischer Datenaustausch	1192	277
3.	Vertraulichkeit	1196	279
4.	Pflichten des Auftraggebers, Schutz des geistigen Eigentums	1198	279
5.	Pflichten des Auftragnehmers	1199	280
6.	Leistungshindernisse, höhere Gewalt	1202	281
7.	Vertragsanpassung	1203	281
8.	Betriebsübergang	1206	283
9.	Aufrechnung, Zurückbehaltung	1207	283
10.	Pfand- und Zurückbehaltungsrecht, Eigentumsvorbehalt	1208	284
11.	Abnahme, Mängel- und Verzugsanzeige	1214	285
12.	Mängelansprüche des Auftraggebers	1219	286
13.	Sonderkündigungsrecht	1221	287
14.	Haftung	1223	287
15.	Qualifiziertes Verschulden	1229	289
16.	Freistellungsanspruch des Auftragnehmers	1230	289
17.	Verjährung	1231	290
18.	Haftungsversicherung des Auftragnehmers	1232	290
19.	Erfüllungsort, Gerichtsstand, anzuwendendes Recht	1234	291
20.	Schlussbestimmungen	1238	292
Stichwortverzeichnis			295

Literaturverzeichnis

Kommentare, Handbücher, Monographien

Bredow/Seiffert
Incoterms, Kommentar und deutsch/englischer Text der ICC-Incoterms, 2000

Gran
Transportversicherung, in Versicherungsverträge und -management im Unternehmen, Euroforum Verlag, 2006

Gründer
IT-Outsourcing in der Praxis, 2004 (zit.: *Bearbeiter*, in: Gründer)

Heiserich
Logistik – Eine praxisorientierte Einführung, 3. Aufl., 2002

Jung (Hrsg.)
Mergers & Acquisitions in der Logistik, M&A-Prozesse, Finanzierung, Rechtsfragen, Praxisberichte, 2006

Köhler-Frost (Hrsg.)
Outsourcing, Eine strategische Allianz besonderen Typs, 5. Aufl., 2005

Koller
Transportrecht, Kommentar, 7. Aufl., 2010

Lutter
Der Letter of Intent, 3. Aufl., 1998

Müller-Dauppert (Hrsg.)
Logistik-Outsourcing, 2005

Nielsen
Grundlagen des Akkreditivgeschäfts, 3. Aufl., 1989

Palandt
Bürgerliches Gesetzbuch (BGB), Kommentar, 71. Aufl., 2012

Picot
Handbuch Mergers & Acquisitions, 3. Aufl., 2005

Tunn
Lagerrecht/Kontraktlogistik, 2005

Wieske/Salzmann/Kollatz
Logistik-AGB, Kurzkommentar, 2006

Aufsätze

Abele
Versicherung und qualifiziertes Verschulden im Transportversicherungsbereich, TranspR 2004, 152

Abele
Versicherungen im Logistikbereich, TranspR 2005, 383

Abele
Versicherungen der Spedition, TranspR 2006, 62

Abele
Verkehrshaftungsversicherung und laufende Versicherung nach § 210 VVG, TranspR 2009, 60

Andresen
Das inkonnexe Pfandrecht im Transportrecht, TranspR 2004, Sonderbeilage zu Heft 3-2004, V

Bahnsen
AGB-Kontrolle bei Allgemeinen Deutschen Spediteurbedingungen, TranspR 2010, 19

Basedow
Die Tragweite des zwingenden Rechts im neuen deutschen Gütertransportrecht, TranspR 1998, 58

Bergjan
Die Haftung aus c. i. c. beim Letter of Intent nach neuem Schuldrecht, ZIP 2004, 395

Bodis
Das Quotenvorrecht im deutschen und englischen Transportversicherungsrecht – Auswirkungen auf den Regress des Transportversicherers, TranspR 2008, 1

Bodis/Remiorz
Der Frachtzahlungsanspruch gegen den Empfänger nach § 421 Abs. 2 HGB, TranspR 2005, 438

Boecker
Scheinselbständigkeit in der Kraftwagenspedition/KEP-Branche, TranspR 1999, 51

Boecker
Lkw-Ladungsverluste in Europa – Eine Bestandsaufnahme, TranspR 2002, 137

Bracker
ADSp 1998 und Speditionsversicherungen, TranspR 1998, 450

Brandt
Kabotage im europäischen Straßengüterverkehr, TranspR 2011, 1

Bräuer
Das Pfandrecht des Frachtführers in der Krise des Absenders – Erwerb einer insolvenzfesten Rechtsposition, TranspR 2006, 197

Bremke/Gerhard
Die AVB Flusskasko 2008 – Neuerungen und Änderungen im Überblick, TranspR 2008, 297

Brinkmann
Frachtgüterschäden im internationalen Straßen- und Lufttransport – Ein Vergleich der Haftung nach dem Montrealer Übereinkommen und der CMR, TranspR 2006, 146

Brinkmann
Zum Konflikt von Ziff. 27 ADSp und der Haftungsbeschränkung nach dem Montrealer Übereinkommen, TranspR 2010, 216

Burgbacher
Vergaberegeln und Nahverkehr, TranspR 1999, 1

Bydlinski
Multimodaltransport, bekannter Schadensort und § 452d Abs. 3 HGB, TranspR 2009, 389

Czerwenka
Neue Haftungs- und Entschädigungsregelungen in der Schifffahrt – Harmonisierung durch Europarecht, TranspR 2010, 165

Czerwenka
Der Referentenentwurf zur Reform des Seehandelsrechts – Abweichungen vom Sachverständigenbericht, TranspR 2011, 249

Demuth
Abgetretener höherer Ersatzanspruch des vertraglichen Frachtführers gegen den ausführenden Frachtführer in der Hand des Absenders, TranspR 2004, Sonderbeilage zu Heft 3-2004, XII

Drews
Zum anwendbaren Recht beim multimodalen Transport, TranspR 2003, 12

Drews
Der multimodale Transport im historischen Zusammenhang, TranspR 2006, 177

Drews
Der multimodale Transport – eine Bestandsaufnahme, TranspR 2010, 327

Ehlers
Die neuen Güterversicherungsbedingungen 2000 (DTV-Güter 2000), TranspR 2000, 11

Ehlers
Transportversicherung – Güterversicherung – Versicherung politischer Gefahren, TranspR 2006, 7

Ehlers

Auswirkungen der Reform des Versicherungsvertragsgesetzes (VVG) auf das Transportversicherungsrecht, TranspR 2007, 5

Fischer

Ist der Speditionsvertrag ein Güterbeförderungsvertrag im Sinne von Art. 4 Abs. 4 EVÜ/Art. 28 Abs. 4 EGBGB? – Zugleich Erwiderung zu Rugullis, TranspR 2006, 380 ff., TranspR 2007, 145

Flach

Auswirkungen des neuen Versicherungsvertragsrechts auf die Transportversicherungssparten, TranspR 2008, 56

Frantzioch

Das neue Lagerrecht, TranspR 1998, 101

Frantzioch

Vorschläge der Sachverständigengruppe zur Reform des Seehandelsrechts zur Haftung für Güterschäden, 2010, 8

Freise

Versicherungen des gewerblichen Eisenbahnverkehrs, TranspR 2006, 45

Freise

Neue Entwicklungen im Eisenbahnrecht anlässlich des Inkrafttretens des Übereinkommens COTIF 1999, TranspR 2007, 45

Freise

Unimodale transportrechtliche Übereinkommen und multimodale Beförderungen, TranspR 2012, 1

Fremuth

Das Transportrechtsreformgesetz und sein Überleitungsrecht, TranspR 1999, 95

Fremuth

Haftungsbegrenzungen und deren Durchbrechung im allgemeinen deutschen Frachtrecht und nach der CMR, TranspR 2004, 99

Frenz

Fahrerassistenzsysteme im Güterverkehr und Europarecht, TranspR 2003, 50

Fromm

Bußgeldrechtliche Verantwortlichkeit für Ladungsmängel im Schwerlastverkehr, TranspR 2009, 215

Fromm

Zur Annahme von Fahrlässigkeit beim Führen eines Kfz unter Überschreitung des zulässigen Gesamtgewichts, TranspR 2010, 137

Gass

Die Bedeutung der Logistik für Speditionsunternehmen im Rahmen moderner Hersteller-Zulieferbeziehungen, TranspR 2000, 203

Geis
Die Gesetzgebung zum elektronischen Geschäftsverkehr und die Konsequenzen für das Transportgewerbe, TranspR 2002, 89

Gerhard
Die Allgemeinen Deutschen Seeschiffsversicherungsbedingungen 2009 (DTV-ADS 2009) – eine Einführung, TranspR 2011, 67

Gilke
Probleme bei der Vertragsgestaltung aus Sicht eines Logistikdienstleisters, TranspR 2008, 380

Gran
Die Beförderungsbedingungen im Luftfrachtverkehr, TranspR 1999, 173

Gran
Die Logistics Due Diligence, M&A Review 2003, 167

Gran
Die Rechtsprechung zum Transportrecht in den Jahren 2002 bis 2004, NJW 2004, 2064

Gran
Vertragsgestaltung im Logistikbereich, TranspR 2004, 1

Gran
M&A und Outsourcing im Logistikbereich, M&A Review 2005, 427

Gran
Der Einfluss von „Logistik-AGB" auf Konfliktvermeidung und Unternehmenswert, TranspR 2006, 91

Gran
Die Rechtsprechung zum Transportrecht in den Jahren 2005 und 2006, NJW 2007, 564

Gran
Die Rechtsprechung zum Transportrecht im Jahr 2009, NJOZ 2009

Gran
Die Rechtsprechung zum Transportrecht in den Jahren 2010 und 2011, NJW 2012, 35

Gran
Die Rechtsprechung zum Transportrecht im Jahr 2012, NJW 2013

Gran/Meyer-Witting
Unternehmenskäufe im Transportgewerbe, TranspR 2003, 73

Grimme
Der BGH zur Haftung der Deutschen Post AG für Sendungsverluste, TranspR 2006, 339

Haak
Revision der CMR?, TranspR 2006, 325

Hackert
Der neue Schuldnerverzug bei Geldforderungen, TranspR 2000, 442

Hailbronner
Arbeitsgenehmigungserfordernisse für türkische Fernfahrer im grenzüberschreitenden Güterverkehr, TranspR 2004, 393

Hartenstein
Die Bestimmung des Teilstreckenrechts im Multimodaltransportvertrag, TranspR 2005, 9

Hartenstein
Grenzüberschreitende Transporte in der Binnenschifffahrt, TranspR 2007, 385

Hartenstein
Rom I-Entwurf und Rom II-Verordnung: Zur Bedeutung zukünftiger Änderungen im Internationalen Privatrecht für das Seerecht, TranspR 2008, 143

Hartenstein
Das IPR der Schiedsgerichte (§ 1051 ZPO), TranspR 2010, 261

Häußer
Das IPR des Stückgutfrachtvertrages, TranspR 2010, 246

Häusser/Abele
Aktuelle Probleme der Speditionsversicherung, TranspR 2003, 8

Haverkamp
Konditionenempfehlungen und Kartellrecht: Die Allgemeinen Deutschen Spediteurbedingungen, TranspR 1999, 217

Herber
Besondere Problembereiche des neuen Transportrechts: Anwendungsbereich, ADSp-Einbeziehung und Multimodalvertrag, TranspR 1999, 89

Herber
Haftungsbegrenzungen und deren Durchbrechung im deutschen und internationalen Transportrecht – Überblick über die gesetzlichen Regelungen in Deutschland und in internationalen Übereinkommen, TranspR 2004, 93

Herber
Nochmals: Multimodalvertrag, Güterumschlag und anwendbares Recht, TranspR 2005, 59

Herber
Neue Entwicklungen im Recht des Multimodaltransports, TranspR 2006, 435

Herber
Reform des Seehandelsrechts – Anlass zur Überprüfung auch des Multimodalfrachtrechts, TranspR 2010, 85

Herber
Dreijährige Verjährung von Primäransprüchen nach § 439 Abs. 1 Satz 2 HGB?, TranspR 2010, 357

Herzog
Einbeziehung der ADSp in den Verkehrsvertrag, TranspR 2001, 244

Heuer
Die Allgemeinen Deutschen Spediteurbedingungen nach dem Ableben der Speditionsversicherung gemäß Ziff. 29 ADSp, TranspR 2003, 1

Heuer
Haftungsbegrenzungen und deren Durchbrechung nach den ADSp 2003, TranspR 2004, 114

Heuer
Die Grenzen der Versicherungspflicht nach § 7a GüKG und des Schutzes des Dritten gemäß § 158c VVG, TranspR 2004, 454

Heuer
Versicherungen des gewerblichen Straßengüterverkehrs, TranspR 2006, 22

Heuer
Brauchen wir Logistik-AGB für die Spedition?, TranspR 2006, 89

Heuer
Die Haftung des Spediteurs und des Lagerhalters als „Großrisiko" i. S. des § 187 VVG, TranspR 2007, 55

Jaegers
Zum Inkrafttreten der CMNI, TranspR 2007, 141

Jessen
Die Auslieferung von Gütern ohne Vorlage eines Konnossements – Neue Empfehlungen für die Praxis bei der Verwendung des „Letter of Indemnity", TranspR 2011, 405

Jochum
Neuigkeiten aus der europäischen Verkehrspolitik: Die Einführung von „EU-Fahrerlizenzen", TranspR 2001, 145

Knorre
Zur Haftung des ausführenden Frachtführers nach § 437 HGB, TranspR 1999, 99

Knorre
Zur Problematik des Palettentausches, TranspR 2001, 1

Knorre
Änderungen im Bereich des GüKG seit der Transportrechtsreform zum 1.7.1998 und ihre Auswirkungen auf die Praxis, TranspR 2001, 436

Knorre
Zur Versicherungspflicht der Transportunternehmer für innerdeutsche Transporte, TranspR 2004, Sonderbeilage zu Heft 3-2004, XXI

Knorre

Zur Novellierung des GüKG im Jahre 2004, TranspR 2005, 152

Knorre

Der neue § 7a GüKG und seine Auswirkungen auf die Verkehrshaftungsversicherung, TranspR 2006, 228

Knorre

Der Einwand des Mitverschuldens bei Ladungsverkehren, TranspR 2007, 393

Knorre

Zur Anwendbarkeit der für Paketdienstfälle entwickelten Grundsätze zum Mitverschulden des Auftraggebers auf Ladungsverkehre, TranspR 2008, 162

Knorre

Neue Entwicklungen im Güterkraftverkehrsrecht, TranspR 2011, 353

Koller

Nochmals: Einbeziehung der ADSp in Transportverträge, TranspR 2001, 359

Koller

Der Transportunternehmer als Importeur im Sinne des Produkthaftungsgesetzes, TranspR 2004, Sonderbeilage zu Heft 3-2004, XXIII

Koller

Schadensverhütung und Quersubventionen bei der CMR aus deutscher Sicht, TranspR 2006, 414

Koller

Die Vereinbarung der Ausführungsart im Werkvertrags- und Transportrecht, TranspR 2007, 221

Köper

Der Einwand der Mitverursachung nach § 425 HGB bei Beauftragung eines Frachtführers in Kenntnis fehlender Schnittstellenkontrollen, TranspR 2007, 94

Köper

Zur Anwendbarkeit des § 22 Abs. 1 StVO auf Absender, Verlader und deren jeweilige Leitungspersonen, TranspR 2011, 209

Korioth

Internationale Verlade- und Transportbedingungen für die Binnenschifffahrt 2009 (IVTB), TranspR 2009, 149

Krins

Haftung und Versicherung in der Kontraktlogistik: Ein Überblick, TranspR 2007, 269

Kunz

Das Eisenbahnrecht – eine Rechtsmaterie? – Ein Plädoyer für ein eigenständiges Rechtsgebiet, TranspR 2006, 274

Lübke
Der selbstständige Transportunternehmer als Arbeitnehmer und die Folgen, TranspR 1999, 232

Mankowski
Der europäische Erfüllungsgerichtsstand des Art. 5 Nr. 1 lit. b EuGVVO und Transportverträge, TranspR 2008, 67

Mankowski
Entwicklungen im Internationalen Privat- und Prozessrecht für Transportverträge in Abkommen und speziellen EG-Verordnungen, TranspR 2008, 177

Mankowski
Neues aus Europa zum Internationalen Privatrecht für Transportverträge: Art. 5 Rom I-VO, TranspR 2008, 339

Mankowski
Konnossemente und die Rom I-VO, TranspR 2008, 418

Manssen
Haftungsbeschränkung bei schuldhafter Schadensverursachung im Binnenschifffahrtsrecht – verfassungswidrig?, TranspR 2010, 140

Marx
Die Darlegungs- und Beweislast beim qualifizierten Verschulden im Transportrecht nach der aktuellen Rechtsprechung des Bundesgerichtshofs, TranspR 2010, 174

Mittelhammer
Leitfaden für den Praktiker zum Umzugsrecht, TranspR 2011, 139

Müglich
Tracking & Tracing, TranspR 2003, 280

Müglich
Arbeitnehmerüberlassung in der Logistik, TranspR 2008, 133

Müller
Logistik-AGB: Opus Magnum oder Makulatur? – Versuch einer Standortbestimmung, TranspR 2006, 227

Müller
Praxisgerechte Gestaltung von Logistikverträgen, TranspR 2009, 49

Müller-Rostin
Versicherungen des gewerblichen Luftverkehrs, TranspR 2006, 49

Neufang/Valder
Laden und Ladungssicherung im Straßengüterverkehr – Wer ist verantwortlich?, TranspR 2002, 325

Neumann
Die unbeschränkte Haftung des Frachtführers nach § 435 HGB, TranspR 2002, 413

Nielsen
Die Aufnahmefähigkeit von Transportdokumenten im Akkreditiv-geschäft, WM-Sonderbeilage Nr. 3, 1993, S. 1

Nielsen
Sicherungsverträge der Import- und Exportfinanzierung im Lichte der aktuellen Rechtsprechung zur Deckungsgrenze und zur Sicherheiten-freigabe, WM 1994, 2221

Nielsen
Auswirkungen der Transportrechtsreform auf die Andienungsfähigkeit von Transportdokumenten bei der Im- und Exportfinanzierung, TranspR 1999, 424

Nintemann
Die Nebeninteressenfrachtausfallversicherung Alle Risiken, TranspR 2009, 70

Oepen
Das Pfandrecht des Frachtführers in der Insolvenz des Absenders, TranspR 2011, 89

Otte
Die Stolperfallen beim Outsourcing-Vertrag, Logistik inside, 11/2004, 61

Otting
Konsequenzen des Vergaberechtsschutzes für öffentliche Aufträge im Verkehrsbereich, TranspR 2003, 325

Ovie
Entwicklung des Zollschuldrechts durch die Rechtsprechung des EuGH und den Modernisierten Zollkodex, TranspR 2008, 357

Philippi
Zur Frage der Fortgeltung des Grundsatzes der stillschweigenden Einbe-ziehung der ADSp, TranspR 1999, 375

Pokrant
Aktuelle Höchstrichterliche Rechtsprechung zum Transportrecht, TranspR 2011, 49

Rabe
Entwurf der Sachverständigengruppe und Referentenentwurf zur Reform des Seehandelsrechts – Anmerkungen zur Haftung des Reeders und zum Stückgutvertrag, TranspR 2011, 323

Rafsendjani/Stempfle
Logistik-AGB – Chance oder Risiko?, Logistik + Recht aktuell, 01/2006, 10

Ramming
Probleme der Rechtsanwendung im neuen Recht der multimodalen Beför-derung, TranspR 1999, 325

Ramming
Die Haftung des ausführenden Frachtführers nach § 437 HGB,
TranspR 2000, 277

Ramming
Die CMNI – erste Fragen der Rechtsanwendung, TranspR 2006, 373

Ramming
Das IPR der Reederhaftung, TranspR 2010, 284

Ramming
Probleme des § 449 Abs. 1 und 2 HGB – insbesondere Leistungsbeschreibungen, TranspR 2010, 397

Reiff
Sinn und Bedeutung von Pflichthaftpflichtversicherungen,
TranspR 2006, 15

Richartz
Die Auswirkungen der verabschiedeten Neuregelung des VVG auf das
Seeversicherungsrecht, TranspR 2007, 300

Risch
Die Begründung gesetzlicher Pfandrechte am Dritteigentum im Speditions- und Frachtrecht, TranspR 2005, 108

Rogov
Zollrechtliche Rahmenbedingungen für das Verhalten des Frachtführers
bei Straßentransporten nach Russland, TranspR 1999, 54

Rugullis
Der internationale Speditionsvertrag ist ein Güterbeförderungsvertrag,
TranspR 2007, 352

Ruhwedel
Der „elektronische" Luftfrachtbrief, TranspR 2004, 421

Ruhwedel
Neue Entwicklungen im Lufttransportrecht vor dem Hintergrund des
Inkrafttretens des Montrealer Übereinkommens, TranspR 2006, 421

Ruhwedel
Montrealer Übereinkommen vs. Warschauer Abkommen,
TranspR 2008, 89

Saller
Auswirkungen der neuen Geschäftsbedingungen des Großraum- und
Schwertransportgewerbes, TranspR 2000, 61

Schäffer
Das Seearbeitsübereinkommen der Internationen Arbeitsorganisation
(2006), Ein Überblick über das neue internationale Arbeits- und Sozialrecht für Seeleute, TranspR 2008, 290

Schindler
Neue Vertragsbedingungen für den Güterkraftverkehrs-, Speditions- und Logistikunternehmer (VBGL), TranspR 2003, 194

Schleif
Die Seeversicherung in der VVG-Reform, TranspR 2009, 18

Schmidt
Gegenläufige Vermutungen und Quersubventionierung: Zum Mitverschulden des Versenders bei unterlassener Wertdeklaration im Falle unbegrenzter Haftung des Frachtführers, TranspR 2008, 299

Schmidt
Vereinbarte Verpackung durch den Transportunternehmer: Nebenpflicht im Rahmen der §§ 407 ff. HGB oder werkvertragliche Hauptleistungspflicht?, 2010, 88

Schmidt
Das Pfandrecht der §§ 441, 464 HGB im internationalen Kontext, TranspR 2011, 56

Schmidt
Formalisierte Einbeziehung der ADSp? – Überlegungen zu § 449 HGB, TranspR 2011, 398

Schriefers
Der Logistikvertrag unter besonderer Berücksichtigung von Kennzahlen oder, neudeutsch, „KPI – Key Performance Indicators", TranspR 2009, 11

Schriefers/Schlattmann
Der schlafende Fahrer – ein Beispiel für die Haftungsprobleme im Transportrecht, TranspR 2011, 18

Schuback
Die Entwicklung der elektronisch übermittelten Bill of Lading, TranspR 1999, 41

Schwampe
Versicherungen der gewerblichen Seeschifffahrt, TranspR 2006, 55

Steinborn
Formvorschriften bei Haftbarhaltungen im nationalen Recht, TranspR 2011, 16

Temme
Rechtliche Handhabung typengemischter Verträge, TranspR 2008, 374

Thume
Grobes Verschulden und Fortsetzung der Vertragsbeziehungen, TranspR 1999, 85

Thume
Durchbrechung der Haftungsbeschränkungen nach § 435 HGB im internationalen Vergleich, TranspR 2002, 1

Thume
Versicherungen des Transports, TranspR 2006, 1

Thume
Grobes Verschulden und Mitverschulden – Quo vadis BGH?,
TranspR 2006, 369

Thume
Neues vom BGH zur Schadensregulierung im Transportrecht,
TranspR 2010, 125

Thume
Geldtransporte und ihre Versicherung, TranspR 2010, 362

Trappe
Problem „Zeitcharter", TranspR 2011, 332

Valder
Stillschweigende Einbeziehung der ADSp, TranspR 2004, Sonderbeilage
zu Heft 3-2004, XLII

Valder
Mehrwertdienstleistungen und ihre rechtliche Einordnung,
TranspR 2008, 383

Valder
AGB-Kontrolle im Lagerrecht, TranspR 2010, 27

Valder/Wieske
Logistik AGB: Ein neues Klauselwerk, TranspR 2006, 221

Vogt
AGB im kaufmännischen Verkehr – Grundsätze und Grenzen,
TranspR 2010, 15

Volz/Ehm
Die EU-Verordnung zur Liberalisierung der Seekabotage,
TranspR 2009, 393

Wagner
Neue kollisionsrechtliche Vorschriften für Beförderungsverträge in der
Rom I-Verordnung, TranspR 2008, 221

Wagner
Normenkonflikte zwischen den EG-Verordnungen Brüssel I, Rom I und
Rom II und transportrechtlichen Rechtsinstrumenten, TranspR 2009, 103

Wagner
Die EG-Verordnungen Brüssel I, Rom I und Rom II aus der Sicht des
Transportrechts, TranspR 2009, 281

Weber
Die Gesellschaft bürgerlichen Rechts, JuS 2000, 313

Weerth
Die zollrechtliche Bedeutung transportrechtlicher Dokumente: eine Darstellung der Vereinfachungen und ein rechtspolitischer Ausblick auf den MZK 2013 und die MZK-DVO, TranspR 2010, 219

Werner
Organisationsverschulden eines Paketdienstunternehmens, TranspR 2003, 231

Widmann
Ablieferung von Gütern nach der Neufassung des HGB, TranspR 2001, 74

Widmann
Zur Frachtzahlung, TranspR 2002, 103

Wieske
Logistik, TranspR 2000, 1

Wieske
Rechtliche Probleme bei Logistikverträgen, TranspR 2002, 177

Wieske
Logistikzusatzleistungen und Fernabsatzgesetz, TranspR 2005, 206

Wieske
Anmerkungen zur neueren Rechtsprechung zum Logistikrecht, TranspR 2008, 388

Wieske/Kramer
Bußgeldrechtliche Tragweite von Verstößen gegen die Ladungssicherheit, TranspR 2008, 435

Zapp
Ausführender Frachtführer im Sinne des § 437 HGB, TranspR 2000, 106

Teil A Höchstrichterliche Rechtsprechung zum Gütertransportrecht

I. Einleitung

Das nationale Gütertransportrecht hat durch das am 1.7.1998 in Kraft ge- **1** tretene Transportrechtsreformgesetz (TRG) vom 25.6.1998,

> BGBl. I 1998, S. 1588 ff.,

einen grundlegenden Strukturwandel erfahren. Die Zielsetzung des Entwurfs eines Gesetzes zur Neuregelung des Fracht-, Speditions- und Lagerrechts der Bundesregierung vom 29.8.1997,

> BT-Drucks. 13/8445,

auf den das TRG zurückgeht, hat vor allem darin bestanden, das Transportprivatrecht sowohl an die bereits am 1.1.1994 erfolgte Liberalisierung und Umstrukturierung des Güterkraftverkehrs durch das Tarifaufhebungsgesetz vom 13.8.1993,

> BGBl. I, S. 1489,

als auch an die damals zum 1.7.1998 geplante Änderung des Ordnungsrahmens im nationalen Güterkraftverkehr auf Grund der Verordnung (EWG) Nr. 3118/93,

> siehe dazu den Entwurf eines Gesetzes zur Reform des Güterkraftverkehrsrechts der Bundesregierung vom 1.12.1997 – BT-Drucks. 13/9314,

anzupassen. Die zersplitterten sowie zum Teil überregulierten und mehr als einhundert Jahre alten unterschiedlichen Teiltransportrechte sollten vereinheitlicht, bereinigt und unter Berücksichtigung internationaler transportrechtlicher Übereinkommen (insbesondere des Übereinkommens über den Beförderungsvertrag im internationalen Straßengüterverkehr vom 19.5.1956 – CMR) modernisiert werden. Dadurch sollten eine größere Rechtssicherheit erreicht und gleiche Wettbewerbsbedingungen für die verschiedenen Verkehrsträger geschaffen werden.

Das im Gesetzesentwurf der Bundesregierung beschriebene Reformziel ist **2** durch das TRG nicht vollständig erreicht worden. Es hat zwar die §§ 407 ff. HGB a. F. novelliert, die Kraftverkehrsordnung (KVO), die Beförderungsbedingungen für den Umzugsverkehr (GüKUMB) sowie Teile des Güterkraftverkehrsgesetzes (GüKG) und des Binnenschiffsgesetzes (BinSchG) aufgehoben und die Güterbeförderung aus dem Anwendungsbereich der Eisenbahnverkehrsordnung (EVO) und des Luftverkehrsgesetzes (LuftVG) herausgenommen. Das geltende Recht trifft jedoch weiterhin vor allem

Unterscheidungen nach der Art der Strecke, über die das Gut befördert werden soll.

Koller, Transportrecht, Einleitung Rn. 1.

3 Dies ist insbesondere bei grenzüberschreitenden Beförderungen von maßgeblicher Bedeutung. Das anwendbare Recht kann ferner durch die Art des Gutes beeinflusst werden, wie die Vorschriften über die Beförderung von Umzugsgut (§§ 451 ff. HGB) zeigen. Hat ein Spediteur die Versendung des Gutes übernommen, kommt es für die Frage, welche Vorschriften einschlägig sind, im Falle der Vereinbarung eines festen Vergütungsbetrages darauf an, ob dieser die Kosten für die Beförderung einschließt (§ 459 HGB). Schließlich ist zu beachten, dass das dispositive Recht vielfältig von Allgemeinen Geschäftsbedingungen des Spediteurs/Frachtführers überlagert wird.

II. Nationaler Straßengüterverkehr

1. Zustandekommen eines Frachtvertrags bei Einlieferung von sog. Verbotsgut

4 In den Allgemeinen Geschäftsbedingungen insbesondere von Paketdienstunternehmen ist oftmals bestimmt, dass sie keinen Vertrag über die Beförderung von Sendungen mit bestimmtem Inhalt (etwa Schmuck, Edelmetalle, Edelsteine, Scheck- und Kreditkarten, gültige Telefonkarten) schließen.

5 Diese Regelung hindert nicht in jedem Fall das Zustandekommen eines Beförderungsvertrags, wenn dem Transportunternehmen eine nicht bedingungsgerechte Sendung zur Beförderung übergeben wird. Es kommt nicht auf den Wortlaut der Verbotsklausel für sich allein, sondern auf das Gesamtklauselwerk an. Maßgeblich ist, ob der Versender die Übernahme und anschließende Beförderung des Transportgutes dahin verstehen konnte, dass der Transporteur ungeachtet der Verbotsgutklausel einen Vertrag schließen will. Das hängt von der Auslegung des Gesamtklauselwerks gemäß §§ 133, 157 BGB ab.

6 Ist in den Allgemeinen Geschäftsbedingungen beispielsweise auch bestimmt, dass es dem Transportunternehmen im Falle der Einlieferung von Verbotsgut freisteht, die Sendung zu befördern und ein entsprechendes Nachentgelt zu erheben, und wird die Anfechtung des Beförderungsvertrags wegen Täuschung „bereits jetzt" erklärt, wenn der Transporteur erst nach Übergabe der Sendung Kenntnis erlangt, dass die Sendung ausgeschlossene Güter enthält, so können diese Regelungen aus der Sicht eines verständigen Versenders nur einen Sinn ergeben, wenn vom Zustandekommen eines Beförderungsvertrags ausgegangen wird.

BGH, Urt. v. 30.3.2006 – I ZR 123/03, BGHZ 167, 64
= TranspR 2006, 254 = VersR 2007, 226;
BGH, Urt. v. 13.7.2006 – I ZR 245/03, TranspR 2006, 448 = BB 2006, 2324.

Die Ansprüche des Versenders aus dem Frachtvertrag können allerdings 7
ausgeschlossen sein, wenn dieser seinerseits dem Transportunternehmen gegenüber nach den Grundsätzen des Verschuldens bei Vertragsschluss haftet.
Denn in Fällen schuldhafter Irreführung sowie bei Falschangaben vor oder
bei Vertragsschluss kann eine Lösung von dem abgeschlossenen Vertrag über
§ 311 Abs. 2, §§ 280, 249 Abs. 1 BGB in Betracht kommen.

> BGH, Urt. v. 26.9.1997 – V ZR 29/96, NJW 1998, 302 = VersR
> 1998, 905;
>
> BGH, Urt. v. 30.3.2006 – I ZR 123/03, BGHZ 167, 64
> = TranspR 2006, 254 = VersR 2007, 2006;
>
> BGH, Urt. v. 29.6.2006 – I ZR 176/03, TranspR 2006, 390
> = NJW-RR 2007, 32 = BGHReport 2006, 1412.

Der Verstoß gegen eine Rechtspflicht verpflichtet aber nur zum Ersatz des- 8
jenigen Schadens, dessen Eintritt durch die Einhaltung der Pflicht verhindert
werden sollte. Es kommt also darauf an, ob eine möglicherweise verletzte
Aufklärungspflicht gerade einen Vertragsschluss als solchen verhindern sollte.
Ist das nicht der Fall, kann der Vertragsschluss selbst nicht als Schaden des
Transportunternehmers angesehen werden.

> BGH, Urt. v. 16.11.2006 – I ZR 257/03, TranspR 2007, 161
> = VersR 2007, 1539 = NJW 2007, 1809.

2. Einbeziehung der AGB des Speditionsunternehmens in den Speditionsvertrag

a) ADSp

Der Bundesgerichtshof ist vor dem Inkrafttreten des TRG in ständiger Recht- 9
sprechung davon ausgegangen, dass auf einen Speditionsvertrag regelmäßig
die ADSp als eine fertig bereitliegende Rechtsordnung kraft stillschweigender Unterwerfung Anwendung finden, auch wenn der Auftraggeber (Versender) von ihrem Inhalt keine Kenntnis hatte.

> BGH, Urt. v. 14.12.1988 – I ZR 235/86, TranspR 1989, 141
> = VersR 1989, 309.

Auf der Grundlage des jetzt geltenden Rechts kann dies nicht mehr ange- 10
nommen werden. Eine stillschweigende Einbeziehung der ADSp 1998 in das
Vertragsverhältnis zwischen Versender und Speditionsunternehmen scheidet
schon im Hinblick auf die am 1.7.1998 in Kraft getretene Regelung des § 449
Abs. 2 Satz 2 Nr. 1 HGB aus. Diese Bestimmung ist nicht dahingehend ein-
schränkend auszulegen, dass sie für die Einbeziehung der ADSp als unter den
Marktbeteiligten ausgehandelte und damit gemeinsam festgelegte Vertragsordnung nicht gilt. Einem solchen einschränkenden Verständnis steht schon
entgegen, dass nicht alle Verbände beider Seiten an der Aushandlung der
ADSp 1998 beteiligt waren. Zudem ist das in der Begründung des Regierungsentwurfs angesprochene Ziel, die Frage der Einbeziehung Allgemeiner

Geschäftsbedingungen unberührt zu lassen, mit der Warnfunktion des § 449 Abs. 2 Satz 2 Nr. 1 HGB unvereinbar.

> BGH, Urt. v. 23.1.2003 – I ZR 174/00, BGHZ 153, 308
> = TranspR 2003, 119 = VersR 2003, 621.

b) Auftragserteilung per Internet

11 Wird der Transportauftrag per Internet erteilt, stellt sich die Frage, ob das Transportunternehmen dem Auftragsgeber dadurch die Möglichkeit verschafft hat, in zumutbarer Weise von dem Inhalt der Allgemeinen Geschäftsbedingungen Kenntnis zu nehmen (§ 305 Abs. 2 Nr. 2 BGB), dass diese durch Anklicken des unterstrichenen Wortes „AGB" auf der Bestellseite aufgerufen und ausgedruckt werden können. Dies ist zu bejahen, wenn auf der Bestellseite deutlich darauf hingewiesen wird, dass der Versandauftrag gemäß den **AGB** des Transportunternehmens erteilt wird. Die Verwendung von Links und deren Darstellung durch Unterstreichen gehören zu dem im Medium Internet üblichen Gepflogenheiten. Verwender von Allgemeinen Geschäftsbedingungen können daher davon ausgehen, dass Verbraucher, die sich für ihre Bestellung des Internets bedienen, mit solchen Links ohne Weiteres umgehen können.

> BGH, Urt. v. 14.6.2006 – I ZR 75/03, TranspR 2006, 345 = NJW
> 2006, 2976 = BB 2006, 1990.

3. Aktivlegitimation des klagenden Transportversicherers

a) Anspruchsberechtigung aus abgetretenem Recht des Versicherungsnehmers

12 Ein Transportversicherer kann auch dann von dem Frachtführer wegen Verlustes von Transportgut Schadensersatz verlangen, wenn er den Schaden seines Versicherungsnehmers noch nicht reguliert hat und allein aus abgetretenem Recht seines Versicherungsnehmers gegen den beklagten Frachtführer vorgeht. Die Geltendmachung von Ersatzansprüchen verstößt in solchen Fällen nicht gegen Art. 1 § 1 Abs. 1 RBerG mit der Folge, dass die Abtretung gemäß § 134 BGB nichtig wäre. Um dem Schutzzweck des Rechtsberatungsgesetzes gerecht zu werden, ist auf eine wirtschaftliche Betrachtungsweise abzustellen. Das wirtschaftliche Interesse am Ausgang eines Rechtsstreits, den der Transportversicherer wegen Verlustes oder Beschädigung von Transportgut gegen den Frachtführer führt, liegt in aller Regel bei dem Versicherer, da dieser aus dem Versicherungsvertrag mit seinem Versicherungsnehmer verpflichtet ist, dessen Schaden zu tragen. Damit ist die eigene Rechtsposition des Versicherers unmittelbar betroffen.

13 Die Überlassung sämtlicher Schadensunterlagen an den Transportversicherer stellt im Allgemeinen eine konkludent erklärte Abtretung von Ansprüchen des Versicherungsnehmers gegen den Frachtführer dar.

> BGH, Urt. v. 1.12.2005 – I ZR 85/04, TranspR 2006, 166.

b) Führungsklausel im Versicherungsvertrag

Ist in einer Transportversicherungspolice eine Führungsklausel zugunsten **14** eines bestimmten Versicherers enthalten, die bestimmt, dass sich die Vollmacht der führenden Gesellschaft auf alle Rechtsstreitigkeiten erstreckt, die auf das Vertragsverhältnis Bezug haben, so kann sich daraus eine Ermächtigung der führenden Gesellschaft ergeben, die mehreren Mitversicherern zustehenden Ansprüche im Wege der gewillkürten Prozessstandschaft einzuklagen. Die Klausel ist auszulegen. Dabei ist vor allem der allgemein anerkannte Sinn und Zweck einer Führungsklausel zu berücksichtigen. Ferner ist der Grundsatz einer nach beiden Seiten hin interessengerechten Auslegung zu beachten.

BGH, Urt. v. 7.6.2001 – I ZR 49/99, TranspR 2001, 479 = VersR 2002, 117 = NJW-RR 2002, 20.

4. Drittschadensliquidation

Der Vertragspartner eines Spediteurs/Frachtführers, der nicht der Eigentümer **15** des verloren gegangenen oder beschädigten Gutes ist, kann im Wege der Drittschadensliquidation den vertraglichen Schadensersatzanspruch gegen den Spediteur/Frachtführer selbständig neben dem deliktischen Anspruch des Eigentümers und unabhängig von diesem geltend machen, wenn es sich nicht, was Tatfrage ist, um einen Vertrag zugunsten eines Dritten (des Eigentümers) oder um einen Vertrag mit Schutzwirkung zugunsten eines Dritten handelt. Eine prozessual unzulässige doppelte Inanspruchnahme des Schuldners (Spediteurs/Frachtführers) liegt darin nicht. Auch bei getrennter und zeitlich aufeinander folgender Geltendmachung des vertraglichen und des deliktischen Anspruchs kann der Schuldner der später erhobenen Klage weder die Einrede der Rechtshängigkeit noch der Rechtskraft entgegenhalten.

BGH, Urt. v. 10.5.1984 – I ZR 52/82, TranspR 1984, 283 = VersR 1984, 932;

BGH, Urt. v. 15.10.1998 – I ZR 111/96, BGHZ 140, 84 = TranspR 1999, 102 = VersR 1999, 646;

BGH, Urt. v. 29.3.2001 – I ZR 312/98, TranspR 2001, 447 = VersR 2002, 122 = NJW-RR 2001, 1612.

Nunmehr ist in § 421 Abs. 1 Satz 3 HGB ausdrücklich klargestellt, dass so- **16** wohl der Absender als auch der Empfänger im Wege der Drittschadensliquidation gegen den Spediteur/Frachtführer vorgehen dürfen. Der Empfänger kann mithin einen Schaden des Absenders, und wenn dieser beispielsweise als Spediteur für einen Dritten gehandelt hat, dessen Schaden ersetzt verlangen. Der Absender darf seinerseits Ersatz des Schadens des Empfängers und, wenn dieser im Interesse eines Dritten handelt oder ein Fall der Gefahrverlagerung vorliegt (z. B. § 447 BGB), Ersatz des Schadens des Dritten fordern. Absender und Empfänger dürfen grundsätzlich auf Leistung an sich oder den Geschädigten klagen.

BGH, Urt. v. 20.4.1989 – I ZR 154/87, TranspR 1989, 413
= VersR 1989, 1168 = NJW 1989, 3099;
BGH, Urt. v. 28.5.2009 – I ZR 29/07, TranspR 2010, 34;
Koller, Transportrecht, § 421 HGB Rn. 18.

17 Die Drittschadensliquidation ist selbst dann zulässig, wenn der materiell Geschädigte selbständig in der Lage ist, seinen Schaden zu liquidieren.

BGH, Urt. v. 10.5.1984 – I ZR 52/82, TranspR 1984, 283
= VersR 1984, 932.

18 Schließt der Hauptfrachtführer einen **Unterfrachtvertrag** ab, um seine Verpflichtung zur Beförderung gegenüber seinem Auftraggeber zu erfüllen, so handelt der Hauptfrachtführer dabei im eigenen Interesse. Dies deckt sich jedoch mit dem seines Auftraggebers. Insoweit wird der Hauptfrachtführer auch im Interesse seines Auftraggebers tätig. Ihm muss demnach auch das Recht zuerkannt werden, den seinem Auftraggeber erwachsenen Schaden geltend zu machen. Dieser Schaden ist ein Drittschaden, solange der Hauptfrachtführer seinem Auftraggeber den Schaden nicht ersetzt hat und daher, mangels eines eigenen Schadens, auch nicht Regress nehmen kann. Im Hinblick auf die Drittschadensliquidation hat der Hauptfrachtführer die gleiche Position wie der Spediteur. Es ist daher sachlich gerechtfertigt, auch dem Hauptfrachtführer das Recht zur Drittschadensliquidation zuzuerkennen.

OGH Wien, Urt. v. 26.11.1996 – 4 Ob 2336/96z, TranspR 1997, 281.

19 Die **Drittschadensliquidation** soll verhindern, dass dem Schädiger durch vertragliche Vereinbarungen zwischen seinem Gläubiger und einem Dritten, die den Schaden vom Gläubiger auf den Dritten verlagern, ein **ungerechtfertigter Vorteil** entsteht. Die Rechtsbeziehungen zwischen dem Ersatzberechtigten und dem Dritten sind für den Schädiger grundsätzlich ohne Bedeutung.

20 Kann der **Auftraggeber des Hauptfrachtführers** seinen bei der Beförderung des Gutes entstandenen Schaden vom ausführenden Frachtführer nur in dem Umfang ersetzt verlangen, den er mit seinem Vertragspartner, dem Hauptfrachtführer, vereinbart hat, so ist der Hauptfrachtführer aus dem mit seinem **Auftraggeber** geschlossenen Vertrag verpflichtet, den überschießenden Differenzbetrag im Wege der **Drittschadensliquidation** gegenüber dem ausführenden Frachtführer geltend zu machen und diesen Anspruch ggf. an seinen Auftraggeber abzutreten. Der ausführende Frachtführer ist auch nicht besonders schutzbedürftig. Es steht ihm grundsätzlich frei, den Inhalt des für ihn maßgeblichen Rechtsverhältnisses so zu gestalten, dass er bei Verlust und Beschädigung von Transportgut nur für Schäden seines Auftraggebers oder des Empfängers (**§ 421 Abs. 1 Satz 2 HGB**) einzustehen hat, nicht aber für Schäden Dritter, die sein Auftraggeber oder der Empfänger im Wege der Drittschadensliquidation geltend machen können.

Sofern der **Hauptfrachtführer** einen weitergehenden Anspruch in Bezug auf 21
den bei seinem Auftraggeber verbleibenden Restschaden gegen den von ihm
beauftragten ausführenden Unterfrachtführer hat, ist er im Wege der **Drittschadensliquidation** nicht nur berechtigt, sondern nach dem von ihm mit
dem Absender geschlossenen Vertrag gemäß § 667 BGB sogar verpflichtet,
den überschießenden Differenzbetrag vom ausführenden Frachtführer zu
verlangen.

Dem kann der ausführende Frachtführer nicht mit Erfolg § 437 Abs. 2 HGB 22
entgegenhalten, da diese Bestimmung nur für Einwendungen gilt, die sich
gegen den **gesetzlichen Anspruch** des Geschädigten aus § 437 Abs. 1 HGB
richten.

> BGH, Urt. v. 18.3.2010 – I ZR 181/08, TranspR 2010, 376
> = MDR 2010, 1198.

5. Haftung des Spediteurs/Frachtführers bei Verlust von Transportgut

a) § 425 Abs. 1 HGB: Beginn des Haftungszeitraums

Der **Frachtführer** (Fixkostenspediteur, § 459 HGB) haftet gemäß § 425 Abs. 1 23
HGB für den Schaden, der durch Verlust des Gutes in der Zeit von der
Übernahme zur Beförderung bis zur Ablieferung (Obhutszeitraum) entsteht. Die Obhutshaftung des Frachtführers beginnt danach grundsätzlich
mit der Besitzerlangung an dem zu befördernden Gut, wobei die Erlangung
des **mittelbaren Besitzes** ausreicht. Das Gut muss derart in den Verantwortungsbereich des Frachtführers oder seiner Erfüllungsgehilfen (§ 428 HGB)
gelangt sein, dass er oder seine Gehilfen es vor Schäden bewahren können. Ist
der Verlust des Gutes nicht durch ein qualifiziertes Verschulden (§ 435 HGB)
verursacht worden, so kann sich der Frachtführer auf die in den §§ 429 bis
432 HGB geregelten und die in seinen AGB und den ADSp – sofern die
AGB und die **ADSp** Vertragsgegenstand geworden sind – enthaltenen Haftungsbegrenzungen berufen. Konkurrierende deliktische und andere außervertragliche Ansprüche unterliegen grundsätzlich denselben Haftungsbegrenzungen und -ausschlüssen wie die transportvertraglichen Ersatzansprüche (§ 434 HGB).

Die im Handelsgesetzbuch in den §§ 407 bis 450 (Allgemeine Vorschriften 24
zum Frachtgeschäft) und im Frachtvertrag vorgesehenen Haftungsbefreiungen und **Haftungsbegrenzungen** gelten gemäß § 435 HGB allerdings nicht,
wenn der Schaden auf eine Handlung oder Unterlassung zurückzuführen ist,
die der Frachtführer oder eine der in § 428 HGB genannten Personen vorsätzlich oder leichtfertig und in dem Bewusstsein, dass ein Schaden mit
Wahrscheinlichkeit eintreten werde, begangen hat (qualifiziertes Verschulden). In der **Praxis** wird daher – was nicht verwundert – häufig darüber ge-
stritten, ob die Voraussetzungen für einen Wegfall der Haftungsausschlüsse
und -begrenzungen vorliegen.

25 Für den Beginn des **Haftungszeitraums** gemäß § 425 Abs. 1 HGB ist es nicht erforderlich, dass der Frachtführer unmittelbar nach Erlangung des Besitzes am Transportgut mit der vertraglich vereinbarten Beförderung beginnt. Lagert der Frachtführer das Gut zunächst aus Gründen vor, die seiner Sphäre zuzurechnen sind – beispielsweise wegen fehlender **Transportkapazität** –, so beginnt die Obhutshaftung des § 425 Abs. 1 HGB bereits mit der vom Frachtführer vorgenommenen Vorlagerung. Voraussetzung dafür ist allerdings, dass bei der Übernahme bereits ein Beförderungsvertrag bestanden hat. Die **Vorlagerung** dient dann der Erfüllung des abgeschlossenen Beförderungsvertrags.

> BGH, Urt. v. 12.1.2012 – I ZR 214/10, TranspR 2012, 107
> = NJW-RR 2012, 364 = MDR 2012, 533.

b) Darlegungs- und Beweislast im Rahmen von § 435 HGB

26 Die Darlegungs- und Beweislast für alle Tatbestandsmerkmale des als Ausnahmeregelung konzipierten § 435 HGB trägt grundsätzlich der durch die Norm Begünstigte, also der Ersatzberechtigte.

> Begründung zum Regierungsentwurf des TRG, BT-Drucks.
> 13/8445, S. 72;
> BGH, Urt. v. 5.6.2003 – I ZR 234/00, TranspR 2003, 467 = NJW
> 2003, 3626 = MDR 2004, 220.

27 Die ihm obliegende Darlegungslast erfüllt der Anspruchsteller aber bereits dann, wenn sein Klagevortrag nach den Umständen des Falles ein qualifiziertes Verschulden mit gewisser Wahrscheinlichkeit nahe legt und allein der Fixkostenspediteur zur Aufklärung des in seinem Bereich entstandenen Schadens zumutbarer Weise beitragen kann. Gleiches gilt, wenn sich die Anhaltspunkte für das im Rahmen von § 435 HGB erforderliche Verschulden aus dem unstreitigen Sachverhalt ergeben.

> BGH, Urt. v. 5.6.2003 – I ZR 234/00, TranspR 2003, 467 = NJW
> 2003, 3626 = MDR 2004, 220.

c) Einlassungsobliegenheit des Spediteurs/Frachtführers im Allgemeinen

28 Nach der Rechtsprechung des Bundesgerichtshofs zu § 51 lit. b Satz 2 ADSp a. F. (Stand: 1.3.1989) ist aber zu berücksichtigen, dass der Spediteur/Frachtführer angesichts des unterschiedlichen Informationsstands der Vertragsparteien nach Treu und Glauben gehalten ist, soweit möglich und zumutbar zu den näheren Umständen aus seinem Betriebsbereich eingehend vorzutragen. Die Einlassungsobliegenheit beschränkt sich nicht darauf, dass lediglich allgemeine Angaben zur Lagerorganisation vorgetragen werden. Der einlassungspflichtige Spediteur/Frachtführer ist vielmehr zum Ausgleich des Informationsdefizits des Anspruchstellers gehalten, im Einzelnen die **eingesetzten Kontrollen** darzulegen. Kommt er dem nicht nach, kann daraus – je

nach den Umständen des Einzelfalls – der Schluss auf ein qualifiziertes Verschulden gerechtfertigt sein.

Insoweit genügt es nicht, im Rahmen einer Darlegung der theoretischen La- 29
gerorganisation nur allgemein auf Eingangs- und Ausgangskontrollen und
Güterkontrollen mittels Speditionsübergabescheinen zu verweisen. Solche
Kontrollmaßnahmen sind nur Teil einer ordnungsgemäßen Lagerorganisation des Spediteurs, deren geordnete, überschaubare und zuverlässige Ineinan-
dergreifen im Einzelnen ebenfalls Gegenstand des Vortrags des Spediteurs
und der tatrichterlichen Beurteilung sein muss. Insbesondere hat der Spedi-
teur/Frachtführer substantiiert darzulegen, welche Sorgfalt er konkret auf-
gewendet hat.

BGH, Urt. v. 3.11.1994 – I ZR 100/92, BGHZ 127, 275
= TranspR 1995, 253 = VersR 1995, 604;

BGH, Urt. v. 4.5.1995 – I ZR 70/93, BGHZ 129, 345 = TranspR
1996, 34 = VersR 1995, 1334;

BGH, Urt. v. 25.9.1997 – I ZR 156/95, TranspR 1998, 262
= VersR 1998, 657 = NJW-RR 1998, 886;

BGH, Urt. v. 15.11.2001 – I ZR 122/99, TranspR 1002, 448;

BGH, Urt. v. 23.10.2003 – I ZR 55/01, TranspR 2004, 177
= NJW-RR 2004, 394;

BGH, Urt. v. 4.3.2004 – I ZR 200/01, TranspR 2004, 460;

BGH, Urt. v. 25.11.2004 – I ZR 210/01, BGHReport 2005, 711.

Der im Transportrecht für Verlustfälle entwickelte Grundsatz, dass den 30
Frachtführer eine **sekundäre Darlegungslast** trifft, wenn der Vortrag des
Gegners ein vom Frachtführer zu vertretendes schadensursächliches qualifiziertes Verschulden mit gewisser Wahrscheinlichkeit nahelegt oder sich Anhaltspunkte dafür aus dem unstreitigen Sachverhalt ergeben, gilt auch für
Fälle, in denen das **Frachtstück** zwar abgeliefert, seine Verpackung aber während des Transports geöffnet, sein Inhalt ganz oder teilweise herausgenommen und die Verpackung wieder verschlossen worden ist.

BGH, Urt. v. 13.6.2012 – I ZR 87/11, TranspR 2012, 463.

Der Anspruchsteller muss, wenn der Frachtführer seiner Einlassungsobli- 31
genheit genügt hat, die Voraussetzungen für **eine unbeschränkte Haftung**
des Frachtführers darlegen und ggf. auch beweisen. Dies gilt auch dann,
wenn ihm die nähere Darlegung eines zum Wahrnehmungsbereich des Gegners gehörenden Geschehens nicht möglich ist. Ein solcher Umstand führt
allenfalls zu erhöhten Anforderungen an die **sekundäre Darlegungslast** des
Prozessgegners (**s. dazu ausführlich Rn. 38 ff.**).

BGH, Urt. v. 10.12.2009 – I ZR 154/07, TranspR 2010, 78
= VersR 2010, 648 = NJW 2010, 1816.

d) Einlassungsobliegenheit des Spediteurs/Frachtführers im Einzelnen

aa) Vortrag zur Lagerorganisation

32 Der Spediteur hat insbesondere die eingesetzten Kontrollen substantiiert darzulegen. Es reicht nicht, dass allgemein zu den Eingangs- und Ausgangskontrollen vorgetragen wird. Es muss vielmehr zu den konkret eingerichteten Sicherheitsmaßnahmen vorgetragen werden, weil auch während der Lagerzeit durch den Spediteur Bedacht auf die Kontrolle des Gutes genommen werden muss. Es sind Angaben dazu zu machen, wie im Einzelnen die Lagerung ausgestaltet ist und wie der Lagerraum während der üblichen Arbeitszeiten, aber auch außerhalb dieser Zeiten – etwa durch Videoüberwachung, Bewegungsmelder oder weitere Maßnahmen – überwacht wird.

> BGH, Urt. v. 3.11.1994 – I ZR 100/92, BGHZ 127, 275
> = TranspR 1995, 253 = VersR 1995, 604;
>
> BGH, Urt. v. 4.5.1995 – I ZR 70/93, BGHZ 129, 345 = TranspR
> 1996 = VersR 1995, 1334.

33 Der Spediteur/Frachtführer muss die in seinem Lager eingerichteten Kontrollen so detailliert darlegen, dass für den Anspruchsteller und das Gericht erkennbar wird, wie die einzelnen Maßnahmen in der Praxis geordnet, überschaubar und zuverlässig ineinander greifen. Es ist darzulegen, welche Maßnahmen getroffen worden sind, um sicherzustellen, dass die theoretisch vorgesehenen Organisationsmaßnahmen auch praktisch durchgeführt werden.

> BGH, Urt. v. 6.7.1995 – I ZR 20/93, TranspR 1996, 70 = VersR
> 1996, 217 = NJW 1995, 3120;
>
> BGH, Urt. v. 9.11.1995 – I ZR 122/93, TranspR 1996, 303
> = VersR 1996, 782 = NJW 1996, 1822;
>
> BGH, Urt. v. 13.6.1996 – I ZR 45/94, TranspR 1997, 61 = VersR
> 1997, 1163 = NJW-RR 1997, 225.

bb) Vortrag zu Kontrollen fremder Unternehmen

34 Wird Transportgut von Fremdunternehmen aus dem Lager des Spediteurs abgeholt, so hat der Spediteur im Einzelnen vorzutragen, welche Maßnahmen er zur Kontrolle und Überwachung der Nahverkehrsunternehmer beim Be- und Entladen vorgesehen und konkret durchgeführt hat. Denn es würde einer ordnungsgemäßen Betriebsorganisation nicht entsprechen, vielmehr würden ganz nahe liegende, jedem Spediteur ohne Weiteres einleuchtende Maßnahmen außer Acht gelassen, wenn überhaupt keine Ausgangskontrollen der Nahverkehrsfahrzeuge stattfänden.

> BGH, Urt. v. 22.6.1995 – I ZR 21/93, TranspR 1996, 37 = VersR
> 1995, 1509 = NJW 1995, 3119;
>
> BGH, Urt. v. 13.6.1996 – I ZR 45/94, TranspR 1997, 61 = VersR
> 1997, 1163 = NJW-RR 1997, 225;
>
> BGH, Urt. v. 26.9.1996 – I ZR 165/94, TranspR 1997, 377
> = VersR 1997, 133 = NJW-RR 1997, 224.

cc) Vortrag zur Behandlung des verloren gegangenen Gutes nach dessen Eingang im Lager

Der Spediteur/Frachtführer hat auch darzulegen, wann das in Verlust geratene 35 Gut angeliefert wurde, von wem und auf welche Weise der Eingang konkret dokumentiert und wo es gelagert worden ist. Finden Tagesinventuren statt, so ist vorzutragen, wie bei den täglichen Inventuren die Vollständigkeit der Zählung gewährleistet wird und ob die ordnungsgemäße Durchführung der Tagesinventuren kontrolliert und überwacht wird. Des Weiteren ist darzulegen, welche konkreten Sicherheitsvorkehrungen gegen Entwendungen des Gutes durch Dritte oder Arbeitnehmer des Spediteurs getroffen worden sind.

> BGH, Urt. v. 27.2.1997 – I ZR 221/94, TranspR 1997, 440= VersR 1997, 1513 = NJW-RR 1997, 1390.

dd) Vortrag zum Ablauf von Ein- und Ausgangskontrollen

Dem Vortrag des Spediteurs/Frachtführers muss auch entnommen werden 36 können, ob nach Eintreffen von Transportgut in einem Umschlagslager eine wirksame Eingangskontrolle stattgefunden hat. Es ist darzulegen, ob und auf welche Weise das ankommende Gut datenmäßig als Bestand erfasst wird und ob dabei einer versehentlichen oder gewollten Nichtregistrierung von Packstücken hinreichend entgegengewirkt wird. Ebenso muss vorgetragen werden, inwieweit einer versehentlichen oder bewussten Nichtregistrierung ausgehender Packstücke tatsächlich entgegengewirkt wird. Es muss auch dargetan werden, ob, auf welche Weise und in welchen Zeiträumen eine Abgleichung zwischen Ein- und Ausgang von Sendungen vorgenommen wird.

> BGH, Urt. v. 6.2.1997 – I ZR 222/94, TranspR 1998, 78 = NJW-RR 1997, 1120 = WM 1997, 2125.

ee) Vortrag zu Sicherheits- und Kontrollmaßnahmen beim Umverpacken von Ware

Werden Waren, die in einem Zentrallager in größeren Gebinden und Umkartons ankommen, für konkrete Bestellungen umgepackt, so müssen hierbei 37 besondere Sorgfaltsmaßnahmen und Sicherungsvorkehrungen eingerichtet sein, da das Umverpacken von Ware sich als besonders schadensträchtig darstellt. Der Spediteur/Frachtführer hat konkret darzulegen, wie das Umverpacken der Ware im Einzelnen vorgenommen wird.

> BGH, Urt. v. 25.9.1997 – I ZR 156/95, TranspR 1998, 262 = VersR 1998, 657 = NJW-RR 1998, 886.

ff) Beweislast für den vom Spediteur/Frachtführer zu haltenden Vortrag

Grundsätzlich hat der **Anspruchsteller** die Voraussetzungen für den Wegfall 38 der zugunsten des Frachtführers bestehenden gesetzlichen oder vertraglichen

Haftungsbegrenzungen darzulegen und ggf. auch zu beweisen. Dementsprechend trägt er die Darlegungs- und Beweislast dafür, dass der Frachtführer oder seine Leute vorsätzlich oder leichtfertig und in dem Bewusstsein gehandelt haben, dass mit Wahrscheinlichkeit ein Schaden eintreten wird. Den Frachtführer trifft jedoch unter bestimmten Voraussetzungen eine **sekundäre Darlegungslast.** Dies ist der Fall, wenn der Klagevortrag ein qualifiziertes Verschulden des Frachtführers mit gewisser Wahrscheinlichkeit nahelegt oder sich Anhaltspunkte für ein derartiges Verschulden aus dem unstreitigen Sachverhalt ergeben. Kommt er dem nicht in ausreichendem Maße nach, kann nach den Umständen des Einzelfalls der Schluss auf ein **qualifiziertes Verschulden** gerechtfertigt sein.

> BGH, Urt. v. 18.12.2008 – I ZR 128/06, TranspR 2009, 134
> = NJW-RR 2009, 751;
>
> BGH, Urt. v. 24.11.2010 – I ZR 192/08, TranspR 2011, 161;
>
> BGH, Urt. v. 13.1.2011 – I ZR 188/08, TranspR 2011, 218
> = VersR 2011, 1161 = NJW-RR 2011, 1181;
>
> BGH, Urt. v. 13.6.2012 – I ZR 87/11, TranspR 2012, 463
> = MDR 2012, 1423.

39   Hat der Spediteur/Frachtführer seiner **sekundären Darlegungslast** in ausreichendem Maße genügt, muss der Anspruchsteller – nach der neueren Rechtsprechung des I. Zivilsenats des BGH – die Voraussetzungen für eine unbeschränkte Haftung des Frachtführers darlegen und ggf. auch **beweisen.** Es gereicht dem beklagten Frachtführer daher nicht zum Nachteil, wenn er den von ihm zu seiner Entlastung geschilderten Sachverhalt nicht bewiesen hat, da ihm insoweit keine Beweislast obliegt.

> Anders noch BGH, Urt. v. 7.11.1996 – I ZR 111/94, TranspR
> 1997, 291.

Eine andere Beurteilung der Darlegungs- und Beweislastverteilung ergibt sich auch dann nicht, wenn der an sich darlegungs- und beweisbelasteten Partei die nähere Darlegung eines zum Wahrnehmungsbereich des Gegners gehörenden Geschehens nicht möglich ist. Dieser Umstand führt nicht zu einer **Umkehrung der Beweislast,** sondern allenfalls zu erhöhten Anforderungen an die Erklärungslast des beklagten Frachtführers.

> BGH, Urt. v. 22.1.2009 – I ZR 139/07, NJW 2009, 2384;
>
> BGH, Urt. v. 10.12.2009 – I ZR 154/07, TranspR 2010, 78
> = VersR 2010, 648 = NJW 2010, 1816.

40   Hat der Spediteur/Frachtführer seine Einlassungsobliegenheit erfüllt, bleibt der Anspruchsteller beweisbelastet dafür, dass der vorgetragene Organisationsablauf den Vorwurf **qualifizierten Verschuldens** i. S. v. § 435 HGB rechtfertigt.

> BGH, Urt. v. 21.9.2000 – I ZR 135/98, BGHZ 145, 170
> = TranspR 2001, 29 = VersR 2001, 526;

BGH, Urt. v. 5.6.2003 – I ZR 234/00, TranspR 2003, 467 = NJW 2003, 3626 = MDR 2004, 220.

gg) Fehlender Sachvortrag des Spediteurs/Frachtführers bei völlig ungeklärtem Schadenshergang

Ist der Schadenshergang völlig ungeklärt und weigert sich der Spediteur/ **41** Frachtführer, auch nur ansatzweise zum Organisationsablauf in seinem Betrieb vorzutragen, ist der Schluss auf ein qualifiziertes Verschulden (§ 435 HGB) schon auf Grund einer generalisierenden Betrachtungsweise geboten, weil der Anspruchsteller von den näheren Umständen der Behandlung des Transportgutes im Gewahrsamsbereich des Spediteurs/Frachtführers keine Kenntnis hat und eine solche Kenntnis auch nicht haben kann, während der Fixkostenspediteur nähere Informationen in zumutbarem Umfang unschwer erteilen könnte.

Unterlässt er dies, ist nicht nur der Schluss auf das objektive Tatbestands- **42** merkmal der **Leichtfertigkeit**, sondern auch der Schluss auf das subjektive Erfordernis des Bewusstseins von der Wahrscheinlichkeit des Schadenseintritts gerechtfertigt. Denn in einem solchen Fall ist nach der allgemeinen Lebenserfahrung regelmäßig nicht nur von einer Organisation des Betriebsablaufs auszugehen, die keinen hinreichenden Schutz der zu befördernden Güter gegen ein Abhandenkommen gewährleistet und sich in krasser Weise über die Sicherheitsinteressen des Vertragspartners hinwegsetzt, sondern auch von einer sich dem Handelnden aus seinem leichtfertigen Verhalten aufdrängenden Erkenntnis, es werde mit Wahrscheinlichkeit ein Schaden entstehen.

BGH, Urt. v. 5.6.2003 – I ZR 234/00, TranspR 2003, 467 = NJW 2003, 3626 = MDR 2004, 220.

hh) Einlassungsobliegenheit von Paketdienstunternehmen

An die Einlassungsobliegenheit des Spediteurs/Frachtführers in Bezug auf **43** seine betrieblichen Organisationsabläufe sind auch dann keine geringeren Anforderungen zu stellen, wenn es sich bei ihm um einen Paketdienst handelt, bei dem es auf Massenumschlag, Massenlagerung und Massenbeförderung ankommt und dessen Kunden eine kostengünstige Abholung und Zustellung binnen 24 Stunden erwarten. Denn für solche Paketdienstunternehmen gelten **keine geringeren Sorgfaltsanforderungen**.

BGH, Urt. v. 15.11.2001 – I ZR 158/99, BGHZ 149, 337 = TranspR 2002, 295 = VersR 2002, 1440 = NJW 2002, 3106;

BGH, Urt. v. 13.2.2003 – I ZR 128/00, TranspR 2003, 255 = VersR 2003, 1017 = NJW-RR 2003, 751;

BGH, Urt. v. 5.6.2003 – I ZR 234/00, TranspR 2003, 467 = NJW 2003, 3626 = MDR 2004, 220.

e) Sorgfaltspflichten des Spediteurs/Frachtführers

44 Der Bundesgerichtshof geht in ständiger Rechtsprechung davon aus, dass es sich beim Umschlag von Transportgütern um einen besonders **schadensanfälligen** Bereich handelt, der deshalb so organisiert werden muss, dass in der Regel Ein- und Ausgang der Güter kontrolliert werden, damit Fehlbestände frühzeitig festgehalten werden können. Denn ohne ausreichende Ein- und Ausgangskontrollen kann ein verlässlicher Überblick über Lauf und Verbleib der in den einzelnen Umschlagstationen ein- und abgehenden Güter nicht gewonnen werden. Die Folge unzureichender Ein- und Ausgangskontrollen besteht im Allgemeinen darin, dass der Eintritt eines Schadens und der Schadensbereich in zeitlicher, räumlicher und personeller Hinsicht nicht eingegrenzt werden können.

> BGH, Urt. v. 4.5.1995 – I ZR 70/93, BGHZ 129, 345 = TranspR 1996, 34 = VersR 1995, 1334;
>
> BGH, Urt. v. 8.12.1999 – I ZR 230/97, TranspR 2000, 318 = VersR 2000, 1043 = NJW 2000, 2497;
>
> BGH, Urt. v. 15.11.2001 – I ZR 158/99, BGHZ 149, 337 = TranspR 2002, 295 = VersR 2002. 1440 = NJW 2002, 3106;
>
> BGH, Urt. v. 25.3.2004 – I ZR 205/01, BGHZ 158, 322 = TranspR 2004, 309 = VersR 2004, 1335 = NJW 2004, 2445.

aa) Erfordernis von durchgängigen Schnittstellenkontrollen

45 In § 7 lit. b Nr. 1 ADSp a. F. war bestimmt, dass der Spediteur verpflichtet ist, die Packstücke an Schnittstellen auf Vollzähligkeit und Identität sowie äußerlich erkennbare Schäden zu überprüfen. Eine entsprechende Regelung findet sich nunmehr in Nr. 7.1.1 ADSp 2003. Das Erfordernis von durchgängigen Schnittstellenkontrollen wird noch verstärkt, wenn – was häufig der Fall ist – rechtlich selbständige Drittunternehmen in die Erbringung der Transportleistung eingebunden sind. Durch das am 1.7.1998 in Kraft getretene TRG hat sich an dem Erfordernis von durchgängigen Ein- und Ausgangskontrollen beim Umschlag von Transportgütern nichts geändert.

46 Bei einer Betriebsorganisation des Spediteurs/Frachtführers, die Ein- und Ausgangskontrollen beim Umschlag von Transportgütern nicht durchgängig vorsieht, ist im Regelfall der Vorwurf eines leichtfertigen Verhaltens gerechtfertigt, weil es sich bei diesen Kontrollen um elementare Vorkehrungen gegen Verlust von Ware handelt. Vernachlässigt ein Spediteur/Frachtführer elementare Sorgfaltspflichten (etwa die Durchführung von ausreichenden Schnittstellenkontrollen), so handelt er im Allgemeinen auch in dem Bewusstsein, dass es auf Grund des Mangels dieser Vorkehrungen zu einem Schadenseintritt kommen kann.

> BGH, Urt. v. 25.3.2004 – I ZR 205/01, BGHZ 158, 322 = TranspR 2004, 309 = VersR 2004, 1335 = NJW 2004, 2245.

(1) Stichprobenartige Ein- und Ausgangskontrollen

Die erforderlichen Ein- und Ausgangskontrollen müssen nicht zwingend lü- 47
ckenlos alle umzuschlagenden Sendungen erfassen, um den Vorwurf eines
qualifizierten Verschuldens auszuschließen. Im Einzelfall kann vielmehr auch
eine stichprobenartige Kontrolle genügen, sofern auf diese Weise eine hinreichende Kontrolldichte gewährleistet wird, um der Gefahr des Abhanden-
kommens von Sendungen wirksam entgegenzuwirken. Das setzt jedoch voraus, dass die Umstände der Stichprobenkontrolle, ihr genauer Ablauf, ihre
Häufigkeit und Intensität nachvollzogen werden können.

> BGH, Urt. v. 15.11.2001 – I ZR 158/99, BGHZ 149, 337
> = TranspR 2002, 295 = VersR 2002, 1440 = NJW 2002, 3106;
>
> BGH, Urt. v. 13.2.2003 – I ZR 128/00, TranspR 2003, 255
> = VersR 2003, 1017 = NJW-RR 2003, 751.

(2) Dokumentationsverzicht

Hat sich der Versender gegenüber dem Spediteur/Frachtführer (Paketdienst- 48
unternehmen) ausdrücklich damit einverstanden erklärt, „dass eine Kontrolle
des Transportweges durch schriftliche Ein- und Ausgangsdokumentation an
den einzelnen Umschlagstellen nicht durchgeführt wird", verzichtet er damit
nicht generell auf die Durchführung der erforderlichen Schnittstellenkontrollen selbst.

In **Allgemeinen Geschäftsbedingungen** niedergelegte Klauseln, die den Ver- 49
wender von an sich bestehenden Vertragpflichten freizeichnen, sind eng auszulegen. Unklarheiten in Allgemeinen Geschäftsbedingungen gehen grundsätzlich zu Lasten desjenigen, der die Allgemeinen Geschäftsbedingungen
verwendet hat (§ 5 AGBG a. F.; jetzt § 305c Abs. 2 BGB).

Bei der Bestimmung des maßgeblichen Klauselinhalts ist zunächst vom Wort- 50
laut der Klausel auszugehen. Danach erklärt sich der Kunde des Spediteurs/
Frachtführers damit einverstanden, dass dieser „eine Kontrolle des Trans-
portwegs durch schriftliche Ein- und Ausgangsdokumentation" nicht durchführt. Der Verzicht bezieht sich nach dem Sprachverständnis mithin lediglich
auf die schriftliche Dokumentation. Wenn es dem Verwender der Klausel um
den Verzicht auf die Durchführung von Kontrollen selbst gegangen wäre,
hätte es nahe gelegen, dass er dies durch eine unmissverständliche Formulierung zum Ausdruck gebracht hätte.

Der Verzicht auf eine schriftliche Dokumentation des Ein- und Ausgangs an 51
den einzelnen Umschlagstellen gibt auch nicht nur dann einen Sinn, wenn
damit zugleich auf die Schnittstellenkontrollen selbst verzichtet wird. Mit
dem Verzicht auf die schriftliche Dokumentation von Ein- und Ausgangskontrollen entfällt nicht jedwede Möglichkeit zur Rekonstruktion des Transportverlaufs. Dieser kann ebenso effektiv durch den Einsatz elektronischer
Medien zurückverfolgt werden. Aus der Sicht des objektiven Verständnisses

der mit der Klausel angesprochenen Versender liegt es mithin nicht fern, dass der Klauselverwender in der Vertragsbestimmung seine Absicht hat zum Ausdruck bringen wollen, künftig statt der schriftlichen Dokumentation elektronische Medien zur Kontrolle des Transportverlaufs zum Einsatz zu bringen, um sich eine Aufzeichnung und komplette Aufbewahrung der Dokumentation von täglich weit über 100.000 Paketen zu ersparen.

> BGH, Urt. v. 15.11.2001 – I ZR 284/99, TranspR 2002, 306
> = VersR 2003, 1012 = NJW-RR 2002, 1257.

52 Dementsprechend kann der Dokumentationsverzicht auch keinen Einfluss auf die **Einlassungsobliegenheit** des Spediteurs/Frachtführers haben.

> BGH, Urt. v. 9.10.2003 – I ZR 275/00, TranspR 2004, 175;
> BGH, Urt. v. 6.5.2004 – I ZR 262/01, TranspR 2004, 474.

(3) Verzicht auf Schnittstellenkontrollen in AGB des Spediteurs/ Frachtführers

53 Enthält eine Klausel in den Allgemeinen Geschäftsbedingungen des Spediteurs/Frachtführers einen Verzicht auf die Durchführung von Schnittstellenkontrollen selbst, so unterliegt sie der Kontrolle nach § 449 Abs. 2 Satz 1 HGB und wäre nach dieser Bestimmung unwirksam.

54 Vertragliche Abweichungen von den Haftungsregelungen in den §§ 425 bis 438 HGB sollen unabhängig davon, ob sie nach der allgemeinen AGB-rechtlichen Einordnung als eine der Inhaltskontrolle entzogene Leistungsbeschreibung oder als kontrollfähige Einschränkungen des Hauptleistungsversprechens des Frachtführers anzusehen sind, grundsätzlich nur durch eine **im Einzelnen ausgehandelte Vereinbarung** möglich sein.

55 Von seiner Haftung für den Verlust von Transportgut ist der Spediteur/ Frachtführer gemäß § 426 HGB nur befreit, wenn der Verlust auf Umständen beruht, die er auch bei größter Sorgfalt nicht vermeiden und deren Folgen er nicht abwenden konnte. Bei einem Verstoß gegen wesentliche Sorgfaltspflichten ist eine Haftungsbefreiung ausgeschlossen. Zu den wesentlichen Sorgfaltspflichten des Frachtführers gehört der Schutz des Transportgutes vor Verlust. Der Frachtführer hat daher die Beförderung so zu organisieren, dass Ein- und Ausgang der Güter kontrolliert werden. Sofern durch Beförderungsbedingungen das Erfordernis von Schnittstellenkontrollen abbedungen sein sollte, liefe dies auf eine Einschränkung der nach § 426 HGB geforderten wesentlichen Sorgfaltsanforderungen hinaus, die gemäß § 449 Abs. 2 Satz 1 HGB nur durch eine konkret ausgehandelte Vereinbarung möglich ist, die dem Spediteur/Frachtführer auch nicht unzumutbar ist.

> BGH, Urt. v. 1.12.2005 – I ZR 103/04, TranspR 2006, 169
> = NJW-RR 2006, 758 = MDR 2006, 1004.

(4) Entbehrlichkeit von Schnittstellenkontrollen bei der Beförderung von Briefen/briefähnlichen Sendungen

Im Rahmen der Beförderung von **Briefen und briefähnlichen** Sendungen ist   **56** der Spediteur/Frachtführer nicht zur Vornahme von durchgängigen Ein- und Ausgangskontrollen verpflichtet. Demzufolge ist es ihm im Verlustfall nicht möglich und auch nicht zumutbar, konkret darzulegen, wie es zu dem jeweiligen Verlust gekommen ist.

Das für **Paketsendungen** aufgestellte Gebot von durchgehenden Schnittstel-   **57** lenkontrollen soll die Möglichkeit schaffen, den Eintritt eines Schadens und den Schadensbereich in zeitlicher, räumlicher und personeller Hinsicht möglichst frühzeitig einzugrenzen. Ohne umfassende Ein- und Ausgangskontrollen kann ein verlässlicher Überblick über den Lauf und Verbleib der in den einzelnen Umschlagstationen ein- und abgehenden Güter nicht gewonnen werden.

Diese Grundsätze sind auf den Versand von Briefen und briefähnlichen Sen-   **58** dungen nicht zu übertragen. Bei der **Briefbeförderung** steht die Übermittlung der in dem Brief enthaltenen individuellen Gedankenerklärung im Vordergrund. Dem Versender eines Briefes erwächst aus dessen Verlust im Allgemeinen kein materieller Schaden. Dementsprechend besteht bei Briefsendungen für Dritte auch kein besonderer Anreiz, sich den Inhalt der Sendungen anzueignen, um sich zu bereichern.

Gleiches gilt für die Beförderung von Einschreibebriefen. Der **Einschreibe-**   **59** **brief** unterscheidet sich nur insoweit von einer gewöhnlichen Briefsendung, als die Einlieferung und der Zugang der Sendung dokumentiert werden. Er ist nicht zum Versand von wertvollen Waren bestimmt. Auf einen Einschreibebrief treffen die Besonderheiten des postalischen Massenverkehrs – schnelle und kostengünstige Übermittlung zu jedem Haushalt in Deutschland – ebenso zu wie auf gewöhnliche Briefe und briefähnliche Sendungen.

> BGH, Urt. v. 14.6.2006 – I ZR 136/03, TranspR 2006, 348
> = NJW-RR 2007, 96 = BGHReport 2006, 1414.

Dass die Sorgfalts- und Organisationsanforderungen im Bereich der Versen-   **60** dung von Briefen und briefähnlichen Sendungen geringer anzusetzen sind als bei der Paketbeförderung, steht im Einklang mit der Systematik des Gesetzes, das in § 449 Abs. 2 Satz 1 HGB für Briefe und briefähnliche Sendungen **weitergehende Haftungsbeschränkungen** als bei anderen Sendungen ermöglicht. Auch damit wird den Besonderheiten des postalischen Massenverkehrs Rechnung getragen.

> Begründung zum Regierungsentwurf des TRG, BT-Drucks.
> 13/8445, S. 86.

bb) Geringe Schadensquote

Eine im Verhältnis zu der Anzahl der umgeschlagenen Sendungen geringe   **61** Schadensquote von **0,1 bis 0,2 Promille** sowie eine behauptete Aufklärungsquote von 99 % bei Fehlleitungen von Sendungen widerlegen für sich allein nicht die Annahme eines qualifizierten Verschuldens i. S. v. § 435 HGB. Dies folgt schon daraus, dass der Spediteur/Frachtführer verpflichtet ist, jeglichem Verlust des in seine Obhut gelangten Gutes durch geeignete und ausreichende Sicherheitsvorkehrungen entgegenzuwirken. Aus der geringen Schadensquote und der hohen Aufklärungsquote ergeben sich im Übrigen auch keine hinreichenden Anhaltspunkte für die Annahme, dass im maßgeblichen Zeitraum (Abhandenkommen der Sendungen, für die Ersatz verlangt wird), keine **schwerwiegenden Mängel** in der theoretischen oder praktischen Durchführung der Organisation des Spediteurs/Frachtführers vorgelegen haben.

> BGH, Urt. v. 23.10.2003 – I ZR 55/01, TranspR 2004, 177
> = NJW-RR 2004, 394;
>
> BGH, Urt. v. 4.3.2004 – I ZR 2000/01, TranspR 2004, 460;
>
> BGH, Urt. v. 25.3.2004 – I ZR 205/01, BGHZ 158, 322
> = TranspR 2004, 309 = VersR 2004, 1335 = NJW 2004, 2445.

cc) Erfordernis von Schutzvorkehrungen gegen Diebstahl des Frachtgutes

62 Ein Spediteur ist verpflichtet, das ihm anvertraute Gut, soweit wie möglich und zumutbar, vor **Diebstahl zu schützen**. Damit verträgt es sich nicht, dass ein nicht durch besondere Maßnahmen geschützter Lastkraftwagen, der mit Frachtgut beladen ist, mehrere Tage unbeaufsichtigt auf einem nicht verschlossenen Hofgelände stehen gelassen wird. Ein solches Verhalten, das das dem Spediteur zur Besorgung der Beförderung übergebene Gut dem beliebigen Zugriff jedes Dritten, der zu einem Diebstahl entschlossen ist, preisgibt, **ist grob fahrlässig**. Die Organisation eines Speditionsunternehmens, die das nicht berücksichtigt, ist in diesem Punkt grob mangelhaft.

63 Kann der beweisbelastete Auftraggeber bei einer solchen Behandlung des Gutes einen Diebstahl **nicht nachweisen**, weil nicht ausgeschlossen werden kann, dass der Verlust oder Schaden erst nach Abholung des Fahrzeugs durch den Transportunternehmer, d.h. nach der Beendigung der Obhut des Spediteurs am Gut, eingetreten ist, haftet der Spediteur gleichwohl aus dem Gesichtspunkt grob fahrlässigen Organisationsverschuldens auf Schadensersatz, wenn er den Warenumschlag – ungeachtet des Umstandes, dass das Gut tagelang dem beliebigen Zugriff Dritter ausgesetzt wird – so organisiert, dass bei der Abholung des Fahrzeugs durch den Transportunternehmer keine Ausgangskontrolle und damit keine Überprüfung des Gutes auf Vollzähligkeit mehr stattfindet.

> BGH, Urt. v. 16.11.1995 – I ZR 245/93, TranspR 1996, 72
> = VersR 1996, 913 = NJW 1996.545.

dd) Verstoß gegen vertraglich vereinbarte Sicherungsmaßnahmen

Werden im Frachtvertrag zur **Sicherung** des Gutes gegen Raub oder Dieb- 64
stahl besondere Maßnahmen vereinbart (beispielsweise, dass Pausen nur auf
gesicherten, beleuchteten und bewachten Parkplätzen durchgeführt werden
dürfen und dass das Transportfahrzeug zu keiner Zeit unbeaufsichtigt bleiben darf), rechtfertigt ein Verstoß gegen die vereinbarten Sicherungsmaßnahmen in aller Regel den Vorwurf eines **qualifizierten Verschuldens** i. S. v.
§ 435 HGB.

> BGH, Urt. v. 30.9.2010 – I ZR 39/09, BGHZ 187, 141
> = TranspR 2010, 437 = VersR 2011, 819.

ee) Unzureichende Dokumentation des Frachtführers zu angestellten Schadensrecherchen

Der Frachtführer muss unmittelbar nach **Bekanntwerden** eines Schadensfalls 65
konkrete Nachforschungen anstellen, wie es zum Verlust oder zur Beschädigung des ihm übergebenen Transportgutes gekommen ist. Die von ihm ver-
anlassten **Recherchen** und deren Ergebnisse muss er umfassend dokumentieren, um sie in einem nachfolgenden **Rechtsstreit** belegen zu können.

Substantiierter Vortrag zu den durchgeführten **Recherchen** ist vor allem 66
deshalb von besonderer Bedeutung, weil allein zeitnahe Nachfragen sowohl
bei den eigenen Mitarbeitern als auch – je nach den Umständen des Einzelfalls – bei anderen Empfängern von Sendungen die **realistische Möglichkeit**
bieten, ein außer Kontrolle geratenes Paket doch noch aufzufinden. Unter
Umständen kann es auch erforderlich sein, beim Versender nachzufragen, ob
eine vom Empfänger als verlorengegangen gemeldete Sendung an ihn zu-
rückgesandt wurde.

> BGH, Urt. v. 19.7.2012 – I ZR 104/11, juris und auch
> http://www.bundesgerichtshof.de/Entscheidungen.

ff) Fehlen der Voraussetzungen für § 435 HGB

Der Umstand, dass es aufgrund von gleichzeitig beidseitig blockierenden 67
Bremsen zu einem **Reifenbrand** an einem LKW-Anhänger kommt, deutet
nicht ohne Weiteres darauf hin, dass der für einen Straßentransport benutzte
Anhänger bewusst leichtfertig ohne ausreichende Wartung eingesetzt wurde,
wenn die Ursache für die Blockade nicht geklärt werden konnte. Es gibt **keinen Erfahrungssatz**, dass ein solches Blockieren mit hoher Wahrscheinlichkeit auf eine unzureichende Wartung der Bremsanlage zurückzuführen ist.

Es reicht zur Erfüllung der Sorgfaltspflichten, die ein Frachtführer einzuhal- 68
ten hat, grundsätzlich aus, dass vor Fahrtantritt ein **Funktionstest** der Bremsen vorgenommen wird und sich dabei keine Komplikationen gezeigt haben.
Es kann von einem Frachtführer nicht verlangt werden, dass er seine Trans-

portfahrzeuge vor jedem Fahrtantritt von einem **Kraftfahrzeugmechaniker** auf ihre Betriebssicherheit hin überprüfen lässt.

> BGH, Urt. v. 13.1.2011 – I ZR 188/08, TranspR 2011, 218
> = VersR 2011, 1161 = NJW- RR 2011, 1181.

f) Voraussetzungen für das Vorliegen einer bewussten Leichtfertigkeit i. S. v. § 435 HGB

69 Der Verschuldensbegriff der **Leichtfertigkeit** in § 435 HGB, der vom Bewusstsein der Wahrscheinlichkeit des Schadenseintritts getragen sein muss, ist nicht mit dem in den bisherigen transportrechtlichen Regelungen verwendeten Begriff der groben Fahrlässigkeit gleichzusetzen.

> BGH, Urt. v. 5.6.2003 – I ZR 234/00, TranspR 2003, 467 = NJW 2003, 3626 = MDR 2004, 220.

- Der Verschuldensmaßstab des § 435 HGB, der – wenn nicht Vorsatz gegeben ist – neben der Leichtfertigkeit das Bewusstsein voraussetzt, dass ein Schaden mit Wahrscheinlichkeit eintreten werde, ist an den Wortlaut deutscher Übersetzungen internationaler Transportrechtsübereinkommen (u. a. Art. 25 WA 1955) angelehnt. Der Begriff der Leichtfertigkeit bezweckt einen möglichst weitgehenden Einklang des deutschen Transportrechts mit dem internationalen Recht. Der Gesetzgeber ist dabei von dem Bedeutungsgehalt ausgegangen, der dem Begriff schon bisher in der deutschen Rechtsprechung zu Art. 25 WA 1955 zukam.

> Vgl. Begründung zum Regierungsentwurf des TRG, BT-Drucks. 13/8445, S. 72.

Dementsprechend muss die Auslegung des neuen Verschuldensbegriffs in erster Linie diesem Verständnis entnommen werde.

> BGH, Urt. v. 25.3.2004 – I ZR 205/01, BGHZ 158, 322
> = TranspR 2004, 309 = VersR 2004, 1335 = NJW 2004, 2445.

- Das Tatbestandsmerkmal der **Leichtfertigkeit** erfordert einen besonders schweren Pflichtenverstoß, bei dem sich der Spediteur/Frachtführer oder seine „Leute" in krasser Weise über die Sicherheitsinteressen des Vertragspartners hinwegsetzen.

Das subjektive Erfordernis des **Bewusstseins von der Wahrscheinlichkeit** des Schadenseintritts ist eine sich dem Handelnden aus seinem leichtfertigen Verhalten aufdrängende Erkenntnis, es werde wahrscheinlich ein Schaden entstehen. Dabei reicht die Erfüllung des Tatbestandsmerkmals der Leichtfertigkeit für sich allein allerdings nicht aus, um auf das Bewusstsein von der Wahrscheinlichkeit des Schadenseintritts schließen zu können.

Eine solche Erkenntnis als innere Tatsache ist vielmehr erst dann anzunehmen, wenn das leichtfertige Verhalten nach seinem Inhalt und nach den Umständen, unter denen es aufgetreten ist, diese Folgerung rechtfertigt. Es bleibt der tatrichterlichen Würdigung vorbehalten, ob das Handeln nach dem äußeren Ablauf des zu beurteilenden Geschehens vom Bewusstsein getragen wurde, dass der Eintritt eines Schadens mit Wahrscheinlichkeit gedroht hat.

> BGH, Urt. v. 16.2.1979 – I ZR 97/77, BGHZ 74, 162 = VersR 1979, 641 = NJW 1979, 2447;
>
> BGH, Urt. v. 21.9.2000 – I ZR 135/98, BGHZ 145, 170 = TranspR 2001, 29 = VersR 2001, 526 = NJW-RR 2001, 396;
>
> BGH, Urt. v. 25.3.2004 – I ZR 205/01, BGHZ 158, 322 = TranspR 2004, 309 = VersR 2004, 1335 = NJW 2004, 2445.

Dabei sind in erster Linie **Erfahrungssätze** heranzuziehen. Zudem kann der Schluss auf das Bewusstsein der Wahrscheinlichkeit des Schadenseintritts auch im Rahmen typischer Geschehensabläufe nahe liegen.

> BGH, Urt. v. 5.6.2003 – I ZR 234/00, TranspR 2003, 467 = NJW 2003, 3626 = MDR 2004, 320;
>
> BGH, Urt. v. 23.10.2003 – I ZR 55/01, TranspR 2004, 177 = NJW-RR 2004, 394.

- Die **tatrichterliche Beurteilung** der Frage, ob eine bewusste Leichtfertigkeit i. S. v. § 435 HGB vorliegt, ist durch das Revisionsgericht nur in eingeschränktem Maße nachprüfbar. Die Prüfung muss sich darauf beschränken, ob das Berufungsgericht den Rechtsbegriff der bewussten Leichtfertigkeit verkannt hat oder ob Verstöße gegen § 286 ZPO, gegen die Denkgesetze oder gegen Erfahrungssätze vorliegen.

> BGH, Urt. v. 15.11.2001 – I ZR 158/99, BGHZ 149, 337 = TranspR 2002, 295 = VersR 2002, 1440 = NJW 2002, 3106;
>
> BGH, Urt. v. 25.3.2004 – I ZR 205/01, BGHZ 158, 322 = TranspR 2004, 309 = VersR 2004, 1335 = NJW 2004, 2445.

- Nach der Rechtsprechung des Bundesgerichtshofs trägt grundsätzlich der Anspruchsteller die **Darlegungs- und Beweislast** dafür, dass dem Anspruchsgegner ein qualifiziertes Verschulden anzulasten ist mit der Folge, dass sich der Anspruchsgegner nicht auf zu seinen Gunsten bestehende gesetzliche oder vertragliche Haftungsbeschränkungen berufen kann (siehe Rn. 38 ff.). Die ihm obliegende Darlegungslast erfüllt der Anspruchsteller aber bereits dann, wenn sein Klagevortrag nach den Umständen des Falles ein **qualifiziertes Verschulden** mit gewisser Wahrscheinlichkeit nahe legt und allein der Anspruchsgegner in zumutbarer Weise zu der Aufklärung des in seinem Bereich entstandenen Schadens beitragen kann. Dasselbe gilt, wenn sich aus dem unstreitigen Sachverhalt Anhaltspunkte für ein entsprechendes Verschulden ergeben. In einem solchen Fall darf sich der Anspruchsgegner zur Vermeidung **prozessualer Nachteile** nicht darauf beschränken, den Sachvortrag des Anspruchstellers schlicht zu bestreiten.

BGH, Urt. v. 21.3.2007 – I ZR 166/04, TranspR 2007, 361
= NJW-RR 2007, 1630 = MDR 2007, 1383.

- Das Herbeiführen eines Verkehrsunfalls durch ein „Einnicken" des Fahrers am Steuer begründet nur dann den Vorwurf eines leichtfertigen Handelns, wenn sich der Fahrer bewusst über von ihm erkannte deutliche Anzeichen einer Übermüdung hinweggesetzt hat. Für den dem Anspruchsteller dafür obliegenden Nachweis sind die Regeln des Anscheinsbeweises jedenfalls insoweit nicht anwendbar, als es sich bei dem Geschehen um einen individuellen Vorgang handelt. Die Verursachung eines Verkehrsunfalls kann nicht nur mit einem Einschlafen des Fahrers am Steuer erklärt werden. Das Unfallereignis kann vielmehr auch auf mangelnde Konzentration oder auf ein Geschehen zurückzuführen sein, das den Fahrer so vom Straßenverkehr abgelenkt hat, dass er zu einer angemessenen Reaktion nicht mehr in der Lage war.

- Der Umstand, dass ein im Güterverkehr eingesetzter noch **nicht 21 Jahre** alter Fahrer, der einen Unfall verursacht hat, nicht Inhaber eines Befähigungsnachweises über den erfolgreichen Abschluss einer von einem der Mitgliedstaaten anerkannten Ausbildung für Fahrer im Güterkraftverkehr gemäß den gemeinschaftlichen Rechtsvorschriften über das Mindestniveau der Ausbildung als Fahrer von Transportfahrzeugen im Straßenverkehr gewesen ist, hat für die Frage der Haftung nur dann Bedeutung, wenn sich das Fehlen der bei einer entsprechenden Ausbildung vermittelten Kenntnisse im konkreten Schadensfall zumindest als Gefahrenmoment niedergeschlagen hat.

  BGH, Urt. v. 21.11.2006 – VI ZR 115/05, NJW 2007, 506
  = VersR 2007, 263 = MDR 2007, 399;

  BGH, Urt. v. 21.3.2007 – I ZR 166/04, TranspR 2007, 361
  = NJW-RR 2007, 1630 = MDR 2007, 1383.

70 Ein schwerwiegendes **Organisationsverschulden** des Spediteurs oder Frachtführers besteht grundsätzlich nicht darin, dass ein in Auftrag gegebener Gütertransport nicht mit einem Koffer-LKW, sondern mit einem Planen-LKW durchgeführt wird. Ohne einen entsprechenden Auftrag besteht für den Auftragnehmer keine generelle Verpflichtung, eine derartige Sicherheitsmaßnahme zu ergreifen.

  BGH, Urt. v. 1.7.2010 – I ZR 176/08, TranspR 2011, 78 = VersR 2011, 373 = NJW-RR 2011, 117.

71 Aufgrund des allgemeinen Hinweises in einem Frachtauftrag „**Achtung: diebstahlgefährdete Ware! Wagen wird verplombt!**" muss der Spediteur oder Frachtführer grundsätzlich nicht davon ausgehen, dass bei der Durchführung der Beförderung eine „**besondere Gefahrenlage**" besteht, die das Ergreifen besonderer Sicherungsmaßnahmen (insbesondere den Einsatz eines Kastenwagens anstatt eines Planen-LKW sowie ggf. den Einsatz eines zweiten Fahrers) erfordert.

BGH, Urt. v. 1.7.2010 – I ZR 176/08, TranspR 2011, 78 = VersR 2011, 373 = NJW-RR 2011, 117.

g) Schadensnachweis

Sofern der Spediteur/Frachtführer dem Grunde nach für einen Transport-schaden haften muss, stellt sich die Frage des **Schadensnachweises**. Die Be-weislast für den Eintritt und die Höhe eines Schadens, sei es durch Verlust, Beschädigung oder Lieferfristüberschreitung (§ 425 Abs. 1 HGB), **trägt** grundsätzlich der **Geschädigte**. 72

> BGH, Urt. v. 24.10.2002 – I ZR 104/00, TranspR 2003, 156
> = NJW-RR 2003, 754 = MDR 2003, 649.

aa) Vorhandensein einer Übernahmequittung

In einem Schadensersatzprozess wegen Verlustes von Transportgut kann der Beweis für die Anzahl der übergebenen Frachtstücke und den Zustand des Gutes von dem Anspruchsberechtigten grundsätzlich durch eine von dem Frachtführer oder seinem Fahrer ausgestellte Empfangsbestätigung (**Über-nahmequittung**) geführt werden. Die formelle Beweiskraft einer solchen Empfangsbestätigung richtet sich nach § 416 ZPO. Ihre materielle Beweis-kraft hängt – ebenso wie bei der Quittung i. S. v. § 368 BGB – von den Um-ständen des Einzelfalls ab. Sie unterliegt der freien richterlichen Beweiswür-digung (**§ 286 ZPO**) und kann durch jeden Gegenbeweis, durch den die Überzeugung des Gerichts von ihrer inhaltlichen Richtigkeit erschüttert wird, entkräftet werden. 73

Das kommt etwa in Betracht, wenn die **Empfangsbestätigung** Angaben ent-hält, die der Unterzeichnende ersichtlich oder erwiesenermaßen nicht bestä-tigen konnte, wie beispielsweise Angaben über die Anzahl der in Kartons verpackten Waren. Denn die **Beweiskraft** einer Empfangsbestätigung bezieht sich im Zweifel nicht auf den Inhalt einer verschlossenen Sendung. 74

> BGH, Urt. v. 19.6.1986 – I ZR 15/84, TranspR 1986, 459
> = VersR 1986, 1019 = NJW-RR 1986, 1361;

> BGH, Urt. v. 24.10.2002 – I ZR 104/00, TranspR 2003, 156
> = NJW-RR 2003, 754 = MDR 2003, 649.

bb) Beweis der Übergabe des Transportgutes bei Vereinbarung des EDI-Verfahrens

Der Nachweis der Paketübergabe an den Spediteur/Frachtführer mittels einer von dem Abholfahrer unterzeichneten Empfangsbestätigung gelingt aller-dings nicht, wenn ein Großversender und das Transportunternehmen für die Durchführung der Beförderung das so genannte EDI-Verfahren vereinbart haben. Dieses Verfahren **läuft folgendermaßen ab**: 75

- Der Versender druckt mit einer von dem Spediteur/Frachtführer zur Verfügung gestellten Software Barcode-Paketkontrollnummern aus und versieht die versandfertigen Pakete mit diesen Kontrollnummern. Anschließend übermittelt er dem Transportunternehmen per Datenfernübertragung eine Versandliste, in der auch die Kontrollnummern aufgeführt sind.

- Die Pakete werden von dem Versender in einen von dem Transportunternehmen überlassenen Container geladen, der dann im Beisein des Abholfahrers des Spediteurs/Frachtführers verplombt wird.

- Der Fahrer bestätigt, ohne vorher den Inhalt des Behältnisses überprüft zu haben, auf einem Schreiben den Empfang einer bestimmten Anzahl von Paketen zu einem bestimmten Zeitpunkt. Die Liste mit den Kontrollnummern steht ihm dabei nicht zur Verfügung.

- Das Transportunternehmen hat die Möglichkeit, alle Pakete beim ersten Eingang in einem Umschlagcenter zu scannen und die Kontrollnummern der eingegangenen Pakete mit den Nummern auf der per Datenfernleitung übermittelten Versandliste zu vergleichen.

76 Im Falle der vereinbarten Anwendung des EDI-Verfahrens bei der Abwicklung von Transportaufträgen kann der Versender nach Treu und Glauben (§ 242 BGB) davon ausgehen, dass der Spediteur/Frachtführer nach Öffnung des verplombten Behältnisses, in dem sich die Pakete befinden, die Richtigkeit der Versandliste **unverzüglich überprüft** und Beanstandungen dem Versender ebenfalls unverzüglich mitteilt.

77 Unterbleibt eine unverzügliche Beanstandung, kann der Versender dies nach Sinn und Zweck des EDI-Verfahrens als Bestätigung der Versandliste ansehen, die damit die Wirkung einer Empfangsbestätigung erhält.

78 Bei einer anderen Beurteilung käme der Versender in erhebliche Nachweisschwierigkeiten, wenn eine Sendung nach deren Übergabe an den Spediteur/Frachtführer abhanden kommt. Die Empfangsquittung des Abholfahrers genügt nicht als Nachweis für die Übergabe eines bestimmten Paketes, da der Fahrer den Inhalt des von dem Versender beladenen Containers vereinbarungsgemäß nicht im Einzelnen überprüft hat.

79 Ein **Versender** hätte dann aber – auch gegenüber seinem Versicherer – kaum eine Möglichkeit, die Übergabe eines bestimmten Paketes nachzuweisen. Solche **Beweisschwierigkeiten** des Versenders sind nach Sinn und Zweck des EDI-Verfahrens nicht gewollt. Die durch das Unterlassen einer Beanstandung begründete Vermutung kann von dem Spediteur/Frachtführer allerdings widerlegt werden.

> BGH, Urt. v. 4.5.2005 – I ZR 235/02, TranspR 2005, 403
> = VersR 2006, 573 = NJW-RR 2005, 1557;
> BGH, Urt. v. 20.9.2007 – I ZR 43/05, TranspR 2008, 113.

cc) Teilregulierung des Spediteurs/Frachtführers

Ist zwischen den Parteien eines Beförderungsvertrages streitig, ob ein in Ver- 80
lust geratenes Paket in die Obhut des beklagten Spediteurs/Frachtführers gelangt war und hat Letzterer auf eine geltend gemachte Schadensersatzforderung einen Teilbetrag gezahlt, so kann die Zahlung ein sog. „**Zeugnis des
Schuldners wider sich selbst**" darstellen und zu einer Umkehr der Beweislast führen.

Ein solches „Zeugnis gegen sich selbst" ist dann anzunehmen, wenn die Lei- 81
stung den Zweck hat, dem Gläubiger Erfüllungsbereitschaft anzuzeigen, um
ihn dadurch von Maßnahmen gegen den Schuldner abzuhalten oder ihm den
Beweis zu erleichtern. Die Auslegung des Verhaltens des Schuldners ist Tatfrage. Ein „**Zeugnis gegen sich selbst**" kann auch dann angenommen werden, wenn unterstellt wird, dass die Zahlung des Schuldners nur aus Kulanz
erfolgt ist. Sehen die Beförderungsbedingungen des Spediteurs/Frachtführers
nämlich vor, dass eine Ersatzleistung im Falle unterlassener Wertdeklaration
nur bei „Verschulden für nachgewiesene direkte Schäden" erfolgt, kann die
Annahme eines „Zeugnisses gegen sich selbst" ohne Weiteres gerechtfertigt
sein. Eine andere Beurteilung widerspräche auch der Lebenserfahrung.

BGH, Urt. v. 1.12.2005 – I ZR 284/02, TranspR 2006, 202
= BGHReport 2006, 873.

dd) Beweis des Inhalts und Werts einer Sendung

Der Beweis für den Umfang und den Wert einer verlorengegangenen Sen- 82
dung unterliegt der freien richterlichen **Beweiswürdigung gemäß § 286
ZPO**. Der Tatrichter muss sich die Überzeugung von der Richtigkeit des behaupteten Umfangs einer Sendung anhand der gesamten Umstände des jeweiligen Einzelfalls bilden.

BGH, Urt. v. 22.10.2009 – I ZR 119/07, TranspR 2010, 73;
BGH, Urt. v. 29.10.2009 – I ZR 191/07, TranspR 2010, 200
= NJW 2010, 2270;
BGH, Urt. v. 13.9.2012 – I ZR 14/11, juris und
http://www.bundesgerichtshof.de/Entscheidungen.

Zum Nachweis eines durch Verlust entstandenen Schadens kann es auch aus- 83
reichen, wenn entweder Lieferscheine oder korrespondierende Rechnungen
vorgelegt werden. Der Tatrichter kann sich die Überzeugung von der Richtigkeit des Behauptung, es seien die in einer Rechnung oder in einem Lieferschein aufgeführten Waren zur Beförderung übergeben worden, anhand der
gesamten Umstände des Einzelfalls auch dann bilden, wenn nur eines der
beiden Dokumente vorgelegt wird und der Spediteur/Frachtführer dagegen
keine substantiierten Einwände vorbringt. Der Tatrichter muss allerdings
prüfen, ob die zum Nachweis eines behaupteten Schadens vorgelegten Dokumente in sich schlüssig und geeignet sind, den Vortrag des Anspruchstellers zum entstandenen Schaden zu belegen.

> BGH, Urt. v. 28.9.2006 – I ZR 198/03, TranspR 2007, 110
> = NJW-RR 2007, 1282 = MDR 2007, 668;
>
> BGH, Urt. v. 20.9.2007 – I ZR 44/05, TranspR 2008, 163;
>
> BGH, Urt. v. 2.4.2009 – I ZR 61/06, TranspR 2009, 317;
>
> BGH, Urt. v. 22.10.2009 – I ZR 119/07, TranspR 2010, 73;
>
> BGH, Urt. v. 13.9.2012 – I ZR 14/11,
> http://www.bundesgerichtshof.de/Entscheidungen.

84 Die vorstehend dargelegten Grundsätze gelten auch dann, wenn ein **Groß-kunde** dem Transportunternehmen ständig eine Vielzahl von Paketen übergibt. Gewerbliche Unternehmen nehmen erfahrungsgemäß täglich eine Vielzahl von Bestellungen anderer **Gewerbetreibender** entgegen und wickeln diese ab. Auch bei einem Massenversand durch einen Dauerkunden kann grundsätzlich nicht davon ausgegangen werden, dass sich die in einem Lieferschein und/oder einer Rechnung aufgeführten **Waren** in irgendeiner beliebigen der zum Versand gebrachten Sendungen befunden haben können.

> BGH, Urt. v. 20.7.2006 – I ZR 9/05, TranspR 2006, 394
> = BGHReport 2006, 1468 = NJW-RR 2007, 28.

85 Angaben in einer erst **zehn Tage nach der Einlieferung** der Sendung erstellten Rechnung allein – d. h. ohne die Darlegung, aus welchem Grunde und auf Grund welcher Unterlagen die Rechnung erst nachträglich erstellt worden ist – legen nicht die Vermutung nahe, dass die darin aufgeführten Waren auch tatsächlich an dem in dieser Rechnung bezeichneten Liefertag zum Versand gebracht worden sind.

> BGH, Urt. v. 28.9.2006 – I ZR 198/03, TranspR 2007, 110
> = NJW-RR 2007, 1282 = MDR 2007, 668.

86 Besteht zwischen den Parteien Streit darüber, ob der angeblich verloren gegangene Teil einer Sendung überhaupt **in die Obhut des Frachtführers gelangt ist,** kann nicht auf die Grundsätze des Anscheinsbeweises zurückgegriffen werden. Bei einer derartigen Fallgestaltung unterliegt der Beweis für den Inhalt und den Wert eines verloren gegangenen Pakets der **freien richterlichen Beweiswürdigung gemäß § 286 ZPO.** Der Tatrichter hat sich die Überzeugung von der Richtigkeit der Behauptung des Klägers, dem Frachtführer seien die in den Rechnungen aufgeführten Waren übergeben worden, anhand der gesamten Umstände des Einzelfalls zu bilden.

> BGH, Urt. v. 26.4.2007 – I ZR 31/05, TranspR 2007, 418
> = NJW-RR 2008, 119 = BGHReport 2007, 1177;
>
> BGH, Urt. v. 20.9.2007 – I ZR 44/05, TranspR 2008, 163;
>
> BGH, Urt. v. 30.1.2008 – I ZR 146/05, TranspR 2008, 117.

87 Der **Grundsatz,** dass anhand von Lieferscheinen und/oder Handelsrechnungen im Rahmen freier richterlicher Beweiswürdigung gemäß § 286 Abs. 1 ZPO der Inhalt eines verlorengegangenen Pakets nachgewiesen werden kann, ist bei einem Streit über den Inhalt eines entwendeten, vom Versender selbst beladenen und verschlossenen **Transportcontainers** nicht ohne Weiteres

anwendbar. Bei der Versendung von Paketen ist eine Fehlbestückung durch den Verkäufer oder seine Bediensteten eher unwahrscheinlich, weil im Allgemeinen nicht vorausgesehen werden kann, ob gerade dasjenige Paket verlorengeht, das nur unzureichend bestückt wurde. Bei einem vom **Versender** selbst vorbeladenen und verplombten Transportcontainer, dessen Inhalt vom Frachtführer bei der Übernahme nicht überprüft werden kann, besteht dagegen die Möglichkeit, gerade diesen Container gezielt entwenden zu lassen. Der **Anreiz** für eine **Fehlbeladung** eines vom Versender selbst verschlossenen und verplombten Transportcontainers ist daher deutlich größer als bei einem Paket.

> BGH, Urt. v. 13.9.2012 – I ZR 14/11, juris und
> http://www.bundesgerichtshof.de/Entscheidungen.

ee) Eigentumsvermutung gemäß § 1006 Abs. 1 BGB

Ein Schadensersatzanspruch gegen den Spediteur/Frachtführer kann auch 88
auf § 823 Abs. 1 BGB wegen Verletzung des Eigentums des Versenders gestützt werden. Der Bundesgerichtshof hat im Bereich des Transportrechts in ständiger Rechtsprechung an der Selbständigkeit von vertraglicher und deliktischer Haftung im Hinblick auf deren unterschiedliche gesetzliche Ausgestaltung festgehalten.

> BGH, Urt. v. 12.12.1991 – I ZR 212/89, BGHZ 116, 297
> = TranspR 1992, 152 = VersR 1992, 589 = NJW 1992, 1679;
>
> BGH, Urt. v. 15.11.2001 – I ZR 158/99, TranspR 2002, 296
> = VersR 2002, 1440 = NJW 2002, 3106;
>
> BGH, Urt. v. 13.2.2003 – I ZR 128/00, TranspR 2003, 255
> = VersR 2003, 1017 = NJW-RR 2003, 751.

Für das von dem Spediteur/Frachtführer bestrittene Eigentum des Versen- 89
ders kann die in § 1006 Abs. 1 BGB enthaltene Vermutung sprechen, die nicht allein durch den Umstand, dass Händler oftmals nicht Eigentümer der von ihnen versandten Waren sind, erschüttert wird.

An die **Widerlegung** der Eigentumsvermutung sind allerdings keine strengen 90
Anforderungen zu stellen. Es reicht jedoch nicht aus, dass nur eine gewisse Wahrscheinlichkeit gegen den mit der Besitzerlangung im Allgemeinen einhergehenden Eigentumserwerb spricht. Der pauschale Vortrag, bei dem Versender handele es sich um einen Händler, vermag die Eigentumsvermutung gemäß § 1006 Abs. 1 BGB nicht zu erschüttern, weil jeglicher Bezug zu den konkreten Verhältnissen des Versenders fehlt.

> BGH, Urt. v. 13.2.2003 – I ZR 128/00, TranspR 2003, 255
> = VersR 2003, 1017 = NJW-RR 2003, 751.

ff) Bemessung des gemeinen Handelswertes (§ 430 HGB)

Der gemeine Handelswert (§ 430 Abs. 1 HGB a. F.) von abhanden gekom- 91
menem Transportgut richtet sich nach der jeweiligen Handelsstufe, welcher

der Geschädigte angehört. Dementsprechend kommt es für die Höhe des zu leistenden Ersatzes darauf an, ob eine Lieferung zwischen Produzent und Großhändler, Großhändler und Einzelhändler oder Einzelhändler und Endverbraucher stattgefunden hat.

92 **Franchisenehmer**, die Ware auf Rechnung des Franchisegebers an Endverbraucher weiter vertreiben, sind bei der gebotenen wirtschaftlichen Betrachtungsweise einem Einzelhandelsunternehmen gleichzusetzen mit der Folge, dass für die Ermittlung des gemeinen Handelswertes des abhanden gekommenen Transportgutes die Handelsstufe Großhändler/Einzelhändler maßgeblich ist.

93 Auf dieser Handelsstufe umfasst der ersatzfähige Schaden des Großhändlers lediglich den Preis, den er von seinem Franchisenehmer bei ordnungsgemäßer Durchführung des dem Spediteur/Frachtführer erteilten Auftrags tatsächlich erhalten hätte. Das wäre nicht der volle Preis gewesen, den der Franchisenehmer bei einer Veräußerung der in Verlust geratenen Waren an die Endverbraucher erzielt hätte, weil hiervon die dem Franchisenehmer gebührenden Verkaufsprovisionen hätten in Abzug gebracht werden müssen.

> BGH, Urt. v. 27.2.2003 – I ZR 145/00, TranspR 2003, 298
> = NJW-RR 2003, 1344 = MDR 2003, 1362.

gg) Schadensersatz bei Verlust von vertretbaren Sachen

94 Bei Anwendung des deutschen Rechts gelten für die Feststellung des Umfangs des zu ersetzenden Schadens die Vorschriften der §§ 249 ff. BGB. Hat es sich bei den in Verlust geratenen Waren um vertretbare Sachen i. S. v. § 91 BGB gehandelt, so ist Schadensersatz grundsätzlich in Form der Naturalherstellung durch Beschaffung gleichwertiger Sachen oder durch Zahlung des Geldbetrages zu leisten, den der Geschädigte für die Beschaffung aufwenden muss. Die Höhe des **Wiederbeschaffungswerts** hängt davon ab, auf welcher Handelsstufe der Geschädigte tätig ist. Handelt es sich bei ihm um einen Händler, so kann er nur den Einkaufspreis verlangen, den er für die Beschaffung einer gleichwertigen Ersatzsache zahlen muss. Entgeht ihm durch das schädigende Ereignis die Möglichkeit eines Verkaufsgeschäfts, so kann er ggf. nach § 252 BGB zusätzlich Ersatz des entgangenen Gewinns beanspruchen.

> BGH, Urt. v. 3.7.2008 – I ZR 218/05, TranspR 1008, 412.

h) Mitverschulden des Warenversenders

95 Sofern dem Auftraggeber des Spediteurs/Frachtführers ein Mitverschulden an der Schadensentstehung anzulasten ist, muss sich dies grundsätzlich auch der aus abgetretenem oder übergegangenem Recht seines Versicherungsnehmers klagende Transportversicherer gemäß § 404 BGB im Falle einer Abtretung und gemäß § 412 i. V. m. § 404 BGB bei gesetzlichem Forderungs-

übergang entgegenhalten lassen. Der Mitverschuldenseinwand bei Verlust von Transportgut hat in der Rechtsprechung des Bundesgerichtshofs insbesondere unter folgenden Gesichtspunkten eine Rolle gespielt:

- unterlassene Wertdeklaration,

- unterlassener Hinweis auf die Gefahr eines ungewöhnlich hohen Schadens (§ 254 Abs. 2 Satz 1 BGB),

- Beauftragung eines Transportunternehmens mit mangelhafter Betriebsorganisation.

aa) Unterlassene Wertdeklaration

(1) Entstehung eines Selbstwiderspruchs beim Versender

Ein Versender kann in einen nach § 425 Abs. 2 HGB beachtlichen Selbstwiderspruch geraten, wenn er trotz Kenntnis, dass der Spediteur die Sendung bei zutreffender Wertangabe mit größerer Sorgfalt behandelt, von einer Wertdeklaration absieht und bei Verlust gleichwohl vollen Schadensersatz verlangt. Dabei kommt es maßgeblich darauf an, ob die von dem Geschädigten vernachlässigte Sorgfaltsanforderung darauf abzielt, einen Schaden wie den eingetretenen zu vermeiden, ob also der eingetretene Schaden von dem Schutzzweck der Sorgfaltsmaßnahme erfasst wird. **96**

> BGH, Urt. v. 21.5.1987 – III ZR 25/86, NJW 1988, 129 = VersR 1987, 1112 = MDR 1988, 32;
> BGH, Urt. v. 15.11.2001 – I ZR 158/99, BGHZ 149, 337 = TranspR 2002, 295 = VersR 2002, 1440 = NJW 2002, 3106.

Mit seinem Verzicht auf die vom Spediteur/Frachtführer angebotenen weitergehenden Schutzvorkehrungen setzt der Versender das Transportgut freiwillig einem **erhöhten Verlustrisiko** aus mit der Folge, dass ihm der eingetretene Schaden bei wertender Betrachtung gemäß § 425 Abs. 2 HGB anteilig zuzurechnen ist. Es darf dabei nicht unberücksichtigt gelassen werden, dass die Haftung des Spediteurs/Frachtführers gerade auch durch Umstände beeinflusst werden kann, die der Sphäre des Warenversenders zuzurechnen sind. **97**

> BGH, Urt. v. 15.11.2001 – I ZR 158/99, BGHZ 149, 337 = TranspR 2002, 295 = VersR 2002, 1440 = NJW 2002, 3106;
> BGH, Urt. v. 17.6.2004 – I ZR 263/01, TranspR 2004, 399 = VersR 2006, 570 = NJW-RR 2005, 265;
> BGH, Urt. v. 1.12.2005 – I ZR 31/04, TranspR 2006, 212 = NJW 2006, 1426 = BGHReport 2006, 777.

(2) Kennenmüssen des Versenders

Für ein zu berücksichtigendes **Mitverschulden** gemäß § 425 Abs. 2 HGB kann es bereits ausreichen, wenn der Versender die sorgfältigere Behandlung von Wertpaketen durch den Spediteur/Frachtführer hätte kennen müssen. **98**

Denn ein **Mitverschulden** ist bereits dann anzunehmen, wenn diejenige Sorgfalt außer Acht gelassen wird, die ein ordentlicher und verständiger Mensch zur Vermeidung eigenen Schadens anzuwenden pflegt.

> BGH, Urt. v. 17.10.2000 – VI ZR 313/99, VersR 2001, 76 = NJW 2001, 149 = MDR 2001, 153;

> BGH, Urt. v. 1.12.2005 – I ZR 31/04, TranspR 2006, 212 = NJW 2006, 1426 = BGHReport 2006, 777;

> BGH, Urt. v. 19.1.2006 – I ZR 80/03, TranspR 2006, 121 = VersR 2006, 953 = NJW-RR 2006, 822;

> BGH, Urt. v. 20.7.2006 – I ZR 9/05, TranspR 2006, 394 = NJW-RR 2007, 28 = BGHReport 2006, 1468;

> BGH, Urt. v. 13.8.2009 – I ZR 76/07, TranspR 2010, 145 = NJW-RR 2010, 848.

99 Von einem Kennenmüssen der Anwendung höherer Sorgfalt bei korrekter Wertangabe kann im Allgemeinen ausgegangen werden, wenn sich aus den **Beförderungsbedingungen** des Transporteurs ergibt, dass er für diesen Fall bei Verlust des Gutes höher haften will. Denn zur Vermeidung der versprochenen höheren Haftung werden erfahrungsgemäß höhere Sicherheitsstandards gewährt.

> BGH, Urt. v. 13.8.2009 – I ZR 76/07, TranspR 2010, 145 = NJW-RR 2010, 848.

100 Ein verständiger Versender, der die Möglichkeit der Versendung von Wertpaketen gegen höhere Vergütung ebenso kennt wie die erhöhte Haftung des Spediteurs/Frachtführers in diesem Fall, wird davon ausgehen, dass der **Spediteur/Frachtführer** bei der Beförderung von Wertpaketen erhöhte Sorgfalt aufwendet. Zur Vermeidung eigenen Schadens wird er den Wert der Sendung daher deklarieren, wenn dieser die in den Beförderungsbedingungen des Spediteurs/Frachtführers genannten Haftungshöchstbeträge überschreitet.

> BGH, Urt. v. 19.1.2006 – I ZR 80/03, TranspR 2006, 121 = VersR 2006, 953 = NJW-RR 2006, 822.

(3) Mitverschuldenseinwand und CMR-Haftungsregime

101 Hiervon ist auch in den Fällen auszugehen, die dem Haftungsregime der CMR unterfallen, auch wenn es in den Beförderungsbedingungen des Spediteurs/Frachtführers heißt, dass dann die im CMR-Abkommen festgelegten Haftungsbestimmungen Anwendung finden. Denn es kann angenommen werden, dass der Spediteur/Frachtführer zur Vermeidung einer über die Haftungshöchstgrenze hinausgehenden Haftung ganz allgemein höhere Sicherheitsstandards wählen wird. Die Annahme, der Spediteur/Frachtführer werde seine Sicherheitsstandards davon abhängig machen, ob das übernommene Gut im selben Staat abgeliefert wird oder nicht, liegt eher fern.

> BGH, Urt. v. 19.1.2006 – I ZR 80/03, TranspR 2006, 121 = VersR 2006, 953 = NJW-RR 2006, 822.

(4) Mitverschuldenseinwand bei qualifiziertem Verschulden (§ 435 HGB)

Der Mitverschuldenseinwand ist auch im Falle des qualifizierten Verschul- **102**
dens i. S. v. § 435 HGB, Art. 29 Abs. 1 CMR zu berücksichtigen. Zwar wird
die Auffassung vertreten, dass im Falle eines qualifizierten Verschuldens des
Spediteurs/Frachtführers i. S. d. § 435 HGB die Berücksichtigung eines mit-
wirkenden Schadensbeitrags nach § 425 Abs. 2 HGB ausscheide, weil dann
alle Haftungsbefreiungen und -begrenzungen – und somit auch diejenigen
des § 425 Abs. 2 HGB – entfielen.

> *Koller*, Transportrecht, § 425 HGB Rn. 83, Art. 29 CMR Rn. 8.

Der letztgenannten Auffassung steht jedoch entgegen, dass sich die unbe- **103**
schränkte Haftung des Spediteurs/Frachtführers gemäß § 435 HGB ausschließlich auf Umstände aus seiner Sphäre gründet. Die Vorschrift besagt
dagegen nichts über eine Mithaftung des Versenders oder Empfängers auf
Grund von schadensursächlichen Umständen aus deren Bereich.

> BGH, Urt. v. 5.6.2003 – I ZR 234/00, TranspR 2003, 467 = NJW
> 2003, 3626 = MDR 2004, 220;
>
> BGH, Urt. v. 20.7.2006 – I ZR 9/05, TranspR 2006, 394 = NJW-
> RR 2007, 28 = BGHReport 2006, 1468;
>
> BGH, Urt. v. 30.1.2008 – I ZR 146/05, TranspR 2008, 117;
>
> BGH, Urt. v. 13.8.2009 – I ZR 76/07, TranspR 2010, 145 = NJW-
> RR 2010, 848.

(5) Fortgeltung der Rechtsprechung zu § 254 BGB im Rahmen von § 425 Abs. 2 HGB

Die zur Rechtslage vor Inkrafttreten des TRG am 1.7.1998 ergangene Recht- **104**
sprechung zum Mitverschulden des Paketversenders wegen unterlassener
Wertdeklaration hat auf der Grundlage des jetzt geltenden Rechts weiterhin
Bestand. Maßgeblich sind nunmehr § 425 Abs. 2 HGB und § 461 Abs. 3
HGB. Diese Bestimmungen, die den Rechtsgedanken des § 254 BGB aufgrei-
fen und an Art. 17 Abs. 2 und 5 CMR angelehnt sind, fassen alle Fälle mit-
wirkenden Verhaltens des Ersatzberechtigten in einer Vorschrift zusammen.

> Begründung zum Regierungsentwurf des TRG, BT-Drucks.
> 13/8445, S. 60;
>
> BGH, Urt. v. 5.6.2003 – I ZR 234/00, TranspR 2003, 467 = NJW
> 2003, 3626 = MDR 2004, 220;
>
> BGH, Urt. v. 30.3.2006 – I ZR 57/03, TranspR 2006, 250 = NJW-
> RR 2006, 1264 = MDR 2006, 1418;
>
> BGH, Urt. v. 20.7.2006 – I ZR 9/05, TranspR 2006, 394 = NJW-
> RR 2007, 28 = BGHReport 2006, 1468;
>
> BGH, Urt. v. 3.5.2007 – I ZR 109/04, TranspR 2007, 405 = NJW-
> RR 2008, 347 = MDR 2007, 1435.

bb) Unterlassener Hinweis auf die Gefahr eines ungewöhnlich hohen Schadens

(1) Grundlage für die Mithaftung des Geschädigten

105 Ein anspruchsminderndes Mitverschulden (§ 425 Abs. 2 HGB; § 254 Abs. 2 Satz 1 BGB) kann sich auch dann ergeben, wenn der Geschädigte es unterlassen hat, den Schädiger im Hinblick auf den Wert des Gutes auf die Gefahr eines **ungewöhnlich hohen Schadens** aufmerksam zu machen, die dieser weder kannte noch kennen musste. Unterfällt der Haftungsfall dem CMR-Haftungsregime, ist lückenfüllend nationales Recht – § 254 Abs. 2 Satz 1 BGB – heranzuziehen.

> BGH, Urt. v. 15.11.2001 – I ZR 158/99, BGHZ 149, 337
> = TranspR 2002, 295 = VersR 2002, 1440 = NJW 2002, 3106;
>
> BGH, Urt. v. 20.1.2005 – I ZR 95/01, TranspR 2005, 311
> = VersR 2006, 814 = NJW-RR 2005, 1277;
>
> BGH, Urt. v. 19.1.2006 – I ZR 80/03, TranspR 2006, 121
> = VersR 2006, 953 = NJW-RR 2006, 822.

106 Die **Obliegenheit zur Warnung** hat den Zweck, dem Schädiger Gelegenheit zu geben, geeignete Schadensabwendungsmaßnahmen zu ergreifen. Dabei kommt es – anders als bei § 254 Abs. 1 BGB – nicht darauf an, ob der Auftraggeber Kenntnis davon hatte, dass der Spediteur/Frachtführer das Gut mit größerer Sorgfalt behandelt hätte, wenn er den tatsächlichen Wert der Sendung gekannt hätte.

107 Den Auftraggeber trifft vielmehr eine allgemeine Obliegenheit, auf einen außergewöhnlich hohen Schaden hinzuweisen, um seinem Vertragspartner die Möglichkeit zu geben, geeignete Maßnahmen zur Verhinderung eines drohenden Schadens zu ergreifen. Daran wird der Schädiger gehindert, wenn er über die Gefahr eines ungewöhnlich hohen Schadens im Unklaren gelassen wird.

108 Da das Unterlassen geeigneter **Schadensabwendungsmaßnahmen** durch eine Obliegenheitsverletzung des Geschädigten zumindest mitverursacht sein kann, ist es gerechtfertigt, die Haftung des Schädigers nach § 425 Abs. 2 HGB einzuschränken.

> BGH, Urt. v. 20.1.2005 – I ZR 95/01, TranspR 2005, 311
> = VersR 2006, 814 = NJW-RR 2005, 1277.

(2) Rechtzeitigkeit des Hinweises

109 Der Hinweis an den Frachtführer auf den ungewöhnlich hohen Wert des Transportgutes braucht grundsätzlich nicht bis zum **Abschluss des Frachtvertrags** zu erfolgen. Er muss nur so rechtzeitig erteilt werden, dass der Frachtführer noch im normalen Geschäftsablauf eine Entscheidung darüber treffen kann, ob er angesichts des Werts des Transportgutes den Frachtvertrag überhaupt ausführen will, und dass er – wenn er sich **für die Ausfüh-**

rung entscheidet – die notwendigen besonderen Sicherungsmaßnahmen ergreifen kann.

> BGH, Urt. v. 13.6.2012 – I ZR 87/11, TranspR 2012, 463 und
> http://www.bundesgerichtshof.de/Entscheidungen.

(3) Anwendung im Rahmen des CMR-Haftungsregimes

Die Anwendung von § 254 Abs. 2 Satz 1 BGB in einem dem CMR-Haf- **110**
tungsregime unterliegenden Schadensfall ist nicht ausgeschlossen. Unabhängig davon, ob das **Haftungssystem der CMR** im Rahmen der Haftung nach Art. 17 Abs. 1 CMR den Mitverschuldenseinwand nach § 254 BGB wegen unterlassener Angabe des tatsächlichen Warenwerts ausschließt, kann der Spediteur/Frachtführer jedenfalls im Rahmen der verschärften Haftung nach Art. 29 CMR einwenden, dass der Ersatzberechtigte nicht vor Vertragsschluss auf die Gefahr eines außergewöhnlich hohen Schadens hingewiesen und der Spediteur/Frachtführer deshalb keinen Anlass gesehen hat, besondere Vorsorgemaßnahmen zur Schadensverhinderung zu treffen. Insoweit ist **lückenfüllend** nationales Recht heranzuziehen.

> BGH, Urt. v. 20.1.2005 – I ZR 95/01, TranspR 2005, 311
> = VersR 2006, 814 = NJW-RR 2005, 1277;
> BGH, Urt. v. 19.1.2006 – I ZR 80/03, TranspR 2006, 121
> = VersR 2006, 953 = NJW-RR 2006, 822.

(4) Voraussetzungen für die Annahme eines ungewöhnlich hohen Schadens

Die Frage, ob ein ungewöhnlich hoher Schaden i. S. v. **§ 254 Abs. 2 Satz 1** **111**
BGB droht, kann regelmäßig nur unter Berücksichtigung der konkreten Umstände des jeweiligen Einzelfalls beurteilt werden. Dabei ist maßgeblich auf die **Sicht des Schädigers** abzustellen. Zu berücksichtigen ist insbesondere, in welcher Höhe der Schädiger Haftungsrisiken einerseits vertraglich eingeht und andererseits von vornherein auszuschließen bemüht ist. Weiterhin ist in Rechnung zu stellen, welche Höhe Schäden erfahrungsgemäß – also nicht nur selten – erreichen. Ein Anhaltspunkt kann der Haftungshöchstbetrag in den Beförderungsbedingungen des Spediteurs/Frachtführers bei unterlassener Wertangabe sein.

Beträgt der **Haftungshöchstbetrag** beispielsweise 511 € (1.000 DM), wenn **112**
der Warenversender den Wert der Sendung nicht besonders deklariert hatte, so kann als Richtschnur bei massenhafter Versendung von Paketen der etwa zehnfache Betrag der Haftungshöchstgrenze, also **5.000 €**, als angemessen für die Annahme eines ungewöhnlich hohen Schadens erachtet werden.

> BGH, Urt. v. 1.12.2005 – I ZR 31/04, TranspR 2006, 212 = NJW
> 2006, 1426 = BGHReport 2006, 777;
> BGH, Urt. v. 15.12.2005 – I ZR 95/03, TranspR 2006, 210.

113 Ein **ungewöhnlich hoher** Schaden liegt jedenfalls nicht erst bei einem Wert der Sendung oberhalb von 50.000 US-Dollar vor.

> BGH, Urt. v. 20.7.2006 – I ZR 9/05, TranspR 2006, 394 = NJW-RR 2007, 28 = BGHReport 2006, 1468.

114 Bei der Frage, ob die Gefahr eines ungewöhnlich hohen Schadens i. S. v. **§ 254 Abs. 2 BGB** gedroht hat, ist bei einer Paketsendung nicht auf den Wert der Sendung insgesamt, sondern auf den Wert des einzelnen in Verlust geratenen Pakets abzustellen.

> BGH, Urt. v. 13.8.2009 – I ZR 76/07, TranspR 2010, 145 = NJW-RR 2010, 848;
>
> BGH, Urt. v. 13.8.2009 – I ZR 3/07, TranspR 2010, 143.

115 Sehen die **Geschäfts- oder Beförderungsbedingungen** eines Frachtführers keine Regelung für seine Höchstbetragshaftung im Falle des Verlustes des ihm zur Beförderung übergebenen Gutes vor, liegt es im Regelfall nahe, für die Frage, ob ein ungewöhnlich hoher Schaden i. S. v. **§ 254 Abs. 2 Satz 1 BGB** droht, von dem **zehnfachen** Betrag der Haftungsbegrenzung nach § 431 Abs. 1 HGB, Art. 23 Abs. 3 CMR auszugehen. Das gilt allerdings nur dann, wenn die Parteien des Frachtvertrags hinsichtlich der Höchstsumme der Frachtführerhaftung keine Vereinbarung getroffen haben. Sofern durch vorformulierte Vertragsbedingungen (**§ 449 Abs. 2 Satz 2 HGB**) ein geringerer als der in § 431 Abs. 1 HGB vorgesehene Höchstbetrag vereinbart wurde, ist von diesem Betrag auszugehen und die Gefahr eines ungewöhnlich hohen Schadens in der Regel dann naheliegend, wenn der Wert der Sendung das Zehnfache der vereinbarten Haftungshöchstsumme übersteigt. Haben die Parteien des Beförderungsvertrags die **Höchstbetragshaftung** des Frachtführers individuell ausgehandelt (bei einem CMR-Vertrag ist **Art. 41 Abs. 1 CMR** zu beachten), so kommt der konkreten Parteivereinbarung besonderes Gewicht zu.

> BGH, Urt. v. 21.1.2010 – I ZR 215/07, TranspR 2010, 189 = VersR 2010, 928 = NJW-RR 2010, 909.

cc) Beauftragung eines Transportunternehmens mit mangelhafter Betriebsorganisation

116 Eine Anspruchsminderung gemäß § 425 Abs. 2 HGB kann auch dann in Betracht kommen, wenn der Warenversender einen Spediteur/Frachtführer mit der Transportdurchführung beauftragt, von dem er weiß oder zumindest hätte wissen müssen, dass es in dessen Unternehmen auf Grund von groben Organisationsmängeln immer wieder zu Verlusten kommt. Die Auftragserteilung beinhaltet unter solchen Umständen die Inkaufnahme eines Risikos, dessen Verwirklichung allein dem Schädiger anzulasten unbillig erscheint und mit dem § 254 BGB (§ 425 Abs. 2 HGB) zugrunde liegenden Gedanken von Treu und Glauben unvereinbar ist.

BGH, Urt. v. 29.4.1999 – I ZR 70/97, TranspR 1999, 410
= VersR 2000, 474 = NJW 1999, 3627;

BGH, Urt. v. 17.6.2004 – I ZR 263/01, TranspR 2004, 399
= VersR 2006, 570 = NJW-RR 2005, 265;

BGH, Urt. v. 30.3.2006 – I ZR 57/03, TranspR 2006, 250
= NJW-RR 2006, 1264 = MDR 2006, 1418.

(1) Kenntnis und Billigung der Betriebsorganisation

Der Umstand, dass dem Versender die Transportorganisation des Spediteurs/ **117** Frachtführers vor Auftragserteilung bekannt war und gebilligt wurde, reicht für sich allein zur Begründung eines Mitverschuldens nicht aus. Es ist im Allgemeinen ausschließlich Sache des Spediteurs/Frachtführers, den Transportablauf – in den der Auftraggeber in der Regel keinen näheren Einblick hat – so zu organisieren, dass die ihm anvertrauten Güter weder Schaden nehmen noch in Verlust geraten. Ohne besonderen Anlass braucht der Auftraggeber die Eignung, Befähigung und Ausstattung seines Vertragspartners nicht in Zweifel zu ziehen und zu überprüfen.

BGH, Urt. v. 13.2.2003 – I ZR 128/00, TranspR 2003, 255
= VersR 2003, 1017 = NJW-RR 2003, 751;

BGH, Urt. v. 17.6.2004 – I ZR 263/01, TranspR 2004, 399
= VersR 2006, 570 = NJW-RR 2005, 265;

BGH, Urt. v. 30.3.2006 – I ZR 57/03, TranspR 2006, 250
= NJW-RR 2006, 1264 = MDR 2006, 1418.

(2) Grundsatz: Alleinige Verantwortung des Unternehmers

Bei der Beurteilung, ob einem Auftraggeber ein Mitverschulden an der Ent- **118** stehung des Schadens anzulasten ist, ist von dem Grundsatz auszugehen, dass der Unternehmer, der sich zur entgeltlichen Ausführung eines Werks anbietet, im Verhältnis zum Besteller in der Regel die alleinige Verantwortung trägt. Der Auftraggeber gerät dementsprechend nur dann in einen nach § 254 Abs. 1 BGB beachtlichen Selbstwiderspruch, wenn ihm der konkrete Sachverhalt Anlass für die Annahme bietet, der Unternehmer werde durch die ihm angetragenen Arbeiten überfordert, weil er die erforderliche Ausstattung oder die notwendige fachliche Kompetenz nicht besitzt.

BGH, Urt. v. 2.10.1990 – VI ZR 14/90, VersR 1990, 1362 = NJW
1991, 165 = MDR 1991, 325;

BGH, Urt. v. 12.1.1993 – X ZR 87/91, NJW 1993, 1191 = BB
1993, 532 = MDR 1993, 845;

BGH, Urt. v. 30.3.2006 – I ZR 57/03, TranspR 2006, 250
= NJW-RR 2006, 1264 = MDR 2006, 1418.

(3) Beauftragung eines anderen Unternehmers

Die Berücksichtigung eines **Mitverschuldens** wegen Beauftragung eines grob **119** mangelhaft organisierten Transportunternehmens kommt auch dann in Betracht, wenn der Auftragnehmer seinerseits nicht dargelegt und bewiesen hat, dass der Auftraggeber bei einem anderen Spediteur/Frachtführer mit geringeren Verlusten zu rechnen gehabt hätte. Denn das mit der Beauftragung des mangelhaft arbeitenden **Spediteurs/Frachtführers** übernommene Risiko, dessen Ausgleich die Anrechnung eines Mitverschuldens gerade dient, wird nicht dadurch kleiner, dass sich das gleiche Risiko bei einem Dritten ereignet haben könnte.

120 Die Berücksichtigung eines **Mitverschuldens** setzt insbesondere nicht voraus, dass der Auftraggeber einen anderen Spediteur/Frachtführer hätte finden können, der das Auftreten von Verlustschäden im Sinne einer Garantie ausgeschlossen hätte. Eine derartige Voraussetzung ist schon deshalb nicht praktikabel, weil es auch bei Einhaltung der erforderlichen Sorgfaltsmaßnahmen keinen absoluten Schutz vor Verlust geben kann.

> BGH, Urt. v. 15.11.2001 – I ZR 284/99, TranspR 2002, 306
> = VersR 2003, 1012 = NJW-RR 2002, 1257.

(4) Aufrechterhaltung der Geschäftsbeziehung trotz behaupteter grober Organisationsmängel in Vorprozessen

121 Ein **Mitverschulden** des Versicherungsnehmers der klagenden Transportversicherung lässt sich auch nicht damit begründen, dass der Auftraggeber die Geschäftsbeziehungen zum Spediteur/Frachtführer trotz der Behauptung von groben Organisationsmängeln in Vorprozessen nicht abgebrochen hat. Der Umstand, dass der Versicherungsnehmer der klagenden Transportversicherung die in den Vorprozessen eingeführten Unterlagen zur Verfügung gestellt hat, besagt nichts darüber, ob der Warenversender zum maßgeblichen Zeitpunkt der jeweiligen Auftragserteilung Kenntnis von **groben Organisationsmängeln** im Betrieb des Spediteurs/Frachtführers hatte.

> BGH, Urt. v. 23.10.2003 – I ZR 55/01, TranspR 2004, 177
> = NJW-RR 2004, 394;
> BGH, Urt. v. 6.5.2004 – I ZR 262/01, TranspR 2004, 474;
> BGH, Urt. v. 24.6.2010 – I ZR 73/08, TranspR 2010, 382.

122 Ebenso wenig ist dem Transportversicherer ein eigenes schadensursächliches Mitverschulden wegen unterlassener Anweisung seines Versicherungsnehmers, die **Geschäftsbeziehung** zum Spediteur/Frachtführer abzubrechen, anzulasten. Der Vortrag des beklagten Spediteurs/Frachtführers, der Versicherer habe in diversen Vorprozessen ihm gegenüber den Vorwurf groben Organisationsverschuldens erhoben und dabei insbesondere Mitarbeiterdiebstähle als Verlustursache behauptet, reicht für sich allein zur Annahme einer Informationspflicht nicht aus. Es ist damit nämlich nicht dargetan, dass die behaupteten **Mitarbeiterdiebstähle** als hauptsächliche Schadensursache festgestellt worden sind.

> BGH, Urt. v. 23.10.2003 – I ZR 55/01, TranspR 2004, 177
> = NJW-RR 2004, 394.

(5) Geringe Schadensquote

Bei der Beurteilung der Frage, ob dem Warenversender wegen Beauftragung   123
eines Transportunternehmens mit mangelhafter Betriebsorganisation ein Mitverschulden bei der Schadensentstehung anzulasten ist, kann auch von Bedeutung sein, wie häufig es vor der in Rede stehenden Auftragserteilung zu
Verlustschäden im Betrieb des Spediteurs/Frachtführers gekommen ist. Eine
äußerst geringe Verlustquote kann zu der Annahme führen, dass für den
Auftraggeber kein Anlass bestanden hat, ein anderes Transportunternehmen
mit der Durchführung der Beförderung zu beauftragen.

> BGH, Urt. v. 29.4.1999 – I ZR 70/97, TranspR 1999, 410
> = VersR 2000, 474 = NJW 1999, 3627;
>
> BGH, Urt. v. 17.6.2004 – I ZR 263/01, TranspR 2004, 399
> = VersR 2006, 570 = NJW-RR 2005, 265;
>
> BGH, Urt. v. 30.3.2006 – I ZR 57/03, TranspR 2006, 250
> = NJW-RR 2006, 1264 = MDR 2006, 1418.

(6) Fortsetzung der Geschäftsbeziehung nach Schadensentstehung

Die (unveränderte) Fortsetzung der Geschäftsbeziehungen zu demselben   124
Spediteur/Frachtführer nach Kenntnis des Schadenseintritts kann auf bereits
entstandene Ersatzansprüche keinen Einfluss mehr haben. Ein eingetretener
Verlust lässt sich durch einen Abbruch der Geschäftsbeziehungen nicht mehr
verhindern.

Dementsprechend ist es dem Auftraggeber eines Spediteurs/Frachtführers in   125
einem Schadensersatzprozess wegen Verlustes von Transportgut grundsätzlich nicht gemäß § 242 BGB verwehrt, sich auf grobe Organisationsmängel
im Betrieb des Spediteurs/Frachtführers zu berufen, wenn er die Geschäftsbeziehungen nach Kenntnis des Schadensfalles fortsetzt.

> BGH, Urt. v. 14.5.1998 – I ZR 95/96, TranspR 1998, 475
> = VersR 1998, 1443;
>
> BGH, Urt. v. 15.11.2001 – I ZR 158/99, BGHZ 149, 337
> = TranspR 2002, 295 = VersR 2002, 1440 = NJW 2002, 3106;
>
> BGH, Urt. v. 24.6.2010 – I ZR 73/08, TranspR 2010, 328.

dd) Kausalität der unterlassenen Wertangabe für den eingetretenen Schaden

(1) Grundsatz

Die Kausalität der unterlassenen Wertangabe für den eingetretenen Verlust-   126
schaden erfordert grundsätzlich die Feststellung, dass der Spediteur/Fracht-
führer die ihm obliegenden Sicherheitsvorkehrungen bei einer korrekten De-
klaration des Wertes der Sendung mit größerer Sorgfalt erfüllt hätte.

Kann nach den vom Tatrichter getroffenen Feststellungen nicht ausgeschlos-   127
sen werden, dass auch bei der Beförderung von Wertpaketen noch Lücken in

der **Kontrolle** an den **Schnittstellen** verbleiben und dass die Sendung gerade in diesem Bereich verloren gegangen ist, so dass die Angabe des Wertes der Ware deren Verlust nicht verhindert hätte, rechtfertigt dies nicht ohne Weiteres, den Einwand des Mitverschuldens wegen unterlassenen Hinweises auf den Wert der Ware an der fehlenden Kausalität scheitern zu lassen.

128 Ist nämlich ungeklärt, in welcher **Phase** des **Transports** der Schaden eingetreten ist, kann er auch in einem Bereich entstanden sein, in dem der Spediteur/Frachtführer seine Sorgfalt bei dem Transport der wertdeklarierten Ware nicht oder nicht in leichtfertiger Weise verletzt hätte. Die Haftung des Spediteurs/Frachtführer wegen qualifizierten Verschuldens beruht auf dem Vorwurf unzureichender **Kontrolle** der **Schnittstellen** und der daraus folgenden Vermutung, dass die Ware in diesem besonders gefährdeten Bereich verloren gegangen ist. Das damit auf einer Vermutung beruhende Haftungsrisiko wird aber eingeschränkt, wenn die Ware in ihrem Wert deklariert wird und der Spediteur/Frachtführer substantiiert darlegt, dass er wertdeklarierte Sendungen mit größerer Sorgfalt behandelt.

129 Der Weg einer **wertdeklarierten Ware** wird dann weitergehend kontrolliert und lässt sich bei einem Verlust genauer nachvollziehen als der einer nicht deklarierten Sendung. Hat der Versender den Wert angegeben, so erhöhen sich die Möglichkeiten des Spediteurs/Frachtführers, die Vermutung, dass sein grob sorgfaltswidriges Verhalten für den Eintritt des Schadens ursächlich gewesen ist, durch den Nachweis zu widerlegen, dass die Ware in einem gesicherten Bereich verloren gegangen ist.

130 Wer den Wert der zum Versand gebrachten Ware nicht angibt, obwohl er weiß oder wissen musste, dass diese bei einer entsprechenden Angabe **besonderen Sicherungen** unterstellt wird, hat sich das daraus folgende Mitverschulden als schadensursächlich anrechnen zu lassen, wenn sein Verhalten dem Schuldner die Möglichkeit nimmt, den Ort des Schadenseintritts einzugrenzen und auf diese Weise von einer mit dem Vorwurf **grob pflichtwidrigen** Verhaltens begründeten Schadenshaftung freizukommen.

> BGH, Urt. v. 15.11.2001 – I ZR 158/99, BGHZ 149, 337
> = TranspR 2002, 295 = VersR 2002, 1440 = NJW 2002, 3106;
> BGH, Urt. v. 8.5.2003 – I ZR 234/02, TranspR 2003, 317
> = VersR 2003, 1596 = NJW-RR 2003, 1473;
> BGH, Urt. v. 17.6.2004 – I ZR 263/01, TranspR 2004, 399
> = VersR 2006, 570 = NJW-RR 2005, 265;
> BGH, Urt. v. 19.5.2005 – I ZR 238/02, TranspR 2006, 114.

(2) **Kausalitätserfordernis**

131 Ein Mitverschulden des Warenversenders wegen Absehens von einem Hinweis auf die Gefahr eines ungewöhnlich hohen Schadens setzt nicht die Feststellung voraus, dass der Spediteur/Frachtführer Wertsendungen generell sicherer befördert. Mit dem Hinweis auf die Gefahr eines ungewöhnlich hohen

Schadens muss dem Spediteur/Frachtführer die Gelegenheit gegeben werden, im konkreten Fall Sicherungsmaßnahmen zur Abwendung eines drohenden Schadens zu ergreifen oder die Durchführung des Auftrags abzulehnen.

Die Kausalität des Mitverschuldenseinwands nach § 254 Abs. 2 Satz 1 BGB **132** kann daher nur verneint werden, wenn der Spediteur/Frachtführer trotz eines Hinweises auf den ungewöhnlichen Wert des Gutes keine besonderen Maßnahmen ergriffen hätte.

> BGH, Urt. v. 1.12.2005 – I ZR 265/03, TranspR 2006, 208
> = BGHReport 2006, 779;
>
> BGH, Urt. v. 20.7.2006 – I ZR 9/05, TranspR 2006, 394 = VersR 2007, 564 = NJW-RR 2007, 28;
>
> BGH, Urt. v. 13.8.2009 – I ZR 76/07, TranspR 2010, 145
> = NJW-RR 2010, 848.

Ohne besonderen Sachvortrag des Anspruchstellers ist im Regelfall davon **133** auszugehen, dass der Frachtführer bei einem Hinweis auf den ungewöhnlich hohen Wert des Transportgutes entweder besondere Sicherungsmaßnahmen ergriffen oder den Transportauftrag abgelehnt hätte. Bei einem entsprechenden Sachvortrag des Anspruchstellers zur fehlenden Ursächlichkeit der unterlassenen Wertangabe obliegt es nach den allgemeinen Grundsätzen allerdings dem Frachtführer, darzulegen und ggf. zu beweisen, dass der unterlassene Hinweis auf den ungewöhnlich hohen Wert des Gutes für den entstandenen Schaden zumindest mitursächlich war.

> BGH, Urt. v. 3.7.2008 – I ZR 205/06, TranspR 2008, 394;
>
> BGH, Urt. v. 13.8.2009 – I ZR 76/07, TranspR 2010, 145
> = NJW-RR 2010, 848.

(3) EDI-Verfahren

Wenn die konkrete Ausgestaltung des Versandverfahrens dem Versender **134** keinerlei Anhaltspunkte für die Annahme bietet, bereits die Erfassungssoftware teile wertdeklarierte Sendungen einem besonders kontrollierten Transportsystem zu, so hat er selbst Maßnahmen zu ergreifen, um auf eine sorgfältigere Behandlung der wertdeklarierten Sendung aufmerksam zu machen.

Von einem schadensursächlichen Mitverschulden des Versenders ist auszu- **135** gehen, wenn er hätte erkennen können, dass eine sorgfältigere Behandlung des Gutes durch den Spediteur/Frachtführer nur gewährleistet ist, wenn wertdeklarierte Sendungen nicht mit anderen Paketen in einen Container gegeben, sondern dem Abholfahrer des Spediteurs/Frachtführers gesondert übergeben werden.

> BGH, Urt. v. 20.7.2006 – I ZR 9/05, TranspR 2006, 394 = NJW-RR 2007, 28 = BGHReport 2006, 1468.

Der Annahme eines Mitverschuldens steht nicht entgegen, wenn der Fracht- **136** führer den Versender über das Erfordernis einer separaten Übergabe von

Wertpaketen nicht informiert hat. Sofern die konkrete Ausgestaltung des Versandverfahrens dem Absender keinerlei Anhaltspunkte bietet, auf welche Weise wertdeklarierte Pakete einem besonders kontrollierten Transportsystem zugeführt werden, hat er selbst Maßnahmen zu ergreifen, um auf eine sorgfältigere Behandlung des wertdeklarierten Pakets aufmerksam zu machen.

137 Dass eine gesonderte Übergabe von Wertpaketen an den Abholfahrer des Frachtführers erforderlich ist, liegt angesichts der Ausgestaltung des EDI-Verfahrens, das im **beiderseitigen Interesse** der Beschleunigung des Versands darauf angelegt ist, dass Paketkontrollen zunächst unterbleiben, für einen ordentlichen und vernünftigen Versender auf der Hand.

> BGH, Urt. v. 20.7.2006 – I ZR 9/05, TranspR 2006, 394 = VersR 2007, 564 = NJW-RR 2007, 28;
>
> BGH, Urt. v. 21.2.2008 – I ZR 128/05, TranspR 2008, 207;
>
> BGH, Urt. v. 26.6.2008 – I ZR 184/06, http://www.bundesgerichtshof.de/Entscheidungen.

138 Da die Wertpakete im Falle einer erfolgten Wertdeklaration und gesonderten Übergabe an den Abholfahrer des Frachtführers im Ergebnis aus dem **EDI-Verfahren** herausgenommen werden, kann nicht aus den Besonderheiten dieses Verfahrens als papierloses Verfahren darauf geschlossen werden, dass die von dem Frachtführer behaupteten Sicherungsmaßnahmen nicht durchgeführt werden können. Es bedarf dann auch keines weiteren Vortrags des Frachtführers zur Beförderungssicherheit wertdeklarierter Pakete, für die es keinerlei Frachtpapiere gibt.

> BGH, Urt. v. 30.1.2008 – I ZR 165/04, TranspR 2008, 122;
>
> BGH, Urt. v. 21.2.2008 – I ZR 128/05, TranspR 2008, 207;
>
> BGH, Urt. v. 26.6.2008 – I ZR 184/06, http://www.bundesgerichtshof.de/Entscheidungen.

(4) Kenntnis des Unternehmensgegenstandes des Warenversenders

139 Der Mitverschuldenseinwand des Spediteurs/Frachtführers scheitert auch dann nicht an der fehlenden Kausalität der unterlassenen Wertdeklaration für den eingetretenen Schaden, wenn der Transporteur auf Grund des ihm bekannten Unternehmensgegenstandes des Versenders mit einem **hohen Warenwert hat rechnen müssen.**

140 Die Kausalität eines Mitverschuldens wegen unterlassener Wertangabe lässt sich in solchen Fällen nur verneinen, wenn der Schädiger zumindest gleich gute **Erkenntnismöglichkeiten** vom Wert der Sendung hat wie der Geschädigte selbst. Grundsätzlich hat der Warenversender gegenüber dem Spediteur/Frachtführer einen Wissensvorsprung, weil er den Wert der zum Versand gebrachten Ware genau kennt, während der Spediteur/Frachtführer allenfalls weiß, dass sich in den zum Versand gebrachten Paketen möglicherweise höherwertige Güter befinden. Dem Spediteur/Frachtführer kann allein aus dem Umstand, dass er den **Unternehmensgegenstand** des Warenversen-

ders kennt, nicht die Kenntnis unterstellt werden, dass ihm jeweils Güter von erheblichem Wert zur Beförderung übergeben werden.

> BGH, Urt. v. 1.12.2005 – I ZR 31/04, TranspR 2006, 212 = NJW
> 2006, 1426 = BGHReport 2006, 777.

Die Mitverursachung des durch Verlust des Gutes entstandenen Schadens **141** seitens des Absenders lässt sich bei einem Frachtvertrag auch nicht mit der Begründung verneinen, für den **Frachtführer** habe angesichts des sehr hohen spezifischen Gewichts der Sendung und der Angaben über den Absender und den Empfänger („Edelmetall" und „Kunstprägeanstalt") kein Zweifel über den zumindest möglichen hohen Wert bestehen können.

> BGH, Urt. v. 13.9.2007 – I ZR 155/04, TranspR 2007, 46
> = VersR 2008, 1090 = MDR 2008, 274.

(5) Nachnahmesendungen

Ein nach § 425 Abs. 2 HGB beachtlicher und damit zu einer Mithaftung füh- **142** render **Selbstwiderspruch** liegt in der Regel vor, wenn der Versender den erheblichen Wert der Sendung dem Spediteur/Frachtführer erstmals nach dem Verlust des Transportgutes zur Kenntnis bringt. Ein widersprüchliches Verhalten des Versenders ist dagegen nicht festzustellen, wenn das Gut gemäß einer zwischen den Parteien getroffenen Vereinbarung (§ 422 Abs. 1 HGB) oder einer vom Versender nach Abschluss des Frachtvertrags gegebenen Weisung nur gegen Einziehung eines Nachnahmebetrags an den Empfänger abgeliefert werden darf.

Der Spediteur/Frachtführer kann sich bei einer derartigen Fallgestaltung **143** nicht mit Erfolg darauf berufen, dass eine in diesem Zusammenhang gemachte Wertangabe nicht dazu diene, den Transporteur auf die Gefahr eines **ungewöhnlich hohen Schadens** aufmerksam zu machen. Bei diesem Einwand wird nicht genügend berücksichtigt, dass die Bestimmung einer Nachnahme grundsätzlich eine entsprechende vertragliche Vereinbarung voraussetzt (§ 422 Abs. 1 HGB) und zudem gemäß § 422 Abs. 3 HGB in jedem Fall für den Umfang der Haftung des Spediteurs/Frachtführers von maßgeblicher Bedeutung ist.

> BGH, Urt. v. 3.2.2005 – I ZR 276/02, TranspR 2005, 208
> = VersR 2006, 573 = NJW-RR 2005, 1058.

(6) Angabe des Wertes in Versandlisten

Eine Schadensteilung wegen Mitverschuldens des Versenders unter dem Ge- **144** sichtspunkt des Unterlassens einer Wertdeklaration scheidet auch dann aus, wenn der Versender in **Versandlisten**, die er mit Hilfe einer ihm von dem Spediteur/Frachtführer zur Verfügung gestellten Software erstellt und diesem übersandt hat, in dafür vorgesehenen Spalten Angaben über den Wert des Gutes gemacht hat und die Versandlisten dem Spediteur/Frachtführer zur Kenntnis gelangt sind.

> BGH, Urt. v. 1.12.2005 – I ZR 117/04, TranspR 2006, 119
> = VersR 2006, 951 = NJW-RR 2006, 756.

ee) Haftungsabwägung

145 Die Abwägung der Verschuldens- und Verursachungsanteile im Rahmen des § 425 Abs. 2 HGB (§ 254 BGB) ist grundsätzlich Sache des Tatrichters und kann im Revisionsverfahren nur darauf überprüft werden, ob alle in Betracht kommenden Umstände vollständig und richtig berücksichtigt und der Abwägung rechtlich zulässige Erwägungen zugrunde gelegt worden sind. Die Abwägung darf nicht schematisch erfolgen, sondern ist auf Grund der festgestellten Umstände des Einzelfalls vorzunehmen.

> BGH, Urt. v. 25.3.2003 – VI ZR 161/02, VersR 2003, 783 = NJW
> 2003, 1929 = MDR 2003, 804;
>
> BGH, Urt. v. 28.9.2006 – I ZR 198/03, TranspR 2007, 110
> NJW-RR 2007, 1282 = MDR 2007, 668.

- Die Berücksichtigung eines pflichtwidrigen Verhaltens des Verletzten als Mitverschulden i. S. v. § 425 Abs. 2 HGB (§ 254 BGB) setzt voraus, dass es bei der Entstehung des Schadens mitgewirkt hat, also für den Eintritt des Schadens **ursächlich** geworden ist. Für das im Rahmen der Abwägung zu berücksichtigende Maß der Verursachung kann demnach nicht darauf abgestellt werden, dass der Schaden bei pflichtgemäßem Verhalten überhaupt hätte vermieden werden können. Vielmehr kommt es für die Haftungsverteilung wesentlich darauf an, in welchem Maß das Verhalten des Schädigers oder das des Geschädigten den Eintritt des Schadens wahrscheinlich gemacht hat.

> BGH, Urt. v. 12.10.1999 – XI ZR 249/98, VersR 2001, 771
> = NJW-RR 2000, 272 = MDR 2000, 40;
>
> BGH, Urt. v. 28.9.2006 – I ZR 198/03, TranspR 2007, 110
> = NJW-RR 2007, 1282 = MDR 2997, 668.

- Im Rahmen der Haftungsabwägung ist ferner zu beachten, dass die **Reichweite** des bei wertdeklarierten Sendungen **gesicherten Bereichs** einen für die Bemessung der Haftungsquote relevanten Gesichtspunkt darstellt: Je größer der gesicherte Bereich ist, desto größer ist auch der Anteil des Mitverschuldens des Versenders, der durch das Unterlassen der Wertangabe den Transport der Ware außerhalb des gesicherten Bereichs veranlasst.

> BGH, Urt. v. 8.5.2003 – I ZR 234/02, TranspR 2003, 317
> = VersR 2003, 1596 = NJW-RR 2003, 1473;
>
> BGH, Urt. v. 1.12.2005 – I ZR 31/04, TranspR 2006, 212 = NJW
> 2006, 1426 = BGHReport 2006, 777;
>
> BGH, Urt. v. 19.1.2006 – I ZR 80/03, TranspR 2006, 121
> = VersR 2006, 953 = NJW-RR 2006, 822.

- Ferner ist der **Wert** der transportierten, nicht wertdeklarierten Ware von Bedeutung. Je höher der tatsächliche Wert der nicht wertdeklarierten Sendung ist, desto gewichtiger ist der in dem Unterlassen der Wertdeklaration liegende **Schadensbeitrag**. Denn je höher der Wert der zu transportierenden Sendung ist, desto offensichtlicher ist es, dass die Beförderung des Gutes eine besonders sorgfältige Behandlung durch den Spediteur/Frachtführer erfordert, und desto größer ist das in dem Unterlassen der Wertdeklaration liegende Verschulden des Versenders gegen sich selbst.

  > BGH, Urt. v. 19.1.2006 – I ZR 80/03, TranspR 2006, 121
  > = VersR 2006, 953 = NJW-RR 2006, 822.

- Bei der **Haftungsabwägung** gemäß **§ 425 Abs. 2 HGB** kann nicht angenommen werden, dass das einem Versender anzulastende Verschulden nach § 254 Abs. 2 BGB grundsätzlich weniger schwer wiegt, als das einem Versender nach § 254 Abs. 1 BGB anzulastende Verschulden. Die Vorschrift des § 254 Abs. 1 BGB regelt den Fall, dass bei der Entstehung des Schadens ein Verschulden des Geschädigten mitgewirkt hat. Nach § 254 Abs. 2 BGB kann das Mitverschulden auch darin bestehen, dass der Geschädigte es unterlassen hat, den Schädiger auf die Gefahr eines ungewöhnlich hohen Schadens aufmerksam zu machen. Damit enthält § 254 Abs. 2 BGB lediglich – klarstellend – einen besonderen Anwendungsfall des § 254 Abs. 1 BGB. In Bezug auf die Rechtsfolgen trifft § 254 Abs. 1 BGB für sämtliche Fälle des Mitverschuldens eine einheitliche Regelung. Dementsprechend sind die **Verursachungs- und Verschuldensanteile** von Schädiger und Geschädigtem im Einzelfall gegeneinander abzuwägen. Eine abstrakte Gewichtung der verschiedenen Fälle des Mitverschuldens würde dem § 254 Abs. 1 BGB widersprechen.

  > BGH, Urt. v. 3.7.2008 – I ZR 183/06, TranspR 2008, 400;
  > BGH, Urt. v. 11.9.2008 – I ZR 118/06, TranspR 2008, 362.

- Es kann auch nicht angenommen werden, dass das Mitverschulden des Paketversenders im Falle eines qualifizierten Verschuldens des Frachtführers eine Quote von 50 % nicht übersteigen darf. Eine **darüber hinausgehende Mithaftung** des Versenders kommt vor allem dann in Betracht, wenn das Paket auf Grund der Beförderungsbedingungen des Transportunternehmens von einem Transport ausgeschlossen war, wenn es sich also um sog. Verbotsgut gehandelt hat. In derartigen Fällen kann auch ein vollständiger Wegfall der Haftung des Frachtführers gerechtfertigt sein, wenn der Versender positive Kenntnis davon hatte, dass der Frachtführer bestimmte Güter nicht befördern will und der Versender sich bei Einlieferung bewusst über diesen entgegenstehenden Willen des Frachtführers hinweggesetzt hat.

  > BGH, Urt. v. 15.2.2007 – I ZR 186/03, TranspR 2007, 164
  > = VersR 2008, 97 = NJW-RR 2007, 110;
  > BGH, Urt. v. 3.5.2007 – I ZR 109/04, TranspR 2007, 405
  > = NJW-RR 2008, 347 = MDR 2007, 1435;

BGH, Urt. v. 3.7.2008 – I ZR 183/06, TranspR 2008, 400.

Eine höhere Quote als 50 % kann auch dann anzunehmen sein, wenn der Wert eines Pakets – unabhängig vom Überschreiten einer in den Beförderungsbedingungen gesetzten Wertgrenze – sehr deutlich über dem Betrag liegt, ab dem ein Hinweis auf einen ungewöhnlich hohen Schaden hätte erfolgen müssen.

BGH, Urt. v. 13.8.2009 – I ZR 76/07, TranspR 2010, 145
= NJW-RR 2010, 848.

Die Abwägung der Mitverschuldensquote muss zudem im Blick haben, dass sie bei hohen Warenwerten nicht zu **unangemessenen Ergebnissen** führt. Diesem Erfordernis wird eine schematische stufenweise Kürzung des Schadensersatzanspruchs im Allgemeinen nicht gerecht.

BGH, Urt. v. 3.7.2008 – I ZR 183/06, TranspR 2008, 400;
BGH, Urt. v. 11.9.2008 – I ZR 118/06, TranspR 2008, 362.

- Ein Warenversender kann in einen nach § 425 Abs. 2 HGB **beachtlichen Selbstwiderspruch** geraten, wenn er wertvolles Gut (z. B. Edelmetalle, ungefasste Edelsteine, Schmuck, Geld, Scheck-, Kreditkarten, gültige Telefonkarten, Wertpapiere) trotz Kenntnis, dass der Frachtführer dieses in der gewählten Transportart wegen des damit verbundenen Verlustrisikos nicht befördern will, ohne Hinweis auf die Art des Transportgutes zur Beförderung übergibt und im Falle des Verlustes gleichwohl vollen Schadensersatz verlangt.

Das Unterlassen eines Hinweises auf den Wert der Sendung ist für den Schadenseintritt grundsätzlich dann **mitursächlich** gewesen, wenn der Spediteur/Frachtführer die Beförderung bei richtiger Wertangabe hätte ablehnen oder den Versender auf eine besonders gesicherte Art der Beförderung hätte verweisen können.

BGH, Urt. v. 13.7.2006 – I ZR 245/03, TranspR 2006, 448
= BGHReport 2006, 1531 = BB 2006, 2324.

Hat der Versender **positive Kenntnis** davon, dass er sog. Verbotsgut einliefert und unterlässt er es, den Spediteur/Frachtführer auf Inhalt und Wert der Sendung hinzuweisen, führt der Mitverschuldensanteil des Absenders – auch unter Berücksichtigung des qualifizierten Verschuldens des Spediteurs/Frachtführers – im Allgemeinen zu einem vollständigen Haftungsausschluss des Spediteurs/Frachtführers, weil sich der Versender bewusst über den Willen des Spediteurs/Frachtführers hinwegsetzt, Verbotsgut nicht im einfachen Paketdienst anzunehmen. Bei einer derartigen Fallgestaltung tritt das Organisationsverschulden des Spediteurs/Frachtführers gegenüber dem Mitverschulden des Absenders vollständig zurück.

BGH, Urt. v. 13.7.2006 – I ZR 245/03, TranspR 2006, 448
= BGHReport 2006, 1531 = BB 2006, 2324;

BGH, Urt. v. 15.2.2007 – I ZR 186/03, TranspR 2007, 164
= VersR 2008, 97 = NJW-RR 2007, 1110;
BGH, Urt. v. 3.5.2007 – I ZR 109/04, TranspR 2007, 405
= NJW-RR 2008, 347 = MDR 2007, 1435.

6. Haftung des Spediteurs/Frachtführers bei Beschädigung von Transportgut

a) Einlassungsobliegenheit des Spediteurs/Frachtführers

aa) Grundsatz

Es ist grundsätzlich Sache des Geschädigten, den Beweis für die Schadensur- **146** sächlichkeit des beanstandeten Verhaltens zu erbringen. Dieser Grundsatz gilt zwar nicht ausnahmslos. Denn insbesondere im Fall grober Verletzungen vom beruflichen Organisationspflichten ist eine **abweichende Verteilung der Darlegungs- und Beweislast** anerkannt. Dies setzt jedoch neben der festgestellten groben Pflichtverletzung voraus, dass das Verhalten an sich geeignet war, einen Schaden nach Art des eingetretenen herbeizuführen.

Im Bereich des **Speditionsrechts** trägt der Spediteur die Darlegungs- und **147** Beweislast für die fehlende Schadensursächlichkeit des festgestellten Organisationsverschuldens nur dann, wenn es nach Art des eingetretenen Schadens als Schadensursache ernsthaft in Betracht kommt. Danach begegnet es keinen Bedenken, dem Spediteur/Frachtführer die Darlegungs- und Beweislast für die fehlende Kausalität seines Organisationsverschuldens in Verlustfällen aufzuerlegen. Denn die strengen Anforderungen an die Organisation des Warenumschlags dienen gerade dem Zweck, dem Verlust von Sendungen entgegenzuwirken. Die stärkere Kontrolle beugt Diebstählen und Unterschlagungen durch das Personal der Beförderung vor und erleichtert die zielgenaue Nachforschung nach Transportgut, welches versehentlich verloren gegangen ist.

Auf während des **Transports** eingetretene Sachschäden sind diese Grundsätze **148** jedoch nicht ohne Weiteres übertragbar, da die gebotenen Kontrollmaßnahmen beim Warenumschlag nicht darauf abzielen, den Spediteur/Frachtführer zu einem sorgfältigeren Umgang mit den ihm anvertrauten Gütern anzuhalten. Es kann zwar nicht völlig ausgeschlossen werden, dass die Durchführung genauerer Schnittstellenkontrollen im Einzelfall auch zu einem sorgfältigeren Umgang beim Umladen der Güter führen mag. Jedoch ist nach der allgemeinen Lebenserfahrung eine wesentliche Verringerung der Schadenshäufigkeit auch bei schärferen Schnittstellenkontrollen nicht zu erwarten.

Darüber hinaus kann die Schnittstellenkontrolle ohnehin nur äußerliche Be- **149** schädigungen der Sendungen erfassen und trägt zur Vermeidung von Sachschäden mithin nichts Wesentliches bei, wenn das Packstück äußerlich unbeschädigt geblieben ist. Bei dieser Sachlage muss die **Kausalität** eines festgestellten Organisationsverschuldens des Spediteurs/Frachtführers **gesondert festgestellt werden.**

> BGH, Urt. v. 15.11.2001 – I ZR 182/99, TranspR 2002, 302
> = VersR 2003, 1007 = NJW-RR 2002, 1108;
> BGH, Urt. v. 9.11.2003 – I ZR 275/00, TranspR 2004, 175;
> BGH, Urt. v. 19.5.2005 – I ZR 238/02, TranspR 2006, 114.

bb) Verladungsfehler des Spediteurs/Frachtführers

150 Etwas anderes gilt allerdings dann, wenn feststeht, dass der Sachschaden auf einem in den Verantwortungs-/Organisationsbereich des Spediteurs/Frachtführers fallenden Verladungsfehler (etwa beim Umladen des Gutes während der Obhutszeit des Spediteurs/Frachtführers) beruht. Welche Sicherungsmaßnahmen der Spediteur/Frachtführer ergriffen hat, um Verladungsfehler möglichst auszuschließen, kann der Anspruchsteller, der im Allgemeinen keinen Einblick in die Betriebs- und Organisationsabläufe des Spediteurs/Frachtführers hat, nicht wissen. Dem Spediteur/Frachtführer ist es dagegen grundsätzlich möglich und zumutbar, zu den näheren Umständen aus seinem Betriebsbereich eingehend vorzutragen. Er muss insbesondere darlegen, durch welche konkreten Maßnahmen sichergestellt ist, dass ein LKW das Betriebsgelände nicht mit unzureichend gesicherter Ladung verlässt.

> BGH, Urt. v. 8.5.2002 – I ZR 34/00, TranspR 2002, 408 = VersR
> 2003, 395 = NJW-RR 2002, 1609.

151 Steht fest, dass ein LKW das Betriebsgelände mit **unzureichend gesicherter Ladung** verlassen hat, so spricht dies zunächst für ein grobes Organisationsverschulden des Spediteurs/Frachtführers. Er muss daher im Einzelnen vortragen, was er zur Vermeidung des konkreten Schadens getan hat.

152 Der nur allgemein gehaltene Sachvortrag zur Organisation eines Umschlagslagers reicht dafür nicht aus. Es muss vielmehr dargelegt werden, welcher Mitarbeiter die streitgegenständliche Verladung vorgenommen hat und wer zu diesem Zeitpunkt verantwortlicher Lagermeister war. Ferner muss dargelegt werden, welche konkreten Anweisungen der Spediteur/Frachtführer dem Lagermeister in Bezug auf die Vornahme von Sicherheitskontrollen erteilt hat und auf welche Weise dieser die erforderlichen Kontrollen vornimmt.

153 Der Spediteur/Frachtführer muss auch vortragen, wann und in welcher konkreten Weise die **Lagerarbeiter** darüber **unterrichtet** worden sind, wie eine ausreichende Ladungssicherung vorzunehmen ist. Des Weiteren ist darzulegen, in welchen zeitlichen Abständen Schulungen durchgeführt worden sind und welchen Inhalt und Umfang diese hatten. Den Vortrag des Spediteurs/Frachtführers zu seiner Betriebsorganisation darf der Anspruchsteller gemäß § 138 Abs. 4 ZPO in zulässiger Weise mit Nichtwissen bestreiten.

> BGH, Urt. v. 8.5.2002 – I ZR 34/00, TranspR 2002, 408 = VersR
> 2003, 395 = NJW-RR 2002, 1609.

b) Darlegungslast des Anspruchstellers

Wird der Spediteur/Frachtführer wegen Beschädigung von Transportgut auf **154**
vollen Schadensersatz in Anspruch genommen, so muss der Ersatzberechtigte Anhaltspunkte vortragen, die darauf schließen lassen, dass der Schaden auf
ein qualifiziertes Verschulden zurückzuführen ist. Diese können sich etwa
aus der Art und dem Ausmaß der Beschädigung des Gutes ergeben.

Da nur der beklagte Spediteur/Frachtführer Angaben zu den näheren Um- **155**
ständen der Schadensentstehung machen kann, hat er sich auf den Vortrag
des Ersatzberechtigten einzulassen und mitzuteilen, welche Kenntnisse er über
den konkreten Schadensverlauf hat und welche Schadensursachen er ermitteln konnte. Ihn trifft mithin eine Recherchepflicht. Kann er trotz angemessener Nachforschungen keine Angaben zur Schadensentstehung machen,
darf daraus nicht ohne Weiteres die Vermutung für das Vorliegen der Voraussetzungen eines qualifizierten Verschuldens hergeleitet werden. Es gelten
insoweit nicht die Grundsätze wie bei einem Verlust des Gutes, bei dem die
mangelnde Aufklärung des Ersatzverpflichteten im Allgemeinen auf dem
Fehlen von Schnittstellenkontrollen beruht, und der Eintritt eines Schadens
und der Schadensbereich in zeitlicher, räumlicher und personeller Hinsicht
nicht (mehr) eingegrenzt werden können.

Kann der Spediteur/Frachtführer trotz angemessener Recherchen **nichts zur** **156**
Entstehung der Beschädigung des Gutes **beitragen**, bleibt der Ersatzberechtigte für das Vorliegen der Voraussetzungen eines qualifizierten Verschuldens des Spediteurs/Frachtführers oder seiner Leute ggf. beweisfällig.

> BGH, Urt. v. 29.6.2006 – I ZR 176/03, TranspR 2006, 390
> = BGHReport 2006, 1412.

c) Sachschaden bei Vorliegen eines bloßen Schadensverdachts

Eine Sachbeschädigung i. S. v. § 425 Abs. 1 HGB kann auch ohne festgestell- **157**
te Substanzverletzung allein auf Grund eines der betroffenen Sache anhaf-
tenden Schadensverdachts in Betracht kommen. Denn der potentielle Erwerber einer mit einem Schadensverdacht behafteten Sache wird im Allgemeinen
nicht bereit sein, ohne vorherige Ausräumung des Verdachts für die betroffene Sache den vollen Marktpreis zu zahlen. Ein begründeter Schadensverdacht führt daher in der Regel zu einer Minderung der Wertschätzung des
betroffenen Gutes im geschäftlichen Verkehr.

Veranlasst der Auftraggeber eines Spediteurs/Frachtführers zum Zwecke der **158**
Ausräumung eines berechtigten Schadensverdachts eine Untersuchung der
Sache, so können die dadurch entstandenen Kosten nur unter den Voraussetzungen des § 435 HGB ersetzt verlangt werden. Bei der Beurteilung, ob
ein nahe liegender Schadensverdacht bestanden hat, sind nur solche Umstände zu berücksichtigen, die der Ersatzberechtigte bei Erteilung des Untersu-
chungsauftrags kannte.

BGH, Urt. v. 24.5.2000 – I ZR 84/98, TranspR 2000, 456
= VersR 2001, 127 = NJW-RR 2001, 322.

d) Haftung des Spediteurs/Frachtführers für sog. Folgeschäden

159 Wird Transportgut, das während des Obhutszeitraums des Spediteurs/Frachtführer **verunreinigt** wurde, auf Grund einer entsprechenden Disposition des Empfängers mit anderen Gegenständen **vermischt**, stellt sich die Frage, ob der Spediteur/Frachtführer für den sich daraus ergebenden sog. Kontaminierungsschaden (Folgeschaden) haften muss.

160 Nach allgemeinem deutschem Schadensrecht erfasst die Ersatzpflicht des Schädigers regelmäßig auch Folgeschäden, sofern diese mit dem schädigenden Ereignis in einem adäquaten Ursachenzusammenhang stehen und in den Schutzbereich der verletzten Norm fallen. Die Verpflichtung desjenigen, der ein schädigendes Ereignis zu vertreten hat, erstreckt sich mithin in aller Regel auch darauf, den durch dieses Ereignis mittelbar verursachten Schaden zu ersetzen.

161 Die Frage, ob der Spediteur/Frachtführer für solche Folgeschäden haftet, ist in den §§ 425 ff. HGB dahingehend geregelt worden, dass in dieser Hinsicht außer beim Vorliegen der Voraussetzungen des § 435 HGB keine Haftung besteht.

Begründung zum Regierungsentwurf des TRG, BT-Drucks.
13/8445, S. 68 und 69 f.

162 Eine vertragliche wie auch außervertragliche Haftung des Spediteurs/Frachtführers gegenüber dem Absender oder dem Empfänger für Folgeschäden auf Grund Verlustes oder Beschädigung des Gutes während des Obhutszeitraums kommt wegen des vom Gesetzgeber bezweckten Schutzes des Spediteurs/Frachtführers vor einer Überwälzung von bei diesen Personen bestehenden Betriebsrisiken nicht in Betracht. Wenn während des Obhutszeitraums des Spediteurs/Frachtführers verunreinigtes Transportgut gemäß einer entsprechenden Disposition des Empfängers mit anderen Waren vermischt wird, stellt der sich daraus ergebende sog. Kontaminierungsschaden einen von der Haftungsbegrenzung des § 434 HGB erfassten typischen Folgeschaden dar.

163 Die Vorschrift des § 434 HGB dient maßgeblich dem Zweck, das frachtvertragliche Haftungssystem mit seinen Haftungsbefreiungen und Haftungsbegrenzungen gegen Aushöhlung bzw. Entwertung durch außervertragliche Ansprüche zu schützen. Die Vorschrift soll sicherstellen, dass sämtliche in den §§ 425 ff. HGB enthaltenen Regelungen einbezogen sind, die den Haftungsinhalt und den Haftungsumfang betreffen.

Begründung zum Regierungsentwurf des TRG, BT-Drucks.
13/8445, S. 69 f.;

BGH, Urt. v. 5.10.2006 – I ZR 240/03, BGHZ 169, 187
= TranspR 2006, 454 = VersR 2007, 86 = NJW 2007, 58.

Bei einem **vorsätzlichen oder leichtfertigen** und in dem Bewusstsein, dass 164
ein Schaden mit Wahrscheinlichkeit eintreten werde, begangenen Handeln
oder Unterlassen des Spediteurs/Frachtführers erstreckt sich dessen dann
gemäß § 435 HGB unbeschränkte Haftung allerdings auch auf den Ersatz
von Folgeschäden.

> BGH, Urt. v. 5.10.2006 – I ZR 240/03, BGHZ 169, 187
> = TranspR 2006, 454 = VersR 2007, 86 = NJW 2007, 58.

7. Verjährungsfragen

a) § 439 Abs. 1 HGB

aa) Übergangsregelung

Ansprüche, die ihre Grundlage in einer vor dem 1.7.1998 abgeschlossenen 165
Vereinbarung haben, fallen in den zeitlichen Anwendungsbereich des am
1.7.1998 in Kraft getretenen § 439 Abs. 1 HGB, wenn sie erst nach Inkrafttreten des Transportrechtsreformgesetzes entstanden sind.

Für das im Handelsgesetzbuch geregelte Speditions- und Transportrecht gilt 166
zwar der in Art. 170 und Art. 232 § 1 EGBGB enthaltene Grundsatz, dass
sich Inhalt und Wirkung eines Schuldverhältnisses nach der zum Zeitpunkt
seiner Entstehung geltenden Rechtslage richten, sofern kein Dauerschuldverhältnis betroffen ist.

> BGH, Urt. v. 16.7.1998 – I ZR 44/96, TranspR 1999, 19 = VersR
> 1999, 254 = NJW-RR 1999, 254;
> BGH, Urt. v. 15.11.2001 – I ZR 158/99, BGHZ 149, 337
> = TranspR 2002, 295 = VersR 2002, 1440 = NJW 2002, 3106;
> BGH, Urt. v. 13.2.2003 – I ZR 128/00, TranspR 2003, 255
> = VersR 2003, 1017 = NJW-RR 2003, 751;
> BGH, Urt. v. 15.12.2005 – I ZR 9/03, TranspR 2006, 70 = VersR
> 2006, 1386 = NJW-RR 2006, 618.

Eine Ausnahme von dem genannten Grundsatz findet sich jedoch in Art. 169 167
Abs. 1 EGBGB. Danach gilt für die Verjährung, soweit es nicht um deren
Beginn, Hemmung oder Unterbrechung geht, grundsätzlich das neue Recht.
Der Schuldner hat kein Recht auf den Fortbestand der bisherigen Verjäh-
rungsmöglichkeit. Bei Einführung einer kürzeren als der bislang geltenden
Verjährungsvorschrift ist die Verjährung gemäß Art. 169 Abs. 2 EGBGB
vom Zeitpunkt des Inkrafttretens des neuen Rechts an zu berechnen.

> BGH, Urt. v. 15.12.2005 – I ZR 9/03, TranspR 2006, 70 = VersR
> 2006, 1386 = NJW-RR 2006, 618.

bb) Verlängerung der Verjährungsfrist

Für den umgekehrten Fall der Verlängerung der Verjährung enthält das 168
Transportrechtsreformgesetz ebenfalls keine Bestimmung. Es gilt demnach
entsprechend Art. 169 Abs. 1 EGBGB das neue Recht. Danach ist für den

Beginn der Verjährung noch das alte Recht maßgebend, für deren Dauer gilt jedoch die längere neue Frist. Da der Schuldner kein Recht auf den Fortbestand der bisherigen Verjährungsmöglichkeit hat, wird er durch eine Verlängerung der Verjährung auch nicht unzumutbar belastet. Von diesem Grundsatz gehen auch die detaillierten Verjährungsvorschriften anlässlich der Herstellung der deutschen Einheit (Art. 231 § 6 Abs. 1 EGBGB) und der Modernisierung des Schuldrechts (Art. 229 § 6 Abs. 1 EGBGB) aus.

169 Auf die längere Verjährungsfrist des § 439 Abs. 1 Satz 2 HGB für einen auf leichtfertiges Verhalten gestützten Schadensersatzanspruch aus § 29 KVO könnte sich ein Gläubiger daher nur dann nicht berufen, wenn das neue Transportrecht gegenüber dem bisher geltenden Recht eine vollständige rechtliche Neugestaltung der Ansprüche i. S. einer „Systemänderung" enthielte.

> BGH, Urt. v. 22.1.1998 – VII ZR 307/95, BGHZ 138, 24 = WM 1998, 1074 = VIZ 1998, 276;
>
> BGH, Urt. v. 15.12.2005 – I ZR 9/03, TranspR 2006, 70 = VersR 2006, 1386 = NJW-RR 2006, 618.

170 Einen solchen grundlegenden Wandel hat die Haftung des Spediteurs/Frachtführers im Bereich des innerstaatlichen Güterfernverkehrs mit Kraftfahrzeugen infolge der Ersetzung der Bestimmungen der Kraftverkehrsordnung durch die an deren Stelle getretenen §§ 407 ff. HGB jedoch nicht erfahren. Das Transportrecht wurde insoweit einem einheitlichem Vertragsrechtssystem zugeführt, ohne dass der Grundsatz der Haftung auf Schadensersatz bei Verschulden in Frage gestellt wurde.

> BGH, Urt. v. 15.12.2005 – I ZR 9/03, TranspR 2006, 70 = VersR 2006. 1386 = NJW-RR 2006, 618.

cc) Von § 439 Abs. 1 HGB erfasste Ansprüche

171 Nach § 439 Abs. 1 Satz 1 HGB verjähren Ansprüche aus einer Beförderung, die den §§ 407 bis 450 HGB unterliegt, grundsätzlich in einem Jahr. Die Bestimmung lehnt sich in ihrem Regelungsgehalt an Art. 32 Abs. 1 Satz 1 CMR an und soll dem Interesse an einer schnellen Schadensabwicklung im Handelsverkehr dienen.

> Begründung zum Regierungsentwurf des TRG, BT-Drucks. 13/8445, S. 70.

- Die dem § 439 Abs. 1 Satz 1 HGB unterfallenden Ansprüche müssen „aus einer Beförderung" entstanden sein. Erfasst sind somit alle vertraglichen Ansprüche, auch solche aus der Verletzung von vertraglichen Nebenpflichten, soweit diese unmittelbar zu der „Beförderung" gehören und sich nicht etwa aus einer selbständigen vertraglichen Abrede ergeben.

- Dementsprechend ist die dreijährige Verjährungsfrist des **§ 439 Abs. 1 Satz 2 HGB** auch auf **Primärleistungsansprüche** und vertragliche Aufwendungsersatzansprüche aus Frachtverträgen anzuwenden. Erfasst werden damit sekundäre Erfüllungsansprüche aus §§ 280 Abs. 1, 241 Abs. 2 BGB, die der Sache nach an die Stelle des ursprünglichen Erfüllungsanspruchs **(beispielsweise Frachtvergütung)** getreten sind.

> BGH, Urt. v. 22.4.2010 – I ZR 31/08, TranspR 2010, 225
> = VersR 2010, 1668 = MDR 2010, 1001.

- Darüber hinaus unterfallen der Verjährungsregelung – ebenfalls in Übereinstimmung mit dem CMR-Vorbild – auch außervertragliche Ansprüche. Ansprüche aus selbständigen Verträgen, die lediglich dem Umfeld der Beförderung zuzurechnen sind, verjähren dagegen nicht nach § 439 HGB, sondern nach den auf diese Verträge anwendbaren Verjährungsvorschriften.

> BGH, Urt. v. 20.10.2005 – I ZR 18/03, TranspR 2006, 75;
>
> BGH, Urt. v. 21.9.2006 – I ZR 2/04, TranspR 2006, 451
> = BGHReport 2007, 1 = NJW-RR 2007, 182.

- Handelt es sich bei dem geltend gemachten Anspruch seiner Rechtsnatur nach um einen Anspruch auf eine Garantieleistung bei Nichterreichen eines konkret vereinbarten Mindestfrachtumsatzes, so findet auf diesen Anspruch die Verjährungsvorschrift des § 439 Abs. 1 HGB keine Anwendung. Der Anspruch ergibt sich dann nicht aus einer bestimmten, den §§ 407 ff. HGB unterliegenden Beförderung. Die Einordnung einer Garantiezusage als „Frachtgeschäft" widerspricht dem in § 407 Abs. 1 HGB angesprochenen Vertragstypus.

> BGH, Urt. v. 21.9.2006 – I ZR 2/04, TranspR 2006, 451 = NJW-
> RR 2007, 182 = BGHReport 2007, 1.

- Die in § 439 Abs. 1 HGB geregelte Verjährungsfrist von einem Jahr (Satz 1) oder bei Vorsatz oder dem Vorsatz gleichstehendem Verschulden von drei Jahren (Satz 2) seit der Ablieferung des Transportgutes (§ 439 Abs. 2 Satz 1 HGB) gilt für alle Ansprüche aus einer Beförderung, die „den Vorschriften dieses Unterabschnitts", also den §§ 407 bis 450 HGB, unterliegt. Dazu gehört auch ein Anspruch, den der Warenempfänger wegen Beschädigung des Transportgutes gegen einen Mitarbeiter (Fahrer) des beauftragten Frachtführers geltend macht, unabhängig davon, ob das Transportgut im Zeitpunkt der schädigenden Handlung i. S. v. § 425 Abs. 1, § 407 Abs. 1 HGB abgeliefert war.

Die Bestimmung des § 439 Abs. 1 HGB knüpft für die Anwendung der eigenständigen frachtrechtlichen Verjährungsregelung allein daran an, dass sich der geltend gemachte Anspruch aus einer den Vorschriften „dieses Unterabschnitts unterliegenden Beförderung" ergibt. Ist von einer solchen Beförderung auszugehen, weil ein wirksamer Frachtvertrag i. S. v. § 407 HGB zustande gekommen ist, so unterfallen alle Ansprüche, die mit dieser Beförderung in einem unmittelbaren Zusammenhang stehen, der Verjährungsregelung des § 439 HGB, unabhängig davon, von welcher Seite sie geltend gemacht werden und auf welchem Rechtsgrund sie beruhen.

- Die in Anlehnung an Art. 32 CMR durch das Transportrechtsreformgesetz neu geschaffene eigenständige Verjährungsregelung des § 439 HGB erfasst nicht nur sämtliche vertragliche Ansprüche, sondern – ebenso wie Art. 32 CMR – auch außervertragliche, insbesondere auch deliktische Ansprüche aus §§ 823 ff. BGB.

> BGH, Urt. v. 21.9.2006 – I ZR 2/04, TranspR 2006, 451 = NJW-RR 2007, 182 = BGHReport 2007, 1;
>
> BGH, Urt. v. 10.1.2008 – I ZR 13/05, TranspR 2008, 84 = MDR 2008, 634 = BGHReport 2008, 380.

Für den **erforderlichen unmittelbaren Zusammenhang** des geltend gemachten Schadensersatzanspruchs mit der Beförderung reicht es aus, dass die Beschädigung des Transportgutes im unmittelbaren räumlichen und zeitlichen Zusammenhang mit dessen Ablieferung erfolgt ist. Es kommt nicht entscheidend darauf an, ob das Gut im Zeitpunkt seiner Beschädigung bereits i. S. v. § 425 Abs. 1 HGB abgeliefert war oder ob das Gut sich noch in der Obhut des Frachtführers bzw. seines Fahrers befunden hat. Denn auch bei einer Beschädigung im Anschluss an die Ablieferung kann ein hinreichender Zusammenhang mit der Beförderung i. S. v. § 439 Abs. 1 HGB gegeben sei.

- Der Anwendungsbereich des § 439 HGB ist nicht auf Ersatz von Schäden beschränkt, die während der **Obhutszeit** des Frachtführers eingetreten sind. Die vertragliche Haftung des Frachtführers ist zwar auf den Schadenszeitraum von der Übernahme des Gutes bis zu dessen Ablieferung beschränkt (§ 425 Abs. 1 HGB). Die Verjährungsregelung des § 439 Abs. 1 HGB knüpft jedoch nicht an den Zeitraum der vertraglichen Haftung des Frachtführers an, sondern stellt allein darauf ab, ob die Beförderung als solche den Bestimmungen der §§ 407 ff. HGB unterliegt.

> BGH, Urt. v. 10.1.2008 – I ZR 13/05, TranspR 2008, 84 = MDR 2008, 634 = BGHReport 2008, 380.

b) Verhältnis von § 439 Abs. 3 HGB zu § 203 BGB

172 Die allgemeine Hemmungsvorschrift des § 203 BGB wird nicht durch § 439 Abs. 3 HGB verdrängt. Beide Vorschriften stehen vielmehr uneingeschränkt nebeneinander. Diese Annahme rechtfertigt sich vor allem aus dem Umstand, dass die Anwendungsvoraussetzungen beider Vorschriften erhebliche Unterschiede aufweisen und § 439 Abs. 3 HGB nicht darauf abzielt, die allgemeinen Hemmungstatbestände einzugrenzen.

173 Der Eintritt der Verjährungshemmung nach § 439 Abs. 3 Satz 1 HGB erfordert lediglich ein einseitiges Schadensersatzverlangen des Anspruchstellers. Demgegenüber knüpft § 203 BGB für die Hemmung der Verjährungsfrist an

Verhandlungen zwischen den Parteien an. Damit erfordert die Anwendung des § 203 BGB – anders als § 439 Abs. 3 HGB – das Hervorrufen eines besonderen Vertrauens seitens des Schuldners beim Gläubiger. Der Lauf der Verjährungsfrist kann daher gemäß § 203 BGB selbst dann noch gehemmt werden, wenn andere Hemmungstatbestände, die auf dem gleichen Rechtsgedanken beruhen, vom Anwendungsbereich her zwar eröffnet sind, ihre Voraussetzungen aber nicht mehr bestehen.

Daraus ergibt sich, dass Verhandlungen nach formgerechter Zurückweisung **174** eines Schadensersatzverlangens grundsätzlich erneut den Ablauf der Verjährungsfrist hemmen können. Dies erfordert allerdings eine hinreichende Individualisierung des geltend gemachten Anspruchs seitens des Gläubigers, damit der Schuldner – gerade wenn es sich dabei um einen Spediteur/Frachtführer handelt, der massenweise Paketsendungen befördert – den Anspruch zuordnen und prüfen kann, ob er die Forderung bereits zu einem früheren Zeitpunkt zurückgewiesen hatte.

> BGH, Urt. v. 13.3.2008 – I ZR 116/06, VersR 2008, 1669
> = MDR 2008, 1347.

c) Unterbrechung der Verjährung durch Einleitung eines Mahnverfahrens

Die Zustellung eines Mahnbescheids ist dann nicht mehr „demnächst" i. S. v. **175** § 693 Abs. 2 ZPO a. F. (jetzt: § 167 ZPO) erfolgt, wenn der Antragsteller es unterlassen hat, beim Mahngericht nach Ablauf einer je nach den Umständen des Einzelfalls zu bemessenden Frist nachzufragen, ob die Zustellung bereits veranlasst worden ist, und dieses Unterlassen nachweislich zu einer Verzögerung der Zustellung um mehr als einen Monat geführt hat.

> BGH, Urt. v. 1.4.2004 – IX ZR 117/03, NJW-RR 2004, 1574
> = BGHReport 2004, 1053 = MDR 2004, 1076;
> BGH, Urt. v. 27.4.2006 – I ZR 237/03, TranspR 2006, 307
> = VersR 2007, 221 = NJW-RR 2006, 1436.

Die Darlegungs- und Beweislast dafür, dass ein Untätigbleiben des Antrag- **176** stellers zu keiner erheblichen Verzögerung der Zustellung geführt hat, liegt – wie auch sonst für die Voraussetzungen des Merkmals „demnächst" – grundsätzlich bei dem Zustellungsbetreiber. Diesem sind bei der Frage, ob eine Zustellung „demnächst" erfolgt ist, Versäumnisse jedoch allein insoweit zuzurechnen, als sich feststellen lässt, dass die geforderte Handlung den Verfahrensgang verkürzt hätte, das Unterlassen also kausal für die Verzögerung der Zustellung geworden ist.

> BGH, Urt. v. 5.2.2003 – IV ZR 44/02, VersR 2003, 489 = NJW-RR 2003, 599 = BGHReport 2003, 483;
> BGH, Urt. v. 27.4.2006 – I ZR 237/03, TranspR 2006, 307
> = VersR 2007, 221 = NJW-RR 2006, 1436.

d) Hemmung der Verjährung gemäß § 439 Abs. 3 Satz 1 HGB

177 Gemäß § 439 Abs. 3 Satz 1 HGB wird die Verjährung eines Anspruchs gegen den Frachtführer durch eine **schriftliche Erklärung** des Absenders oder Empfängers, mit der dieser Ersatzansprüche erhebt, bis zu dem Zeitpunkt **gehemmt**, in dem der Frachtführer die Erfüllung des Anspruchs schriftlich ablehnt.

178 Für **Art. 32 Abs. 2 CMR** ist allgemein anerkannt, dass der Begriff „schriftliche Reklamation" keine Schriftform i. S. v. § 126 BGB erfordert. Ausreichend ist vielmehr eine Erklärung in **Textform** nach § 126b BGB. Für § 439 Abs. 3 Satz 1 HGB gilt das nicht. Die Erklärung der **Haftbarhaltung** nach § 439 Abs. 3 Satz 1 HGB bedarf zu ihrer Wirksamkeit der Schriftform gemäß § 126 Abs. 1 BGB.

> BGH, Urt. v. 20.9.2012 – I ZR 75/11, juris und
> http://www.bundesgerichtshof.de/Entscheidungen.

e) Hemmung der Verjährung gemäß § 204 Abs. 1 Nr. 1 BGB

179 Nach **§ 204 Abs. 1 Nr. 1 BGB** wird der Lauf der **Verjährungsfrist** durch Erhebung einer Leistungsklage gehemmt. Eine Hemmung tritt aber nur dann ein, wenn die Klage – wie schon bei § 209 Abs. 1 BGB a. F. – von dem **materiell Berechtigten** erhoben wird. Obwohl § 204 Abs. 1 Nr. 1 BGB – anders als § 209 Abs. 1 BGB a. F. – nicht mehr ausdrücklich auf den „Berechtigten" abstellt, hat sich sachlich am Erfordernis der materiellen Berechtigung des Klägers nichts geändert. Berechtigter i. S. v. § 204 Abs. 1 Nr. 1 BGB ist neben dem ursprünglichen Rechtsinhaber und dessen Rechtsnachfolger auch der **gesetzliche** oder **gewillkürte Prozessstandschafter**. Die Berechtigung muss im Zeitpunkt der Einreichung der Klage bestanden haben, weil es gemäß **§ 167 ZPO** auf diesen Zeitpunkt ankommt, wenn durch die Zustellung der Klage die Verjährung gehemmt werden soll.

> BGH, Urt. v. 29.10.2009 – I ZR 191/07, TranspR 2010, 200
> = NJW 2010, 2270.

f) Verjährungsbeginn gemäß § 439 Abs. 2 Satz 3 HGB

180 Gemäß § 439 Abs. 2 Satz 3 HGB beginnt die Verjährung von **Rückgriffsansprüchen** mit dem Tag des Eintritts der Rechtskraft des Urteils gegen den Rückgriffsgläubiger oder, wenn kein rechtskräftiges Urteil vorliegt, mit dem Tag, an dem der Rückgriffsgläubiger den Anspruch befriedigt hat, es sei denn, der Rückgriffsschuldner wurde nicht innerhalb von drei Monaten, nachdem der Rückgriffsgläubiger **Kenntnis** von dem **Schaden** und der **Person** des Rückgriffsschuldners erlangt hat, über diesen Schaden unterrichtet.

181 Muss der Rückgriffsgläubiger seinem Auftraggeber beispielsweise nach den seerechtlichen Bestimmungen für einen eingetretenen Schaden haften (**Primärhaftungsverhältnis**), während der Rückgriffsschuldner seinem Auftrag-

geber (Rückgriffsgläubiger) für denselben Schaden nach den §§ 425 ff. HGB einstehen muss (**Rückgriffsschuldverhältnis**), steht das der Anwendung des § 439 Abs. 2 Satz 3 HGB nicht entgegen.

Die Vorschrift des **§ 439 Abs. 2 Satz 3 HGB** erfordert keinen Gleichlauf **182** zwischen den Haftungsgrundlagen im Primärhaftungs- und im Rückgriffshaftungsverhältnis.

> BGH, Urt. v. 2.10.2012 – I ZR 157/11, juris und
> http://www.bundesgerichtshof.de/Entscheidungen.

8. Weitere Entscheidungen zum nationalen Straßengüterverkehr und zum Lagerrecht

a) Beendigung der Frachtführerhaftung des Sammelladungsspediteurs (§ 460 Abs. 2 HGB)

Ein Spediteur ist gemäß § 460 Abs. 1 HGB befugt, die Versendung des Gu- **183** tes zusammen mit dem Gut eines anderen Versenders aufgrund eines für seine Rechnung über eine Sammelladung geschlossenen **Frachtvertrags** zu bewirken. Macht er von dieser Befugnis Gebrauch, so hat er hinsichtlich der Beförderung in **Sammelladung** nach § 460 Abs. 2 Satz 1 HGB die Rechte und Pflichten eines Frachtführers oder Verfrachters.

Die Anwendung der frachtrechtlichen Bestimmungen ist nach dem klaren **184** Wortlaut des § 460 Abs. 2 Satz 1 HGB auf die Beförderung des Gutes „in Sammelladung" beschränkt. Der Spediteur haftet daher nur für den Teil der Beförderung nach den frachtrechtlichen Bestimmungen, auf den sich die von ihm veranlasste Beförderung in Sammelladung bezieht. Die **Sammelversendung** endet mit der Ablieferung des Gutes an den vom Sammelladungsspediteur benannten Empfänger. Das kann auch ein Empfangsspediteur sein. Die Beförderung des Gutes vom Empfangsspediteur zum Empfänger (**sog. speditioneller Nachlauf**) unterfällt grundsätzlich nicht mehr dem Anwendungsbereich des § 460 Abs. 2 HGB, weil hierbei regelmäßig eine speditionelle Tätigkeit verrichtet wird, für die das frachtrechtliche Regelungsregime nicht geschaffen ist.

> Vgl. die Begründung des Gesetzentwurfs der Bundesregierung
> zum TRG, BT-Drucks. 13/8445, S. 112.

Damit ist der **BGH** von seiner Rechtsprechung unter der Geltung des **185** § 413 Abs. 2 Satz 1 HGB a. F. abgerückt.

> Siehe dazu BGH, Urt. v. 25.10.1995 – I ZR 230/93, TranspR
> 1996, 118);
> BGH, Urt. v. 7.4.2011 – I ZR 15/10, TranspR 2011, 365 = NJW-
> RR 2011, 1602 = MDR 2011, 1303.

b) Verpflichtung des Frachtgutempfängers zur Frachtzahlung (§ 421 Abs. 2 HGB)

186 Die Auffassung, dass es für einen Anspruch aus § 421 Abs. 2 Satz 1 HGB ausreicht, wenn das Einverständnis des Empfängers mit der Übernahme der Sachherrschaft über das Frachtgut als **konkludente Geltendmachung seines Rechts auf Ablieferung** verstanden wird, widerspricht dem Wortlaut des § 421 Abs. 2 Satz 1 HGB. Die Frachtlohnzahlungspflicht des Empfängers setzt zwar nicht mehr – wie unter der Geltung des § 436 HGB a. F. – die Annahme des Frachtbriefes, wohl aber die Geltendmachung des Ablieferungsanspruchs durch den Empfänger voraus, so dass die bloße Entgegennahme des Frachtgutes nicht mehr genügt.

187 Aus der Entstehungsgeschichte des § 421 Abs. 2 Satz 1 HGB ergeben sich keine Anhaltspunkte für eine berichtigende Auslegung der Vorschrift. Diese orientiert sich – ungeachtet bestehender Abweichungen – an der Bestimmung des Art. 13 Abs. 2 CMR, wobei die beiden Vorschriften hinsichtlich der Geltendmachung des Ablieferungsverlangens übereinstimmen. Bei Art. 13 Abs. 2 CMR besteht Einigkeit darüber, dass die Zahlungspflicht des Empfängers nicht durch die bloße Annahme des Frachtgutes entsteht. Umstritten ist allein, ob die Zahlungspflicht voraussetzt, dass der Empfänger die Rechte nach Art. 13 Abs. 1 CMR geltend macht, oder aber schon dann eingreift, wenn er sich auf sie lediglich beruft.

> BGH, Urt. v. 11.1.2007 – I ZR 177/04, BGHZ 171, 84
> = TranspR 2007, 311 = VersR 2007, 1585 = NJW-RR 2007, 1326.

c) Anspruch des Unterfrachtführers auf Standgeld (§ 421 Abs. 3 HGB)

188 Ein Anspruch auf Zahlung von Standgeld gemäß § 421 Abs. 3 HGB steht dem **Unterfrachtführer** schon deshalb nicht zu, weil er in der Regel nicht von dem Absender des Frachtgutes, sondern von dem Hauptfrachtführer beauftragt worden ist.

189 In welchem Umfang der Empfänger dem Frachtführer gegenüber Ansprüche aus dem Frachtvertrag zu erfüllen hat, wenn er sein Ablieferungsrecht geltend macht, ist in § 421 Abs. 2 und 3 HGB geregelt. In § 421 Abs. 4 HGB ist bestimmt, dass der Absender zur Zahlung der nach dem Vertrag geschuldeten Beträge verpflichtet bleibt. Das Ablieferungsverlangen nach § 421 Abs. 1 Satz 1 HGB führt danach zu einem **Schuldbeitritt** des Empfängers, der Absender und Empfänger zu Gesamtschuldnern hinsichtlich der Verpflichtungen aus dem Frachtvertrag macht.

190 Die Verpflichtung des Empfängers zur Zahlung von **Standgeld** gemäß § 421 Abs. 3 HGB knüpft demnach an die entsprechende Verpflichtung des Absenders aus dem von diesem geschlossenen Frachtvertrag an (§ 412 Abs. 3 HGB). Auch insoweit besteht eine vertragliche Verpflichtung des Absenders nur gegenüber dem Hauptfrachtführer, nicht dagegen im Verhältnis zu Unterfrachtführern, deren sich der Hauptfrachtführer zur Erfüllung seiner frachtvertraglichen Verpflichtungen dem Absender gegenüber bedient.

Erklärt der Empfänger sein Ablieferungsverlangen gegenüber dem vom Haupt- **191** frachtführer eingesetzten **Unterfrachtführer**, so erlangt dieser daher keine Ansprüche gemäß § 421 Abs. 2 und 3 HGB gegen den Empfänger. Weder dem Wortlaut noch dem Zweck von § 421 Abs. 3 HGB lässt sich entnehmen, dass durch diese Vorschrift eigene Ansprüche des Unterfrachtführers dem Empfänger gegenüber begründet werden sollen. Dem Unterfrachtführer, dem im Verhältnis zum Hauptfrachtführer ein Anspruch auf Standgeld gemäß § 412 Abs. 3 HGB zusteht, bleibt es unbenommen, sich dessen Anspruch auf Standgeld (§ 412 Abs. 3, § 421 Abs. 3 HGB) abtreten zu lassen.

> BGH, Urt. v. 20.10.2005 – I ZR 201/04, TranspR 2006, 29
> = VersR 2006, 1142 = NJW-RR 2006, 181.

d) Pfandrecht des Lagerhalters (§ 421 HGB a. F. = § 475b HGB n. F.)

Auf das gesetzliche Pfandrecht gemäß § 421 HGB a. F. finden nach § 1257 **192** BGB die Vorschriften über das durch Rechtsgeschäft bestellte Pfandrecht entsprechende Anwendung. Gemäß § 1252 BGB erlischt ein Pfandrecht erst mit Erfüllung der Forderung, für die es besteht. Die Verurteilung des Einlagerers zur Zahlung von Lagergeld führt nicht für sich allein um Erlöschen der gesicherten Lagergeldforderung, so dass das Pfandrecht des Lagerhalters aus § 421 HGB a. F. (§ 475b HGB n. F.) noch Bestand hat. Denn nach § 1223 Abs. 2 BGB kann der Verpfänder die Rückgabe des Pfandes erst gegen Befriedigung des Pfandgläubigers verlangen, sobald der Schuldner zur Leistung berechtigt ist.

Das Pfandrecht an beweglichen Sachen, dem auch das gesetzliche Pfandrecht **193** nach § 421 HGB a. F. (§ 475b HGB n. F.) unterfällt, gewährt dem Lagerhalter als Pfandrechtsgläubiger ein absolutes Besitzrecht gegenüber dem Einlagerer nach § 986 Abs. 1 Satz 1 BGB. Denn die Vorschriften der §§ 1204 ff. BGB sind grundsätzlich insoweit auf gesetzliche Pfandrechte entsprechend anwendbar, als sie nicht die Entstehung des Pfandrechts regeln.

Das absolute Besitzrecht gemäß § 986 Abs. 1 Satz 1 BGB stellt eine (rechts- **194** vernichtende) Einwendung dar, auf die sich der Besitzberechtigte nicht ausdrücklich zu berufen braucht, die vielmehr bei Vorliegen der erforderlichen Voraussetzungen von Amts wegen zu berücksichtigen ist.

> BGH, Urt. v. 22.4.1999 – I ZR 37/97, TranspR 1999, 353
> = VersR 2000, 78 = NJW 1999, 3716.

e) Wirkung eines Erlassvertrages

Ein zwischen dem Gläubiger und einem Gesamtschuldner vereinbarter Erlass **195** wirkt nur dann für die übrigen Schuldner, wenn die Vertragschließenden das ganze Schuldverhältnis aufheben wollten (§ 423 BGB). Ein entsprechender übereinstimmender Parteiwille muss sich aus dem Inhalt der Willenserklärungen durch Auslegung feststellen lassen. Im Zweifel hat der Erlassvertrag nur Einzelwirkung. Dies gilt auch dann, wenn die Ansprüche des Gläubigers gegen die Gesamtschuldner im Wege der Abtretung auf einen Dritten übergegangen sind und der Dritte nur gegenüber einem Gesamtschuldner vergleichsweise einen Anspruchsverzicht erklärt hat. Die Interessenlage der Beteiligten ändert sich dadurch nicht.

> BGH, Urt. v. 21.3.2000 – IX ZR 39/99, NJW 2000, 1942 = WM 2000, 1003 = MDR 2000, 943;
>
> BGH, Urt. v. 13.10.2004 – I ZR 249/01, TranspR 2005, 31 = NJW-RR 2005, 34 = MDR 2005, 617.

196 Die Mitteilung des wegen Verlustes von Transportgut in Anspruch genommenen Frachtführers in einem Schreiben an den geschädigten Anspruchsteller mit folgendem Inhalt „Wir möchten Sie darauf hinweisen, dass mit der Einlösung des Schecks alle Ansprüche aus diesem Schaden abgegolten sind", ist nicht ohne Weiteres als Abgabe einer Willenserklärung des Frachtführers zu werten. Eine derartige Äußerung kann auch als bloßer Hinweis auf die Rechtslage angesehen werden, wie sich diese nach Ansicht des in Anspruch genommenen Frachtführers darstellt. Die Scheckeinlösung durch den Anspruchsteller kann der Frachtführer nicht ohne Weiteres als bewusste Betätigung eines Annahmewillens i. S. d. § 151 Satz 1 BGB ansehen. An die Feststellung eines Verzichtswillens sind grundsätzlich strenge Anforderungen zu stellen. Ein besonders krasses Missverhältnis zwischen der von dem Anspruchsteller erhobenen Forderung und der von dem Frachtführer angebotenen Abfindung von etwa 0,2 % der geltend gemachten Forderung ist ein starkes Indiz dagegen, dass der Anspruchsteller mit der Einreichung des ihm übersandten Schecks zugleich erklären wollte, ein Angebot des Frachtführers anzunehmen und damit auf seine restliche Forderung zu verzichten.

> BGH, Urt. v. 13.9.2007 – I ZR 155/04, TranspR 2007, 466 = VersR 2008, 1090 = MDR 2008, 274.

f) Auftragserteilung an einen Konzern (§§ 133, 157 BGB)

197 Bei einer Auftragserteilung an einen Konzern, in dem mehrere rechtlich selbständige Unternehmen mit unterschiedlichen Aufgabenbereichen zusammengefasst sind, entspricht es in der Regel dem Interesse des Auftraggebers, dass der beabsichtigte Vertrag mit der Gesellschaft innerhalb des Konzerns zustande kommt, die mit der nachgefragten Tätigkeit tatsächlich betraut ist. Denn auf diese Weise kann dem Interesse des Auftraggebers an einer sachgerechten Durchführung des Auftrags Rechnung getragen werden.

> BGH, Urt. v. 7.7.2005 – I ZR 24/02, TranspR 2006, 37 = NJW-RR 2006, 978 = BGHReport 2006, 346.

g) Haftungsbegrenzung gemäß Nr. 24 ADSp (Fassung 1998)

Gemäß Nr. 24.1 ADSp (Fassung 1998) ist die Haftung des Spediteurs bei **198** Verlust oder Beschädigung des Gutes (Güterschaden) im Falle einer verfügten Lagerung grundsätzlich der Höhe nach begrenzt. Die Haftungsbegrenzungen gelten nach Nr. 27.1 ADSp (Fassung 1998) allerdings nicht, wenn der Schaden durch **Vorsatz oder grobe Fahrlässigkeit** des Spediteurs oder seiner leitenden Angestellten verursacht worden ist.

Die in Nr. 24 ADSp enthaltene Haftungsbegrenzung bei grob fahrlässiger **199** oder vorsätzlicher Schadensverursachung durch einfache **Erfüllungsgehilfen** ist bei Verletzung vertragswesentlicher Pflichten gemäß § 9 AGBG a. F. (jetzt: § 307 BGB) unwirksam, weil sie unangemessen von der gesetzlichen Haftungsregelung in § 475 HGB, § 278 BGB abweicht.

Die Regelungen in **Nr. 24 ADSp** schränken wesentliche Pflichten des Lager- **200** halters aus dem Lagervertrag und damit die Rechte des Einlagerers unangemessen ein. Nach dem Wortlaut der Nr. 24 ADSp ist die Haftung des Lagerhalters auch in Fällen grob schuldhafter Verletzung von Schutz- und Obhutspflichten durch seine Erfüllungsgehilfen auf einen Betrag begrenzt, der mit 10.000 DM an typische Lagerschäden nicht annähernd heranreicht. Dies widerspricht dem gesetzlichen Leitbild der Haftung des Lagerhalters auch für vermutetes Verschulden des Erfüllungsgehilfen in § 475 HGB, § 278 BGB und höhlt die Rechtsposition des Einlagerers unangemessen aus.

Die ordnungsgemäße Durchführung des Lagervertrags erfordert die Siche- **201** rung des eingelagerten Gutes, so dass der Einlagerer regelmäßig auf die Einhaltung von Schutz- und Obhutspflichten – insbesondere die Sicherung gegen Diebstahl – auch durch von dem Lagerhalter eingeschaltete Erfüllungsgehilfen vertraut und vertrauen darf.

> BGH, Urt. v. 15.9.2005 – I ZR 58/03, TranspR 2006, 38 = NJW-RR 2006, 267 = BGHReport 2006, 237.

h) Forderungsabtretung zu Sicherungszwecken

Im Falle einer Sicherungszession ist bei der Beurteilung der **Höhe des Ver- 202 zugsschadens** grundsätzlich nicht auf die Person des Zessionars, sondern auf die Verhältnisse bei dem Zedenten als Geschädigten abzustellen.

Handelt es sich um eine **Vollabtretung**, stehen Ansprüche auf Ersatz eines **203** Verzugsschadens wegen des Wechsels der Rechtszuständigkeit (§ 398 Satz 2 BGB) dem neuen Gläubiger zu. Dementsprechend ist auch die Höhe des Verzugsschadens in diesen Fällen grundsätzlich aus der Person des Zessionars zu errechnen, ohne dass es darauf ankommt, ob sich der Schuldner zum Zeitpunkt der Abtretung bereits in Verzug befunden hat oder Verzug erst nach der Zession eingetreten ist.

> BGH, Urt. v. 9.2.2006 – I ZR 70/03, TranspR 2006, 218 = NJW 2006, 1662 = BGHReport 2006, 772.

204 Im Falle einer **Sicherungsabtretung** gilt dies nicht uneingeschränkt. Erfüllt der Sicherungsgeber trotz des Verzugs des Schuldners der Sicherungsforderung nach wie vor seine Zahlungsverpflichtung gegenüber dem (Kredit-) Gläubiger und jetzigem Inhaber der Sicherungsforderung rechtzeitig, besteht aus dessen Sicht kein Bedürfnis und – auf Grund der in der Sicherungsabrede getroffenen Vereinbarungen – regelmäßig mangels „Verwertungsreife" auch keine Befugnis auf die Sicherungsforderung zuzugreifen. In solchen Fällen ist wirtschaftlich gesehen allein der Sicherungsgeber der durch den Verzug des Schuldners der Sicherungsforderung Geschädigte. Die Interessenlage bei einer Sicherungszession gebietet es, die Verzugsschadensberechnung nach der Person des Sicherungszedenten vorzunehmen. Dem Umstand, dass der zu ersetzende Schaden nicht in der Person des Inhabers der Sicherungsforderung eingetreten ist, ist durch eine Anwendung der Grundsätze der Drittschadensliquidation Rechnung zu tragen, deren Zulässigkeit im Rahmen von Treuhandverhältnissen auch sonst anerkannt ist. Belange des Schuldnerschutzes stehen dieser Beurteilung schon deshalb nicht entgegen, weil sich der Schuldner der Sicherungsforderung keiner anderen Verzugsschadensersatzforderung ausgesetzt sieht, als dies bei einer unterbliebenen Abtretung der Fall gewesen wäre.

> BGH, Urt. v. 9.2.2006 – I ZR 70/03, TranspR 2006, 218 = NJW 2006, 1662 = BGHReport 2006, 772.

i) Einbeziehung mehrerer Klauselwerke in einen Vertrag

205 Die Einbeziehung mehrerer Klauselwerke in ein und denselben Vertrag ist grundsätzlich zulässig. Sie wird jedoch dann unzulässig, wenn die Verwendung mehrerer **Klauselwerke** (beispielsweise ADSp und „Besondere Bedingungen für Schwer- und Spezialtransporte") dazu führt, dass unklar ist (§ 5 AGBG a. F.; **jetzt: § 305c Abs. 2 BGB**), welche der darin enthaltenen konkurrierenden Regelungen gelten soll. Die Unklarheit des Rangverhältnisses der Klauselwerke hat zur Folge, dass keines von ihnen angewendet werden kann. Dies führt dazu, dass die **gesetzlichen Bestimmungen** zur Anwendung kommen.

> BGH, Urt. v. 16.3.2006 – I ZR 65/03, TranspR 2006, 359 = NJW-RR 2006, 1350 = BGHReport 2006, 1083.

j) Anspruch auf Zusatzvergütung gemäß § 420 Abs. 3 HGB

206 Gemäß § 420 Abs. 3 HGB hat der Frachtführer neben der Fracht einen Anspruch auf eine **zusätzliche** angemessene **Vergütung**, wenn nach Beginn der Beförderung und vor Ankunft an der Ablieferungsstelle eine Verzögerung eintritt und die Verzögerung auf Gründen beruht, die dem **Risikobereich** des Absenders zuzurechnen sind.

207 Die Vorschrift des § 420 Abs. 3 HGB ergänzt Absatz 2 der Bestimmung um einen Vergütungsanspruch für **zeitweilige Verzögerungen.** Sie gewährt dem

...r dann einen Anspruch auf eine zusätzliche Vergütung wegen
...förderung eingetretenen Verzögerung, wenn diese – entspre-
...härengedanken" – in den Risikobereich des Absenders fällt.
...men, wenn die Verzögerung auf ein Verhalten des Absen-
...ren ist oder in dessen Organisationsbereich fällt.

...nde **Verzögerungsursachen** – hierzu zählen beispielsweise | **208**
...s Beförderungswegs, Hoch- oder Niedrigwasser, Eisgang
...bei Abschluss des Frachtvertrags für den Absender weder
...beherrschbar sind und bei denen auch sonst kein Anlass
...ng zu seinem Risikobereich besteht, lösen grundsätzlich
...**pflicht** des Absenders nach § 420 Abs. 3 HGB aus. Der
...Frachtführers auf eine angemessene Zusatzvergütung erfordert
nach dem klaren Wortlaut des § 420 Abs. 3 HGB – anders als bei einem Anspruch des Frachtführers aus **§ 412 Abs. 3 HGB** – die positive Feststellung,
dass die Ursache für die Verzögerung dem Risikobereich des Absenders zuzurechnen ist.

Kann der dafür **beweispflichtige** Frachtführer diesen Nachweis nicht erbrin- | **209**
gen, besteht kein Anspruch aus § 420 Abs. 3 HGB. Steht lediglich fest, dass
der die Verzögerung verursachende Umstand nicht in den Risikobereich des
Frachtführers fällt, reicht dies allein nicht aus für einen Anspruch aus
§ 420 Abs. 3 HGB.

> BGH, Urt. v. 22.6.2011 – I ZR 108/10, TranspR 2011, 362
> = VersR 2012, 125 = NJW-RR 2011, 1484.

Erlangt der Frachtführer nach Abschluss des Frachtvertrags, aber vor Beginn | **210**
der Beförderung **Kenntnis** von der Ursache für die später eingetretene Verzögerung und beginnt er gleichwohl mit der Durchführung des Transports,
schließt dieser Umstand die Anwendung des § 420 Abs. 3 HGB nicht aus.
Die Vorschrift setzt nicht die Unkenntnis von den die Verzögerung verursa-
chenden Umständen seitens des Frachtführers oder Absenders voraus. Hat
eine Partei allerdings schon **vor Abschluss** des Frachtvertrags Kenntnis von
einer Störungsursache, so kann dies bei der Frage von wesentlicher Bedeutung sein, in wessen Risikobereich die Ursache fällt.

> BGH, Urt. v. 22.6.2011 – I ZR 108/10, TranspR 2011, 362
> = VersR 2012, 125 = NJW-RR 2011, 1484.

Wird die Reise eines **Schiffes** durch eine vorübergehende Sperrung eines | **211**
Schifffahrtsweges, die nicht dem Verantwortungsbereich des Absenders zu-
gerechnet werden kann, verzögert, so steht dem Frachtführer gegen den Absender kein Anspruch aus **§ 420 Abs. 3 HGB** zu.

> BGH, Urt. v. 22.6.2011 – I ZR 108/10, TranspR 2011, 362
> = VersR 2012, 125 = NJW-RR 2011, 1484.

k) Aufrechnung gegenüber Ansprüchen des Spediteurs/Frachtführers

aa) Nr. 19 ADSp (Fassung 1999)

212 Gegen die Wirksamkeit des Aufrechnungsverbots gemäß Nr. 19 ADSp (Fassung 1999 = Fassung 2003) bestehen keine Bedenken.

> BGH, Urt. v. 6.5.1999 – I ZR 84/97, TranspR 1999, 347 = NJW 1999, 3629 = MDR 2000, 38;
>
> BGH, Urt. v. 16.3.2006 – I ZR 65/03, TranspR 2006, 359 = NJW-RR 2006, 1350 = BGHReport 2006, 1083.

213 Nach Nr. 19 ADSp ist eine Aufrechnung nur mit **fälligen Gegenansprüchen** zulässig, denen ein Einwand nicht entgegensteht. Die Regelung soll – ebenso wie der inhaltlich im Wesentlichen gleich lautende § 32 ADSp a. F. – verhindern, dass die Durchsetzung der Ansprüche des Spediteurs oder des Auftraggebers durch Aufrechnung mit Gegenforderungen verzögert wird, die nach Grund und Höhe streitig sind und der Aufklärung bedürfen.

> BGH, Urt. v. 28.2.1987 – I ZR 110/85, TranspR 1987, 287 = NJW-RR 1987, 883 = MDR 1987, 816;
>
> BGH, Urt. v. 15.2.2007 – I ZR 118/04, TranspR 2007, 374 = VersR 2008, 140 = NJW-RR 2008, 121.

214 Ein Einwand steht der zur Aufrechnung gestellten Gegenforderung nicht entgegen, wenn die geltend gemachten Einwendungen – im weitesten Sinne – ohne Weiteres unbegründet sind und daher eine sofortige Entscheidung über den Aufrechnungseinwand zulassen.

> BGH, Urt. v. 6.5.1999 – I ZR 84/97, TranspR 1999, 347 = NJW 1999, 3629 = MDR 2000, 38;
>
> BGH, Urt. v. 15.2.2007 – I ZR 118/04, TranspR 2007, 374 = VersR 2008, 140 = NJW-RR 2008, 121.

bb) Nr. 27 ADSp (Fassung 1999)

215 Die Klausel in Nr. 27.2 ADSp ist im Verhältnis zu der Klausel in Nr. 27.1 ADSp die **speziellere Regelung.** Sie gilt nicht nur, wenn sich der Anspruch aus §§ 425 ff., 461 Abs. 1 HGB ergibt, sondern auch dann, wenn der Anspruch zumindest durch diese Vorschriften näher ausgestaltet ist, etwa durch § 433 HGB.

216 Der Verstoß gegen die nachnahmeähnliche Weisung, einen Scheck einzuziehen und diesen über den Spediteur/Frachtführer an dessen Auftraggeber weiterzuleiten, stellt sich als Verletzung einer zumindest beförderungsnahen Nebenpflicht dar, die unter § 433 HGB fällt.

> BGH, Urt. v. 15.2.2007 – I ZR 118/04, TranspR 2007, 374 = VersR 2008, 140 = NJW-RR 2008, 121.

cc) Aufrechnung mit einer verjährten Gegenforderung

Gemäß Nr. 19 ADSp (Fassung 1999 = Fassung 2003) wird die Aufrechnung 217
nur allgemein für **einwendungsbehaftete Gegenansprüche** ausgeschlossen,
ohne den Fall der Aufrechnung mit einer verjährten Gegenforderung besonders in den Blick zu nehmen. Solche Klauseln sind grundsätzlich als wirksam
anzusehen. Die Berufung auf ein wirksam vereinbartes Aufrechnungsverbot
im Falle des Vorliegens einer verjährten Gegenforderung kann allerdings
nach § 242 BGB unzulässig sein.

Ob ein wirksames Aufrechnungsverbot nach Treu und Glauben zurücktreten 218
muss, wenn die zur Aufrechnung gestellte Forderung verjährt und eine Befriedigung des Schuldners daher nur noch durch Aufrechnung möglich ist,
hängt von den jeweiligen Umständen des Einzelfalls ab. Die Berufung auf ein
Aufrechnungsverbot trotz Verjährung der zur Aufrechnung gestellten Forderung kann jedenfalls nicht schlechthin als treuwidrig angesehen werden.

> BGH, Urt. v. 15.2.2007 – I ZR 118/04, TranspR 2007, 374
> = VersR 2008, 140 = NJW-RR 2008, 21.

dd) Aufrechnung bei Vorliegen eines Treuhandverhältnisses

Eine Aufrechnung kann über die gesetzlich geregelten und vertraglich ver- 219
einbarten Fälle hinaus ausgeschlossen sein, wenn der besondere Inhalt des
zwischen den Parteien begründeten Schuldverhältnisses, die Natur der Rechtsbeziehungen oder der Zweck der geschuldeten Leistung eine Erfüllung im
Wege der Aufrechnung als mit Treu und Glauben unvereinbar erscheinen
lassen.

> BGH, Urt. v. 23.2.1995 – IX ZR 29/94, NJW 1995, 1425 = WM
> 1995, 1064 = MDR 1995, 962;
> BGH, Urt. v. 21.1.1999 – I ZR 209/96, TranspR 1999, 351
> = VersR 1999, 1522 = NJW-RR 1999, 1192.

Insbesondere Treuhänder dürfen gegen den Anspruch auf Herausgabe des 220
Erlangten nicht beliebig aufrechnen, es sei denn, die Gegenforderungen
haben ihren Grund in dem Treuhandverhältnis oder dem Auftrag und den
damit verbundenen Aufwendungen.

> BGH, Urt. v. 24.6.1985 – III ZR 219/83, BGHZ 95, 109 = NJW
> 1985, 2820 = WM 1985, 1399 = MDR 1986, 30;
> BGH, Urt. v. 29.11.1990 – IX ZR 94/90, BGHZ 113, 90 = NJW
> 1991, 839 = WM 1991, 878 = MDR 1991, 526;
> BGH, Urt. v. 21.1.1999 – I ZR 209/96, TranspR 1999, 351
> = VersR 1999, 1522 = NJW-RR 1999, 1192.

l) Haftung des Kommissionärs (§ 390 Abs. 1 HGB)

Gemäß § 390 Abs. 1 HGB ist der Kommissionär für den Verlust oder die Be- 221
schädigung des in seiner Verwahrung befindlichen Gutes verantwortlich, es

sei denn, der Verlust oder die Beschädigung beruhen auf Umständen, die durch die Sorgfalt eines ordentlichen Kaufmanns nicht abgewendet werden konnten. Diese Regelung ist in Abweichung von der allgemeinen Regel, dass derjenige, der eine Rechtsfolge behauptet, die Tatsachen zu beweisen hat, an die das Gesetz die Rechtsfolge knüpft, ein Anwendungsfall des Rechtsgrundsatzes, dass bei **Vertragsverletzungen** der Schuldner seine Schuldlosigkeit zu beweisen hat (vgl. § 280 Abs. 1 Satz 2 BGB). Danach hat der Kommittent (nur) darzulegen und zu beweisen, dass der Verlust oder die Beschädigung während der Verwahrungszeit eingetreten ist. Der **Kommissionär** hat den Entlastungsbeweis zu erbringen, dass Verlust oder Beschädigung auf Umständen beruhen, die durch die Sorgfalt eines ordentlichen Kaufmanns (§ 347 Abs. 1 HGB) nicht abgewandt werden konnten.

222 Der **Kommittent** genügt im Falle einer Verkaufskommission seiner Darlegungs- und Beweislast dafür, dass der Verlust von Kommissionsgut während der Verwahrungszeit des Kommissionärs eingetreten ist, wenn er darlegt und beweist, dass er die zu verkaufenden Waren dem Kommissionär übergeben hat und dieser ihm die Waren nicht mehr herausgeben kann, obwohl er die Kommission nicht ausgeführt hat.

> BGH, Urt. v. 1.3.2007 – I ZR 79/04, TranspR 2007, 260 = NJW-RR 2007, 1177 = MDR 2007, 1384.

m) Übernahme der Verladepflicht durch den Frachtführer (§ 412 Abs. 1 HGB)

223 Die beförderungssichere Verladung des Transportgutes obliegt gemäß § 412 Abs. 1 HGB grundsätzlich dem Warenversender. Bei dieser Norm handelt es sich um eine abdingbare Vorschrift, von der also durch ausdrückliche oder konkludente Parteivereinbarung abgewichen werden kann.

224 Der Einsatz eines mit einer Hebebühne ausgerüsteten Transportfahrzeugs rechtfertigt für sich allein nicht den Schluss auf eine Verlagerung der Beladungsverpflichtung vom Warenversender auf den Frachtführer. Wie die vertraglichen Pflichten verteilt sind, ergibt sich – vorbehaltlich einer späteren einvernehmlichen Änderung – grundsätzlich aus den von den Parteien bei Abschluss des Frachtvertrags getroffenen Abreden. Zu den „Umständen" i. S. d. § 412 Abs. 1 Satz 1 HGB zählen daher in erster Linie solche Gegebenheiten, die bereits zum Zeitpunkt des Vertragsschlusses vorgelegen haben. Entscheidend ist also, ob nach der Vorstellung der Vertragsparteien zum Zeitpunkt des Vertragsschlusses besondere technische Verladevorrichtungen zum Einsatz kommen sollten.

225 Abweichend von § 412 Abs. 1 HGB kann der Frachtführer zur beförderungssicheren Verladung allerdings auch verpflichtet sein, wenn er im Rahmen laufender Geschäftsbeziehungen die Verladetätigkeit übernommen hatte, so dass der Absender nach Treu und Glauben annehmen durfte, der Frachtführer werde auch weiterhin so verfahren.

BGH, Urt. v. 6.12.2007 – I ZR 174/04, TranspR 2008, 205
= NJW-RR 2008, 1209 = MDR 2008, 1048.

n) Anwendungsbereich des § 454 Abs. 2 HGB

aa) Verpackung des Gutes durch Spediteur

Der Fixkostenspediteur (§ 459 HGB) ist grundsätzlich nicht zur Verpackung **226** des Gutes verpflichtet. Er kann die Verpackung allerdings gemäß § 454 Abs. 2 HGB auf Grund einer besonderen Vereinbarung als zusätzliche Speditionsleistung übernehmen mit der Folge, dass auf diese an sich werkvertragliche Pflicht die speditionsrechtlichen Rechtsvorschriften anzuwenden sind. Von einer Vereinbarung i. S. d. § 454 Abs. 2 HGB ist jedoch nur dann auszugehen, wenn die Verpackungsleistung als beförderungsbezogene, speditionelle Nebenpflicht im Rahmen eines Speditionsvertrages (§ 453 Abs. 1 HGB) und nicht unabhängig davon übernommen wird.

Wird die Verpackung des Gutes durch den Spediteur nicht als bloße Neben- **227** pflicht im Rahmen eines Speditionsvertrags, sondern als eine selbständige, unabhängig von der Speditionsleistung bestehende Hauptleistungspflicht übernommen, so findet auf die Übernahme der Verpackung des Transportgutes Werkvertragsrecht Anwendung. Ansprüche wegen mangelhafter Erfüllung der Verpackungspflicht verjähren dann nach § 634a BGB (§ 638 Abs. 1 BGB a. F.).

BGH, Urt. v. 13.9.2007 – I ZR 207/04, BGHZ 173, 344
= TranspR 2007, 477 = VersR 2008, 845 = NJW 2008, 1072.

Von der Haftung für Schäden, die auf einer ungenügenden Verpackung des **228** Gutes beruhen, ist der Fixkostenspediteur, der der Frachtführerhaftung unterliegt, nach § 427 Abs. 1 Nr. 2 HGB befreit, wenn er das Gut als Erfüllungsgehilfe des Absenders verpackt hat. Dies ist anzunehmen, wenn er die Verpackung auf Grund einer selbständigen Abrede als von den Pflichten des Frachtvertrags unabhängige zusätzliche werkvertragliche Pflicht übernommen hat. Handelt es sich um eine Beförderung von Gütern per Schiff, greift zugunsten des Verfrachters als Erfüllungsgehilfen des Befrachters der Haftungsausschlussgrund des § 608 Abs. 1 Nr. 5 HGB ein.

BGH, Urt. v. 13.9.2007 – I ZR 207/04, BGHZ 173, 344
= TranspR 2007, 477 = VersR 2008, 845 = NJW 2008, 1072.

bb) Schlechterfüllung einer speditionellen Nebenpflicht

Der Spediteur haftet gemäß § 461 Abs. 2 Satz 1 HGB für Schäden, die nicht **229** durch Verlust oder Beschädigung des in seiner Obhut befindlichen Gutes entstanden sind, wenn er eine ihm nach § 454 HGB obliegende Pflicht verletzt. Die Vorschrift gilt also bei einer **Schlechterfüllung** der Pflichten i. S. v. § 454 Abs. 2 HGB. Auf die Übernahme einer Verpackungspflicht als speditionelle Nebenpflicht kommt daher auch bei Vereinbarung „fester Kosten" nicht Frachtrecht (§ 459 Satz 1 HGB), sondern ausschließlich **Speditionsrecht** zur Anwendung.

230 Wird der **Fixkostenspediteur** wegen Schlechterfüllung einer von ihm vertraglich übernommenen speditionellen Nebenpflicht i. S. v. § 454 Abs. 2 Satz 1 HGB auf Schadensersatz in Anspruch genommen, beurteilt sich seine Haftung daher nicht nach **§ 280 Abs. 1 BGB**, sondern nach **§ 461 Abs. 2 Satz 1 HGB.**

> BGH, Urt. v. 16.2.2012 – I ZR 150/10, TranspR 2012, 148
> = MDR 2012, 719.

231 Für eine Haftung des Spediteurs aus § 461 Abs. 2 Satz 1 HGB trifft den Anspruchsteller grundsätzlich die **Beweislast** dafür, dass zwischen der Pflichtverletzung und dem eingetretenen Schaden ein Ursachenzusammenhang besteht, da sich die **Beweislastverteilung** bei § 461 Abs. 2 Satz 1 HGB nach den allgemein für § 280 Abs. 1 BGB geltenden Regeln richtet und dies der Beweislastverteilung zur Haftung nach **§ 280 Abs. 1 BGB** entspricht.

232 Das **Beweismaß** beurteilt sich nach **§ 286 ZPO.** Ein besonderer Kausalitätsnachweis ist allerdings dann nicht erforderlich, wenn feststeht, dass der Schaden nur bei Durchführung des die Haftungsgrundlage bildenden Vertrags eingetreten sein kann oder die **Schadensursache** allein aus dem Verantwortungsbereich des Anspruchsgegners stammen kann.

> BGH, Urt. v. 16.2.2012 – I ZR 150/10, TranspR 2012, 148
> = MDR 2012, 719.

o) Ersatzfähigkeit von Kosten für die Feststellung von Schadensursachen (Gutachterkosten)

233 Bei Vorliegen der Voraussetzungen des § 435 HGB haftet der Frachtführer auch für Folgeschäden unbeschränkt nach Maßgabe der §§ 249 ff. BGB. Er ist daher gemäß diesen Bestimmungen zum Ausgleich der Vermögensnachteile verpflichtet, die mit dem zum Ersatz verpflichtenden Ereignis in einem adäquaten Ursachenzusammenhang stehen. Allerdings sind Aufwendungen, die dem Geschädigten aus von sich aus unternommenen Schritten zur Beseitigung der Störung entstehen, nur dann zu ersetzen, wenn sie aus der Sicht eines verständigen Menschen, der sich in der Lage des Geschädigten befunden hat, als erforderlich erschienen.

234 Die Beauftragung einer Detektei zur Durchführung von Ermittlungen in einem fremden Unternehmen stellt sich von vornherein nur insoweit als sinnvoll dar, wenn sichergestellt ist, dass dieses Unternehmen die Ermittlungen zulässt. Davon kann nur ausgegangen werden, wenn der Geschädigte bei dem Schädiger vor Beauftragung der Detektei ein entsprechendes Einverständnis eingeholt hat.

235 Die Vorschrift des § 430 HGB sieht für Kosten der Schadensfeststellung eine Ausnahme von dem Grundsatz vor, dass schadensbedingte Folgeschäden nach den §§ 425 ff. HGB außer im Fall des § 435 HGB nicht ersatzfähig sind. Dies hat seinen Grund darin, dass es sich bei solchen Kosten um Aufwendungen handelt, die der Vermögenseinbusse nahe stehen, die der Ge-

schädigte infolge des Substanzschadens am Gut erlitten hat. Da durch die Schadensfeststellung der Schadensumfang ermittelt werden soll und sich hiernach auch der infolge des Substanzschadens zu leistende Ersatz bestimmt, sind die bei der Schadensfeststellung angefallenen Kosten untrennbar mit dem Schadensfall verknüpft. Dies gilt jedoch nicht für solche Kosten, die nicht der Feststellung des Schadensumfangs, sondern der Ermittlung der Schadensursache dienen.

> BGH, Urt. v. 11.9.2008 – I ZR 118/06, TranspR 2008, 362.

p) Voraussetzung für einen Direktanspruch gegen den „ausführenden Frachtführer" i. S. v. § 437 Abs. 1 Satz 1 HGB

Nach § 437 Abs. 1 Satz 1 HGB haftet der ausführende Frachtführer für den **236** Schaden, der durch Verlust oder Beschädigung des Gutes während der durch ihn ausgeführten Beförderung entsteht, in gleicher Weise wie der (Haupt) Frachtführer. Voraussetzung für die Anwendung der Vorschrift ist jedoch, dass auf den Hauptfrachtvertrag deutsches Recht zur Anwendung kommt. Die Ersatzpflicht des ausführenden Frachtführers gemäß § 437 Abs. 1 Satz 1 HGB orientiert sich nicht an dem zwischen ihm und dem (Haupt)Frachtführer geschlossenen Frachtvertrag, sondern stets am Verhältnis zwischen dem Absender und dem vertraglichen Hauptfrachtführer. Dies folgt aus dem Wortlaut der Vorschrift, wonach der ausführende Frachtführer „in gleicher Weise wie der Frachtführer" haftet. Damit wird nicht allgemein auf die Frachtführerhaftung Bezug genommen, sondern maßgeblich ist die Rechtsstellung des den Frachtvertrag mit dem Absender schließenden (Haupt) Frachtführers. Dementsprechend ist der „ausführende Frachtführer" nach § 437 Abs. 2 HGB auch berechtigt, alle Einwendungen aus dem Vertrag mit dem (Haupt)Frachtführer geltend zu machen.

> BGH, Urt. v. 30.10.2008 – I ZR 12/06, TranspR 2009, 130 *Speicherlps*
> = VersR 2009, 1141 = NJW 2009, 1205.

q) Direktanspruch des Empfängers gegen den Unterfrachtführer bei Verlust und Beschädigung von Transportgut

Der I. Zivilsenat hat in der Vergangenheit angenommen, dass dem Empfän- **237** ger gegen den Unterfrachtführer, der nicht nachfolgender Frachtführer ist (§ 432 Abs. 2 HGB, Art. 34 CMR), wegen Verlusts oder Beschädigung des dem Hauptfrachtführer vom Absender zur Beförderung übergebenen Gutes keine Schadensersatzansprüche zustehen.

> Siehe nur BGH, Urt. v. 24.10.1991 – I ZR 208/89, BGHZ 116, 15
> = TranspR 1992, 177.

Diese Rechtsprechung hat der I. Zivilsenat inzwischen aufgegeben. Der **238** Hauptfrachtführer, der einen Beförderungsauftrag nicht selbst (vollständig) ausführt, sondern im eigenen Namen und für eigene Rechnung einen anderen Frachtführer, den Unterfrachtführer, mit einer in den Anwendungsbereich der §§ 407 ff. HGB fallenden Beförderung beauftragt, schließt mit diesem einen selbständigen (Unter)Frachtvertrag ab. Der Unterfrachtführer haftet dem Hauptfrachtführer als Absender nach den §§ 425 ff. HGB. Trifft aber den Unterfrachtführer dem Hauptfrachtführer gegenüber die volle Haftung, so gibt es keinen sachgerechten Grund, seine Haftung gegenüber dem Empfänger als Drittbegünstigten des Unterfrachtvertrags auszuschließen (§ 421 Abs. 1 Satz 2 HGB).

239 Einem vertraglichen Anspruch des Empfängers gegen den Unterfrachtführer aus § 421 Abs. 1 Satz 2 HGB steht nicht entgegen, dass die Voraussetzungen für eine Haftung des Unterfrachtführers gemäß § 437 Abs. 1 Satz 1 HGB nicht erfüllt sind, weil der jeweilige Haftungsgrund sich aus unterschiedlichen Rechtsverhältnissen ergibt: Der ausführende Frachtführer i. S. v. § 437 Abs. 1 HGB haftet nach Maßgabe des (Haupt)Frachtvertrags zwischen dem Absender und dem vertraglichen (Haupt)Frachtführer. Die Haftung des Unterfrachtführers gegenüber dem Empfänger richtet sich demgegenüber allein nach dem den Empfänger begünstigenden Unterfrachtvertrag.

> BGH, Urt. v. 14.6.2007 – I ZR 50/05, BGHZ 172, 330
> = TranspR 2007, 425 = NJW 2008, 289;
>
> BGH, Urt. v. 30.10.2008 – I ZR 12/06, TranspR 2009, 130
> = VersR 2009, 1141 = NJW 2009, 1205;
>
> BGH, Urt. v. 28.5.2009 – I ZR 29/07, TranspR 2010, 34;
>
> BGH, Urt. v. 13.6.2012 – I ZR 161/10, TranspR 2012, 456.

r) Zum Anspruch auf Standgeld aus § 412 Abs. 3 HGB

240 Eine Bestimmung in **Allgemeinen Geschäftsbedingungen,** dass „Standzeiten (des Frachtführers) nicht extra vergütet werden", unterliegt der richterlichen Inhaltskontrolle nach § 307 Abs. 3 Satz 1 BGB. Es handelt sich dabei nicht um eine **kontrollfreie Preisvereinbarung.** Die Klausel weicht vielmehr von § 412 Abs. 3 HGB ab. Der Verwender verfolgt mit der Klausel das Ziel, das von Gesetzes wegen ihm zugewiesene **Verzögerungsrisiko** uneingeschränkt auf den Frachtführer abzuwälzen.

241 Eine Klausel mit dem Wortlaut „**Standzeiten können nicht extra vergütet werden!**" benachteiligt den Frachtführer unangemessen i. S. v. § 307 Abs. 1 Satz 1 und Abs. 2 Nr. 1 BGB. Sie ist ihm nicht deshalb zumutbar, weil er den Vertrag gemäß § 417 Abs 2 HGB kündigen und die Ansprüche aus § 415 Abs. 2 HGB geltend machen kann.

> BGH, Urt. v. 12.5.2010 – I ZR 37/09, TranspR 2010, 432
> = VersR 2011, 1589 = NJW-RR 2011, 257.

s) § 429 Abs. 1 und 2 HGB: Abgrenzung Verlust – Beschädigung von Transportgut

242 Die Frage, ob ein **Schadensereignis** zum Verlust des Gutes i. S. v. § 429 Abs. 1 HGB oder lediglich zu einer Beschädigung i. S. v. § 429 Abs. 2 HGB geführt hat, hängt – wie sich aus § 429 Abs. 2 Satz 1 HGB ergibt – davon ab, ob das Gut im beschädigten Zustand am Ort und zur Zeit seiner Übernahme noch einen Wert gehabt hätte. Dabei ist vom **Beschaffungswert** auszugehen und daher zu prüfen, was der Empfänger hätte zahlen müssen, wenn er sich das Gut in dem durch das Schadensereignis veränderten Zustand beschafft hätte. Wegen der bei § 429 HGB gebotenen **abstrakten Schadensberechnung** müssen in diesem Zusammenhang individuelle, nicht marktbezogene Besonderheiten aus der Sphäre des Geschädigten unberücksichtigt bleiben. Im Hinblick auf die Maßgeblichkeit des **Beschaffungswerts** ist aber auf die Verhältnisse auf dem Teilmarkt und der Handelsstufe abzustellen, auf denen sich der Empfänger das Gut beschafft hat.

> BGH, Urt. v. 29.7.2009 – I ZR 171/08, TranspR 2009, 408
> = NJW 2009, 3239.

t) Zum Aufwendungsersatzanspruch aus § 419 Abs. 4 HGB

Schuldner des Aufwendungsersatzanspruchs des Frachtführers aus § 419 Abs. 4   **243**
HGB ist – sofern keine **Weisung** erteilt wurde – grundsätzlich der Absender. Der Empfänger kann nur in Anspruch genommen werden, wenn er entweder eine Weisung nach § 418 Abs. 2 Satz 3 HGB erteilt oder vom Frachtführer verlangt hat, ihm das Gut gegen Erfüllung der Verpflichtungen aus dem Frachtvertrag abzuliefern (**§ 421 Abs. 1 Satz 1 HGB**). Andernfalls käme dem Frachtvertrag der Charakter eines Vertrags zu Lasten Dritter zu.

> BGH, Urt. v. 22.4.2010 – I ZR 74/08, TranspR 2010, 429
> = VersR 2011, 140 = MDR 2010, 1405.

u) Pfandrecht des Frachtführers gemäß § 441 HGB

Gemäß § 441 Abs. 1 Satz 1 HGB hat der **Frachtführer** wegen aller durch den   **244**
Frachtvertrag begründeten Forderungen sowie wegen unbestrittener Forderungen aus anderen mit dem Absender abgeschlossenen Fracht-, Speditions- und Lagerverträgen ein Pfandrecht an dem Gut. **Gesichert** sind alle frachtvertraglichen Geldforderungen gegen den Absender oder Empfänger, die gerade mit der Beförderung des dem Pfandrecht unterfallenden Gutes zusammenhängen (**konnexe Forderungen**). Darüber hinaus sichert das Frachtführerpfandrecht gemäß §§ 1257, 1210 Abs. 2 BGB auch diejenigen Forderungen, die dem Frachtführer wegen **Verwendungen** für das Gut und wegen der Kosten der Pfandverwertung – beispielsweise Lagergeld oder Verkaufsprovisionen – zustehen. Das Pfandrecht entsteht gemäß **§ 441 Abs. 1 Satz 1 HGB** grundsätzlich an dem Gut des Absenders, dessen Besitz der Frachtführer mit Willen des Absenders erlangt hat.

Steht das zur Beförderung übergebene Gut nicht im Eigentum des Absen-   **245**
ders, so genügt es für die Entstehung eines Frachtführerpfandrechts gemäß § 441 Abs. 1 Satz 1 HGB, dass der Eigentümer mit dem Transport uneingeschränkt einverstanden ist. Dies kann sich auch aus einem konkludent erklär-

ten generellen Einverständnis des Eigentümers ergeben, etwa weil er eine Beförderung nicht nur durch seinen unmittelbaren Vertragspartner, sondern durch einen **Dritten** für möglich halten musste und gleichwohl das Gut aus der Hand gegeben hat.

246 Die Vorschrift des § 441 Abs. 1 HGB ist im Wege einer **teleologischen Reduktion** dahin auszulegen, dass ein Frachtführerpfandrecht an Drittgut nur wegen **konnexer** Forderungen des Frachtführers entstehen kann. Der Wortlaut der Vorschrift unterscheidet, was die Erstreckung des Pfandrechts auf **inkonnexe** Forderungen anbelangt, nicht danach, ob es sich um Eigen- oder Fremdware des den Beförderungsauftrag erteilenden Versenders handelt. Aus der Begründung zum Entwurf des **Transportrechtsreformgesetzes,**

BT-Drucks. 13/8445, S. 80 f.,

ergeben sich jedoch keine Anhaltspunkte für die Annahme, dass der Reformgesetzgeber die Erstreckung des gesetzlichen Pfandrechts auf die Absicherung **inkonnexer** Forderungen auch insoweit gewollt hat, dass Dritteigentum wegen solcher Forderungen verhaftet sein soll.

BGH, Urt. v. 10.6.2010 – I ZR 106/08, TranspR 2010, 303
= VersR 2011, 902 = NJW-RR 2010, 1546.

247 Für den **gutgläubigen Erwerb** eines Frachtführerpfandrechts gemäß § 366 Abs. 3 HGB reicht es nicht aus, dass der Frachtführer hinsichtlich einer Ermächtigung des Absenders durch den Eigentümer, einen Beförderungsauftrag zu erteilen, gutgläubig war. Wird der **ausführende** Frachtführer von einem **Spediteur** beauftragt, muss er in der Regel davon ausgehen, dass dieser nicht Eigentümer des zu befördernden Gutes ist.

BGH, Urt. v. 10.6.2010 – I ZR 106/08, TranspR 2010, 303
= VersR 2011, 902 = NJW-RR 2010, 1546.

v) Unwirksamkeit einer absoluten Kundenschutzklausel

248 Eine Kundenschutzklausel in einem Rahmenvertrag über die Erbringung von Transportleistungen, die folgenden Wortlaut hat: „**Absoluter Kundenschutz ist Bestandteil dieses Vertrags**", kann nach § 1 GWB und/oder § 138 Abs. 1 BGB unwirksam sein. Nach der Rechtsprechung des Bundesgerichtshofs sind Wettbewerbsverbote, die zwischen Unternehmen im Zusammenhang mit einem Austauschvertrag vereinbart werden, allerdings nicht ohne Weiteres gemäß **§ 1 GWB** verboten, wenn sie als Nebenabrede erforderlich sind, um den Hauptzweck eines kartellrechtsneutralen Vertrags zu verwirklichen. Entscheidend ist, ob das Wettbewerbsverbot sachlich erforderlich sowie zeitlich, räumlich und gegenständlich darauf beschränkt ist, den mit dem **Austauschvertrag verfolgten Zweck** zu erreichen.

BGH, Urt. v. 10.12.2008 – KZR 54/08, NJW 2009, 1751
= GRUR 2009, 698;

BGH, Beschluss v. 31.5.2012 – I ZR 198/11, juris und
http://www.bundesgerichtshof.de/Entscheidungen.

9. Haftung der Deutschen Post AG bei einer grenzüberschreitenden Beförderung

a) § 3 PostG, Art. 34 Nr. 4.1 Weltpostvertrag (WPV)

Wird unter der Geltung des Postgesetzes vom 22.12.1997 (BGBl. I S. 3294) ein bei der Deutschen Post AG aufgegebener, für einen ausländischen Empfänger bestimmter Wertbrief in einen anderen dem Weltpostvertrag beigetretenen Staat befördert, ist der **Entschädigungsbetrag**, den die Deutsche Post AG bei Verlust, Entwendung oder Beschädigung der Sendung an den Absender zu zahlen hat, von Gesetzes wegen auf den von dem Absender angegebenen Wert beschränkt.   249

Der Weltpostvertrag vom 14.9.1994 (BGBl. II 1998, 2135), bei dem es sich um einen völkerrechtlichen Vertrag handelt, sieht vor, dass Briefe, die Wertgegenstände enthalten, unter Versicherung des Inhalt zu dem vom Absender angegebenen Wert zwischen hierzu bereiten Postverwaltungen der beteiligten Staaten ausgetauscht werden können (Art. 18 Abs. 1 WPV). Nach Art. 34 Nr. 4.1 WPV hat der Absender bei **Verlust, Beraubung oder Beschädigung** einer Wertsendung grundsätzlich Anspruch auf eine Entschädigung, die der tatsächlichen Höhe des unmittelbaren Schadens entspricht, wobei entgangener Gewinn nicht berücksichtigt wird. In Satz 3 der zuvor genannten Vorschrift ist jedoch bestimmt, dass die Entschädigung auf keinen Fall den angegebenen Wert überschreiten darf.   250

Das **Postgesetz** selbst sieht **keine Haftungsbeschränkung** bei Verlust bzw. Entwendung von Wertbriefen oder ihrem Inhalt vor. Von der in § 18 PostG eingeräumten Möglichkeit, nationale Bestimmungen zur Haftungsbeschränkung in einer Postdienstleistungsverordnung festzulegen, ist (bislang) kein Gebrauch gemacht worden.   251

> BGH, Urt. v. 15.11.2001 – I ZR 158/99, BGHZ 149, 337
> = TranspR 2002, 295 = VersR 2002, 1440 = NJW 2002, 3106;
> BGH, Urt. v. 28.1.2003 – X ZR 113/02, BGHZ 153, 327
> = TranspR 2003, 238 = VersR 2003, 1285 = NJW 2003, 1602.

Bei Fehlen individuell vereinbarter oder durch zulässige Allgemeine Geschäftsbedingungen einbezogener Haftungsklauseln eröffnet dies eine **unbeschränkte Haftung** der Deutschen Post AG für den Schaden, der durch Verlust oder Entwendung des ihr zur Beförderung anvertrauten Gutes in der Zeit von der Übernahme zur Beförderung bis zur Ablieferung entsteht, wie sie für den Frachtführer in § 425 Abs. 1 HGB gesetzlich geregelt ist. Dies stünde jedoch im Gegensatz zu Art. 34 Nr. 4.1 WPV, weil danach der Absender bei Verlust, Beraubung oder Beschädigung einer Wertsendung lediglich Anspruch auf eine der Höhe nach auf den angegebenen Wert beschränkte Entschädigung hat.   252

Wenn die in Auftrag gegebene Beförderung einer Wertsendung den Bestimmungen des **Weltpostvertrags** unterfällt, führt dies zur **Anwendung dieser**   253

Haftungsbeschränkung. Denn § 3 PostG ordnet für den Postverkehr mit dem Ausland die Geltung völkerrechtlicher Verträge und der zu deren Durchführung ergangenen Gesetze und Rechtsverordnungen an, soweit diese etwas Anderes als das Postgesetz bestimmen.

254 Der Weltpostvertrag in der Fassung 1994 ist für die Bundesrepublik Deutschland am 9.12.1998 in Kraft getreten (Bekanntmachung vom 13.1.1999, BGBl. II 1999, 82). Soll die Beförderung des Wertbriefes in einen anderen dem Weltpostvertrag beigetretenen Staat erfolgen, kommen die Vorschriften des Weltpostvertrages auf das der Beförderung zugrunde liegende Vertragsverhältnis zur Anwendung. Das gilt unabhängig davon, in wessen Bereich der beteiligten Postverwaltungen der Verlust oder die Beschädigung der Sendung eingetreten ist. Denn der Absender hat nichts Anderes als eine durch den Weltpostvertrag gewährleistete internationale Postdienstleistung in Auftrag gegeben.

> BGH, Urt. v. 28.1.2003 – X ZR 113/02, BGHZ 153, 327
> = TranspR 2003, 238 = VersR 2003, 1285 = NJW 2003, 1602.

255 Die Regelung des Weltpostvertrages über die Haftungsbeschränkung auf den bei Einlieferung angegebenen Wert eines Wertbriefes bindet auch beide Parteien des Beförderungsvertrages. Für die Deutsche Post AG folgt dies unmittelbar aus Art. 3 Abs. 1 des Gesetzes zu den Verträgen vom 14.9.1994 des Weltpostvereins vom 26.8.1998 (BGBl. II S. 2082), weil danach die Deutsche Post AG die Rechte und Pflichten wahrnimmt, die sich für eine Postverwaltung i. S. d. Weltpostvertrages im Verhältnis zu den Benutzern und zu anderen Postverwaltungen aus diesem völkerrechtlichen Vertrag ergeben.

256 Für die Auftraggeber der Deutschen Post AG als Absender macht der Wortlaut der zuvor genannten Bestimmungen durch seine Einbeziehung der Verhältnisse zu den Benutzern deutlich, dass bei einer die Möglichkeiten des Weltpostvertrags nutzenden Beförderung die sich auf vertraglicher Grundlage ergebenden Rechte nach Maßgabe dieses völkerrechtlichen Vertrags bestimmen.

> BGH, Urt. v. 28.1.2003 – X ZR 113/02, BGHZ 153, 327
> = TranspR 2003, 238 = VersR 2003, 1285 = NJW 2003, 1602;
> BGH, Urt. v. 3.3.2005 – I ZR 273/02, TranspR 2005, 307
> = VersR 2005, 1412 = NJW-RR 2005, 1058.

257 Die Haftungsbegrenzung des Art. 34 Nr. 4.1 WPV ergreift auch einen **deliktischen Schadensersatzanspruch.** Das gilt selbst dann, wenn der Schaden im Bereich der Deutschen Post AG entstanden sein sollte. Die Formulierung in Art. 34 Nr. 4.1 WPV, dass die Entschädigung auf keinen Fall den angegebenen Wert überschreiten darf, lässt nur die Auslegung zu, dass aus keinem Rechtsgrund für Verlust, Entwendung oder Beschädigung eines nach Maßgabe des Weltpostvertrages grenzüberschreitend beförderten Wertbriefs Schadensersatz verlangt werden kann, der im Betrag über dem angegebenen Wert liegt.

> BGH, Urt. v. 28.1.2003 – X ZR 113/02, BGHZ 153, 327
> = TranspR 2003, 238 = VersR 2003, 1285 = NJW 2003, 1602.

b) Art. 26 Nr. 3.1 Postpaketübereinkommen (PPÜ) 1994

Die Haftung der Deutschen Post AG beim Verlust eines bei ihr aufgegebenen Wertpakets, das für einen Empfänger in einem anderen den Verträgen vom 14.9.1994 des Weltpostvereins beigetretenen Staat bestimmt ist, ist der Höhe nach auf den vom Absender angegebenen Wert beschränkt. Für den Postverkehr mit dem Ausland findet das Postgesetz nach seinem § 3 nur insoweit Anwendung, als nicht völkerrechtliche Verträge und die zu deren Durchführung ergangenen Gesetze und Rechtsverordnungen etwas Anderes bestimmen. Zu diesen Verträgen zählt auch das Postpaketübereinkommen 1994 (BGBl. II 1998, 2172). Das Postpaketübereinkommen 1994 ist für die Bundesrepublik Deutschland am 9.12.1998 in Kraft getreten (vgl. die Bekanntmachung vom 13.1.1999, BGBl. II S. 82 f.). **258**

Für die Anwendung der Bestimmungen des Postpaketübereinkommens 1994 ist es ohne Bedeutung, in welcher Phase der Beförderung das Paket abhanden gekommen ist. Maßgeblich für die Beurteilung als Postverkehr mit dem Ausland ist allein, dass die zwischen dem Absender und der Deutschen Post AG getroffene Vereinbarung eine Paketbeförderung in das Ausland vorsieht. **259**

> BGH, Urt. v. 3.3.2005 – I ZR 273/02, TranspR 2005, 307
> = VersR 2005, 1412 = NJW-RR 2005, 1058;
> BGH, Urt. v. 22.9.2005 – I ZR 67/03, TranspR 2006, 468.

Die **Haftungsbegrenzungen** in Art. 26 Nr. 3.1 und Nr. 3.2 PPÜ 1994 verstoßen weder gegen den verfassungsrechtlichen Gleichheitssatz (Art. 3 Abs. 1 GG) noch greifen die genannten Regelungen in das durch Art. 14 GG geschützte Eigentum des Absenders ein. Ebenso wenig stehen die genannten Haftungsbegrenzungen in Widerspruch zum Gemeinschaftsrecht (Art. 86 Abs. 1 EG). **260**

> BGH, Urt. v. 28.1.2003 – X ZR 113/02, BGHZ 153, 327
> = TranspR 2003, 238 = VersR 2003, 1285 = NJW 2003, 1602;
> BGH, Urt. v. 3.3.2005 – I ZR 273/02, TranspR 2005, 307
> = VersR 2005, 1412 = NJW-RR 2005, 1058;
> BGH, Urt. v. 22.9.2005 – I ZR 67/03, TranspR 2006, 468.

10. Kontrahierungszwang für die Deutsche Post AG

In § 3 **Postdienstleistungsverordnung (PDLV)** ist bestimmt, dass ein Kunde gegen ein Unternehmen, das Postdienstleistungen aufgrund einer Verpflichtung zum Universaldienst nach § 13 oder § 14 PostG erbringt, im Rahmen der Gesetze und der Allgemeinen Geschäftsbedingungen einen Anspruch auf Erbringung der entsprechenden Leistung hat. Zum **Universaldienst** der Deutschen Post AG gehört gemäß § 1 Abs. 1 Nr. 3 Post-Universaldienstleistungsverordnung **(PUDLV)** die Beförderung von Zeitungen und Zeitschriften i. S. d. § 4 Nr. 1 lit. c PostG. Hierzu zählen periodisch erscheinende Druckschriften, die zu dem Zweck herausgegeben werden, die Öffent- **261** lichkeit über **Tagesereignisse, Zeit- oder Fachfragen** durch presseübliche Berichterstattung zu unterrichten (§ 1 Abs. 1 Nr. 3 PUDLV).

262 Für die Zuweisung einer **Druckschrift** zum Universaldienst i. S. v. § 1 Abs. 1 Nr. 3 PUDLV kommt es lediglich auf den formalen Zweck der Publikation an, die Öffentlichkeit über Tagesereignisse, Zeit- oder Fachfragen zu informieren. Dies gilt auch dann, wenn die in Rede stehende Publikation **einseitig politisch** ausgerichtet ist und durch eine entsprechende Berichterstattung den Zielen einer bestimmten politischen Richtung dient.

263 Ein **periodisches Erscheinen** i. S. v. § 1 Abs. 1 Nr. 3 PUDLV liegt dann vor, wenn die Druckschrift nach ihrer Aufmachung nicht nur zur gelegentlichen Informationskundgabe bestimmt, sondern auf das für eine Zeitung oder Zeitschrift übliche periodische Erscheinen angelegt ist und keine Anhaltspunkte dafür bestehen, dass sie trotz dieser Aufmachung gleichwohl nur gelegentlich publiziert werden soll. Die **fehlende Adressierung** einer Druckschrift steht der Zugehörigkeit zum Universaldienst i. S. v. § 1 Abs. 1 Nr. 3 PUDLV, § 4 Nr. 1 lit. c PostG grundsätzlich nicht entgegen.

264 Danach hat die **NPD-Fraktion** im Sächsischen Landtag gegen die Deutsche Post AG einen Anspruch auf Abschluss eines Rahmenvertrags über die Beförderung und Verteilung der von der NPD-Fraktion herausgegebenen Publikation „Klartext", die regelmäßig erscheinen soll und in der u. a. über die Fraktionsarbeit sowie aktuelle politische und gesellschaftliche Probleme berichtet wird, an „alle Haushalte mit Tagespost" der Stadt Leipzig gemäß den **Allgemeinen Geschäftsbedingungen** der Post AG.

> BGH, Urt. v. 20.9.2012 – I ZR 116/11, juris und
> http://www.bundesgerichtshof.de/Entscheidungen.

11. Prozessuale Fragen

a) Beweisaufnahme im Ausland

265 Eine Beweisaufnahme im Ausland ist regelmäßig von Amts wegen zu veranlassen (§ 363 ZPO). Die Befugnis, die Besorgung von im Ausland zu erhebenden Beweisen den Parteien zu überlassen (§ 364 ZPO), kommt nur ausnahmsweise in Betracht und steht nicht im freien Ermessen des Gerichts.

> BGH, Urt. v. 27.10.1988 – I ZR 156/86, TranspR 1989, 60
> = VersR 1989, 213 = NJW-RR 1989, 160.

266 Hängt die Entscheidung bei inhaltlich unvereinbaren Aussagen des vor dem Prozessgericht und des im Wege der Rechtshilfe im Ausland vernommenen Zeugen, da Urkunden und sonstige Indizien für die behauptete Tatsache fehlen, allein von der persönlichen Glaubwürdigkeit des Zeugen ab, so ist die erneute Vernehmung des im Ausland wohnenden Zeugen erforderlich, wenn das als einzige Erkenntnisquelle zur Verfügung stehende Vernehmungsprotokoll keinerlei Rückschlüsse auf dessen Glaubwürdigkeit zulässt. Da die Beurteilung der Glaubwürdigkeit des Zeugen wesentlich von dessen persönli-

chem Eindruck abhängt, ist es darüber hinaus geboten, die Wiederholung seiner Vernehmung vor dem Prozessgericht und unter Gegenüberstellung mit dem gegenteilig aussagenden Zeugen (§ 394 Abs. 2 ZPO) zumindest zu versuchen. Dass der Zeuge im Ausland wohnhaft ist, steht dem nicht entgegen, wenn beide Parteien die erneute Vernehmung beantragt haben und der Zeuge bereit ist, vor dem deutschen Gericht zu erscheinen und auszusagen.

> BGH, Urt. v. 11.7.1990 – VIII ZR 366/89, NJW 1990, 3088
> = WM 1990, 2095 = MDR 1991, 239.

b) Streitverkündung, Bindungswirkung des Ersturteils

Verfolgt der Frachtführer im Wege der Drittschadensliquidation Ansprüche   267
des Auftraggebers (auch aufrechnungsweise) im Prozess mit seinem Unterfrachtführer, so liegen die Voraussetzungen für eine Streitverkündung gegenüber dem Auftraggeber nach § 72 Abs. 1 ZPO vor, da er insoweit den Anspruch eines Dritten besorgt. Der Streitverkündungsgegner (Auftraggeber) muss die in dem Prozess, in dem ihm der Streit verkündet worden ist (Vorprozess) ergangene Entscheidung im Folgeprozess zwischen ihm und dem Frachtführer gegen sich gelten lassen. Die Bindungswirkung der Streitverkündung bezieht sich auf den Inhalt der Entscheidung (das festgestellte Rechtsverhältnis oder die ausgesprochene Rechtsfolge), außerdem auf alle tatsächlichen und rechtlichen Grundlagen der Entscheidung des Vorprozesses.

> BGH, Urt. v. 14.11.1991 – I ZR 236/89, BGHZ 116, 95
> = TranspR 1992, 135 = VersR 1992, 850 = NJW 1992, 135.

c) Nebenintervention in der Rechtsmittelinstanz

Gemäß § 66 Abs. 2 ZPO kann die Nebenintervention in jeder Lage des   268
Rechtsstreits bis zur rechtskräftigen Entscheidung, auch in Verbindung mit der Einlegung eines Rechtsmittels, erfolgen. Da ein Rechtsmittel nur von einem Prozessbeteiligten eingelegt werden kann, hängt dessen Zulässigkeit im Falle der Einlegung durch einen Streithelfer davon ab, ob dieser rechtzeitig und wirksam dem Rechtsstreit beigetreten ist.

- Der Beitritt kann mit der Einlegung des Rechtsmittels verbunden werden (§ 66 Abs. 2, § 70 Abs. 1 Satz 1 ZPO). Er muss dann allerdings auch den inhaltlichen Anforderungen des § 70 Abs. 1 Satz 2 Nr. 1 bis 3 ZPO genügen. Nach § 70 Abs. 1 Satz 2 ZPO muss ein Beitrittsschriftsatz die Bezeichnung der Parteien – insbesondere derjenigen, auf deren Seite der Beitritt erfolgen soll – enthalten. Ferner ist vor allem die bestimmte Angabe des Interesses, das dem Beitritt zugrunde liegt (§ 70 Abs. 1 Satz 2 Nr. 2 ZPO) erforderlich.

> BGH, Urt. v. 10.3.1994 – IX ZR 152/94, NJW 1994, 1537
> = VersR 1994, 1004 = MDR 1994, 1240;

> BGH, Urt. v. 16.1.1997 – I ZR 208/94, TranspR 1997, 294
> = VersR 1997, 1020 = NJW 1997, 2385.

- Zur bestimmten Angabe des Interesses an der Nebenintervention genügt die Bezugnahme auf die vorangegangene Streitverkündung. Diese kann dadurch erfolgen, dass sich die künftige Streithelferin in der Rechtsmittelschrift als „Streitverkündete" bezeichnet.

> BGH, Urt. v. 10.3.1994 – IX ZR 152/93, NJW 1994, 1537
> = VersR 1994, 1004 = MDR 1994, 1240.

- Der Annahme eines rechtlichen Interesses des Beitretenden steht nicht entgegen, dass er auf der Grundlage der anzufechtenden Entscheidung für den von dem Kläger geltend gemachten Schaden nicht einzustehen hat. Denn die aus der Streitverkündung sich ergebende Streithilfewirkung nach § 68 ZPO ist nicht zu Lasten des Streitverkünders (der Hauptpartei) zu berücksichtigen, wie sich aus dem Wortlaut des § 74 Abs. 3 ZPO ergibt. Danach tritt die Streithilfewirkung nur gegen den Dritten ein. Es ist daher nicht völlig auszuschließen, dass die Hauptpartei den Streithelfer im Falle ihrer Verurteilung zur Leistung von Schadensersatz in einem nachfolgenden Deckungsprozess noch mit Erfolg in Anspruch nehmen kann.

> BGH, Urt. v. 26.3.1987 – VII ZR 122/86, BGHZ 100, 257
> = NJW 1987, 1894 = WM 1987, 913 = DB 1987, 1733;
> BGH, Urt. v. 16.1.1997 – I ZR 208/94, TranspR 1997, 294
> = VersR 1997, 1020 = NJW 1997, 2385.

- Der Zulässigkeit des in Verbindung mit dem Beitritt eingelegten Rechtsmittels steht nicht entgegen, dass der Streithelfer durch das angefochtene Urteil nicht selbst beschwert ist. Nach § 67 ZPO ist der (unselbständige) Streithelfer nur insoweit berechtigt, Angriffs- und Verteidigungsmittel geltend zu machen und Prozesshandlungen wirksam vorzunehmen, als seine Erklärungen und Handlungen zu denen der Hauptpartei nicht in Widerspruch stehen. Daraus folgt, dass der Streithelfer keinen Rechtsschutz im eigenen Interessen verlangen kann. Er ist nicht selbst Partei, sondern unterstützt lediglich die Hauptpartei, der er beigetreten ist. Das Rechtsmittel eines Streithelfers ist daher stets ein Rechtsmittel für die Hauptpartei.

> BGH, Urt. v. 4.10.1994 – VI ZR 223/93, NJW 1995, 198 = VersR 1995, 65 = MDR 1995, 89;
> BGH, Urt. v. 16.1.1997 – I ZR 208/94, TranspR 1997, 294
> = VersR 1997, 1070 = NJW 1997, 2385.

d) Gewillkürte Prozessstandschaft

269 Ist ein Spediteur stillschweigend ermächtigt, deliktische Ansprüche des Eigentümers von Frachtgut gegenüber dem Frachtführer geltend zu machen, geht es nicht um eine Drittschadensliquidation, sondern um die Frage einer

gewillkürten Prozessstandschaft, nämlich der Geltendmachung eines fremden Rechts im eigenen Namen. Diese Ermächtigung kann der Spediteur grundsätzlich nicht auf Dritte weiter übertragen. Denn durch die Einräumung der Befugnis, ein fremdes Recht im eigenen Namen einzuklagen, wird lediglich ein streng zweckgebundener Forderungsausschnitt auf den Prozessstandschafter übertragen, der von dem Einziehungszweck abweichende Verfügungen – beispielsweise eine Abtretung – grundsätzlich nicht zulässt.

> BGH, Urt. v. 12.2.1998 – I ZR 5/96, TranspR 1999, 125 = VersR
> 1998, 1566 = NJW 1998, 3206.

e) Individualisierung der Klagegründe

Für eine ordnungsgemäße Klageerhebung (§ 253 Abs. 2 Nr. 2 ZPO) kommt 270 es nicht darauf an, ob der maßgebende Lebenssachverhalt bereits in der Klageschrift vollständig beschrieben oder der Klageanspruch schlüssig und substantiiert dargelegt worden ist. Entsprechend dem Zweck der Klageerhebung, dem Schuldner den Willen des Gläubigers zur Durchsetzung seiner Forderungen zu verdeutlichen, reicht es im Allgemeinen aus, wenn der Anspruch als solcher identifizierbar ist. Die gebotene Individualisierung der Klagegründe kann grundsätzlich auch durch eine konkrete Bezugnahme auf andere Schriftstücke erfolgen.

Die Gerichte sind zwar nicht verpflichtet, umfangreiche ungeordnete Anla- 271 genkonvolute von sich aus durchzuarbeiten, um so die erhobenen Ansprüche zu konkretisieren. Besteht eine Anlage, auf die in der Klagebegründung Bezug genommen wird, jedoch lediglich aus einem Blatt und ist die Anlage aus sich heraus verständlich, so wird dem Tatrichter keine unzumutbare Sucharbeit abverlangt. Es wäre eine durch nichts zu rechtfertigende Förmelei, wollte man den Prozessbevollmächtigten eines Klägers für verpflichtet halten, die in der Anlage enthaltenen Informationen noch einmal schreiben zu lassen, um sie dann in der Form einer unterschriebenen Klageschrift dem Gericht unterbreiten zu können.

> BGH, Urt. v. 17.7.2003 – I ZR 295/00, TranspR 2004, 39
> = NJW-RR 2004, 639 = MDR 2004, 219.

f) Bestimmtheit eines Beweisantrages

Der Inhalt eines Beweisantrages erfordert die spezifizierte Bezeichnung der 272 Tatsachen, die bewiesen werden sollen. Wie konkret die jeweiligen Tatsachenbehauptungen sein müssen, ist unter Berücksichtigung der Wahrheits- und Vollständigkeitspflicht (§ 138 Abs. 1 ZPO) anhand der Umstände des Einzelfalls, insbesondere der Einlassung des Gegners, zu beurteilen.

> BGH, Urt. v. 15.1.2004 – I ZR 196/01, TranspR 2004, 314
> = NJW-RR 2004, 1362 = MDR 2004, 1016.

g) Hilfsvorbringen im Rechtsstreit

273 Bestreitet der beklagte Spediteur/Frachtführer die Behauptung der Klagepartei, dass das Gut unbeschädigt in seine Obhut gelangt sei, und behauptet er ferner, dass das Gut an einer späteren Umschlagstelle (LKW/Schiff) keine Schäden aufgewiesen habe (so dass jedenfalls eine Haftung für die LKW-Strecke, im Streitfall: nach der CMR, entfalle), ist das Bestreiten des Beklagten nicht wegen Widersprüchlichkeit unbeachtlich, wenn er seine weitere Behauptung hilfsweise für den Fall aufgestellt hat, dass die Klagepartei ihre Behauptung zur Übergabe des Gutes in unbeschädigtem Zustand an den Beklagten beweist.

> BGH, Urt. v. 27.1.1994 – I ZR 314/91, TranspR 1994, 387
> = VersR 1994, 1090 = NJW-RR 1994, 994.

h) Erlass eines Grundurteils

274 Bei einem Klagebegehren, das sich aus mehreren – wenn auch in einem einzigen Leistungsantrag zusammengefassten – Teilansprüchen zusammensetzt, kann ein einheitliches Grundurteil nur dann ergehen, wenn feststeht, dass jeder Teilanspruch dem Grunde nach gerechtfertigt ist.

> BGH, Urt. v. 24.6.1998 – IV ZR 159/97, BGHZ 139, 116 = NJW
> 1998, 3117 = WM 1998, 1947 = MDR 1998, 1229;
>
> BGH, Urt. v. 29.1.2004 – I ZR 162/01, TranspR 2004, 213
> = VersR 2005, 248 = NJW-RR 2004, 1034.

275 Hat der Kläger einen gewissen Teil der einheitlichen Klageforderung nicht schlüssig dargelegt oder ist dieser Teil aus Rechtsgründen (eindeutig) unbegründet, so handelt es sich insoweit um einen abgegrenzten Teil der Klageforderung. Dieser Umstand berechtigt das Gericht zwar, die Klage nach seinem Ermessen durch Teilurteil abzuweisen, verpflichtet es aber nicht dazu (§ 301 Abs. 1 Satz 2, Abs. 2 ZPO).

> BGH, Urt. v. 29.1.2004 – I ZR 162/01, TranspR 2004, 213
> = VersR 2005, 248 = NJW-RR 2004, 1034.

i) Beschränkung der Revisionszulassung auf die Frage der Verjährung

276 Die Zulassung der Revision kann nur auf einen tatsächlich und rechtlich selbständigen Teils des Gesamtstreitstoffs beschränkt werden. Unzulässig ist es daher, die Zulassung auf einzelne von mehreren Anspruchsgrundlagen oder auf bestimmte Rechtsfragen zu beschränken.

> BGH, Urt. v. 23.9.2003 – XI ZR 135/02, NJW 2003, 3703 = WM
> 2003, 2232 = BGHReport 2003, 1413;
>
> BGH, Urt. v. 5.4.2006 – VIII ZR 163/05, NJW 2006, 2116 = BB
> 2006, 1358 = BGHReport 2006, 957.

277 Eine Beschränkung der Zulassung der Revision auf die Frage der Verjährung, die von der materiell-rechtlichen Natur des Anspruchs abhängt, zielt auf eine einzelne Rechtsfrage ab und ist deshalb unwirksam. Fehlt es an einer wirksamen Beschränkung der Zulassung, so ist allein die Beschränkung, nicht aber die Zulassung unwirksam. Die Revision ist dann unbeschränkt zugelassen.

> BGH, Urt. v. 5.4.2005 – XI ZR 167/04, NJW-RR 2005, 985
> = WM 2005, 1076 = BGHReport 2005, 1121;
>
> BGH, Urt. v. 4.4.2006 – VI ZR 151/05, VersR 2006, 931 = NJW-RR 2006, 1098 = BGHReport 2006, 1024;
>
> BGH, Urt. v. 21.9.2006 – I ZR 2/04, TranspR 2006, 451 = NJW-RR 2007, 182 = BGHReport 2007, 1.

j) Anspruch auf Befreiung von einer Verbindlichkeit

Besteht der von dem Kläger geltend gemachte Schaden allein in seiner Belastung mit einer Verbindlichkeit, so geht der zunächst auf Befreiung von dieser Schuld gerichtete Anspruch grundsätzlich gemäß § 250 Satz 2 BGB in einen Zahlungsanspruch über, wenn der Schädiger die Leistung **ernsthaft und endgültig abgelehnt** hat. Das setzt aber voraus, dass der Kläger tatsächlich mit einer Verbindlichkeit beschwert ist, die gegen ihn gerichtete Schadensersatzforderung also erfüllen muss.

278

> BGH, Urt. v. 16.11.2006 – I ZR 257/03, TranspR 2007, 161
> = VersR 2007, 1539 = NJW 2007, 1809.

Wer die Forderung, von der er Befreiung verlangt, selbst mit einem Rechtsbehelf bekämpft, bringt dadurch grundsätzlich zum Ausdruck, dass er deren Beseitigung noch für möglich, den Anspruch des Dritten also für nicht endgültig gesichert hält. So lange der Kläger gegen die von einem Dritten erhobene Schadensersatzforderung vorgeht, hat er kein berechtigtes Interesse daran, von seinem Schuldner bereits Zahlung zu erhalten. In einem solchen Fall ist grundsätzlich die **Klage auf Feststellung** der Ersatzpflicht des in Anspruch genommenen Schädigers der richtige Weg. Im Übrigen kann, so lange die Höhe der Verbindlichkeit, von der Befreiung verlangt wird, nicht feststeht, nicht auf Leistung, sondern nur auf Feststellung geklagt werden.

279

> BGH, Urt. v. 16.11.2006 – I ZR 257/03, TranspR 2007, 161
> = VersR 2007, 1539 = NJW 2007, 1809.

k) Kollisionsrecht

Maßgebend für das anzuwendende materielle Recht sind die Art. 27 ff. EGBGB. Es herrscht der Grundsatz der freien Rechtswahl (Art. 27 EGBGB), die auch stillschweigend, beispielsweise durch das Prozessverhalten, getroffen werden kann.

280

Durch die Wahl eines ausländischen Rechts kann zwingendes deutsches Recht nicht ohne Weiteres abbedungen werden (Art. 34 EGBGB). Das beim Fehlen einer Rechtswahl anzuwendende Recht bestimmt sich nach Art. 28 EGBGB. Bei Güterbeförderungen gilt die Vermutung des Art. 28 Abs. 4 EGBGB. Danach ist deutsches Recht maßgebend, wenn der Spediteur/Fracht-

281

führer bei Abschluss des Vertrages in der Bundesrepublik Deutschland seine Hauptniederlassung hat und sich hier der Verladeort oder der Entladeort oder die Hauptniederlassung des Absenders befindet. Anderes gilt nur in den Fällen des Art. 28 Abs. 5 EGBGB.

> BGH, Urt. v. 10.2.1982 – I ZR 80/80, BGHZ 83, 96 = TranspR 1982, 74 = VersR 1982, 543 = NJW 1982, 1946;
>
> BGH, Urt. v. 29.6.2006 – I ZR 168/03, TranspR 2006, 466 = NJW-RR 2006, 1694 = BGHReport 2006, 1533.

l) Beweiswirkung des § 314 Satz 1 ZPO

282 Gemäß § 314 Satz 1 ZPO liefert der Urteilstatbestand den Beweis für das mündliche Vorbringen der Parteien. Diese Beweiswirkung erstreckt sich auch darauf, ob eine bestimmte Behauptung bestritten ist oder nicht. Da sich die Beweisregel des § 314 Satz 1 ZPO auf das mündliche Parteivorbringen bezieht, ist davon auszugehen, dass die Parteien dasjenige in der mündlichen Verhandlung vorgetragen haben, was der Tatbestand ausweist. Zum Tatbestand in diesem Sinne gehören auch tatsächliche Feststellungen, die sich in den Entscheidungsgründen finden.

> BGH, Urt. v. 12.3.2003 – XII ZR 18/00, BGHZ 154, 171 = NJW 2003, 2158 = WM 2003, 1094;
>
> BGH, Urt. v. 28.6.2005 – XI ZR 3/04, BGHReport 2005, 1618;
>
> BGH, Urt. v. 8.11.2007 – I ZR 99/05, TranspR 2008, 247 = MDR 2008, 816 = BGHReport 2008, 818.

283 Voraussetzung für die Beweiswirkung des § 314 Satz 1 ZPO ist jedoch, dass eine mündliche Verhandlung stattgefunden hat. Bei Entscheidungen, die im schriftlichen Verfahren nach § 128 Abs. 2 ZPO ergangen sind, findet die Beweisregel des § 314 Satz 1 ZPO nur auf Parteivorbringen Anwendung, das Gegenstand einer früheren mündlichen Verhandlung gewesen ist.

> BGH, Urt. v. 8.11.2007 – I ZR 99/05, TranspR 2008, 247 = MDR 2008, 816 = BGHReport 2008, 818.

m) Voraussetzungen für die Wirksamkeit einer unselbständigen Anschlussrevision

284 Unter der Geltung des § 556 ZPO a. F. entsprach es der ständigen Rechtsprechung des Bundesgerichtshofs, dass eine unselbständige Anschlussrevision unzulässig ist, wenn sie einen Lebenssachverhalt betrifft, der mit dem von der Revision erfassten Streitgegenstand nicht in einem unmittelbaren rechtlichen oder wirtschaftlichen Zusammenhang steht. Diese Einschränkung der Statthaftigkeit der Anschlussrevision gilt auch für § 554 ZPO.

> BGH, Urt. v. 22.11.2007 – I ZR 74/05, BGHZ 174 = TranspR 2008, 30 = VersR 2008, 508 = NJW 2008, 920.

Der Gesetzgeber hat die Möglichkeit, Anschlussrevision einzulegen, durch **285** das Gesetz zur Reform des Zivilprozesses vom 27.7.2001 allerdings dadurch erweitert, dass nach § 554 Abs. 2 Satz 1 ZPO – abweichend vom bis dahin geltenden Recht – eine Anschlussrevision auch ohne eine vorherige Zulassung statthaft ist. Dem Revisionsbeklagten soll nach der Gesetzesbegründung die Möglichkeit eröffnet werden, eine Abänderung des Berufungsurteils zu seinen Gunsten zu erreichen, wenn das Revisionsverfahren ohnehin durchgeführt werden muss. Es sei unbillig, der friedfertigen Partei, die bereit sei, sich mit der Entscheidung abzufinden, die Anschließungsmöglichkeit für den Fall abzuschneiden, dass der Gegner die Entscheidung wider Erwarten angreife.

> So die Begründung des Regierungsentwurfs, BT-Drucks. 14/4722, S. 108.

Die Neuregelung der Anschlussrevision in § 554 ZPO ändert aber nichts **286** daran, dass sie als unselbständiges Rechtsmittel akzessorischer Natur ist. Dieser Abhängigkeit der Anschlussrevision würde es widersprechen, wenn mit ihr Streitstoff eingeführt werden könnte, der mit dem Gegenstand der Hauptrevision weder in einem rechtlichen noch in einem wirtschaftlichen Zusammenhang steht.

Es kommt hinzu, dass eine unbeschränkte Statthaftigkeit der Anschlussrevi- **287** sion in Fällen, in denen die Hauptrevision zugunsten einer Partei nur teilweise zugelassen wurde, zu einer Benachteiligung des Revisionsklägers führte und somit über den Gesetzeszweck der Schaffung einer Art Waffengleichheit zwischen den Parteien hinausginge. Die – grundsätzlich zulässige – Beschränkung der Revision führt dazu, dass der Revisionskläger das Urteil im Revisionsverfahren nur zum Teil angreifen kann. Soweit kein Revisionszulassungsgrund vorliegt, muss er das Berufungsurteil hinnehmen. Im Falle der Einlegung der Revision könnte dann aber bei einer uneingeschränkten Statthaftigkeit der Anschlussrevision der Revisionsbeklagte das Urteil – soweit er unterlegen ist – insgesamt anfechten, selbst wenn eine Nichtzulassungsbeschwerde wegen Fehlens eines Zulassungsgrundes oder mangels Erreichens des Beschwerdewerts gemäß § 26 Nr. 8 EGZPO nicht erfolgreich gewesen wäre. Eine Benachteiligung des Revisionsklägers wäre nur dann nicht gegeben, wenn man ihm das Recht zu einer Gegenanschließung gewährte. Eine derartige Möglichkeit hat der Gesetzgeber indes nicht vorgesehen. Die insoweit bestehende Ungleichbehandlung ist daher dann nicht gerechtfertigt, wenn der Gegenstand der Anschlussrevision in keinem rechtlichen oder wirtschaftlichen Zusammenhang mit der Hauptrevision steht.

> BGH, Urt. v. 22.11.2007 – I ZR 74/05, BGHZ 174, 244 = TranspR 2008, 30 = VersR 2008, 508 = NJW 2008, 920.

n) Keine zwingende Revisionszulassung beim Vorliegen des absoluten Revisionsgrundes gemäß § 547 Nr. 6 ZPO

288 Nach der Systematik der Zivilprozessordnung können **absolute Revisionsgründe** grundsätzlich nur im Rahmen einer statthaften und auch im Übrigen zulässigen Revision geltend gemacht werden. Das Vorliegen eines der in § 547 ZPO aufgeführten absoluten Revisionsgründe indiziert daher nicht ohne Weiteres das Bestehen eines Zulassungsgrunds i. S. v. **§ 543 Abs. 2 ZPO**.

289 Nach der Rechtsprechung des **X. Zivilsenats** des Bundesgerichtshofs ist die Revision stets zur Sicherung einer einheitlichen Rechtsprechung (§ 543 Abs. 2 Nr. 2 ZPO) zuzulassen, wenn ein absoluter Revisionsgrund gemäß **§ 547 Nr. 1 bis 4 ZPO** geltend gemacht wird und ein solcher auch vorliegt.

> BGH, Beschl. v. 15.5.2007 – X ZR 20/05, BGHZ 172, 250
> = NJW 2007, 2702 = MDR 2007, 1213.

290 Für den absoluten Revisionsgrund des **§ 547 Nr. 6 ZPO** gilt das nicht in gleicher Weise. Die Beurteilung der Frage, ob die Revision gemäß § 543 Abs. 2 Nr. 2 ZPO zuzulassen ist, wenn der absolute Revisionsgrund des § 547 Nr. 6 ZPO vorliegt, hängt vielmehr maßgeblich davon ab, mit welcher Intensität sich die fehlende Begründung auf die Entscheidung auswirkt.

> BGH, Beschl. v. 30.11.2011 – I ZR 26/11, NJW-RR 2012, 760
> = MDR 2012, 868.

o) Gebot der Unmittelbarkeit einer Beweisaufnahme (§ 355 Abs. 1 ZPO)

291 Eine **Beweisaufnahme** hat gemäß **§ 355 Abs. 1 Satz 1 ZPO** grundsätzlich vor dem Prozessgericht zu erfolgen. Die Ergebnisse der Beweisaufnahme in einem anderen Verfahren können zwar im Wege des **Urkundenbeweises** verwertet werden, wenn dies von der beweispflichtigen Partei beantragt wird.

> BGH, Urt. v.30.11.1999 – VI ZR 207/98, NJW 2000, 1420.

292 Wird ein solcher Antrag jedoch nicht gestellt, verstößt es gegen den zivilprozessualen Grundsatz der **Unmittelbarkeit** der Beweisaufnahme, wenn ein Gericht Aussagen, die Zeugen vor ihm in einem anderen Verfahren gemacht haben, als **gerichtsbekannt** (§ 291 ZPO) verwertet.

> BGH, Urt. v. 4.11.2010 – I ZR 190/08, TranspR 2011, 244
> = NJW-RR 2011, 569 = MDR 2011, 562.

293 Das Recht, einen **Verstoß** gegen § 355 Abs. 1 Satz 1 ZPO zu rügen, kann zwar nach § 295 ZPO verloren gehen. Tritt der Verstoß jedoch erst durch das Urteil selbst zu Tage, ist kein Raum für eine **Heilung** des Mangels, weil die betroffene Partei vorher keine Möglichkeit hatte, den Verfahrensfehler zu beanstanden.

> BGH, Urt. v. 4.11.2010 – I ZR 190/08, TranspR 2011, 244
> = NJW-RR 2011, 569 = MDR 2011, 562.

p) Verpflichtung der Gerichte, entscheidungserhebliches ausländisches Recht von Amts wegen zu ermitteln

Die Rechtsprechung hat aus § 293 ZPO die Verpflichtung der Gerichte abge- **294** leitet, das für die Entscheidung eines Rechtsstreits maßgebliche ausländische Recht von Amts wegen zu ermitteln.

> BGH, Urt. v. 25.1.2005 – XI ZR 78/04, NJW-RR 2005, 1071
> = WM 2005, 423 = MDR 2005, 641.

Die Parteien trifft keine (**prozessuale**) **Beweisführungslast.** Der Umfang der **295** Ermittlungspflicht kann allerdings durch den Vortrag der Parteien beeinflusst werden. Ein Verstoß gegen § 293 ZPO kann mit der **Revision** gerügt werden.

> BGH, Beschl. v. 21.12.2011 – I ZR 144/09, TranspR 2012, 110.

III. Güterbeförderung im multimodalen (kombinierten) Verkehr (§§ 452 ff. HGB)

1. Grundsätze

Im Rahmen seiner Pflichten aus dem Speditionsvertrag ist der Spediteur, falls **296** nichts Anderes vereinbart worden ist, frei, das oder die Transportmittel zu bestimmen (§ 454 Abs. 1 Nr. 1 HGB = §§ 407, 408 HGB a. F.). Bei der Beförderung des Gutes mit unterschiedlichen Transportmitteln auf verschiedenen Streckenabschnitten (multimodaler, kombinierter Verkehr) richtet sich die Ersatzpflicht des mit der Beförderung über die gesamte Strecke beauftragten Frachtführers bzw. des Spediteurs/Frachtführers (§§ 458 bis 460 HGB) nach der Haftungsordnung für das Beförderungsmittel, bei dessen Verwendung der Schaden eingetreten ist.

> BGH, Urt. v. 24.6.1987 – I ZR 127/85, BGHZ 101, 172
> = TranspR 1987, 447 = VersR 1987, 1212 = NJW 1988, 640;
> BGH, Urt. v. 14.12.1988 – I ZR 235/86, TranspR 1989, 141
> = VersR 1989, 309 = NJW-RR 1989, 481.

Diesem vor Inkrafttreten des **TRG** von der h. M. befürworteten „Network"- **297** System (Maßgeblichkeit derjenigen Haftungsnormen, die auf der jeweiligen Beförderungsstrecke im Schadenszeitpunkt gelten) ist § 452a Satz 1 HGB gefolgt. Die Haftung des Spediteurs/Frachtführers im Rahmen eines einheitlich erteilten Beförderungsauftrags kann sich daher verschieden gestalten. Für eine **Gesamtbetrachtung** (Beurteilung einer über mehrere Streckenabschnitte reichenden Beförderung mit verschiedenen Transportmitteln als Gesamtbeförderung mit einheitlicher Haftungsordnung) ist im multimodalen Verkehr in Bezug auf die Haftung des Frachtführers kein Raum.

> BGH, Urt. v. 24.6.1987 – I ZR 127/85, BGHZ 101, 172
> = TranspR 1987, 447 = VersR 1987, 1212 = NJW 1988, 640.

Die Beweislast trifft im **multimodalen Verkehr** den Frachtführer, wenn er **298** geltend macht, dass der Schadensort unbekannt sei und dass deshalb das ihm günstigste Recht Anwendung finden müsse, weil die Möglichkeit bestehe, dass der Schaden auf einem diesem Recht unterfallenden Beförderungsabschnitt eingetreten sei. Diese vom Bundesgerichtshof vor Inkrafttreten des TRG angenommene Beweislastverteilung,

> BGH, Urt. v. 24.6.1987 – I ZR 127/85, BGHZ 101, 172
> = TranspR 1987, 447 = VersR 1987, 1212 = NJW 1988, 640,

findet sich jetzt im Wesentlichen in § 452a Satz 2 HGB.

2. Multimodaler Transport unter Einschluss einer Seestrecke

299   Die Frage, ob der Warenumschlag in einem Seehafen-Terminal eine eigenständige Teilstrecke i. S. d. **§ 452 Satz 1 HGB** darstellt, ist gesetzlich nicht geregelt. Sie ist zumindest für diejenigen Fälle zu verneinen, in denen in dieser Hinsicht keine besonderen Umstände gegeben sind.

300   Hierfür spricht zunächst die Erwägung, dass das Ausladen vom Schiff und die Lagerung und etwaige Umlagerung im Hafengelände gerade charakteristisch für einen Seetransport mit bzw. in Containern sind und eine dementsprechend enge Verbindung zur Seestrecke aufweisen. Die gegenteilige Auffassung würde zudem zu einer weitgehenden Ausschaltung der haftungsrechtlichen **Vorschriften des Seehandelsrechts** führen. Eine Kontrolle des Containers und seines Inhalts erfolgt regelmäßig nicht beim Entladen aus dem Schiff, sondern frühestens zu dem Zeitpunkt, zu dem der Container aus dem Terminal entfernt werden soll. Zu diesem Zeitpunkt wird sich vielfach nicht mehr feststellen lassen, ob ein festgestellter Schaden auf dem Schiff oder auf dem Gelände des Terminals eingetreten ist.

301   Es kommt hinzu, dass der Verfrachter beim Seefrachtvertrag gemäß § 606 Satz 2 HGB die Ablieferung des Gutes schuldet und dazu regelmäßig dessen Besitz mit Zustimmung des legitimierten Empfängers aufgeben und diesen in den Stand versetzen muss, den Besitz über das Gut auszuüben. Diese Voraussetzung ist jedoch regelmäßig nicht schon mit dem Löschen der Ladung erfüllt.

> BGH, Urt. v. 3.11.2005 – I ZR 325/02, BGHZ 164, 394
> = TranspR 2006, 35 = VersR 2006, 389 = NJW-RR 2006, 616.

302   Wenn in dem Verbringen des Transportgutes nach dem Ausladen aus dem Schiff innerhalb des Hafens zu dem LKW, mit dem der Weitertransport erfolgen soll, **keine eigenständige (Land-)Teilstrecke** zu sehen ist, so stellt sich die Frage, wann diese beginnt. Ist das Transportgut bei seiner Verladung auf den LKW, mit dem es weiterbefördert werden soll, beschädigt worden, finden auf die Haftung des Frachtführers die Vorschriften des Landfrachtrechts Anwendung. Denn der Verladevorgang ist nicht mehr der Seestrecke, sondern schon der sich daran anschließenden Landstrecke zuzuordnen. Insofern bedarf die in der Entscheidung BGHZ 164, 394 getroffene Aussage, die

Seestrecke ende erst mit der Verladung des Gutes auf das Transportmittel, mit dem es aus dem Hafen entfernt werden soll, der Präzisierung.

> BGH, Urt. v. 18.10.2007 – I ZR 138/04, TranspR 2007, 472
> = VersR 2008, 661 = NJW-RR 2008, 549.

Wird das Gut nicht erst beim Hochziehen auf den LKW, sondern schon zuvor beim Rangieren, das der Erleichterung des Verladevorgangs gedient hat, beschädigt, steht dies nicht ohne Weiteres der Annahme entgegen, dass der Schaden erst beim Verladen auf den LKW eingetreten ist. Entscheidend ist in diesem Zusammenhang, dass sich in dem Schaden das mit dem **Verladevorgang** verbundene Schadensrisiko realisiert hat. Das Rangieren steht dann in einem unmittelbaren Zusammenhang mit dem Verladevorgang. **303**

> BGH, Urt. v. 18.10.2007 – I ZR 138/04, TranspR 2007, 472
> = VersR 2008, 661 = NJW-RR 2008, 549.

3. Anwendbarkeit des Vertragsstatuts bei einem multimodalen Transport

Die Vorschrift des Art. 32 Abs. 1 Nr. 3 EGBGB ist insbesondere maßgebend für die Folgen der Nichterfüllung der durch einen Vertrag begründeten Verpflichtungen. Entgegen dem insoweit missverständlichen Wortlaut der genannten Bestimmung unterfallen dem Vertragsstatut auch die Voraussetzungen von Ansprüchen aus Vertragsverletzungen. Nach dem Vertragsstatut bestimmt sich vor allem auch die Frage, inwieweit hieraus resultierende Ansprüche ein schuldhaftes Handeln des Schuldners voraussetzen. **304**

> BGH, Urt. v. 29.6.2006 – I ZR 168/03, TranspR 2006, 466
> = NJW-RR 2006, 1694 = BGHReport 2006, 1533.

Gemäß Art. 32 Abs. 2 EGBGB ist das nach dem Vertragsstatut nicht anwendbare Recht des Staates, in dem die Erfüllung erfolgt, allerdings in Bezug auf deren **Art und Weise** zu berücksichtigen. Ist der Verlust einer Sendung in einem Staat eingetreten, in dem die Anforderungen an Sorgfalt, Kontrolle und Nachsorge von den in Deutschland entwickelten strengen Maßstäben erheblich abweichen, so ist für die Frage, ob dem Spediteur/Frachtführer ein qualifiziertes Verschulden anzulasten ist, nicht auf die geringeren Sorgfaltspflichten abzustellen. Die Vorschrift des **Art. 32 Abs. 2 EGBGB** bezieht sich allein auf solche Regeln, die lediglich – wie etwa Regelungen über Feiertage oder Geschäftszeiten, die die tatsächliche Erfüllung auf bestimmte Zeiten fixieren, sowie Bestimmungen über tägliche Höchstarbeitszeiten – die äußere Abwicklung der Erfüllung betreffen. Sie erfasst dagegen nicht solche Regeln, welche die Substanz der Vertragspflichten – wie etwa den Haftungsmaßstab – betreffen. **305**

> BGH, Urt. v. 29.6.2006 – I ZR 168/03, TranspR 2006, 466
> = NJW-RR 2006, 1694 = BGHReport 2006, 1533;
> BGH, Urt. v. 25.10.2007 – I ZR 151/04, TranspR 2008, 210
> = NJW-RR 2008, 840 = MDR 2006, 754.

306 Bei der **Ermittlung des hypothetischen Teilstreckenrechts** gemäß § 452a Satz 1 HGB ist darauf abzustellen, welche Vereinbarung die Parteien des Multimodalvertrages (§ 452 HGB) getroffen hätten. Haben sowohl der Warenversender als Auftraggeber als auch das mit der Besorgung des Transports beauftragte Speditionsunternehmen ihre Hauptniederlassung in der Bundesrepublik Deutschland und ist keine engere Verbindung des hypothetischen Teilstreckenvertrags mit einem anderen Staat erkennbar, so kann daraus nach Art. 28 Abs. 4 Satz 1, Abs. 5 EGBGB auf die Vereinbarung deutschen Rechts geschlossen werden.

> BGH, Urt. v. 25.10.2007 – I ZR 151/04, TranspR 2008, 210
> = NJW-RR 2008, 840 = MDR 2008, 754.

4. Inhalt des Begriffs „Verjährung" in § 452b Abs. 2 Satz 2 HGB

307 Nach § 452b Abs. 2 Satz 2 HGB verjährt ein Anspruch wegen Verlusts des Transportgutes bei einem Multimodaltransport auch bei bekanntem Schadensort frühestens nach Maßgabe des § 439 HGB, bei qualifiziertem Verschulden (§ 435 HGB) folglich nach drei Jahren (§ 439 Abs. 1 Satz 2 HGB). Die Vorschrift des § 452b Abs. 2 Satz 2 HGB stellt klar, dass die allgemeine frachtrechtliche Verjährungsregelung des § 439 HGB – unabhängig davon, ob und wann der Schadensort bekannt wird – zur Gewährleistung einer Mindestverjährung im Interesse des Anspruchsberechtigten herangezogen wird (Begründung zum Regierungsentwurfs des TRG).

> BT-Drucks. 13/8445, S. 102).

Sie ist daher auch bei unbekanntem Schadensort anzuwenden.

308 Der Begriff der „Verjährung" in § 452b Abs. 2 Satz 2 HGB ist weit zu verstehen und erfasst auch Ausschluss- und Erlöschensregelungen, die in dem nach den §§ 452 ff. HGB anwendbaren Teilstreckenrecht funktional an die Stelle einer Verjährungsregelung treten (beispielsweise Art. 35 Abs. 1 MÜ). Die Vorschrift des § 452b Abs. 2 Satz 2 HGB ist auch anwendbar, wenn die haftungsrelevante Teilstrecke einem internationalen Übereinkommen unterliegt. Denn im Verhältnis zu den völkerrechtlichen Regelungen soll gleichfalls eine Mindestverjährung nach Maßgabe des § 439 HGB gewährleistet werden.

> BT-Drucks. 13/8445, S. 102.

309 Die Verjährungsregelung nach § 452b Abs. 2 Satz 2 HGB greift allerdings nur dann ein, wenn sie zu einer späteren Verjährung des Anspruchs führt. Eine kürzere nationale Verjährungsregelung kommt gegenüber einer längeren Ausschlussfrist nach einem internationalen Übereinkommen (etwa Art. 35 Abs. 1 MÜ) nicht zur Anwendung.

> BGH, Urt. v. 2.4.2009 – I ZR 60/06, TranspR 2009, 262 = NJW-RR 2009, 1335.

IV. Grenzüberschreitender Straßengüterverkehr (CMR)

1. Gesetzliche Grundlagen

Übereinkommen vom 19.5.1956 über den Beförderungsvertrag im interna- 310
tionalen Straßengüterverkehr (Convention relative au contrat de transport
international de marchandises par route, CMR). Das Übereinkommen wurde
durch Gesetz vom 16.8.1961 (BGBl. II, S. 119) ratifiziert und ist in der
Bundsrepublik Deutschland seit dem 5.2.1962 in Kraft (Bekanntmachung
vom 28.12.1961, BGBl. II S. 12).

2. Geltungsumfang

Die CMR regelt nur Teile des Beförderungsvertrages, insbesondere die Haf- 311
tung des Frachtführers für Verlust und Beschädigung des Gutes und Überschreitung der Lieferfrist, ferner den Inhalt der Beförderungsurkunden sowie
Nebenpflichten des Frachtführers, des Absenders und des Empfängers. Nicht
geregelt sind die Folgen, die sich aus der Nichterfüllung des Vertrages ergeben, und die Ansprüche des Frachtführers auf das Beförderungsentgelt. Insoweit gelten die nationalen Frachtrechtsbestimmungen.

3. Auslegung

Bei der Auslegung internationaler Abkommen der hier vorliegenden Art 312
(vgl. auch WA und MÜ) ist zu berücksichtigen, dass innerstaatliche Begriffe
und Rechtsgrundsätze nicht ohne Weiteres übernommen werden dürfen, da
andernfalls das Ziel einer möglichst einheitlichen Rechtsanwendung in den
Vertragsstaaten gefährdet wäre.

> BGH, Urt. v. 16.6.1982 – I ZR 100/80, BGHZ 84, 339 = VersR
> 1982, 1100 = WM 1982, 1277 = MDR 1983, 25.

In erster Linie ist der aus dem Gesamtinhalt, dem Zweck und der Entste- 313
hungsgeschichte zu ermittelnde übereinstimmende Wille der vertragsschlie-
ßenden Staaten maßgebend.

> BGH, Urt. v. 19.3.1976 – I ZR 75/74, VersR 1976, 778 = NJW
> 1976, 1583;
> BGH, Urt. v. 16.2.1979 – I ZR 97/77, BGHZ 74, 162 = VersR
> 1979, 641 = NJW 1979, 2474 = MDR 1979, 728;
> BGH, Urt. v. 6.7.1979 – I ZR 127/78, BGHZ 75, 92 = VersR
> 1979, 1105 = NJW 1979, 2472.

Der Begriff „Beförderungsvertrag", für den sich in der CMR keine Defini- 314
tion findet, ist nicht auf der Grundlage des ergänzend anwendbaren nationalen Rechts, sondern autonom, also losgelöst von den nationalen Begrifflich-
keiten zu bestimmen, da andernfalls das Ziel einer möglichst einheitlichen
Rechtsanwendung in den Vertragstaaten gefährdet würde. Die **Fixkostenspedition** unterfällt danach dem Geltungsbereich der CMR, unabhängig
davon, ob dies in nationalen (unvereinheitlichten) Rechtsvorschriften aus-

drücklich bestimmt ist oder auf nationalen Grundsätzen über die Behandlung gemischter Verträge beruht.

315 Kennzeichnend für die dem Art. 1 Abs. 1 CMR unterfallende Vertragsgestaltung ist, dass sie eine entgeltliche Beförderung von Gütern zum Gegenstand hat. Dies trifft auch für den **Fixkostenspediteur** zu, der auf eigene Rechnung tätig wird. Ebenso wie bei einem Selbsteintritt (§ 458 HGB), bei dem der Spediteur freiwillig die Beförderungspflicht übernimmt, liegt auch bei der Fixkostenspedition, die auf eigene Rechnung durchgeführt wird, wirtschaftlich ein Frachtgeschäft vor. Der Fixkostenspediteur kann sein Angebot zu festen Sätzen nur dann machen, wenn er seine Kosten überschauen kann. Das setzt aber voraus, dass er die organisatorische Verfügungsgewalt über die nachgefragte Beförderung innehat. Er ist dann vertraglicher Beförderer i. S. v. Art. 1 Abs. 1 CMR, der seinem Auftraggeber nach Durchführung des Transports weder zur Rechnungs- noch zur Rechenschaftslegung verpflichtet ist.

> BGH, Urt. v. 14.2.2008 – I ZR 183/05, TranspR 2008, 323
> = MDR 2008, 1168 = BGHReport 2008, 1118.

4. Maßgeblichkeit des englischen und französischen Textes (Art. 51 Abs. 3 CMR)

316 Vom Text des Übereinkommens in deutscher Übersetzung kann nicht ohne Weiteres ausgegangen werden, da nach Art. 51 Abs. 3 CMR nur der englische und französische Text gleichermaßen als Rechtsquelle in Betracht kommen. Divergieren die beiden Texte, kann die Lösung nicht in der Heranziehung allein eines von ihnen gefunden werden. Es entspricht ständiger Rechtsprechung des Bundesgerichtshofs, dass bei Verbindlichkeit mehrerer Texte eines internationalen Übereinkommens davon auszugehen ist, dass sämtliche Texte ihrer Idee nach jeweils dasselbe aussagen und der in ihnen zum Ausdruck gekommene Wille der Vertragspartner nur einer sein soll und kann.

> BGH, Urt. v. 20.1.1972 – II ZR 115/70, LM Finanzvertrag Art. 8
> Abs. 1 Nr. 48 Bl. 2;
> BGH, Beschl. v. 20.10.1981 – X ZB 3/81, BGHZ 82, 88 = NJW
> 1982, 1219 = MDR 1982, 140.

317 Zur Ermittlung des Willens der Vertragspartner ist neben dem besondere Bedeutung aufweisenden Wortlaut auch auf die **Materialien** (vorbereitende Arbeiten; vgl. Art. 32 Abs. 1 WVRK) und den Zusammenhang der Einzelvorschriften zurückzugreifen. Dabei ist im Bereich des internationalen Straßengüterverkehrs dem nationalen Recht nur insoweit Bedeutung beizumessen, als die CMR, die keine abschließende Kodifikation des grenzüberschreitenden Straßengüterverkehrs darstellt, sondern nur bestimmte frachtrechtliche Fragen regelt, keine oder keine abschließende Regelung enthält.

> BGH, Urt. v. 6.7.1979 – I ZR 127/78, BGHZ 75, 92 = TranspR
> 1980, 49 = VersR 1979, 1105 = NJW 1979, 2472;

BGH, Urt. v. 10.2.1982 – I ZR 80/80, BGHZ 83, 96 = VersR
1982, 543 = NJW 1982, 1946 = MDR 1982, 547;

BGH, Urt. v. 10.10.1991 – I ZR 193/89, BGHZ 115, 229
= TranspR 1992, 100 = VersR 1992, 383 = NJW 1992, 621.

5. Anwendungsbereich

Die CMR findet nach Art. 1 Anwendung auf entgeltliche Beförderungsver-   **318**
träge im Straßengüterverkehr, wenn der Ort der Übernahme des Gutes und
der für die Ablieferung vorgesehene Ort, wie sie im Vertrag angegeben sind,
in zwei verschiedenen Staaten liegen und mindestens einer dieser Staaten ein
Vertragsstaat ist. Der Beförderungsvertrag muss eine Beförderung des Gutes
über die gesamte Strecke vom Absender zum Empfangsort zum Gegenstand
haben. Diese Regelung gilt ohne Rücksicht auf den Wohnsitz und die Staats-
angehörigkeit der Parteien. Zwischen Güterfernverkehr und Güternahver-
kehr macht die CMR keinen Unterschied. Sie gilt nur für entgeltliche Verträge, demnach nicht für Werkverkehr und Eigentransporte. Sie gilt auch nur
für die Beförderung von Gütern, also abgesehen von den Fällen der §§ 458
bis 460 HGB, nicht für Speditionsverträge.

Wenn die Parteien des Transportvertrags einen einheitlichen Vertrag verein-   **319**
bart haben, der von vornherein sowohl eine Beförderung zur See als auch auf
der Straße vorsieht (Multimodalvertrag), so stellt sich die Frage, ob der
**grenzüberschreitende Landtransport als Teilstrecke des Multimodalver-
trags** dem Anwendungsbereich der CMR unterliegt.

- Der Wortlaut des Art. 1 Abs. 1 CMR schließt die unmittelbare Anwendung des internationalen Übereinkommens auf multimodale Frachtverträge nicht eindeutig aus. Die Formulierung „Beförderung von Gütern
  auf der Straße mittels Fahrzeugen" spricht aber eher gegen die direkte
  Geltung der CMR für den multimodalen Frachtvertrag, weil dort die Beförderung eben nicht (nur) auf der Straße mittels Fahrzeugen durchgeführt wird, sondern auch mit anderen Beförderungsmitteln.

- Aus der Entstehungsgeschichte der CMR ergibt sich aber klar, dass das
  Abkommen mit Ausnahme seines Art. 2 nicht direkt auf den Multimodalvertrag anwendbar ist. Im Unterzeichnungsprotokoll haben sich die
  Staaten verpflichtet, über ein Abkommen betreffend den Beförderungsvertrag für den kombinierten Verkehr zu verhandeln. In der Folgezeit
  wurde auch ein Übereinkommen über die internationale multimodale
  Güterbeförderung abgeschlossen, das jedoch bislang nicht in Kraft getreten ist. Auch die Denkschrift der Bundesregierung zur CMR geht davon
  aus, dass dieses Übereinkommen mit Ausnahme von Art. 2 nur anwendbar ist, wenn die vereinbarte Beförderung nach dem Vertrag **ausschließlich** auf der Straße durchgeführt werden soll. Die Rechtsvereinheitlichung für Frachtverträge über kombinierte Transporte sollte wegen der
  damit zusammenhängenden schwierigen Fragen einem besonderen Abkommen vorbehalten bleiben.

- Dieses Verständnis des Anwendungsbereichs der CMR steht nicht in Widerspruch zur bisherigen Rechtsprechung des Bundesgerichtshofs.

> Urt. v. 24.6.1987 – I ZR 127/85, TranspR 1987, 447 und
> 30.9.1993 – I ZR 258/91, = VersR 1994, 119.

320 Zwar hat der Bundesgerichtshof in den genannten Entscheidungen jeweils die LKW-Teilstrecke eines internationalen Multimodaltransports der CMR unterworfen. In beiden Fällen kam jedoch deutsches Recht auf die Verträge zur Anwendung, weil diese zwischen deutschen Parteien geschlossen worden waren (Art. 28 Abs. 2 und 4 EGBGB), was man den Veröffentlichungen der Urteile allerdings nicht ohne Weiteres entnehmen kann. Die genannten Entscheidungen des Bundesgerichtshofs befassen sich nicht mit der Frage, ob die CMR autonom auf Multimodalverträge anwendbar ist.

> BGH, Urt. v. 17.7.2008 – I ZR 181/05, TranspR 2008, 365
> = NJW 2008, 2782 = MDR 2008, 1222.

321 Geht es um die Frage, ob eine Streitigkeit i. S. v. Art. 1 Abs. 1 CMR aus einer dem Übereinkommen unterliegenden Beförderung resultiert, so ist auf den zwischen dem Hauptfrachtführer und seinem Auftraggeber geschlossenen Frachtvertrag und nicht auf das Vertragsverhältnis zwischen dem Haupt-/ Unterfrachtführer und einem (weiteren) Unterfrachtführer abzustellen. Denn maßgeblich ist der Gesamtbeförderungsvertrag, da dieser die Grundlage für die von dem Auftraggeber oder seinem Rechtsnachfolger geltend gemachten Ersatzansprüche bildet. Das gilt auch dann, wenn ein Unterfrachtführer als bloße Hilfsperson (Art. 3 CMR) des Hauptfrachtführers aus Delikt auf Schadensersatz in Anspruch genommen wird.

> BGH, Urt. v. 20.11.2008 – I ZR 70/06, TranspR 2009, 26
> = VersR 2009, 807 = NJW-RR 2009, 1070.

6. Unabdingbarkeit

322 Die Vorschriften der CMR sind unabdingbar und zwingend (Art. 41 CMR). Abweichende Vereinbarungen sind nichtig und ohne Rechtswirkung. Für die in Art. 17 ff. CMR geregelten Fälle (Verlust und Beschädigung des Gutes sowie Überschreitung der Lieferfrist) und für die in der CMR selbst geregelten Tatbestände der Verletzung vertraglicher Nebenpflichten scheidet daher die Heranziehung anderer (nationaler) Rechtsgrundlagen aus. So ist die Vereinbarung einer Vertragsstrafe für Lieferfristüberschreitung bei einer der CMR unterliegenden Beförderung nichtig. Andererseits haben nichtige Klauseln – anders als im Zweifel nach § 139 BGB – nicht die Wirkung, dass damit auch die übrigen Vertragsbestimmungen nichtig wären (Art. 41 Abs. 1 Satz 2 CMR).

323 Im Hinblick auf den zwingenden Charakter des Abkommens hängt die Anwendbarkeit der Vorschriften der CMR nicht von einer entsprechenden Vereinbarung der Parteien ab. Anderseits kann außerhalb des Geltungsbe-

reichs der CMR deren Anwendbarkeit vereinbart werden. Diese Vereinbarung muss allerdings im Rechtsstreit eindeutig behauptet werden.

7. Ergänzend anwendbares nationales Recht

Soweit die CMR keine Regelung trifft, unterliegt die Beförderung dem nach internationalem Privatrecht maßgeblichen nationalen Recht. Das bedeutet, dass auf die allgemeinen innerstaatlichen Anspruchsgrundlagen der Unmöglichkeit, des Verzuges und der Nebenpflichtverletzungen zurückzugreifen ist, sofern nicht die besonderen Anspruchsgrundlagen der CMR für Verlust, Beschädigung und Lieferfristüberschreitung (Art. 17 CMR) oder die in der CMR selbst geregelten Tatbestände der Verletzung vertraglicher Nebenpflichten eingreifen. Beispielsfälle für Ersatzpflichten des Frachtführers außerhalb der CMR: **324**

> BGH, Urt. v. 28.2.1975 – I ZR 40/74, VersR 1975, 610 = NJW
> 1975, 1597 = MDR 1975, 554, (Unterlassung des Abschlusses
> einer Transportversicherung);
> BGH, Urt. v. 27.10.1978 – I ZR 30/77, TranspR 1982, 108
> = VersR 1979, 276 = NJW 1979, 2473, (Falschauslieferung einer
> nicht für den Empfänger bestimmten Sendung).

Die vom Abkommen nicht erfassten Haftungstatbestände unterliegen nicht den in der CMR vorgesehenen Haftungsausschlüssen und -beschränkungen (Art. 17, 23, 25, 28). Insoweit richtet sich die Vertraghaftung des Frachtführers allein nach den allgemeinen Regeln des jeweils anwendbaren nationalen Frachtrechts. **325**

Über das Pfandrecht des Frachtführers am Beförderungsgut trifft die CMR keine Bestimmung. Insoweit ist das nationale Recht (§ 441 HGB, ggf. Nr. 20 ADSp 2003) maßgebend. **326**

> BGH, Urt. v. 5.2.1987 – I ZR 7/85, TranspR 1987, 180 = VersR
> 1987, 678 = NJW-RR 1987, 1518.

8. Haftung für Bedienstete

Nach Art. 3 CMR haftet der Frachtführer für das Verhalten von Bediensteten oder solcher Nichtbediensteten, deren er sich bei der Ausführung der Beförderung bedient. Voraussetzung dafür ist, dass diese Personen in Ausübung ihrer Verrichtungen handeln (Art. 3). Die Vorschrift reicht weiter als § 278 BGB, bei der es auf ein Handeln der Gehilfen gerade in Erfüllung der betreffenden Verbindlichkeit ankommt. Für das Merkmal „in Ausübung ihrer Verrichtungen" ist ein innerer sachlicher Zusammenhang zwischen der Vertragserfüllung und der schädigenden Handlung Voraussetzung. Diese muss noch in den allgemeinen Umkreis des zugewiesenen Aufgabenbereichs fallen und darf nicht nur bei Gelegenheit der Vertragserfüllung, beispielsweise im Rahmen einer selbständigen unerlaubten Handlung, begangen worden sein. **327**

> BGH, Urt. v. 27.6.1985 – I ZR 40/83, TranspR 1985, 338
> = VersR 1985, 1060 = NJW-RR 1086, 248.

9. Frachtbrief

328 Der Inhalt des Beförderungsvertrages wird in einem Frachtbrief festgehalten (Art. 4 CMR), der bis zum Beweis des Gegenteils als Nachweis für den Abschluss und den Inhalt des Beförderungsvertrages sowie für die Übernahme des Gutes durch den Frachtführer dient (Art. 9 Abs. 1 CMR) und bei Fehlen eines Vorbehalts des Frachtführers die Vermutung enthält, dass das Gut und die Verpackung bei Übernahme äußerlich in gutem Zustand waren (Art. 9 Abs. 2 CMR). Die Vermutungswirkungen des Art. 9 CMR – wie auch die des Art. 30 Abs. 1 Satz 1 CMR – greifen nur ein, wenn der Frachtbrief sowohl vom Absender als auch vom Frachtführer unterzeichnet worden ist, sei es eigenhändig, sei es in der Form des Art. 5 Abs. 1 Satz 2 CMR.

> BGH, Urt. v. 16.10.1986 – I ZR 149/84, TranspR 1987, 96
> = VersR 1987, 304 = NJW 1987, 1444;
>
> BGH, Urt. v. 8.6.1988 – I ZR 149/86, TranspR 1988, 370
> = VersR 1988, 952 = NJW-RR 1988, 1369;
>
> BGH, Urt. v. 18.1.2001 – I ZR 256/98, TranspR 2001, 369
> = VersR 2001, 1134 = NJW-RR 2001, 1253.

- Die Vermutung des Art. 9 Abs. 2 CMR besteht nicht, wenn **kein Frachtbrief ausgestellt** worden ist. Auch mit der Erwägung, jede Partei könne die Ausstellung des Frachtbriefes verlangen und wenn der Frachtführer dies nicht tue, dann habe er keine Einwendungen gegen den Zustand des Gutes, kann bei fehlendem Frachtbrief die Vermutung des Art. 9 Abs. 2 CMR nicht in Kraft gesetzt werden. Sie setzt das Bestehen des Frachtbriefes voraus. Die Folge einer Nichterfüllung der Rechtspflicht des Art. 8 Abs. 1 lit. b CMR durch den Frachtführer ist nur, dass mangels Vorbehalts die Vermutung des Art. 9 Abs. 2 CMR gegen ihn gilt. Aber auch Art. 8 CMR setzt das Bestehen eines Frachtbriefes voraus. Ist die Vermutung des Art. 9 Abs. 2 CMR nicht gegeben, muss jeder die Tatsache beweisen, auf die er sich beruft, so entweder der Empfänger oder der Absender, dass sich das Gut bei Übergabe in einem guten Zustand befunden hat.

> BGH, Urt. v. 9.2.1979 – I ZR 67/77, TranspR 1979, 95 = VersR 1979, 466 = NJW 1979, 2471.

Die Ausstellung eines Frachtbriefes hat – von einzelnen Eintragungen abgesehen (siehe etwa Art. 24, 26, 34) – für das Zustandekommen und den Inhalt eines Güterbeförderungsvertrages grundsätzlich **keine konstitutive Wirkung,** wie sich insbesondere aus Art. 4 Satz 2 CMR ergibt. Danach berührt das Fehlen, die **Mangelhaftigkeit** oder der **Verlust** des Frachtbriefes weder den Bestand noch die Gültigkeit des Beförderungsvertrages. Dieser bleibt vielmehr den Bestimmungen der CMR unterworfen.

> BGH, Urt. v. 17.4.1997 – I ZR 251/94, TranspR 1998, 21
> = VersR 1998, 79 = NJW-RR 1998, 32.

- Ein **nur von einer Partei unterschriebener** Frachtbrief ist beweisrechtlich nicht völlig unerheblich. Ihm kann der Beweiswert einer allgemeinen Urkunde nach dem jeweils anwendbaren Prozessrecht zukommen. Auf der Grundlage deutschen Prozessrechts führt dies im Rahmen des § 286 Abs. 2 ZPO zur Anwendung des § 416 ZPO, der die äußere Beweiskraft von Privaturkunden regelt.

  > BGH, Urt. v. 17.4.1997 – I ZR 251/94, TranspR 1998, 21
  > = VersR 1998, 79 = NJW-RR 1998, 32.

- Der – wirksam ausgestellte – Frachtbrief ist Beweisurkunde (Art. 4 Satz 2 CMR). Er hat also allein **Beweisfunktion**, nicht dagegen konstitutive Bedeutung, auch nicht bei der Nachnahmevereinbarung.

  > BGH, Urt. v. 10.2.1982 – I ZR 80/80, BGHZ 83, 96 = VersR
  > 1982, 543 = NJW 1982, 1946 = DB 1982, 1560.

- **Konstitutive Bedeutung** hat der Frachtbrief ausnahmsweise in den Fällen des Art. 34 CMR (aufeinander folgende Frachtführer): Ohne Übergabe von Gut und Frachtbrief entsteht keine frachtrechtliche Beziehung zwischen Absender und nachfolgenden Frachtführern. Frachtbrief in diesem Sinn ist der durchgehende, auf die gesamte Beförderungsstrecke lautende, vom Absender dem Hauptfrachtführer übergebene oder von ihm in Vollmacht ausgefüllte Frachtbrief.

  > BGH, Urt. v. 9.2.1984 – I ZR 18/82, TranspR 1984, 146 = VersR
  > 1984, 578 = DB 1985, 1128;
  >
  > BGH, Urt. v. 25.10.1984 – I ZR 138/82, TranspR 1985, 48
  > = VersR 1985, 134 = NJW 1985, 555;
  >
  > BGH, Urt. v. 19.4.2007 – I ZR 90/04, TranspR 2007, 416
  > = NJW-RR 2008, 120 = MDR 2007, 1436.

- Wird eine **Weisung des verfügungsberechtigten Absenders** vom Frachtführer nicht ausgeführt, haftet dieser auch dann, wenn kein CMR-Frachtbrief ausgestellt worden ist und entgegen Art. 12 Abs. 5 CMR die erste Ausfertigung des Frachtbriefes mit der eingetragenen Weisung nicht vorgelegt werden kann. Die Vorschrift des Art. 12 Abs. 5 CMR bezweckt den Schutz des Frachtführers. Dieser Schutz geht einmal dahin sicherzustellen, dass nur der Berechtigte, der auch der Empfänger sein kann (Art. 12 Abs. 3 CMR), eine Weisung erteilt. Ferner bezweckt er, die neuen Weisungen eindeutig festzulegen. Dieses Schutzbedürfnis besteht jedoch nicht, wenn eine Verfügungsbefugnis des Empfängers mangels Ausstellung eines Frachtbriefes nach dem Abkommen nicht gegeben sein kann. In solchen Fällen besteht daher für die Anwendung des Art. 12 Abs. 5 CMR keine Veranlassung (ebenso Art. 15 Abs. 1 Satz 2 CMR für den Fall der Annahmeverweigerung durch den Empfänger). Der Absender braucht bei einer solchen Sachlage, um Weisungen erteilen zu können, nicht die erste Ausfertigung des Frachtbriefes vorzulegen. Mit der Einsichtnahme durch den Frachtführer in die ihm erteilte Ausfertigung (Art. 5 Abs. 2 Satz 3 CMR) ist dem Schutzzweck der Regelung genügt. Ist ein Frachtbrief nicht ausgestellt und kommt demgemäß ein Übergang der Verfügungsberechtigung auf den Empfänger nach Art. 12 Abs. 2 und Abs. 3 CMR nicht in Betracht, besteht auch nicht die Gefahr, dass ein nicht mehr berechtigter Absender eine Weisung erteilt.

Der **Nachweis des Inhalts** der Weisung ist in einem solchen Fall zwar nicht durch Vorlage der Absenderausfertigung des Frachtbriefes möglich, er kann aber in jeder anderen prozessual zulässigen Weise geführt werden. Die Darlegungs- und Beweislast obliegt nach allgemeinen Prozessgrundsätzen demjenigen, der sich auf einen bestimmten Inhalt beruft, also regelmäßig dem Absender. Der Schutz des Frachtführers ist hinreichend gewahrt.

> BGH, Urt. v. 4.6.1976 – I ZR 121/75, VersR 1976, 966 = NJW 1976, 1746.

Eine andere Auffassung würde dazu führen, dass dem Absender vom Augenblick der Auftragserteilung an jede Möglichkeit genommen wäre, die Beförderung anzuhalten oder en Beförderungsvertrag in irgendeiner Weise zu ändern. Eine Aufforderung an den Frachtführer, einen CMR-Frachtbrief anzustellen, eine Weisung einzutragen und diese Weisung auszuführen, wäre dann praktisch nicht mehr möglich. Das kann nicht der Regelung sein.

> BGH, Urt. v. 27.1.1982 – I ZR 33/80, TranspR 1982, 105 = VersR 1982, 669 = NJW 1982, 1944.

10. Rechte des Empfängers

329 Der verfügungsbefugte Empfänger des Transportgutes ist grundsätzlich berechtigt, die Rechte aus dem Beförderungsvertrag wegen Beschädigung des Gutes **im eigenen Namen gegen den Hauptfrachtführer** geltend zu machen. Auch wenn die klagende Partei im Frachtbrief nicht als Empfängerin des Transportgutes bezeichnet ist, kann sie als solche i. S. v. Art. 13 Abs. 1 CMR anzusehen sein. Dafür kann die Feststellung sprechen, dass das Transportgut nach dem sich aus dem Beförderungsauftrag ergebenden Willen des Absenders an die Klägerin als Endempfängerin ausgeliefert werden soll.

> BGH, Urt. v. 15.10.1998 – I ZR 111/96, BGHZ 140, 84 = TranspR 1999, 102 = VersR 1999, 646 = NJW 1999, 1110.

330 Dem frachtbriefmäßigen Empfänger des Transportgutes können bei Verlust oder Beschädigung des Gutes auch **gegen den Unterfrachtführer**, der nicht aufeinander folgender Frachtführer i. S. v. Art. 34 CMR ist, eigene Schadensersatzansprüche zustehen (**Aufgabe von BGHZ 116, 15**).

> BGH, Urt. v. 14.6.2007 – I ZR 50/05, BGHZ 172, 330 = TranspR 2007, 425 = NJW 2008, 289 = MDR 2007, 1434.

Der Hauptfrachtführer, der einen Beförderungsauftrag nicht selbst ausführt, **331** sondern damit im eigenen Namen und für eigene Rechnung einen anderen Frachtführer, den Unterfrachtführer, beauftragt, schließt einen selbständigen (Unter-) Frachtvertrag mit diesem ab. Er ist Absender i. S. d. Landfrachtrechts, weil er Vertragspartner des (Unter-)Frachtführers ist. Der Unterfrachtführer haftet dem Hauptfrachtführer als dem Absender, soweit es sich um einen grenzüberschreitenden Beförderungsvertrag handelt, nach den Haftungsbestimmungen der Art. 17 ff. CMR. Trifft aber den Unterfrachtführer dem Hauptfrachtführer gegenüber die volle Frachtführerhaftung, gibt es keinen Grund, seine Haftung gegenüber dem Empfänger als Drittbegünstigten des Unterfrachtvertrags auszuschließen.

Wie sich aus Art. 13 Abs. 1 CMR ergibt, muss der Empfänger gegenüber **332** dem abliefernden (Unter-)Frachtführer zumindest befugt sein, die Primärrechte auf Ablieferung des Gutes, Übergabe der Zweitausfertigung des Frachtbriefs geltend zu machen und sich auf das Weisungsrecht zu berufen. Denn andernfalls wäre Art. 13 Abs. 1 CMR bei Transportketten, die sich auf Unterfrachtverträge stützen, weitgehend ohne Bedeutung und die praktische Abwicklung solcher Transporte ganz erheblich erschwert. Da die Sekundärrechte des Empfängers dessen Primärrechte sanktionieren sollen, müssen dem Empfänger gegenüber dem Unterfrachtführer dementsprechend auch direkte Haftungsansprüche zustehen.

Eine andere Beurteilung ist auch nicht auf Grund eines aus Art. 34 CMR zu **333** ziehenden Gegenschlusses geboten. Den Bestimmungen der Art. 34 ff. CMR lässt sich lediglich entnehmen, dass sie die dort behandelte besondere Form des Unterfrachtvertrags abschließend regeln. Der normale Unterfrachtvertrag, der den Unterfrachtführer nur zur Haftung für seine Teilstrecke verpflichtet, musste nicht ausdrücklich geregelt werden, weil er sich in seiner rechtlichen Struktur vom Hauptfrachtvertrag nicht unterscheidet.

> BGH, Urt. v. 14.6.2007 – I ZR 50/05, BGHZ 172, 330
> = TranspR 2007, 425 = NJW 2008, 289 = MDR 2007, 1434.

Hat der Empfänger die Verfügungsbefugnis über das Transportgut einmal **334** erlangt, kann er die Rechte aus dem Beförderungsvertrag wegen Beschädigung des Gutes grundsätzlich auch dann im eigenen Namen gegen den Frachtführer geltend machen, wenn er die **Annahme der Ware verweigert**. Denn eine Abnahmeverweigerung führt – soweit dem Frachtführer widersprechende Weisungen des Absenders zugegangen sind (Art. 15 Abs. 2 CMR) – nur zum Verlust der Verfügungsmacht des Empfängers über die Ware. Seine Sachbefugnis hinsichtlich vertraglicher Ersatzansprüche wegen Beschädigung des Gutes wird dadurch aber grundsätzlich nicht berührt. Ein Verlust auch der materiellen Anspruchsberechtigung könnte nur dann angenommen werden, wenn der Ablieferungsbegriff in Art. 15 Abs. 2 CMR mit demjenigen in Art. 3 Abs. 1 Satz 1 CMR völlig deckungsgleich wäre. Davon kann jedoch nach dem Sinn und Zweck dieser Regelungen und ihrem systematischen Zusammenhang nicht ausgegangen werden.

335   Der Ablieferungsanspruch des Adressaten gemäß Art. 13 Abs. 1 CMR umfasst an sich die frachtbriefmäßig vorgesehene vollständige und unbeschädigte Herausgabe des Gutes. Der Empfänger soll als Drittbegünstigter am Bestimmungsort die gehörige Erfüllung der Ablieferungspflicht durch den Frachtführer verlangen können. Da eine Sendung indes tatsächlich nur in dem Zustand übergeben werden kann, in dem sie sich befindet, wandelt sich der (ursprüngliche und primäre) Herausgabeanspruch bei beschädigter Ware teilweise in eine (sekundäre und ergänzende) Schadensersatzforderung um. Art. 13 CMR befasst sich danach mit der Abwicklung des Vollzugs- und Drittverhältnisses insgesamt.

336   Gegenstand der Regelungen des Art. 15 CMR ist dagegen allein die Frage, wie zu verfahren ist, wenn die Ladung in der Beschaffenheit, in der sie am Bestimmungsort angekommen ist, nicht abgeliefert werden kann. Mit Verfügungen, die aus diesem Anlass zu treffen sind, soll lediglich der weitere Verbleib des – unter Umständen beschädigten – Gutes geklärt werden. Demzufolge enthält Art. 15 CMR keine Bestimmung dahingehend, dass sämtliche Empfängerrechte bei Annahmeverweigerung – etwa wie die Rechte des Drittbegünstigten nach § 333 BGB im Falle ihrer Zurückweisung – als von Anfang an nicht erworben gelten.

> BGH, Urt. v. 6.7.1979 – I ZR 127/78, BGHZ 75, 92 = TranspR
> 1980, 49 = VersR 1979, 1105 = NJW 1979, 2472;
> BGH, Urt. v. 15.10.1998 – I ZR 111/96, BGHZ 140,
> 84 = TranspR 1999, 102 = VersR 1999, 646 = NJW 1999, 1110.

337   Da die CMR den Verlust der **sonstigen (sekundären) Empfängerrechte** nicht regelt, muss ergänzend auf die nationalen Rechtsvorschriften zurückgegriffen werden. Im Falle der Anwendung deutschen Rechts sind die Bestimmungen des Handelsgesetzbuches maßgebend. Da diese eine zwingende und generelle Verknüpfung der Weisungsbefugnis mit der Sachlegitimation nicht regeln, kommt lediglich eine Zurückweisung der Empfängerrechte durch den Adressaten gemäß § 333 BGB in Betracht. Diese setzt – im Unterschied zur bloßen Annahmeverweigerung, die geschäftsähnliche Handlung ist – eine echte einseitige empfangsbedürftige Willenserklärung voraus. Sie muss daher aus der Sicht des Frachtführers deutlich die Absicht des Adressaten der Ware erkennen lassen, auch eventuelle Ersatzansprüche wegen Beschädigung des Transportgutes nicht annehmen zu wollen. Allein aus der Weigerung, die angelieferte Ware in Empfang zu nehmen, kann jedenfalls im Geltungsbereich der CMR eine derartige Schlussfolgerung nicht ohne Weiteres gezogen werden.

> BGH, Urt. v. 15.10.1998 – I ZR 111/96, BGHZ 140, 84
> = TranspR 1999, 102 = VersR 1999, 646 = NJW 1999, 1110.

11. Anspruchsberechtigung

a) Aktivlegitimation

Als Berechtigte zur Geltendmachung von Schadensersatzansprüchen kom- **338** men nach der CMR – ebenso wie nach innerstaatlichem Frachtrecht (vgl. § 421 HGB) – sowohl der Absender (Auftraggeber) als auch der Empfänger in Betracht. Ausdrücklich geregelt ist dies allerdings nur für den Empfänger in den Fällen des Verlustes und der Überschreitung der Lieferfrist (Art. 13 Abs. 1 Satz 2 CMR). Jedoch folgt aus der Beschränkung der Regelung nicht, dass eine Berechtigung zur Geltendmachung von Ersatzansprüchen im Übrigen nicht bestünde. Die Legitimation des Absenders ergibt sich auch ohne ausdrückliche Bestimmung bereits aus seiner Stellung als Vertragspartner des Frachtführers.

Aber auch die in Art. 13 Abs. 1 Satz 2 CMR nicht geregelte Anspruchsbe- **339** rechtigung des Empfängers bei Beschädigung des Gutes kann aus der CMR unmittelbar, und ohne dass es insoweit einer Heranziehung nationalen Frachtrechts bedürfte, hergeleitet werden. Von dem Zeitpunkt an, in dem der frachtbriefmäßige oder der nach Art. 12 Abs. 1 Satz 2 CMR vom Absender bestimmte Empfänger nach Ankunft des Gutes am Bestimmungsort die Ablieferung verlangt (Art. 13 Abs. 1 Satz 1 CMR), hat der Frachtführer den Weisungen des nunmehr verfügungsberechtigten Empfängers nachzukommen (Art. 12 Abs. 2 CMR). Ablieferung des Gutes i. S. d. Art. 13 Abs. 1 Satz 1 CMR ist aber die frachtbriefmäßig vorgesehene vollständige und unbeschädigte Herausgabe des Gutes. Daraus ist zu folgern, dass durch die Regelung des Art. 13 Abs. 1 Satz 1 CMR dem verfügungsberechtigten Empfänger auch der Anspruch gegeben ist, bei beschädigtem Gut vom Frachtführer Schadensersatz nach Maßgabe des Art. 17 CMR verlangen zu können. Dafür spricht auch die Regelung des Art. 18 Abs. 2 Satz 2 CMR, nach der es Sache des Verfügungsberechtigten ist zu beweisen, dass der Schaden nicht oder nicht ausschließlich aus einer der in Art. 17 Abs. 4 CMR bezeichneten besonderen Gefahren entstanden ist. Verfügungsberechtigter ist aber bei Vorliegen der Voraussetzungen des Art. 12 Abs. 2 und Abs. 3, Art. 13 Abs. 1 Satz 1 CMR der Empfänger. Es kommt hinzu, dass nach Art. 20 Abs. 1 CMR zugunsten des Verfügungsberechtigten Verlust und Fristüberschreitung vermutet werden. Verfügungsberechtigter ist in den Fällen des Art. 13 Abs. 1 Satz 2, Art. 12 Abs. 2 CMR ebenfalls der Empfänger. Schließlich kann der verfügungsberechtigte Empfänger Zinsen auf die Entschädigung verlangen (Art. 27 CMR).

Unter diesen Umständen folgt aus dem Gesamtzusammenhang der Regelun- **340** gen, dass der Empfänger auch zur Geltendmachung von Schadensersatzansprüchen wegen Beschädigung des Gutes berechtigt sein soll, sobald sein frachtrechtliches Verfügungsrecht entstanden ist (Art. 12 Abs. 2 und Abs. 3, Art. 13 Abs. 1 CMR).

> BGH, Urt. v. 6.7.1979 – I ZR 127/78, BGHZ 75, 92 = TranspR
> 1980, 49 = VersR 1979, 1105 = NJW 1979, 2472;

BGH, Urt. v. 6.5.1981 – I ZR 70/79, TranspR 1982, 41 = VersR
1981, 929 = NJW 1981, 2640;

BGH, Urt. v. 15.10.1998 – I ZR 111/96, BGHZ 140, 84
= TranspR 1999, 102 = VersR 1999, 646 = NJW 1999, 1110.

341 Die Empfängerrechte nach Art. 13 Abs. 1 Satz 2 CMR sind abtretbar, ohne
dass es ihrer vorherigen Geltendmachung durch den Frachtführer gegen den
Empfänger bedarf. Auf den Übergang der frachtrechtlichen Verfügungsbefugnis vom Absender auf den Empfänger kommt es dafür nicht an.

BGH, Urt. v. 28.4.1988 – I ZR 32/86, TranspR 1988, 338
= VersR 1988, 825 = NJW 1988, 3095.

b) Doppellegitimation von Absender und Empfänger

342 Ebenso wie nach nationalem deutschen Frachtrecht ist auch nach der CMR
nicht ausgeschlossen, dass der Absender die Ansprüche gegen den Frachtführer unter bestimmten Voraussetzungen, soweit nicht die Rechte des
Empfängers entgegenstehen, auch noch nach Entstehung der Berechtigung
des Empfängers geltend machen kann (Doppellegitimnation von Absender
und Empfänger). Die CMR selbst geht – ebenso wie das innerstaatliche deutsche Frachtrecht – von einer zeitlichen Überschneidung der frachtrechtlichen Verfügungsbefugnis von Absender und Empfänger und damit von
einer Legitimation beider insoweit aus. Denn während das frachtrechtliche
Verfügungsrecht dem Empfänger bereits ab Ankunft des Gutes am Bestimmungsort zusteht (Art. 13 Abs. 1 Satz 1 CMR), erlischt das des Absenders
erst zu einem späteren Zeitpunkt (Art. 12 Abs. 2 CMR). Die Interessen des
Frachtführers werden dadurch nicht in unzumutbarer Weise berührt. Vor
doppelter Inanspruchnahme durch Absender und Empfänger ist der Frachtführer geschützt. Hat einer der Berechtigten (Absender oder Empfänger)
Schadensersatzansprüche wegen Verlustes oder Beschädigung des Gutes geltend gemacht, kann der Frachtführer, wenn er von dem anderen Berechtigten
nochmals in Anspruch genommen wird, diesem entgegenhalten, dass er seine
Verpflichtung zum Schadensersatz aus dem Beförderungsvertrag einem Berechtigten gegenüber erfüllt habe und damit frei sei (Fall der Gesamtgläubigerschaft, § 428 BGB).

BGH, Urt. v. 6.7.1979 – I ZR 127/78, BGHZ 75, 92 = TranspR
1980, 49 = VersR 1979, 1105 = NJW 1979, 2372;

BGH, Urt. v. 10.5.1984 – I ZR 52/82, TranspR 1984, 283
= VersR 1984, 932 = DB 1985, 863;

BGH, Urt. v. 1.6.2006 – I ZR 200/03, TranspR 2006, 308;

BGH, Urt. v. 6.7.2006 – I ZR 226/03, TranspR 2006, 363
= NJW-RR 2006, 1544 = BGHReport 2006, 1409.

343 Aber auch mit Blick auf die Interessenlage von Absender und Empfänger unterliegt die Doppellegitimation keinen durchgreifenden Bedenken. Zwar ist
in diesen Fällen zur Erhebung der Klage auch derjenige befugt, der selbst
keinen Schaden erlitten hat (Drittschadensliquidation). Zu nicht hinnehmba-

ren Konsequenzen führt das aber nicht. In der Rechtsprechung ist anerkannt, dass gegen den Willen des Geschädigten die Liquidation seines Schadens durch einen (nur) formell Ersatzberechtigten nicht stattfindet.

> BGH, Urt. v. 10.5.1984 – I ZR 52/82, TranspR 1984, 283
> = VersR 1984, 932 = DB 1985, 863.

Darüber hinaus bestehen auch gewichtige praktische Gründe, die eine Dop- **344** pellegitimation von Absender und Empfänger als zweckmäßig erscheinen lassen. Wäre beispielsweise bei einem als Bringschuld ausgestalteten Distanzkauf der Empfänger nicht geschädigt, aber allein anspruchsberechtigt, wäre der geschädigte Absender – sei es auch nur, um mit verjährungshemmender Wirkung reklamieren zu können (Art. 32 Abs. 2 CMR) – auf eine Abtretung des Ersatzanspruches angewiesen. Aber auch wenn der Empfänger Geschädigter ist (z. B. beim Versendungskauf, § 447 BGB), liegt die Berechtigung des Absenders, den von diesem beauftragten Frachtführer in Anspruch nehmen zu können, regelmäßig in seinem Interesse.

Aus der CMR ist danach zu folgern, dass die Sachbefugnis des Absenders auch **345** nach Entstehung der frachtrechtlichen Verfügungsbefugnis und der sich daraus ergebenden Aktivlegitimation des Empfängers fortbesteht. Das bedeutet zugleich, dass es zur Rechtfertigung der Ersatzberechtigung von Absender und Empfänger eines Rückgriffs auf innerstaatliches Frachtrecht nicht bedarf.

> BGH, Urt. v. 10.4.1974 – I ZR 84/73, VersR 1974, 796 = NJW
> 1974, 1614 = MDR 1974, 733;
> BGH, Urt. v. 6.7.1979 – I ZR 127/78, BGHZ 75, 92 = TranspR
> 1980, 49 = VersR 1979, 1105 = NJW 1979, 2472;
> BGH, Urt. v. 6.5.1981 – I ZR 70/79, TranspR 1982, 41 = VersR
> 1981, 929 = NJW 1981, 2640;
> ebenso: OGH (Wien) TranspR 1989, 222.

c) Drittschadensliquidation

aa) Grundsätze

Schadensersatz kann grundsätzlich nur derjenige verlangen, der einen Scha- **346** den erlitten hat, so der Empfänger (Käufer), wenn ihn in seinem Rechtsverhältnis zum Verkäufer die Preisgefahr trifft (§ 447 BGB). Häufig liegt es aber auch so, dass der Geschädigte nicht derjenige ist, dem der Ersatzanspruch zusteht. Gerade bei der Beförderung von Frachtgütern fallen (formelle) Ersatzberechtigung und Schaden vielfach nicht in einer Person zusammen. Die Befugnis, gleichwohl Schadensersatz verlangen zu können, folgt in solchen Fällen aus dem allgemeinen, auch im CMR-Haftpflichtprozess geltenden Grundsatz, dass der Berechtigte auch für den einem Dritten entstandenen Schaden Ersatz verlangen kann, wenn die Interessen des Berechtigten mit denen des Dritten – beispielsweise auf Grund eines Speditions-, Fracht- oder Kaufvertrages – in einer Weise verknüpft sind, die die Wahrnehmung der Drittinteressen durch den Anspruchsinhaber rechtfertigt. Es würde in solchen Fällen zu nicht tragbaren Ergebnissen führen, wenn der Schädiger aus dem für ihn rein zufälligen Auseinanderfallen von Anspruchsberechtigung und Schaden Nutzen ziehen dürfte mit der Begründung, der Ersatzberechtigte habe keinen Schaden, der Geschädigte aber keinen Anspruch. Die Drittschadensliquidation aus dem Gesichtspunkt der Gefahrentlastung (Versendungskauf, § 447 BGB), durch einen mittelbaren Stellvertreter (Spediteur, Frachtführer) oder durch einen vertraglich zur Obhut Verpflichteten (Lagerhalter) ist daher allgemein anerkannt.

> Siehe nur *Koller*, Transportrecht, § 425 HGB, Rn. 49 ff., 57 ff., Art. 13 CMR Rn. 5.

347 Einzelfälle:

- Drittschadensliquidation durch Spediteur für Auftraggeber,

  > BGH, Urt. v. 10.4.1974 – I ZR 4/73, VersR 1974, 796 = NJW 1974, 1614 = MDR 1974, 733;
  >
  > OGH Wien, Urt. v. 26.11.1996 – 4 Ob 2336/96 z, TranspR 1997, 281;

- durch Absender für Empfänger,

  > BGH, Urt. v. 1.10.1975 – I ZR 12/75, VersR 1976, 168;

- durch Absender für Versender,

  > BGH, Urt. v. 14.3.1985 – I ZR 168/82, TranspR 1985, 335 = VersR 1985, 753 = MDR 1985, 819;

- durch Spediteur für Absender oder Empfänger.

  > BGH, Urt. v. 20.4.1989 – I ZR 154/87, TranspR 1989, 413 = VersR 1989, 1168 = NJW 1989, 3099.

bb) Obhutspflichten des Frachtführers

348 Auf Grund von vertraglichen Beziehungen und einer tatsächlichen Übernahme des Transportgutes in seinen Gewahrsam können für den Frachtführer im Verhältnis zu seinem Auftraggeber Obhuts- und Fürsorgepflichten in Bezug auf das übernommene Gut begründet werden mit der Folge, dass der Auftraggeber des Frachtführers grundsätzlich zur Schadensliquidation im Drittinteresse berechtigt ist. Dafür ist nicht erforderlich, dass der Vertragsberechtigte in direkten Vertragsbeziehungen zum materiell Geschädigten steht. Denn in den Obhutsfällen ist es zur Wahrnehmung der Interessen des tatsächlich Geschädigten ausreichend, dass der Vertragsberechtigte durch eine Kette von Verträgen mit dem Geschädigten verbunden ist und die Übertragung der Obhut auf den Schädiger bei Gesamtbetrachtung der einzelnen Verträge dem Interesse des Geschädigten entsprochen hat.

> BGH, Urt. v. 29.3.2001 – I ZR 312/98, TranspR 2001, 447 = VersR 2002, 122 = NJW-RR 2001, 1612.

cc) Klage auf Leistung an den Anspruchsinhaber

Bei der gerichtlichen Geltendmachung des Anspruches braucht der An- 349
spruchsinhaber im Allgemeinen nicht auf Zahlung an den materiell Geschädigten zu klagen. Der Schadensersatzanspruch geht **grundsätzlich auf Leistung an den Anspruchsinhaber.** Allerdings kann er auch auf Leistung an
den geschädigten Dritten klagen. Im Innenverhältnis ist der Anspruchsinhaber auch verpflichtet, die Schadensersatzleistung an den Geschädigten weiterzuleiten. Auf die Frage, wem die Entschädigung letztlich zusteht, kommt
es im Frachthaftungsprozess nicht an. Sie ist unter den in Frage kommenden
Personen ohne Beteiligung des schadensersatzpflichtigen Frachtführers zu
klären. Dieser hat an den – frachtrechtlich ausgewiesenen – Anspruchsberechtigten zu leisten. Die schutzwürdigen Interessen des Frachtführers sind
nicht betroffen. Einer Ersatzpflicht braucht er immer nur einmal zu genügen.
Zahlt er an einen Ersatzberechtigten, ist er von seiner Ersatzpflicht auch gegenüber dem Anderen frei (§ 428 BGB).

BGH, Urt. v. 10.5.1984 – I ZR 52/82, TranspR 1984, 283
= VersR 1984, 232 = NJW 1985, 2411;

BGH, Urt. v. 15.10.1998 – I ZR 111/96, BGHZ 140, 84
= TranspR 1999, 102 = VersR 1999, 646 = NJW 1999, 1110;

BGH, Urt. v. 1.6.2006 – I ZR 200/03, TranspR 2006, 308;

BGH, Urt. v. 6.7.2006 – I ZR 226/03, TranspR 2006, 363
= NJW-RR 2006, 1544 = BGHReport 2006, 1409.

12. Passivlegitimation

Ersatzverpflichtet nach Art. 17 CMR – und damit im Streitfall richtiger Be- 350
klagter – ist der „Frachtführer". Was das Abkommen unter diesem Begriff
versteht, sagt es nicht ausdrücklich. Jedoch kann ihm entnommen werden,
dass „Frachtführer" i. S. d. CMR jeder ist, der auf Grund eines Beförderungsauftrags berechtigt und verpflichtet ist, in eigener Verantwortung und
auf eigene Rechnung eine Beförderung in grenzüberschreitenden Straßengüterverkehr auszuführen. Das erfordert nicht, dass die Beförderung gewerbs-
mäßig betrieben werden muss oder nur mit eigenen Fahrzeugen möglich
wäre. Auch wer zur Erfüllung einer in eigener Person übernommenen Beför-
derungsverpflichtung einen anderen zum Frachtführer bestellt, ist Frachtführer i. S. d. CMR.

Ist danach Frachtführer gemäß den Bestimmungen der CMR, wer mit den 351
Rechten und Pflichten eines solchen eine Beförderung auszuführen hat, ist
Frachtführer i. S. d. Abkommens in den Fällen der §§ 458 bis 460 HGB auch
der Spediteur. Übernimmt er – wie in diesen Fällen – die Rechte und Pflichten eines Frachtführers, hat er auch die Rechtsstellung eines solchen, die im
CMR-Bereich weder durch die ADSp noch durch Individualvereinbarungen
abdingbar oder beschränkbar ist, gleichviel ob er die Beförderung selbst ausführt oder durch Dritte ausführen lässt (Art. 41 CMR). In derartigen Fällen
besteht kein sachlicher Grund, den Spediteur anders zu behandeln als einen

Unternehmer, der als Hauptfrachtführer die Beförderung des Gutes im grenzüberschreitenden Straßengüterverkehr übernimmt, aber mit der Ausführung des Auftrags einen Dritten betraut. Dies ist ständige Rechtsprechung des Bundesgerichtshofs. Folge dieser Rechtsprechung ist, dass sich der Spediteur in den Fällen des Selbsteintritts sowie der Fixkosten- und Sammelladungsspedition nicht auf die Haftungsfreizeichnungen und -beschränkungen nach den Allgemeinen Deutschen Spediteurbedingungen berufen kann, sondern dass er ausschließlich nach Art. 17 ff. CMR haftet.

13. Verbindlichkeit einer dem Frachtführer erteilten Weisung

352   Nach **Art. 12 Abs. 5 lit. a CMR** setzt die Ausübung des Verfügungsrechts durch den Absender die Vorlage der ersten Ausfertigung des Frachtbriefes (Absenderausfertigung, Art. 5 Abs. 1 Satz 3 CMR) beim Frachtführer oder einer berechtigten oder bevollmächtigten Person voraus. Zu befolgende neue Weisungen müssen in dieser Ausfertigung eingetragen sein. Die Vorschrift des Art. 12 Abs. 5 CMR dient daher dem Schutz des Frachtführers. Damit soll zum einen sichergestellt werden, dass nur der Verfügungsberechtigte eine Weisung erteilt (**vgl. Art. 12 Abs. 3 CMR**; die Verfügungsberechtigung des Empfängers kann bereits mit der Ausstellung des Frachtbriefes begründet werden; die Absenderfrachtbriefausfertigung kann schon an den Empfänger weitergegeben worden sein). Zum anderen soll der Inhalt der Weisung eindeutig festgelegt sein. Die Eintragung der (neuen) Weisung in die Absenderausfertigung soll den Frachtführer insbesondere vor der Gefahr schützen, wegen einer Falschauslieferung des Gutes haften zu müssen. Die Anwendung des **Art. 12 Abs. 5 CMR** entfällt daher grundsätzlich nur dann, wenn es an einem Schutzbedürfnis für den Frachtführer fehlt. Das kann etwa der Fall sein, wenn der Empfänger die Annahme des Gutes verweigert (Art. 15 Abs. 1 Satz 2 CMR). Ferner kann dies angenommen werden, wenn ein Frachtbrief nicht ausgestellt worden ist, weil dann ein Übergang der Verfügungsberechtigung auf den Empfänger nach **Art. 12 Abs. 2 und Abs. 3 CMR** nicht in Betracht kommt. Damit besteht auch nicht die Gefahr, dass ein nicht mehr verfügungsberechtigter Absender eine Weisung erteilt. Ist dagegen ein Frachtbrief ausgestellt worden, hängt die Wirksamkeit einer vom Absender erteilten Weisung grundsätzlich von der Einhaltung der Voraussetzungen des **Art. 12 Abs. 5 lit. a CMR** ab. Einseitige Weisungen, die ohne Legitimation erfolgen und/oder nicht im Frachtbrief eingetragen sind, sind für den Frachtführer grundsätzlich unbeachtlich. Denn andernfalls liefe der mit Art. 12 Abs. 5 CMR bezweckte Schutz gerade leer.

> BGH, Urt. v. 27.1.1982 – I ZR 33/80, TranspR 1982, 105
> = VersR 1982, 669 = NJW 1982, 1944;
>
> BGH, Urt. v. 4.7.2002 – I ZR 302/99, TranspR 2002, 399
> = VersR 2003, 928 = NJW-RR 2002, 1608.

353   Den Parteien des Frachtvertrages steht es allerdings frei, von ihren ursprünglichen vertraglichen Abreden abzuweichen. Sie können vereinbaren, dass der

Frachtführer eine erteilte Weisung als verbindlich behandelt, obwohl ihm die **Absenderausfertigung** des Frachtbriefes nicht vorgelegen hat oder die Weisung nicht im Frachtbrief eingetragen war. An eine derartige Vereinbarung sind jedoch strenge Anforderungen zu stellen, weil im Allgemeinen davon ausgegangen werden muss, dass der Frachtführer auf den Schutz, den **Art. 12 Abs. 5 lit. a CMR** gewährt, nicht verzichten will. Ein bloßes einseitiges Entgegenkommen des Frachtführers reicht für die Annahme einer ihn bindenden Abrede jedenfalls nicht aus.

> BGH, Urt. v. 4.7.2002 – I ZR 302/99, TranspR 2002, 399
> = VersR 2003, 928 = NJW-RR 2002, 1608.

14. Wirkung der Leistung eines Transportversicherers

Eine Leistung des Transportversicherers auf den seinem Versicherungsneh- **354** mer (Absender) wegen Verlustes des Transportgutes entstanden Schaden führt nicht zum Erlöschen der Ansprüche des frachtbriefmäßigen Empfängers der Ware gegen den Frachtführer aus **Art. 13 Abs. 1 Satz 2 CMR.** Der Umstand, dass der Empfänger ebenfalls ein Recht zur Geltendmachung von Schadensersatzansprüchen gegen den Frachtführer hat, führt zur Doppellegitimation von Absender und Empfänger. Empfänger und Absender sind im Verhältnis zum Frachtführer Gesamtgläubiger i. S. v. **§ 428 BGB.** Nur die Leistung des Frachtführers an einen der beiden Ersatzberechtigten lässt auch die Anspruchsberechtigung des anderen Gläubigers entfallen. Die Rechtsbeziehungen zwischen dem Absender und dem Empfänger der Ware sind für den Schädiger grundsätzlich ohne Bedeutung.

> BGH, Urt. v. 1.6.2006 – I ZR 200/03, TranspR 2006, 308;
> BGH, Urt. v. 6.7.2006 – I ZR 226/03, TranspR 2006, 363
> = NJW-RR 2006, 1544 = BGHReport 2006, 1409.

15. Haftung des CMR-Frachtführers

a) Grundlagen/Beweisfragen

Art. 17 CMR regelt die Haftung des Frachtführers für gänzlichen oder teil- **355** weisen Verlust, für Beschädigung des Gutes sowie für Überschreitung der Lieferfrist. Darüber hinaus haftet der Frachtführer nach der CMR für die Verletzung bestimmter frachtvertraglicher Nebenpflichten (**Art. 7 Abs. 3, Art. 11 Abs. 3, Art. 12 Abs. 7, Art. 16 Abs. 2 Satz 3, Art. 21 CMR**). Andere Anspruchsgrundlagen kommen daneben nicht in Betracht.

Soweit die CMR keine Regelung trifft, findet nationales Recht Anwendung. **356** Beruht ein im Zusammenhang mit der Überschreitung der Lieferfrist eingetretener Schaden nicht auf der Verspätung als solcher, sondern auf anderen Umständen (beispielsweise auf unrichtigen Angaben über den Ankunftszeitpunkt), schließt die Regelung des Art. 17 Abs. 1 CMR über die Haftung des Frachtführers für Überschreitung der Lieferfrist die Geltendmachung von

Schadensersatzansprüchen aus positiver Vertragsverletzung nach deutschem Recht nicht aus.

> BGH, Urt. v. 14.7.1993 – I ZR 204/91, BGHZ 123, 200
> = TranspR 1993, 426 = VersR 1993, 1296 = NJW 1993, 2808.

357 Die Haftung des Frachtführers nach **Art. 17 CMR** ist eine Gefährdungshaftung, die bei Eintritt eines unabwendbaren Ereignisses i. S. d. § 7 Abs. 2 StVG entfällt.

> BGH, Urt. v. 28.2.1975 – I ZR 40/74, VersR 1975, 610 = NJW
> 1975, 1597 = MDR 1975, 554.

358 Der Frachtführer muss daher – ebenso wie der Kraftfahrzeugführer (Halter) – den **Entlastungsbeweis** führen, d.h. er muss darlegen und notfalls beweisen, dass der Schaden auch bei der äußersten nach den Umständen möglichen Sorgfalt nicht hätte abgewendet werden können. In diesem Sinne ist **Art. 17 Abs. 2 CMR** (letzte Alternative) auszulegen („Umstände, die der Frachtführer nicht vermeiden und deren Folgen er nicht abwenden konnte").

359 Zu seiner Entlastung kann sich der Frachtführer nicht auf Fahrzeugmängel berufen. Im Streitfall trifft ihn insoweit die Beweislast (Art. 18 Abs. 1 CMR).

360 Die **Beweislast** für **Verpackungsmängel** liegt beim Frachtführer (Art. 18 Abs. 1 CMR). Ist der Mangel bewiesen, muss der Frachtführer, um sich zu entlasten, weiter darlegen, dass nach den Umständen des Falles der Verlust oder die Beschädigung aus einer der Gefahren des **Art. 17 Abs. 4 CMR** entstehen konnte. Kommt er dem nach, wird vermutet, dass der Schaden daraus entstanden ist. Das bedeutet: Bei Beweis des Mangels genügt für die Bejahung der Kausalität zwischen Mangel und Schaden die Darlegung ihrer Möglichkeit **(Art. 18 Abs. 2 Satz 1 CMR)**.

> BGH, Urt. v. 28.3.1985 – I ZR 194/82, TranspR 1985, 261
> = VersR 1985, 754 = NJW 1985, 2092.

361 Hat der Frachtführer den Mangel bewiesen und die Möglichkeit des **Ursachenzusammenhangs** zwischen Mangel und Schaden dargelegt, muss der Auftraggeber andere Ursachen oder mitwirkende Umstände beweisen (Art. 18 Abs. 2 Satz 2 CMR). Dabei kann sich der Auftraggeber nicht nur auf ein Verschulden des Frachtführers oder auf Fahrzeugmängel i. S. d. Art. 17 Abs. 3 CMR berufen, sondern auf jeden – von ihm zu beweisenden – Umstand, der für die Entstehung des Schadens ursächlich oder mitursächlich war (Art. 18 Abs. 2 Satz 2 CMR). Beweist er einen solchen Umstand, ist es Sache des Frachtführers, insoweit seinerseits den Entlastungsbeweis aus Art. 17 Abs. 2 CMR zu führen. Ggf. ist der Schaden nach dem Maß der beiderseitigen Verursachung zu teilen (Art. 17 Abs. 5 CMR).

> BGH, Urt. v. 20.10.1983 – I ZR 105/81, TranspR 1984, 100
> = VersR 1984, 262 = DB 1984, 824;
>
> BGH, Urt. v. 28.3.1985 – I ZR 194/82, TranspR 1985, 261
> = VersR 1985, 754 = NJW 1985, 2092;

BGH, Urt. v. 13.7.2000 – I ZR 49/98, TranspR 2000, 409
= VersR 2001, 261 = NJW 2001, 448.

Für die **Beweisführung** gelten auch im Haftpflichtprozess nach der CMR **362** die Grundsätze des Beweises des ersten Anscheins. Die CMR regelt zwingend (Art. 41 CMR) die Frage der Beweislast, d. h. die Frage, wer beweispflichtig ist und wer die Nachteile der Unbewiesenheit zu tragen hat. Dagegen regelt sie nicht die weitere Frage, wie der Beweis zu führen ist. Diese Frage beantwortet sich nach nationalem Recht. Soweit deutsches Recht anzuwenden ist, gilt der Grundsatz der freien Beweiswürdigung (§ 286 ZPO), der auch die Berücksichtigung von Indiztatsachen und solcher Sachverhalte erfordert, die typischerweise auf bestimmte Geschehensabläufe hinweisen. Jedoch kann prima facie aus dem „normalen" Verlauf eines Straßengütertransportes nicht auf das Vorliegen von Verpackungsmängeln i. S. d. Art. 17 Abs. 4 lit. b CMR geschlossen werden, weil das zu einer nach Art. 41 CMR unzulässigen Beweislastumkehr führen würde.

BGH, Urt. v. 4.10.1984 – I ZR 112/82, TranspR 1985, 125
= VersR 1985, 133 = NJW 1985, 554.

Im multimodalen Verkehr trifft die Beweislast hinsichtlich des Schadensortes **363** den Frachtführer. Parteivereinbarungen sind insoweit – auch in Form der Einbeziehung von AGB – durch die CMR nicht ausgeschlossen, unterliegen aber der Inhaltskontrolle nach § 9 AGBG a. F. (§ 307 BGB).

BGH, Urt. v. 24.6.1987 – I ZR 127/85, BGHZ 101, 172
= TranspR 1987, 447 = VersR 1987, 1212 = NJW 1988, 640.

b) Haftungsbefreiung gemäß Art. 17 Abs. 2 CMR

aa) Grundsätze

Nach **Art. 17 Abs. 1 CMR** schuldet der Frachtführer grundsätzlich Scha- **364** densersatz für den während seiner Obhutszeit eingetretenen Verlust des Transportgutes. Der Frachtführer ist von dieser Haftung gemäß Art. 17 Abs. 2 CMR nur dann befreit, wenn der Schaden durch Umstände verursacht worden ist, die sowohl für ihn selbst als auch für seine Gehilfen (Art. 3 CMR) **unvermeidbar** waren und deren Folgen keine dieser Personen abwenden konnte. Unvermeidbarkeit i. S. v. Art. 17 Abs. 2 CMR ist nur anzunehmen, wenn der Frachtführer darlegt und ggf. beweist, dass der Schaden auch bei Anwendung der äußersten, ihm möglichen und zumutbaren Sorgfalt nicht hätte vermieden werden können.

BGH, Urt. v. 8.10.1998 – I ZR 164/96, TranspR 1999, 59
= VersR 1999, 469 = NJW-RR 1999, 540;
BGH, Urt. v. 13.4.2000 – I ZR 290/97, TranspR 2000, 407
= VersR 2000, 1437 = NJW-RR 2000, 1633;
BGH, Urt. v. 13.7.2000 – I ZR 49/98, TranspR 2000, 409
= VersR 2001, 261 = NJW 2001, 448;

BGH, Urt. v. 18.1.2001 – I ZR 256/98, TranspR 2001, 369
= VersR 2001, 1134 = NJW 2001, 1253;

BGH, Urt. v. 29.10.2009 – I ZR 191/07, TranspR 2010, 200
= NJW 2010, 2270.

365   Welche **Sicherheitsvorkehrungen** der Transportunternehmer zur Erfüllung seiner vertraglichen Verpflichtung, das ihm anvertraute Transportgut während der Beförderung vor Diebstahl oder Raub zu bewahren, ergreifen muss, hängt von den **Umständen** des **Einzelfalls** ab. Es kommt entscheidend darauf an, ob die getroffenen Maßnahmen den aktuell erforderlichen äußersten Sorgfaltsanforderungen genügen. Je größer die mit der Güterbeförderung verbundenen Risiken sind, desto höhere Anforderungen sind an die zu treffenden Sicherheitsmaßnahmen zu stellen. Von erheblicher Bedeutung ist in diesem Zusammenhang, ob das transportierte Gut **leicht verwertbar** und damit besonders **diebstahlsgefährdet** ist, welchen Wert es hat, ob dem Frachtführer die besondere Gefahrenlage bekannt sein musste und welche konkreten Möglichkeiten einer gesicherten Fahrtunterbrechung es gegeben hat, um vorgeschriebene Pausen einzuhalten.

BGH, Urt. v. 28.5.1998 – I ZR 73/96, TranspR 1998, 454
= VersR 1998, 1264;

BGH, Urt. v. 13.4.2000 – I ZR 290/97, TranspR 2000, 407
= VersR 2000, 1437 = NJW-RR 2000, 1633.

bb) Einzelfälle:

366   • Ein **Raubüberfall** auf einen **fahrenden LKW** (nächtlicher bewaffneter Überfall auf einen fahrenden LKW in Italien) ist im Allgemeinen unvermeidbar i. S. v. Art. 17 Abs. 2 CMR, sofern die konkreten Umstände des Einzelfalls nicht für eine Außerachtlassung der äußersten, einem besonders gewissenhaften Frachtführer bzw. Fahrer vernünftigerweise noch zumutbaren Sorgfalt sprechen. Es kann nicht davon ausgegangen werden, dass das Risiko eines Raubüberfalls auf einen fahrenden LKW während einer Nachtfahrt auf süditalienischen Straßen gegenüber dem Abstellen des Fahrzeugs auf einem bewachten Parkplatz in Süditalien größer ist. Der veröffentlichten Rechtsprechung lassen sich zahlreiche Beispiele dafür entnehmen, dass es auch auf bewachten Parkplätzen in Italien zu Diebstählen und Raubüberfällen auf stehende Fahrzeuge gekommen ist. Fahrende LKW wurden von den Tätern dagegen nur in wenigen Ausnahmefällen zum Anhalten gezwungen. Ferner ist zu berücksichtigen, dass ein fahrender schwer beladener LKW angesichts der auf Grund der Fortbewegung auftretenden mechanischen Kräfte das Risiko eines gewaltsamen Überfalls erheblich vermindert. Erfahrungsgemäß gehört eine größere kriminelle Energie dazu, einen fahrenden LKW zu stoppen und zu berauben.

BGH, Urt. v. 13.11.1997 – I ZR 157/95, TranspR 1998, 250
= VersR 1998, 872 = NJW-RR 1998, 896.

- Zur Frage, ob der **bewaffnete Raub** eines mit Zigaretten beladenen LKW, der nach Betriebsschluss auf einem beleuchteten, aber unbewachten und ungesicherten Parkplatz vor dem Firmengelände des Zigarettenimporteurs auf Korsika abgestellt war, für den Frachtführer ein i. S. v. Art. 17 Abs. 2 CMR unabwendbares Ereignis darstellt,

    siehe BGH, Urt. v. 8.10.1998 – I ZR 164/96, TranspR 1999, 59
    = VersR 1999, 469 = NJW-RR 1999, 540.

    Einem Frachtführer ist es jedenfalls grundsätzlich nicht zuzumuten, zur Sicherung des Transportgutes gegen Entwendung ein Bewachungsunternehmen zu beauftragen.

- Die Darlegungs- und Beweislast für den Verlust des Transportgutes liegt grundsätzlich beim **Ersatzberechtigten**. Dabei kann auch die Auslieferung an einen Nichtberechtigten den Verlust des Gutes begründen, sofern das Gut nicht alsbald zurückerlangt werden kann. Berechtigter ist regelmäßig der im Frachtbrief bestimmte Empfänger des Transportgutes. Die **Ablieferung** an einen **Dritten** genügt nur dann, wenn dieser vom verfügungsberechtigten Empfänger bevollmächtigt oder ermächtigt war.

    BGH, Urt. v. 13.7.1979 – I ZR 108/77, VersR 1979, 1154;

    BGH, Urt. v. 13.7.2000 – I ZR 49/98, TranspR 2000, 409
    = VersR 2001, 261 = NJW 2001, 448.

    Der Ersatzberechtigte ist seiner **Darlegungs- und Beweislast** nachgekommen, wenn er unbestritten vorgetragen hat, dass das Gut nicht direkt bei der frachtbriefmäßigen Empfängerin abgeliefert, sondern einem Dritten übergeben worden ist. Es ist dann Sache des Frachtführers, die ordnungsgemäße Ablieferung des Gutes darzulegen und zu beweisen.

    BGH, Urt. v. 13.7.2000 – I ZR 49/98, TranspR 2000, 409
    = VersR 2001, 261 = NJW 2001, 448.

- Der Frachtführer hat im Allgemeinen dafür zu sorgen, dass das Gut sicher bei dem **bestimmungsgemäßen Empfänger** ankommt und dort ordnungsgemäß abgeliefert wird. Welche Sicherheitsvorkehrungen er zur Erfüllung seiner Verpflichtung ergreift, ist ihm überlassen. Hält der Frachtführer die Mitwirkung des Absenders in einer bestimmten Art und Weise für erforderlich, muss er dies mit ihm grundsätzlich vertraglich vereinbaren. Denn die Vorschriften der CMR enthalten keine Verpflichtung des verfügungsberechtigten Absenders, einem einseitigen Verlangen des Frachtführers nach bestimmten Sicherheitsmaßnahmen (beispielsweise an den Empfänger des Gutes vorab eine Frachtbriefkopie zu übersenden und in den Frachtbrief die an den Frachtführer gerichtete Weisung aufzunehmen, dass das Transportgut nur gegen Aushändigung der vorab übersandten Frachtbriefkopie seitens des Empfängers an diesen ausgeliefert werden darf) nachzukommen. Demzufolge begründet die Nichtbefolgung eines einseitigen Verlangens des Frachtführers weder ein Verschulden des Versenders i. S. v. Art. 17 Abs. 2 CMR noch eine Obliegenheitsverletzung, die grundsätzlich zu einer Mithaftung nach Art. 17 Abs. 5 CMR führen kann. Lehnt der Versender es ab, von ihm verlangte Sicherheitsvorkehrungen zu ergreifen, hat der Frachtführer die Möglichkeit, den Abschluss eines Beförderungsvertrages durch Nichtannahme des Auftrages des Versenders zu verhindern.

> BGH, Urt. v. 13.7.2000 – I ZR 49/98, TranspR 2000, 409
> = VersR 2001, 261 = NJW 2001, 448.

• Der Absender des Frachtgutes muss in einem CMR-Frachtbrief in dem dafür vorgesehenen Feld eine exakte Anschrift für die Ausladestelle des Gutes angeben. Die Angabe „Moskau, Russland" ist grundsätzlich unzureichend, weil unter dem Begriff „Stelle" in Art. 6 Abs. 1 lit. d CMR die genaue Bezeichnung des geografischen Ortes mit Straße und Hausnummer zu verstehen ist. Wird dem Fahrer des Frachtführers vor Auslieferung des Gutes jedoch eine konkrete Adresse für die Anlieferung des Gutes, nämlich die im Frachtbrief angegebene Empfängeranschrift, genannt, so steht das der Annahme eines Verschuldens des Absenders im Rahmen von Art. 17 Abs. 2 CMR entgegen. Denn damit hat der Fahrer die für ihn erforderliche Information erhalten.

> BGH, Urt. v. 13.7.2000 – I ZR 156/98, TranspR 2001, 298
> = NJW-RR 2001, 1631.

• Ein Haftungsausschluss nach Art. 17 Abs. 2 CMR kommt nicht in Betracht, wenn der Frachtführer, dem es obliegt, mit der Gewissenhaftigkeit eines ordentlichen Kaufmanns für eine sichere Ankunft der zu transportierenden Güter beim bestimmungsgemäßen Empfänger zu sorgen, nahe liegende Sicherheitsvorkehrungen zur Vermeidung eines Raubes oder Diebstahls des Transportgutes nicht ergriffen hat. Hat der Fahrer des Frachtführers keine genaue Ortskenntnis in Bezug auf den Ablieferungsort, muss der Frachtführer seinem Fahrer zumindest einen Stadtplan oder eine genaue Wegbeschreibung zum Ablieferungsort zur Verfügung stellen, damit der Fahrer nicht in einer für ihn völlig fremden Umgebung mehrfach genötigt ist, sich nach dem Weg zu erkundigen. Das mit der fehlenden Ortskenntnis des Fahrers verbundene Sicherheitsrisiko muss der Frachtführer bei Anwendung der ihm obliegenden äußersten Sorgfalt auch erkennen. Der Verlust von – erkennbar besonders wertvollem – Transportgut (sechs PKW) infolge eines Raubüberfalls im Ausland (Sofia Bulgarien) ist in der Regel nicht unvermeidbar, wenn der in der Dunkelheit eintreffende Fahrer deshalb gezwungen ist, anzuhalten und Dritte nach dem Weg zu fragen, weil er weder mit einem Stadtplan vom Empfangsort noch zumindest mit einer genauen Wegbeschreibung zur Empfängeradresse ausgestattet ist.

> BGH, Urt. v. 13.4.2000 – I ZR 290/97, TranspR 2000, 407
> = VersR 2000, 1437 = NJW-RR 2000, 1633.

- Zur Frage der Unvermeidbarkeit eines in der Nähe von Moskau begangenen Überfalls auf einen LKW-Transport, bei dem die Ladung (Sanitärausrüstungsgegenstände) entwendet wurde,

  siehe BGH, Urt. v. 18.1.2001 – I ZR 256/98, TranspR 2001, 369 = VersR 2001, 1134 = NJW-RR 2001, 1253.

c) Besondere Haftungsausschlusstatbestände (Art. 17 Abs. 4 CMR)

Befreiungen von der Haftung gemäß Art. 17 Abs. 1 CMR ordnet Art. 17 Abs. 4 CMR für den Fall von Verlusten oder Beschädigungen des Transportgutes infolge **besonderer Gefahren** an, z. B. bei mangelhafter Verpackung (Art. 17 Abs. 4 lit. b CMR) oder Verladung (Art. 17 Abs. 4 lit. c CMR). **367**

Für den Ausschluss der Haftung des Frachtführers auf Grund eines **Verladefehlers** stellt die CMR (Art. 17 Abs. 4 lit. c) allein auf die Tatsache der Verladung des Gutes durch den Absender (Empfänger) oder einen für ihn handelnden Dritten ab. Auf die Nichterfüllung vertraglicher oder öffentlich-rechtlicher Pflichten des Frachtführers bei der Verladung des Gutes oder der Ladungssicherung kommt es grundsätzlich nicht an. Für die Anwendung des besonderen Haftungsausschlusstatbestandes gemäß Art. 17 Abs. 4 lit. c CMR ist vielmehr entscheidend, wer die Verladung tatsächlich durchgeführt hat. **368**

BGH, Urt. v. 28.3.1985 – I ZR 194/82, TranspR 1985, 261 = VersR 1985, 754 = NJW 1985, 2092;

BGH, Urt. v. 25.1.2007 – I ZR 43/04, TranspR 2007, 314 = VersR 2007, 1714 = NJW-RR 2007, 1481.

Wer von den Beteiligten (Absender/Empfänger oder Frachtführer) zur beförderungssicheren Verladung des Gutes verpflichtet ist, regelt die CMR nicht. Maßgebend sind daher, wenn insoweit nichts vereinbart ist, die ergänzend heranzuziehenden Vorschriften des nationalen Rechts. Nach ihnen ist es grundsätzlich Sache des Absenders, nicht des Frachtführers, das Gut beförderungssicher zu verladen (§ 412 Abs. 1 Satz 1 HGB). Jedoch trifft den Frachtführer die allgemeine Rechtspflicht, das ihm zur Beförderung übergebene fremde Eigentum vor Beschädigung zu schützen. Er muss daher, falls er vor Beginn oder während der Beförderung Schadensquellen feststellt, für deren Beseitigung Sorge tragen. **369**

BGH, Urt. v. 24.9.1987 – I ZR 197/85, TranspR 1988, 108 = VersR 1988, 244 = NJW-RR 1988, 479.

Der Frachtführer hat die für die **Anwendbarkeit der Beweisvermutung** gemäß Art. 18 Abs. 2 Satz 1 CMR erforderliche Schadenskausalität ausreichend dargelegt, wenn er die Möglichkeit eines ursächlichen Zusammenhangs zwischen den in Art. 17 Abs. 4 CMR bezeichneten besonderen Gefahren und einem Verlust des Transportgutes konkret aufzeigt oder dieser aus einer der Gefahren lebenserfahrungsgemäß folgt. **370**

BGH, Urt. v. 15.6.2000 – I ZR 55/98, TranspR 2000, 459 = VersR 2001, 216 = NJW-RR 2000, 1635.

d) Unbeschränkte Haftung des Frachtführers nach Art. 29 CMR

aa) Bewusste Leichtfertigkeit als dem Vorsatz gleichstehendes Verschulden

371 Der Bundesgerichtshof hat im Hinblick auf vor dem 1.7.1998 (Zeitpunkt des Inkrafttretens des TRG) geschlossene Frachtverträge in ständiger Rechtsprechung angenommen, dass bei Klagen vor deutschen Gerichten dem Vorsatz die grobe Fahrlässigkeit gleichsteht. Dies wurde im Wesentlichen damit begründet, dass Art. 29 CMR dem Art. 25 WA (1929) nachgebildet sei, dessen gleich lautende Formulierung in Deutschland im Sinn von grober Fahrlässigkeit verstanden worden sei. Im Übrigen bestünden zwar zwischen grober Fahrlässigkeit und Vorsatz strukturelle Unterschiede. Es sei jedoch entscheidend, dass das deutsche Transportrecht unter dem Aspekt der Aufhebung von Haftungsbeschränkungen vielfach Vorsatz und grobe Fahrlässigkeit für gleichwertig erachte.

> BGH, Urt. v. 14.7.1983 – I ZR 128/81, BGHZ 88, 157
> = TranspR 1984, 68 = VersR 1984, 134 = NJW 1984, 565;
>
> BGH, Urt. v. 27.6.1985 – I ZR 40/83, TranspR 1985, 338
> = VersR 1985, 1060 = NJW-RR 1986, 248;
>
> BGH, Urt. v. 17.4.1997 – I ZR 131/95, TranspR 1998, 25
> = VersR 1998, 82 = NJW-RR 1998, 34;
>
> BGH, Urt. v. 16.7.1998 – I ZR 44/96, TranspR 1999, 19 = VersR
> 1999, 254 = NJW-RR 1999, 254.

372 Bei Gütertransportschäden, die nach dem Inkrafttreten des TRG vom 25.6.1998 (BGBl. I S. 1588 ff.) am 1.7.1998 eingetreten sind (maßgeblich ist der Zeitpunkt des Abschlusses des Frachtvertrages), ist bei Anwendbarkeit deutschen Rechts als ein Verschulden, das zur Durchbrechung der Haftungsbegrenzungen der CMR führt, neben dem Vorsatz nicht mehr die grobe Fahrlässigkeit anzusehen, sondern die Leichtfertigkeit, zu der das Bewusstsein hinzukommen muss, dass ein Schaden mit Wahrscheinlichkeit eintreten werde.

> BGH, Urt. v. 16.7.1998 – I ZR 44/96, TranspR 1999, 19 = VersR
> 1999, 254 = NJW-RR 1999, 254;
>
> BGH, Urt. v. 20.1.2005 – I ZR 95/01, TranspR 2005, 311
> = VersR 2006, 814 = NJW-RR 2005, 1277.

bb) Voraussetzungen der bewussten Leichtfertigkeit als qualifizierte Verschuldensform gemäß Art. 29 CMR

373 Der Verschuldensmaßstab des § 435 HGB, der – wenn nicht Vorsatz gegeben ist – neben der Leichtfertigkeit das Bewusstsein voraussetzt, dass ein Schaden mit Wahrscheinlichkeit eintreten werde, ist an den Wortlaut deutscher Übersetzungen internationaler Transportrechtsübereinkommen (u. a. Art. 25 WA 1955) angelehnt. Der Begriff der Leichtfertigkeit bezweckt einen möglichst weitgehenden Einklang des deutschen Transportrechts mit dem internationalen Recht.

Vgl. Begründung zum Regierungsentwurf des TRG, BT-Drucks. 13/8445 S. 72.

Der Gesetzgeber ist dabei von dem Bedeutungsgehalt ausgegangen, der dem **374** Begriff schon bisher in der deutschen Rechtsprechung zu Art. 25 WA 1955 zukam. Dementsprechend muss die Auslegung des neuen Verschuldensbegriffs in erster Linie diesem Verständnis entnommen werden.

Das Tatbestandsmerkmal der Leichtfertigkeit erfordert einen **besonders** **375** **schweren Pflichtverstoß**, bei dem sich der Frachtführer oder seine „Leute" (§ 428 HGB, Art. 3 CMR) in krasser Weise über die Sicherheitsinteressen des Vertragspartners hinwegsetzen. Das subjektive Erfordernis des Bewusstseins von der Wahrscheinlichkeit des Schadenseintritts ist eine sich dem Handelnden aus seinem leichtfertigen Verhalten aufdrängende Erkenntnis, es werde wahrscheinlich ein Schaden entstehen. Dabei reicht die Erfüllung des Tatbestandsmerkmals der Leichtfertigkeit für sich allein allerdings nicht aus, um auf das Bewusstsein von der Wahrscheinlichkeit des Schadenseintritts schließen zu können. Eine solche Erkenntnis als innere Tatsache ist vielmehr erst dann anzunehmen, wenn das leichtfertige Verhalten nach seinem Inhalt und nach den Umständen, unter denen es aufgetreten ist, diese Folgerung rechtfertigt. Es bleibt der tatrichterlichen Würdigung vorbehalten, ob das Handeln nach dem äußeren Ablauf des zu beurteilenden Geschehens vom Bewusstsein getragen wurde, dass der Eintritt eines Schadens mit Wahrscheinlichkeit gedroht hat. Dabei sind in erster Linie Erfahrungssätze heranzuziehen. Zudem kann der Schluss auf das Bewusstsein der Wahrscheinlichkeit des Schadenseintritts auch im Rahmen typischer Geschehensabläufe nahe liegen.

BGH, Urt. v. 5.6.2003 – I ZR 234/00, TranspR 2003, 467 = NJW 2003, 3626 = BGHReport 2003, 1405;

BGH, Urt. v. 9.10.2003 – I ZR 275/00, TranspR 2004, 175;

BGH, Urt. v. 23.10.2003 – I ZR 5/01, TranspR 2004, 177 = NJW-RR 2004, 394;

BGH, Urt. v. 25.3.2004 – I ZR 205/01, BGHZ 158, 322 = TranspR 2004, 309 = VersR 2004, 1335 = NJW 2004, 2445.

cc) Bedeutung und Folgen bewusster Leichtfertigkeit i. S. d. Art. 29 CMR

Nach Art. 29 CMR entfallen zu Lasten des Frachtführers, der mit Vorsatz **376** oder einem dem Vorsatz gleich stehenden Verschulden (bewusste Leichtfertigkeit) handelt, sämtliche Haftungsausschlüsse, -begrenzungen und Beweislastumkehrungen der Art. 17 ff. CMR. Dazu gehören in erster Linie die Bestimmungen der Art. 17 Abs. 2 bis 5, Art. 18, 23 und 25 CMR. Darüber hinaus entfallen aber auch die nach den Art. 24 und 26 CMR maßgebenden Haftungsgrenzen, weil auch sie zu einer Haftungsbeschränkung führen, wenn der Schaden die angegebene Wert- bzw. Interessendeklaration übersteigt.

377 Ist i. S. d. Art. 17 Abs. 5 CMR ein Schaden durch mehrere Ursachen herbeigeführt worden, von denen eine auf Vorsatz oder bewusster Leichtfertigkeit beruht, kann sich der Frachtführer nach Art. 29 CMR auf eine Schadensteilung grundsätzlich nicht berufen. Jedoch trifft dies nur solche Fälle, in denen für ein und denselben Schaden mehrere Schadensursachen in Betracht kommen (z. B. Beschädigung einer Maschine durch mangelhafte Verpackung des Absenders und leichtfertige Fahrweise des Kraftfahrers). Liegt der Fall aber so, dass ein (vom Frachtführer nicht verursachter) Schaden eingetreten war, bevor durch Vorsatz oder bewusste Leichtfertigkeit des Frachtführers ein weiterer Schaden eingetreten ist, steht Art. 29 CMR einer Schadensteilung – ggf. im Wege der Schadensschätzung (§ 287 ZPO) – nicht entgegen. Darüber hinaus ist eine Schadensteilung gemäß Art. 17 Abs. 5 CMR auch dann in Betracht zu ziehen, wenn dem qualifizierten Verschulden des Frachtführers ein etwa gleich schweres oder schwereres Verschulden des Ersatzberechtigten gegenübersteht. Bei Beachtung der auch im Rahmen des Art. 29 CMR und Art. 17 Abs. 5 CMR geltenden Gebote von Treu und Glauben können solche Schadensursachen nicht ohne Weiteres zurücktreten.

dd) Gehilfenverschulden

378 Die Haftungsausschlüsse, -begrenzungen und Beweislastumkehrungen der Art. 17 ff. CMR entfallen nach Art. 29 Abs. 2 CMR auch dann, wenn der Frachtführer für den Vorsatz oder die bewusste Leichtfertigkeit von Bediensteten oder solcher Nichtbediensteten, deren er sich bei der Ausführung bedient, einzustehen hat.

> BGH, Urt. v. 16.2.1984 – I ZR 197/81, TranspR 1984, 152
> = VersR 1984, 551 = NJW 1984, 2033;
>
> BGH, Urt. v. 27.6.1985 – I ZR 40/83, TranspR 1985, 338
> = VersR 1985, 1060 = NJW-RR 1986, 248.

379 Voraussetzung dafür ist, dass diese Personen in Ausführung ihrer Verrichtungen handeln (Art. 3, Art. 29 Abs. 2 Satz 1 CMR). Die Regelungen reichen weiter als die Vorschrift des § 278 BGB, bei dem es auf ein Handeln der Gehilfen gerade in Erfüllung der betreffenden Verbindlichkeit ankommt. Für das Merkmal „in Ausübung ihrer Verrichtungen" ist ein innerer sachlicher Zusammenhang zwischen der Vertragserfüllung und der schädigenden Handlung Voraussetzung. Diese muss noch in den allgemeinen Umkreis des zugewiesenen Aufgabenbereichs fallen und darf nicht nur „bei Gelegenheit der Vertragserfüllung" im Rahmen einer selbständigen unerlaubten Handlung begangen worden sein.

> BGH, Urt. v. 27.6.1985 – I ZR 40/83, TranspR 1985, 338
> = VersR 1985, 1060 = NJW-RR 1986, 248;
>
> siehe auch: OGH (Wien), Urt. v. 12.12.1984, TranspR 1986, 426.

ee) Beispielfälle für grobe Fahrlässigkeit

- Unbewachtes Stehenlassen eines (abgeschlossenen) LKW während der 380 Dunkelheit in Italien.

> BGH, Urt. v. 16.2.1984 – I ZR 197/81, TranspR 1984, 182
> = VersR 1984, 551 = NJW 1984, 2033.

- Alkoholschmuggel im Zusammenhang mit einer CMR-Beförderung in arabische Länder.

> BGH, Urt. v. 27.6.1985 – I ZR 40/83, TranspR 1985, 338
> = VersR 1985, 1060 = NJW-RR 1986, 428.

- Der Transport diebstahlsgefährdeten Gutes (Textilien) durch Italien mit nur einem Fahrer kann ausnahmsweise dann ein grob fahrlässiger Verstoß des Frachtführers gegen seine Sorgfaltspflichten sein, wenn es die Fahrtroute aller Voraussicht nach nicht zulässt, dass zur Einhaltung der gebotenen Ruhezeiten bewachte Parkplätze erreicht werden können und der Frachtführer es unterlassen hat, seinen Auftraggeber auf ein erhöhtes Entwendungsrisiko, welches ihm bekannt war, vor Annahme des Transportauftrages hinzuweisen.

> BGH, Urt. v. 17.4.1997 – I ZR 131/95, TranspR 1998, 25
> = VersR 1998, 82 = NJW-RR 1998, 34.

- Der Frachtführer, der erkennt, dass zum Schutz des ihm anvertrauten Gutes gegen Entwendung der Einsatz eines zweiten Fahrers erforderlich ist, kann diesem Umstand schon bei Annahme des Transportauftrages Rechnung tragen. Er hat u. a. die Möglichkeit, von seinem Auftraggeber eine entsprechend höhere Transportvergütung zu verlangen. Lässt sich der Auftraggeber hierauf nicht ein, obliegt dem Frachtführer jedenfalls die vertragliche Nebenpflicht, auf das erhöhte Verlustrisiko bei Einsatz nur eines Fahrers vor Annahme des Auftrages hinzuweisen. Unterbleibt ein derartiger Hinweis, kann das unter Umständen – insoweit kommt es auf die konkreten Einzelfallumstände an – den Vorwurf groben Organisationsverschuldens begründen.

> BGH, Urt. v. 17.4.1997 – I ZR 131/95, TranspR 1998, 25
> = VersR 1998, 82 = NJW-RR 1998, 34.

- Die gewaltsame Entwendung eines mit wertvollem Gut (Elektroartikel) beladenen LKW während der Übernachtung auf einem unbewachten Parkplatz in der Nähe von Mailand, kann den Vorwurf eines groben Organisationsverschuldens rechtfertigen, wenn der Frachtführer es trotz Kennenmüssens der erhöhten Diebstahlsgefahr unterlassen hatte, sich nach gesicherten Parkplätzen zu erkundigen. Bei der Beurteilung eines Verhaltens als grob fahrlässig kommt es maßgeblich darauf an, was in der konkreten Situation jedem Frachtführer auf Grund der objektiv erforderlichen Sorgfalt einleuchten musste. Eine gefestigte Branchenübung kann das Fehlverhalten eines Frachtführers oder seiner Gehilfen im Einzelfall zwar als weniger schwerwiegend erscheinen lassen; die Abstandnahme von notwendigen, nahe liegenden und wirtschaftlich zumutbaren Sicherheitsvorkehrungen rechtfertigt jedoch keine mildere Beurteilung seiner Unvorsichtigkeit und Nachlässigkeit.

> BGH, Urt. v. 17.4.1997 – I ZR 97/95, TranspR 1998, 65 = VersR 1998, 126 = NJW-RR 1997, 1392.

- Ist dem Frachtführer eine erhöhte Raub- und Diebstahlsgefahr für LKW-Transporte mit wertvollem, leicht absetzbarem Gut (Textilien, Elektronikartikel, Spirituosen, Zigaretten) bekannt, kann es zur Erfüllung der ihm obliegenden Sicherheitsvorkehrungen geboten sein, das Transportfahrzeug mit einer Wegfahrsperre oder Alarmanlage auszurüsten. Denn solche Warnsysteme können nicht nur gegen Diebstahl, sondern auch gegen die Gefahr eines Raubes generell Schutz bieten.

Unter Umständen kann auch der Einsatz eines zweiten Fahrers erforderlich sein, um einen hinreichenden Schutz des dem Frachtführer anvertrauten Gutes gegen Entwendung zu gewährleisten. Unterbleiben die gebotenen Sicherheitsvorkehrungen, kann dies – insoweit kommt es auf die konkreten Einzelfallumstände an – den Vorwurf eines groben Organisationsverschuldens begründen.

> BGH, Urt. v. 28.5.1998 – I ZR 73/96, TranspR 1998, 454 = VersR 1998, 1264 = NJW-RR 1998, 1725.

- Bei der Beurteilung, ob ein grob fahrlässiges Fehlverhalten anzunehmen ist, richtet sich das Maß der gebotenen Sorgfalt nach den Anforderungen, die auf dem risikoreichsten Streckenabschnitt an die Sicherheitsvorkehrungen zum Schutz des Transportgutes zu stellen sind. Ist danach von grober Fahrlässigkeit auszugehen, die ihrer Art nach als Schadensursache ernsthaft in Betracht kommt, obliegt es dem beklagten Frachtführer im Prozess solche Umstände vorzutragen und zu beweisen, die gegen die Kausalität seines Sorgfaltsverstoßes sprechen. Auf Grund seiner besonderen Sachnähe wird der Frachtführer durch diese Verteilung der Darlegungs- und Beweislast nicht in unzumutbarer Weise belastet. Aus der Unaufklärbarkeit des Schadensortes darf ihm kein Vorteil erwachsen.

> Ähnlich zum multimodalen Verkehr BGHZ 101, 172, 180; BGH, Urt. v. 16.7.1998 – I ZR 44/96, TranspR 1999, 19 = VersR 1999, 254 = NJW-RR 1999, 254.

- Zur Frage der Erfüllung der den Frachtführer beim Vorliegen von Anhaltspunkten für ein vorsatzgleiches Verschulden i. S. d. Art. 29 CMR treffenden Einlassungsobliegenheit,

> siehe BGH, Urt. v. 29.1.2004 – I ZR 162/01, TranspR 2004, 213 = VersR 2005, 248 = NJW-RR 2004, 1034.

ff) Vorliegen einer bewussten Leichtfertigkeit

Beispielsfälle, in denen der Bundesgerichtshof eine bewusste Leichtfertigkeit 381
des Spediteurs/Frachtführers angenommen hat, finden sich insbesondere unter den Rn. 32 bis 66.

gg) Fehlen eines qualifizierten Verschuldens

Welche Sicherheitsvorkehrungen der Transportunternehmer zur Erfüllung 382
seiner vertraglichen Verpflichtung, das ihm anvertraute Transportgut während der Beförderung vor Diebstahl oder Raub zu bewahren, ergreifen muss,
hängt von den Umständen des Einzelfalls ab. Es kommt entscheidend darauf
an, ob die getroffenen Maßnahmen den aktuell erforderlichen Sorgfaltsanforderungen genügen. Je größer die mit der Güterbeförderung verbundenen
Risiken sind, desto höhere Anforderungen sind an die zu treffenden Sicherheitsmaßnahmen zu stellen. Von erheblicher Bedeutung ist in diesem Zusammenhang, ob das transportierte Gut leicht verwertbar und damit besonders diebstahlsgefährdet ist, welchen Wert es hat, ob dem Frachtführer die
besondere Gefahrenlage bekannt sein musste und welche konkreten Möglichkeiten einer gesicherten Fahrtunterbrechung es gab, um vorgeschriebene
Pausen einzuhalten.

> BGH, Urt. v. 16.7.1998 – I ZR 44/96, TranspR 1999, 19 = VersR
> 1999, 254;
>
> BGH, Urt. v. 13.4.2000 – I ZR 290/97, TranspR 2000, 407
> = VersR 2000, 1437;
>
> BGH, Urt. v. 6.6.2007 – I ZR 121/04, TranspR 2007, 423
> = NJW-RR 2008, 49 = MDR 2008, 397.

Hat der Frachtführer von der Art des Transportgutes und dessen erheb- 383
lichem Wert keine konkrete Kenntnis, so braucht er grundsätzlich nicht von
einer besonderen Diebstahlgefahr für das Gut auszugehen, die es ausnahmsweise erforderlich macht, für den Transport anstelle eines Planen-
LKWs einen Kastenwagen einzusetzen. Der Einsatz eines Kastenwagens ist
keine übliche Maßnahme im Transportgewerbe und kommt nur bei ungefähr
10 % aller Transporte vor.

> BGH, Urt. v. 6.6.2007 – I ZR 121/04, TranspR 2007, 423
> = NJW-RR 2008, 49 = MDR 2008, 397.

Hat für den Frachtführer kein Anlass bestanden, von einer besonderen Ge- 384
fahrenlage für das Transportgut auszugehen, so kann ihm auch nicht als grober Pflichtenverstoß angelastet werden, dass er keine Anweisung erteilt hat,
nur einen bewachten Parkplatz für die erforderlichen Ruhepausen aufzusu-
chen.

> BGH, Urt. v. 6.6.2007 – I ZR 121/04, TranspR 2007, 423
> = NJW-RR 2008, 49 = MDR 2008, 397.

e) Haftungszeitraum

385 Die Haftung nach Art. 17 CMR für Verlust und Beschädigung dauert von der Übernahme des Gutes bis zu seiner Ablieferung. Die Übernahme erfolgt zu dem Zeitpunkt, in dem das Gut in die Obhut des Frachtführers übergeht. Nicht maßgeblich ist der Beginn der Beförderung. Die Ablieferung ist in dem Zeitpunkt bewirkt, in dem das Gut in die Obhut des Empfängers übergeht. Ablieferung (Auslieferung) ist der Vorgang, durch den der Frachtführer die Obhut an dem beförderten Gut im Einverständnis mit dem Empfänger aufgibt und diesen in die Lage versetzt, die tatsächliche Gewalt über das Gut auszuüben. Die Haftung des Frachtführers wird deshalb nach deutschem Recht auch als Obhutshaftung bezeichnet.

> BGH, Urt. v. 19.1.1973 – I ZR 4/72, VersR 1973, 350 = NJW 1973, 511 = MDR 1973, 651.

386 Ob bereits die **Bereitstellung** zur **Empfangnahme** unter Kenntnis und Billigung des Frachtführers bzw. des Empfängers eine Übernahme (Ablieferung) ist, hängt davon ab, wem das Verladen (Entladen) obliegt. Die CMR enthält keine Regelung, welche die **Verlade- oder Entladepflicht** dem einen oder dem anderen Teil zuweist. Über die Verteilung der Pflichten ist nichts gesagt. Diese bleibt demnach der Parteivereinbarung und mangels einer solchen dem insoweit anzuwendenden nationalen Recht (**§ 412 Abs. 1 HGB**) überlassen.

387 Ist streitig, ob der **Schaden** in der Zeit zwischen der Übergabe des Gutes an den Frachtführer und der Ablieferung an den Empfänger eingetreten ist, trägt der Anspruchsteller die Beweislast.

> BGH, Urt. v. 8.6.1988 – I ZR 149/86, TranspR 1988, 370 = VersR 1988, 952 = NJW-RR 1988, 1369.

388 Beweispflichtig für die Tatsache der **Ablieferung** ist der Frachtführer. Dieser hat auch zu beweisen, dass er das Gut an eine berechtigte Person abgeliefert hat.

> BGH, Urt. v. 15.6.2000 – I ZR 55/98, TranspR 2000, 459 = VersR 2001, 216 = NJW-RR 2000, 1635;
>
> BGH, Urt. v. 13.7.2000 – I ZR 156/98, TranspR 2001, 298 = NJW-RR 2000, 1631.

Die bloße **Ankunft** des Gutes am **Bestimmungsort** führt nicht ohne Weiteres zu einer Ablieferung i. S. v. Art. 17 Abs. 1 CMR. Dafür ist vielmehr grundsätzlich erforderlich, dass der Frachtführer den Gewahrsam über das beförderte Gut aufgibt und den **Empfänger** mit dessen Willen und Einverständnis in die Lage versetzt, die tatsächliche **Sachherrschaft** über das Gut auszuüben. Das Gut muss an den nach dem Frachtvertrag verfügungsberechtigten (**Art. 12, 13 CMR**) Empfänger abgeliefert werden.

> BGH, Urt. v. 13.7.2000 – I ZR 49/98, TranspR 2000, 409 = VersR 2001, 261;
>
> BGH, Urt. v. 2.4.2009 – I ZR 16/07, TranspR 2009, 410.

f) Verlust des Gutes

Verlust liegt vor, wenn das Gut nicht **binnen 30 Tagen** nach Ablauf der ver- 389
einbarten Lieferfrist oder, falls keine Frist vereinbart ist, binnen 60 Tagen
nach Übernahme des Gutes durch den Frachtführer an den verfügungsberechtigten Empfänger abgeliefert worden ist (Art. 20 Abs. 1 CMR) oder wenn
feststeht, dass das Gut vom Frachtführer nicht an den Empfänger ausgeliefert werden kann.

Der Begriff des Verlustes erfordert nicht, dass das Gut, aus welchen Grün- 390
den auch immer, vernichtet oder sein Verbleib unbekannt ist. Ein Verlust
liegt auch dann vor, wenn der Verfügungsberechtigte das Gut entdeckt und
an sich bringt. Dieser Umstand ist lediglich bei der Berechnung des Schadens
zu berücksichtigen.

> BGH, Urt. v. 27.10.1978 – I ZR 30/77, VersR 1979, 276 = NJW
> 1979, 2473 = MDR 1979, 470;
> BGH, Urt. v. 13.7.1979 – I ZR 108/77, VersR 1979, 1154;
> BGH, Urt. v. 25.10.2001 – I ZR 187/99, TranspR 2002, 198
> = VersR 2002, 1580 = NJW-RR 2002, 905.

Bei Art. 20 Abs. 1 CMR handelt es sich um eine **unwiderlegliche Vermu-** 391
tung. Der Anspruchsberechtigte soll nach dem festgelegten Zeitpunkt disponieren können, ohne Gefahr zu laufen, das Gut später doch annehmen zu
müssen. Er kann daher auch auf Grund der bloßen **Verlustfiktion** den in
Verlustfällen allgemein vorgesehenen Schadensersatzanspruch geltend machen. Es steht ihm allerdings frei, ob er sich auf die Verlustvermutung berufen und die an den Verlust des Gutes geknüpften Schadensersatzansprüche
geltend machen oder ob er das Wiederauffinden des Gutes abwarten und
dann Herausgabe sowie Schadensersatz wegen Lieferfristüberschreitung verlangen will. Entscheidet er sich für die Geltendmachung eines Schadensersatzanspruches wegen Verlustes, so kann er von seinem Wahlrecht nach
Art. 20 Abs. 2 CMR Gebrauch machen.

> BGH, Urt. v. 15.10.1998 – I ZR 111/96, BGHZ 140, 84
> = TranspR 1999, 102 = VersR 1999, 646 = NJW 1999, 1110;
> BGH, Urt. v. 25.10.2001 – I ZR 187/99, TranspR 2002, 198
> = VersR 2002, 1580 = NJW-RR 2002, 905.

Macht der Anspruchsberechtigte von seinem Wahlrecht keinen Gebrauch, so 392
kann der Frachtführer über das Gut nach dem Recht des Ortes verfügen, an
dem es sich befindet (Art. 20 Abs. 4 CMR). Der Frachtführer erlangt in diesem Fall allerdings kein Eigentum, sondern nur ein **dingliches Verfügungs-**
recht an dem wieder aufgefundenen Frachtgut. Das bedeutet indessen, dass
er sich selbst das Eigentum übertragen kann. Er kann das Frachtgut aber
auch an jeden beliebigen Dritten veräußern, beispielsweise auch an den ursprünglichen Endempfänger. Der Umstand, dass das Gut an diesen Empfänger gelangt, hätte auf die Schadensabwicklung grundsätzlich keinen Einfluss.
Denn die Leistung erfolgte nicht auf Grund des zwischen dem (entschädig-

ten) Absender und dem Endempfänger bestehenden Vertrages, sondern auf Grund einer selbständigen Verfügung des Frachtführers, indem er z. B. einen neuen Vertrag mit dem Endempfänger schließt oder diesem das Gut unentgeltlich überlässt. Letzteres ist grundsätzlich seine alleinige, ihm zurechenbare Entscheidung.

> BGH, Urt. v. 25.10.2001 – I ZR 187/99, TranspR 2002, 198
> = VersR 2002, 1580 = NJW-RR 2002, 905.

393 Die Verlustvermutung gemäß Art. 20 Abs. 1 CMR **gilt nur für den Anspruchsberechtigten** und gewährt diesem ein Wahlrecht, ob er sich auf die Verlustvermutung beruft und die an den Verlust des Gutes geknüpften Schadensersatzansprüche geltend machen oder ob er dessen Wiederauffinden abwarten und dann Herausgabe sowie Schadensersatz wegen Lieferfristüberschreitung und/oder Beschädigung verlangen will. Die Verlustvermutung des Art. 20 Abs. 1 CMR findet zugunsten des Anspruchsberechtigten so lange keine Anwendung, als er nicht deutlich zu erkennen gegeben hat, dass er das Gut als abhandengekommen betrachtet. Dies ergibt sich nicht nur aus Sinn und Zweck der Regelungen in den nachfolgenden Absätzen des Art. 20 CMR, sondern lässt sich auch zweifelsfrei aus dem Wortlaut der Vorschrift entnehmen.

> BGH, Urt. v. 15.10.1998 – I ZR 111/96, BGHZ 140, 84
> = TranspR 1999, 102 = VersR 1999, 646 = NJW 1999, 1110.

394 Wird in **Verlust** geratenes Transportgut nach **Ablauf** der in Art. 20 Abs. 1 CMR genannten Fristen wieder aufgefunden, so kann sich der Ersatzberechtigte gleichwohl auf die **Verlustfiktion** gemäß Art. 20 Abs. 1 CMR berufen und Schadensersatz verlangen.

> BGH, Urt. v. 9.9.2010 – I ZR 152/09, TranspR 2011, 178
> = VersR 2012, 337 = MDR 2011, 673.

395 Die **Darlegungs- und Beweislast** für den Verlust des Gutes liegt grundsätzlich beim Ersatzberechtigten. Dabei kann auch die Auslieferung an einen Nichtberechtigten den Verlust des Gutes begründen, sofern das Gut nicht alsbald zurückerlangt werden kann. Berechtigter ist dabei regelmäßig der im Frachtbrief bestimmte Empfänger des Gutes. Die Ablieferung an einen Dritten genügt nur dann, wenn dieser vom verfügungsberechtigten Empfänger bevollmächtigt oder ermächtigt war.

396 Steht allerdings fest, dass das Gut nicht an den frachtbriefmäßigen Empfänger übergeben worden ist, ist es Sache des Frachtführers, die ordnungsgemäße Ablieferung des Gutes darzulegen und zu beweisen.

> BGH, Urt. v. 13.7.2000 – I ZR 49/98, TranspR 2000, 409
> = VersR 2001, 261 = NJW 2001, 448;
>
> BGH, Urt. v. 13.7.2000 – I ZR 156/98, TranspR 2001, 298
> = NJW-RR 2001, 1631.

g) Nachnahme (Art. 21 CMR)

Die frachtbriefmäßige Eintragung der Vereinbarung, das Gut dem Empfän- **397** ger nur gegen Nachnahme auszuhändigen, dient Beweiszwecken (Art. 6 Abs. 2 lit. c CMR). Für die sachlich-rechtliche Wirksamkeit der Vereinbarung ist sie nicht von Bedeutung.

> BGH, Urt. v. 10.2.1982 – I ZR 80/80, BGHZ 83, 96 = VersR
> 1982, 543 = NJW 1982, 1946 = MDR 1982, 1560.

Die Vorschrift des Art. 21 CMR regelt den Schadensersatzanspruch des Ab- **398** senders gegen den Frachtführer, wenn dieser das Gut dem Empfänger ohne Einziehung der Wert- und/oder Kosten-Nachnahme aushändigt. Diese Bestimmung sagt nichts zu der Frage aus, ob die Annahme eines Schecks anstelle eines Barbetrages eine ordnungsgemäße Nachnahmeerhebung ist. Die Frage ist nach dem jeweils maßgeblichen, ergänzend heranzuziehenden nationalen Recht zu entscheiden. Nach deutschem Recht ist die Annahme eines Schecks regelmäßig keine ordnungsgemäße Einziehung, weil der Absender nur eine Leistung erfüllungshalber (§ 364 Abs. 2 BGB) erhält, obwohl es der Sinn der Nachnahme ist, ihm eine Erfüllungsleistung zu verschaffen.

> BGH, Urt. v. 10.2.1982 – I ZR 80/80, BGHZ 83, 96 = VersR
> 1982, 543 = NJW 1982, 1946 = MDR 1982, 547.

Der bei Nichterhebung der Nachnahme gemäß Art. 21 CMR zu ersetzende **399** Schaden kann in Höhe des Nachnahmebetrages bestehen, ist aber nicht stets in dieser Höhe gegeben. Der Ersatzberechtigte kann verlangen, so gestellt zu werden, wie er gestanden hätte, wenn der Frachtführer das Gut auftragsgemäß nicht ausgeliefert hätte. Der danach zu ersetzende Schaden besteht nicht ohne Weiteres in Höhe des Nachnahmebetrages. Die Darlegungs- und Beweislast insoweit trägt der Ersatzberechtigte.

> BGH, Urt. v. 10.10.1991 – I ZR 193/89, BGHZ 115, 299
> = TranspR 1992, 100 = VersR 1992, 383 = NJW 1992, 621.

h) Gefährliche Güter (Art. 22 CMR)

Nach Art. 22 CMR hat der Absender den Frachtführer, wenn er ihm gefähr- **400** liche Güter übergibt, auf die genaue Art der Gefahr aufmerksam zu machen und ihm ggf. die zu ergreifenden Vorsichtsmaßnahmen anzugeben. Enthält der Frachtbrief darüber keine Eintragungen, ist es Sache des Absenders, auf andere Weise zu beweisen, dass der Frachtführer die Gefahr gekannt hat. Führt er diesen Beweis nicht, haftet er für alle dem Frachtführer durch die Beförderung entstehenden Kosten und Schäden.

> BGH, Urt. v. 16.10.1986 – I ZR 149/84, TranspR 1987, 96
> = VersR 1987, 304 = NJW 1987, 1144.

i) Schadensberechnung bei Verlust (Art. 23 Abs. 1 bis 4 CMR)

401 Nach Art. 17 Abs. 1, Art. 23 Abs. 1 CMR ist der durch Verlust (Zerstörung) entstandene Sachschaden (**Substanzschaden**) zu ersetzen, nach Art. 25 CMR die durch Beschädigung eingetretene **Wertminderung**, nach Art. 17 Abs. 1, Art. 19 und Art. 23 Abs. 5 CMR – bis zur Höhe der Fracht – der durch Überschreitung der Lieferfrist entstehende Schaden (**Verspätungsschaden**). Ein Anspruch auf Ersatz darüber hinausgehender Vermögensschäden (**entgangener Gewinn, Verdienstausfall, Betriebsausfallzeiten**) besteht nur bei Vorliegen der Voraussetzungen des Art. 29 CMR.

> BGH, Urt. v. 15.10.1992 – I ZR 260/90, TranspR 1993, 137
> = VersR 1993, 635 = NJW 1993, 1269.

402 Ersatz des **Sachschadens** bedeutet Ausgleichung der eingetretenen Substanzbeeinträchtigung (Wertminderung). Geschuldet wird pauschaler Wertersatz. Individuelle Gegebenheiten des Schadensfalls (z. B. konkrete Absatzmöglichkeiten) bleiben außer Betracht. Ersatz des individuellen Schadens (Naturalherstellung, § 249 Abs. 1 BGB, Reparaturkosten, § 249 Abs. 2 BGB, Wiederbeschaffungswert, § 251 BGB) kann daher – abgesehen von den Sonderfällen des Art. 29 CMR – nicht verlangt werden.

403 Der dem Geschädigten danach zu zahlende Wertersatz kann hinter dem tatsächlich entstandenen Schaden zurückbleiben. Er kann aber auch – sofern überhaupt ein Schaden entstanden ist – darüber hinausgehen, also zu einer Bereicherung des Geschädigten führen. Das mindert dessen Ersatzanspruch nicht. Anzulegen ist ein objektiver, kein individueller Maßstab.

> BGH, Urt. v. 15.10.1992 – I ZR 260/90, TranspR 1993, 137
> = VersR 1993, 635 = NJW 1993, 1269.

404 Die Berechnung **der Entschädigung für Verlust** (Teilverlust) richtet sich nach dem Wert des Gutes am Ort und zur Zeit der Übernahme zur Beförderung (Art. 23 Abs. 1 CMR).

405 Dabei kommt es nach Art. 23 Abs. 2 CMR nicht auf den Einstandspreis des Gutes an, sondern – falls ein Börsenpreis nicht gegeben ist – auf den Marktpreis, hilfsweise ist der Zeitwert maßgebend. Marktpreis ist der Wert, den ein Gut gleicher Art und Güte ohne Berücksichtigung der besonderen Verhältnisse des konkreten Falles bei einem Verkauf erzielen würde, regelmäßig also der dem Verkaufspreis entsprechende Wert.

406 Maßgebend ist die jeweils in Betracht zu ziehende Handelsstufe (Produzent/ Großhändler; Großhändler/Einzelhändler; Einzelhändler/Endverbraucher).

> BGH, Urt. v. 27.2.2003 – I ZR 145/00, TranspR 2003, 298
> = NJW-RR 2003, 1344 = MDR 2003, 1362.

407 Die Berechnung der **Haftungshöchstsumme** nach Art. 23 Abs. 3 CMR erfolgt nach dem Rohgewicht der in Verlust geratenen Sendung ohne Unterschied, ob die Werte einzelner Waren oder die Werte von in Rechnungen

oder Verpackungseinheiten zusammengefassten Stücken für sich die Höchst-
grenze erreicht haben oder nicht.

Im Frachtverkehr bilden die **in einem Frachtbrief zusammengefassten Gü-** 408
ter (als Sendung bezeichnet) die regelmäßig übliche Einheit, deren Rohgewicht für die Berechnung des tarifmäßigen Entgelts maßgeblich ist und vom
Zweck her auch für die Berechnung der Höchsthaftung des Frachtführers.
Denn die Sendung darf, von Ausnahmen abgesehen, nicht geteilt werden.
Eine Unterteilung nach rechnungsmäßig zusammengefassten Gütern oder
nach Verpackungseinheiten wäre willkürlich. Eine Bestimmung nach dem
letzten Einzelgegenstand der Sendung als äußerste Konsequenz wäre auch
nicht praktikabel.

> BGH, Urt. v. 30.1.1981 – I ZR 18/79, BGHZ 79, 302 = TranspR
> 1982, 155 = VersR 1981, 473 = NJW 1981, 1902.

Für die Umrechnung der Entschädigung in die **Währung des Staates** des an- 409
gerufenen Gerichts ist der Tag des Urteils oder der von den Parteien vereinbarte Tag maßgebend (Art. 23 Abs. 3 und Abs. 7 CMR). Der Wert des Son-
derziehungsrechts wird gemäß Art. 23 Abs. 7 Satz 3 CMR nach der vom Internationalen Währungsfonds (IWF) angewendeten Bewertungsmethode er-
rechnet und regelmäßig im Bundesanzeiger bekannt gemacht.

Außer der Haftung für gänzlichen oder teilweisen Verlust treffen den Fracht- 410
führer auch Ersatzpflichten hinsichtlich Fracht, Zöllen und sonstiger aus Anlass der Beförderung des Gutes **entstandener Kosten** (Art. 23 Abs. 4 CMR).
Zu den „sonstigen aus Anlass der Beförderung des verlorenen Gutes" entstandenen Kosten (Beträgen i. S. v. Art. 23 Abs. 4 CMR) zählen nicht die
Kosten, die vor der Übernahme des Gutes durch den Frachtführer aufge-
wendet wurden. Diese sind grundsätzlich nicht zu ersetzen, weil sie sich bereits im Versandwert des Gutes niedergeschlagen haben. Zu den „aus Anlass
der Beförderung entstandenen Kosten" zählen nur die mit dem Transport
selbst verbundenen Kosten. Gemeint sind wertbildende, dem Gut während
der Reise zugutekommende Aufwendungen. Dazu zählen nicht die durch
den Verlust zusätzlich hervorgerufenen Kosten und Einbußen wie Umsatz-
und Verbrauchssteuer (z. B. Tabaksteuern), die im Zusammenhang mit dem
Schadensfall fällig werden.

Diese enge Auslegung des **Art. 23 Abs. 4 CMR** mag zwar zu Lücken bei der 411
Ersatzleistung führen, weil nach Art. 23 Abs. 1 und Abs. 2 CMR nur der
Börsen-/Marktpreis/gemeine Wert des in Verlust geratenen Gutes ersetzt
wird. Sie entspricht aber sowohl dem Wortlaut als auch dem beschränkten
Zweck des **Art. 23 Abs. 4 CMR.** Erstattungsfähig sind nur „sonstige aus Anlass der Beförderung des Gutes entstandene Kosten". Aus dieser Formulierung ergibt sich, dass es sich um Aufwendungen handeln muss, die auch bei
vertragsgemäßer Abwicklung der Beförderung entstanden wären.

412 Legt der Warenversender auf die Haftung des Beförderers für nicht von Art. 23 CMR erfasste **Sachfolgeschäden** wert, so hat er die Möglichkeit, gemäß Art. 26 CMR ein besonderes Lieferinteresse zu deklarieren.

> BGH, Urt. v. 26.6.2003 – I ZR 206/00, TranspR 2003, 453 = VersR 2004, 535 = NJW-RR 2004, 31;
>
> BGH, Urt. v. 10.12.2009 – I ZR 154/07, TranspR 2010, 78 = VersR 2010, 648 = NJW 2010, 1618.

413 Bei **teilweisem Verlust** (teilweiser Beschädigung) des Gutes mindert sich der Frachtvergütungsanspruch von selbst. Einer Aufrechnungserklärung des Frachtlohnschuldners bedarf es nicht (Art. 23 Abs. 4, Art. 25 Abs. 1 CMR). Anders bei den Schadensersatzansprüchen auf Grund Verlustes oder Beschädigung, die aufrechnungsweise oder sonst selbständig geltend gemacht werden müssen.

> BGH, Urt. v. 7.3.1985 – I ZR 182/82, BGHZ 94, 71 = TranspR 1986, 68 = VersR 1985, 684 = NJW 1985, 2091;
>
> BGH, Urt. v. 14.12.1988 – I ZR 235/86, TranspR 1989, 141 = VersR 1989, 309 = NJW-RR 1989, 481.

414 Bei der Berechnung des im Falle der **Nichteinhaltung der Lieferfrist** des Art. 20 Abs. 1 CMR zu leistenden Schadensersatzes ist der Umstand, dass das Transportgut seinen Adressaten letztlich doch noch erreicht hat, auch dann nicht im Wege der Vorteilsausgleichung zu berücksichtigen, wenn es sich bei dem Transportgut zwar nicht um Handelsware, sondern um gespendete Hilfsgüter gehandelt hat, der Absender aber sein Wahlrecht nach Art. 20 Abs. 2 CMR nicht dahin ausgeübt hat, die Sendung im Fall ihres Wiederauffindens zurückzuerhalten.

> BGH, Urt. v. 25.10.2001 – I ZR 187/99, TranspR 2002, 198 = VersR 2002, 1580 = NJW-RR 2002, 905.

415 **Im Falle des Art. 29 CMR** bestimmt sich der Umfang des zu ersetzenden Schadens nach dem jeweils anwendbaren nationalen Recht und daher, wenn deutsches Recht zur Anwendung kommt, nach den Vorschriften der §§ 249 ff. BGB. Dem Geschädigten ist es jedoch unbenommen, seinen Schaden stattdessen auf Grundlage der Art. 17 bis 28 CMR zu berechnen. Beim Vorliegen der Voraussetzungen des Art. 29 CMR verliert allein der Frachtführer das Recht, sich auf die Bestimmungen in den Art. 17 bis 28 CMR zu berufen, die seine Haftung ausschließen oder begrenzen oder die Beweislast zu seinen Gunsten umkehren. Die in den genannten Bestimmungen begründeten Ansprüche des Geschädigten bleiben dagegen unberührt. Dieser kann daher im Falle des Art. 29 CMR Schadensersatz immer auch in der Höhe verlangen, in der er ihn nach diesen Bestimmungen beim Fehlen eins qualifizierten Verschuldens des Frachtführers beanspruchen könnte.

> BGH, Urt. v. 15.10.1998 – I ZR 111/96, TranspR 1999, 102 = VersR 1999, 646 = NJW 1999, 1110;

BGH, Urt. v. 3.3.2005 – I ZR 134/02, TranspR 2005, 253
= VersR 2005, 1557 = NJW-RR 2005, 908.

j) Wahlrecht des Geschädigten bei der Schadensberechnung im Fall eines qualifizierten Verschuldens (Art. 29 CMR)

Der Umfang des zu ersetzenden Schadens bestimmt sich im Fall des **Art. 29** **416**
Abs. 1 CMR grundsätzlich nach dem jeweils anwendbaren nationalen Recht,
bei Anwendung deutschen Rechts also nach den §§ 249 ff. BGB.

> BGH. Urt. v. 3.3.2005 – I ZR 134702, TranspR 2005, 253
> = VersR 2005, 1557 = NJW-RR 2005, 908:
> BGH, Urt. v. 30.9.2010 – I ZR 39/09, BGHZ 187, 141
> = TranspR 2010, 437 = VersR 2011, 819 = NJW 2011, 296.

Liegen die Voraussetzungen des **Art. 29 Abs. 1 CMR** vor, kann der Geschä- **417**
digte seinen Schaden allerdings auch auf der Grundlage der Art. 17 bis 28 CMR
berechnen, da in einem solchen Fall allein der Frachtführer das Recht verliert, sich auf die Bestimmungen zu berufen, die seine Haftung ausschließen
oder begrenzen oder die Beweislast zu seinen Gunsten umkehren. Die Ansprüche des Geschädigten bleiben von **Art. 29 CMR** unberührt. Er kann
Schadensersatz immer auch in der Höhe verlangen, in der er ihn ohne ein
qualifiziertes Verschulden des Frachtführers beanspruchen könnte.

> BGH, Urt. 3.3.2005 – I ZR 134/02, TranspR 2005, 253 = VersR
> 2005, 1557 = NJW-RR 2005, 908;
> BGH, Urt. v. 30.9.2010 – I ZR 39/09, BGHZ 187, 141
> = TranspR 2010, 437 = VersR 2011, 819 = NJW 2011, 296.

Wählt der Geschädigte die **Schadensberechnung** nach den Bestimmungen **418**
der **CMR**, muss er auch im Falle des **Art. 29 CMR** die Haftungsbegrenzungen gemäß Art. 23 Abs. 3 bis 7 CMR „in Kauf nehmen", weil der Wertersatz
nach Art. 23 Abs. 1 und 2 CMR und die **Haftungshöchstsumme** gemäß
Art. 23 Abs. 3 CMR ein in sich geschlossenes Haftungsbegrenzungssystem
bilden.

> BGH, Urt. v. 30.9.2010 – I ZR 39/09, BGHZ 187, 141
> = TranspR 2010, 437 = VersR 2011, 819 = NJW 2011, 296.

k) Mitverschuldenseinwand des Frachtführers (§ 254 Abs. 2 BGB)

Die Anwendung des § 254 BGB kommt auch bei einem dem Haftungsregime **419**
der CMR unterfallenden Transport in Betracht. Unabhängig davon, ob das
Haftungssystem der CMR im Rahmen der Haftung nach Art. 17 Abs. 1 CMR
den Mitverschuldenseinwand nach § 254 BGB ausschließt, kann der Frachtführer jedenfalls im Rahmen der verschärften Haftung nach Art. 29 CMR
einwenden, dass es der Ersatzberechtigte vor Vertragsschluss trotz Kenntnis
oder Kennenmüssen der Tatsache, dass mit der Angabe des tatsächlichen
Werts der Sendung gegen höheren Tarif auch eine sicherere Beförderung
verbunden ist, unterlassen hat, den wirklichen Wert des zu transportierenden

Gutes anzugeben (§ 254 Abs. 1 BGB) und der Frachtführer deshalb keinen Anlass gesehen hat, besondere Vorsorgemaßnahmen zur Schadensverhinderung zu treffen.

420 Im Rahmen der Haftung nach Art. 29 CMR kann sich ein anspruchminderndes Mitverschulden zudem aus § 254 Abs. 2 Satz 1 BGB ergeben, wenn der Geschädigte es unterlassen hat, dem Schädiger im Hinblick auf den Wert des Gutes auf die Gefahr eines ungewöhnlich hohen Schadens aufmerksam zu machen, die dieser weder kannte noch kennen musste. Insoweit ist lückenfüllend nationales Recht heranzuziehen.

421 Hiervon ist auch auszugehen, wenn es in den Beförderungsbedingungen des Spediteurs/Frachtführers heißt, dass in Fällen einer der CMR unterliegenden Beförderung die Haftung durch die in der CMR enthaltenen Bestimmungen geregelt und begrenzt wird. Denn es kann angenommen werden, dass der Spediteur/Frachtführer zur Vermeidung einer über die Haftungshöchstgrenze hinausgehenden Haftung ganz allgemein höhere Sicherheitsstandards wählen wird. Die Annahme, der Spediteur/Frachtführer werde seine Sicherheitsstandards davon abhängig machen, ob das übernommene Gut im selben Staat abgeliefert wird oder nicht, liegt eher fern.

> BGH, Urt. v. 20.1.2005 – I ZR 95/01, TranspR 2005, 311
> = VersR 2006, 814 = NJW-RR 2005, 1277;
>
> BGH, Urt. v. 19.5.2005 – I ZR 238/02, TranspR 2006, 114;
>
> BGH, Urt. v. 19.1.2006 – I ZR 80/03, TranspR 2006, 121
> = VersR 2006, 953 = NJW-RR 2006, 822.

422 Die Obliegenheit zur Warnung gemäß § 254 Abs. 2 Satz 1 BGB hat den Zweck, dem Schädiger Gelegenheit zu geben, geeignete Schadensabwendungsmaßnahmen zu ergreifen. In diesem Zusammenhang kommt es nicht darauf an, ob der Auftraggeber Kenntnis davon hatte oder hätte wissen müssen, dass der Frachtführer das Gut mit größerer Sorgfalt behandelt hätte, wenn er den tatsächlichen Wert der Sendung gekannt hätte. Den Auftraggeber trifft vielmehr eine allgemeine Obliegenheit, auf die Gefahr eines außergewöhnlich hohen Schadens hinzuweisen, um seinem Vertragspartner die Möglichkeit zu geben, geeignete Maßnahmen zur Verhinderung eines drohenden Schadens zu ergreifen. Daran wird der Schädiger jedoch gehindert, wenn er über die Gefahr eines ungewöhnlich hohen Schadens im Unklaren gelassen wird.

> BGH, Urt. v. 20.1.2005 – I ZR 95/01, TranspR 2005, 311
> = VersR 2006, 814 = NJW-RR 2005, 1277;
>
> BGH, Urt. v. 15.12.2005 – I ZR 95/03, TranspR 2006, 210.

l) Beschädigung des Transportgutes (Art. 25 CMR)

423 Bei Beschädigung des Transportgutes (Art. 25 CMR) ist der Frachtführer nur zum Ersatz der eingetretenen Wertminderung verpflichtet, nicht zur

Naturalherstellung oder zur Zahlung der erforderlichen Reparaturkosten oder des Wiederbeschaffungswertes (§ 249 Abs. 1 und Abs. 2 BGB, § 251 BGB).

Ist durch die Beschädigung die ganze Sendung entwertet worden, darf die **424** Entschädigung gemäß Art. 25 Abs. 2 lit. a CMR den Betrag nicht übersteigen, der bei gänzlichem Verlust zu zahlen wäre. Eine Minderung des Wertes der ganzen Sendung setzt nicht notwendig die Beschädigung aller zu ihr gehörenden Einzelstücke voraus. Eine Entwertung der ganzen Sendung kann im Einzelfall auch dann anzunehmen sein, wenn durch die Beschädigung nur eines Teils die gesamte Sendung unbrauchbar wird. Das kann etwa der Fall sein, wenn auf Grund der Beschädigung einzelner mit Lebensmitteln gefüllter Kartons der Verdacht entsteht, dass die Ware insgesamt zum menschlichen Verzehr nicht mehr geeignet sei und deshalb die Einfuhrerlaubnis insgesamt versagt wird.

> BGH, Urt. v. 3.7.1974 – I ZR 120/73, VersR 1974, 1013 = NJW
> 1974, 1616 = MDR 1974, 994;
>
> BGH, Urt. v. 6.2.1997 – I ZR 202/94, TranspR 1997, 335
> = VersR 1997, 1298 = NJW-RR 1997, 1121.

Maßgebend für die Beurteilung, ob eine Entwertung der gesamten Sendung **425** i. S. v. Art. 25 Abs. 2 lit. a CMR vorliegt, ist eine wirtschaftliche Betrachtungsweise, die sich nach objektiven Maßstäben richtet. Dabei dürfen bei der Frage, ob die Sendung insgesamt entwertet ist, keine zu geringen Maßstäbe angelegt werden. Denn die Bemessung von Haftungshöchstgrenzen nach der CMR dient in erster Linie dem Schutz des Frachtführers, dessen Vergütung sich – jedenfalls im Regelfall – nach dem Gewicht, dem Umfang und ggf. der Beschaffenheit und nicht nach dem Wert der Sendung richtet, vor unzumutbarer wirtschaftlicher Inanspruchnahme. Die CMR geht daher bei der Haftung des Frachtführers auch nicht vom Wert, sondern vom Gewicht des Transportgutes aus. Hat das Gut für den Absender einen besonderen Wert oder hat er ein besonderes Lieferinteresse, so kann er nach den Bestimmungen der CMR – etwa gegen Zahlung eines Zuschlages zur Fracht gemäß Art. 24, 26 CMR – eine Erhöhung der in Art. 23 und Art. 25 CMR vorgesehenen Höchstbeträge erreichen.

Bei der gebotenen wirtschaftlichen Betrachtungsweise kommt es entschei- **426** dend darauf an, ob die Haftungseinheit auf Grund der teilweisen Beschädigung einen wirtschaftlichen Totalschaden erlitten hatte. Davon wird in der Regel dann nicht ausgegangen werden können, wenn der vor der Beschädigung vorhandene ursprüngliche Wert der Sachgesamtheit durch eine in angemessener Zeit vornehmbare Ersatzbeschaffung oder Reparatur vollständig wieder hergestellt werden kann. In einem solchen Fall kommt eine Ersatzleistung nur in Höhe des beschädigten Teils in Betracht (Art. 25 Abs. 2 lit. b CMR).

> BGH, Urt. v. 6.2.1997 – I ZR 202/94, TranspR 1997, 335
> = VersR 1997, 1298 = NJW-RR 1997, 1121.

m) Besonderes Lieferungsinteresse (Art. 26 CMR)

427 Der Betrag eines besonderen Interesses an der Lieferung kann nur durch den Eintrag in den Frachtbrief festgelegt werden.

> BGH, Urt. v. 14.7.1993 – I ZR 204/91, BGHZ 123, 200
> = TranspR 1993, 426 = VersR 1993, 1296 = NJW 1993, 2808.

n) Zinsen (Art. 27 CMR)

428 Nach Art. 27 CMR können mehr als 5 % Jahreszinsen auf die Entschädigungsleistung nicht verlangt werden. Diese Regelung ist abschließend. Sie gilt auch für den Fall des Verzuges. Das ergibt sich daraus, dass die CMR den Zinsanspruch ohne Einschränkung regelt. Darüber hinaus folgt dies auch daraus, dass der Zinssatz von 5 % unter bestimmten Voraussetzungen (Art. 27 Abs. 1 CMR) ausdrücklich auch für die Zeit ab Klageerhebung gelten soll, also von einem Zeitpunkt ab, in dem Verzug regelmäßig gegeben sein dürfte.

429 Ein kapitalisierter Zinsbetrag, der seine Grundlage in Art. 27 Abs. 1 CMR hat, darf nicht nochmals nach Art. 27 Abs. 1 CMR verzinst werden. Ein über Verzug begründeter Schadensersatzanspruch führt nicht zur Zubilligung von Zinseszins. Die Vorschrift des Art. 27 Abs. 1 CMR schließt § 289 Satz 2 BGB aus.

> BGH, Urt. v. 10.10.1991 – I ZR 193/89, BGHZ 115, 299
> = TranspR 1992, 100 = VersR 1992, 383 = NJW 1992, 621;
>
> BGH, Urt. v. 27.11.2003 – I ZR 61/01, TranspR 2004, 79
> = NJW-RR 2004, 833 = MDR 2004, 820.

o) Frachtdokumente (Art. 11 Abs. 1 CMR)

430 Gemäß Art 11 Abs. 1 CMR hat der **Absender** des Gutes dem Frachtbrief diejenigen Urkunden beizufügen, die für die vor der Ablieferung des Gutes zu erledigende **Zoll-** oder sonstige **amtliche Behandlung** notwendig sind, oder diese Urkunden dem Frachtführer zur Verfügung zu stellen und diesem alle erforderlichen Auskünfte zu erteilen.

431 Ein **Carnet TIR** zählt nicht zu den „notwendigen Urkunden" i. S. v. Art. 11 Abs. 1 CMR, die der Absender dem Frachtführer für die Durchführung des Transports zur Verfügung zu stellen hat. Die Ausstellung eines **Carnet TIR** liegt in erster Linie im Interesse des Frachtführers, weil es die Durchführung eines grenzüberschreitenden Gütertransports per LKW wesentlich erleichtert und beschleunigt. Es gibt auch keine gesetzliche Bestimmung, welche die Ausstellung eines Carnet TIR durch den **Absender** vorschreibt. Ein Carnet TIR kann vielmehr nur an Transportunternehmen ausgegeben werden, und zwar von einem nationalen Verband (in Deutschland vom Bundesverband Güterkraftverkehr und Logistik e. V. – **BGL**), wenn er die dafür erforderlichen Voraussetzungen nach Anlage 9 Teil 1 zu **Art. 6 Abs. 1 TIR-Übereinkommen 1975** erfüllt.

BGH, Urt. v. 9.9.2010 – I ZR 152/09, TranspR 2011, 178
= VersR 2012, 337 = MDR 2011, 673.

16. Erlöschen des Schadensersatzanspruchs/Reklamation (Art. 30 CMR)

Die CMR regelt nicht allgemein, unter welchen Voraussetzungen die Ansprüche des Ersatzberechtigten aus Art. 17 CMR oder die sonst auf Grund des CMR-Frachtvertrages bestehenden Forderungen erlöschen. Maßgebend ist daher insoweit das nach internationalem Privatrecht jeweils heranzuziehende nationale Recht, bei Anwendbarkeit deutschen Rechts: die Vorschriften über die Erfüllung (§§ 362 ff. BGB) und Erfüllungssurrogate, insbesondere auch Aufrechnung (§§ 387 ff. BGB) und Hinterlegung (§§ 372 ff. BGB). **432**

- Nach Art. 30 Abs. 1, Halbsatz 1 CMR tritt für den Ersatzberechtigten kein Rechtsverlust, sondern lediglich eine **Verschlechterung seiner Beweislage** ein, wenn der Empfänger das Gut vorbehaltlos und ungeprüft annimmt. Rechtzeitige Vorbehalte bei der Annahme (Art. 30 Abs. 1 Halbsatz 2 CMR) haben daher nicht die Bedeutung, anspruchserhaltend zu wirken, sondern bezwecken lediglich, die Beweislastverteilung hinsichtlich der Frage, ob das Gut bei der Ablieferung beschädigt war, nicht zu Ungunsten des Ersatzberechtigten zu verändern. Um die Vermutungswirkung des Art. 30 Abs. 1 Satz 1 CMR auszulösen, ist es erforderlich, dass Absender und Frachtführer den Beförderungsvertrag in einem Frachtbrief festhalten.

- Anders sind die Rechtsfolgen nur dann, wenn Frachtführer und Empfänger den Zustand des Gutes **gemeinsam überprüft** haben (Art. 30 Abs. 2 CMR). Zwar spricht auch in diesen Fällen nach dem Wortlaut der Vorschrift nur eine Vermutung für die Richtigkeit des Ergebnisses der Überprüfung. Diese ist jedoch bei äußerlich erkennbaren Schäden nicht widerlegbar, und auch bei äußerlich nicht erkennbaren Schäden ist im Falle des Fehlens von form- und fristgerechten Vorbehalten der Gegenbeweis, dass der Schaden während der Zeit der Obhut des Frachtführers am Gut eingetreten ist, unzulässig. In diesen Fällen läuft also auch die Regelung der CMR auf einen Rechtsverlust hinaus. Ein solcher tritt nach dem Abkommen ferner dann ein, wenn der Empfänger bei Lieferfristüberschreitung nicht vor Ablauf von 21 Werktagen ab Zurverfügungstellung des Gutes schriftliche Vorbehalte an den Frachtführer richtet (Art. 30 Abs. 3 CMR). In diesem Fall führt das Unterbleiben eines frist- und formgerechten Vorbehalts zum Erlöschen des Anspruchs. Im Prozess ist der Rechtsverlust – anders als in den Fällen des Art. 30 Abs. 1 CMR von Amts wegen zu berücksichtigen.

BGH, Urt. v. 14.11.1991 – I ZR 236/89, BGHZ 116, 95
= TranspR 1992, 135 = VersR 1992, 850 = NJW 1992, 1698.

- **Vorbehalte** des Empfängers erfüllen ihre Funktion, den Ersatzberechtigten vor einer Verschlechterung der Beweislage oder vor weitergehenden Rechtsnachteilen zu bewahren, nur dann, wenn sie den Tatbestand, auf den sie sich beziehen, sachlich beschreiben. Der Einschaltung von Sachverständigen bedarf es dafür schon kraft Gesetzes nicht. Es genügen Angaben des Empfängers selbst, die den Schadenssachverhalt hinreichend deutlich umschreiben. Zu richten sind sie an den Frachtführer, nicht an den Versender, Absender oder Endempfänger.

  Maßgebender **Zeitpunkt für die Erklärung** des Vorbehalts ist die Annahme (Ablieferung) des Gutes. Diese setzt die ausdrücklich oder stillschweigend erklärte Einwilligung des Empfängers mit dem Übergang der Obhut am Gut auf ihn voraus. Es muss also an einem zur Annahme Berechtigten abgeliefert werden. Dies kann im Einzelfall Zweifelsfragen aufwerfen (Ablieferung an Pförtner nach Geschäftsschluss).

  > BGH, Urt. v. 19.1.1973 – I ZR 4/72, VersR 1973, 350 = NJW 1973, 511.

- Macht der Empfänger bei Annahme des Gutes Vorbehalte nach Art. 30 CMR, liegt darin noch nicht ohne Weiteres auch eine **Schadensreklamation** i. S. d. Art. 32 Abs. 2 CMR. Vorbehalte nach Art. 30 CMR enthalten eine Beschreibung des Schadenstatbestandes. Ob und welche Folgerungen daraus zu ziehen sind, ist für den Vorbehalt belanglos. Schadensreklamationen nach Art. 32 Abs. 2 Satz 1 CMR setzen dagegen voraus, dass der Frachtführer haftbar gemacht wird. Das verlangt – über den Vorbehalt des Bestehens von Schäden hinaus – die Erklärung, dass der Frachtführer für Schäden einstehen soll.

  > BGH, Urt. v. 9.2.1984 – I ZR 18/82, TranspR 1984, 146 = VersR 1984, 578.

- Für das **Unterlassen eines Vorbehalts** nach Art. 30 Abs. 3 CMR, das – anders als nach Art. 30 Abs. 1 CMR – zum Rechtsverlust führt, ist es unerheblich, ob die Voraussetzungen des Art. 29 CMR vorliegen. Dessen Regelungen finden nach Wortlaut und Stellung im Abkommen auf Art. 30 Abs. 3 CMR keine Anwendung.

  > BGH, Urt. v. 14.11.1991 – I ZR 236/89, BGHZ 116, 95 = TranspR 1992, 135 = VersR 1992, 850 = NJW 1992, 1698.

17. Internationale Zuständigkeit (Art. 31 CMR)

a) Regelungsgehalt von Art. 31 Abs. 1 CMR

433 Nach der Rechtsprechung des Bundesgerichtshofs regelt Art. 31 Abs. 1 CMR ausschließlich die internationale gerichtliche Zuständigkeit für Streitigkeiten aus einer der CMR unterliegenden Beförderung. Ob ein Gericht auch örtlich zuständig ist, bestimmt sich allein nach innerstaatlichem Prozessrecht. Die Vorschrift des Art. 31 Abs. 1 CMR regelt im Verhältnis der

Vertragsstaaten zueinander die Frage, in welchem Staat Ansprüche geltend gemacht werden können. Eine besondere Regelung der nationalen örtlichen Zuständigkeit ist der Bestimmung nicht zu entnehmen. Daraus folgt, dass die internationale und örtliche Zuständigkeit getrennt zu prüfen sind.

> BGH, Urt. v. 6.2.1981 – I ZR 148/78, BGHZ 79, 332 = VersR
> 1981, 633 = NJW 1981, 1902 = MDR 1981, 639.

b) Art. 1a CMR-Vertragsgesetz

Die auf Grund des Gesetzes vom 5.7.1989 (BGBl. II, S. 586) eingefügte Vor- **434** schrift ist nicht eigentlicher Bestandteil der CMR. Sie ist vielmehr Teil des deutschen Ratifizierungsgesetzes zur CMR. Der Einfachheit halber wird Art. 1a CMR aber als Vertragsgesetz bezeichnet. Die Bestimmung hat folgenden Wortlaut:

> Für Rechtsstreitigkeiten aus einer dem Übereinkommen unterliegenden Beförderung ist auch das Gericht zuständig, in dessen Bezirk der Ort der Übernahme des Gutes oder der für die Anlieferung des Gutes vorgesehene Ort liegt.

Damit ist eine Gesetzeslücke in den deutschen Gerichtsstandsregelungen **435** (§§ 12 ff. ZPO) geschlossen worden, die sich für bestimmte Fälle daraus ergab, dass Art. 31 Abs. 1 CMR nur die internationale und nicht auch die örtliche Zuständigkeit regelte. Die Vorschrift des Art. 1a CMR gilt sowohl für ausländische als auch für inländische Unternehmen.

> BGH, Urt. v. 6.2.1981 – I ZR 148/78, BGHZ 79, 332 = VersR
> 1981, 633 = NJW 1981, 1902.

In prozessrechtlicher Hinsicht ist zu beachten, dass das Revisionsgericht von **436** Amts wegen befugt ist, die deutsche internationale Zuständigkeit zu überprüfen. Die Vorschrift des § 545 Abs. 2 ZPO steht dem nicht entgegen, da sie ungeachtet ihres weit gefassten Wortlautes – wie bereits bislang unter der Geltung des § 549 Abs. 2 ZPO a. F. – nur die örtliche und sachliche Zuständigkeit des Gerichts des ersten Rechtszuges, nicht jedoch die internationale Zuständigkeit einer revisionsrechtlichen Nachprüfung entzieht.

> BGH, Urt. v. 28.11.2002 – III ZR 102/02, BGHZ 153, 82 = NJW
> 2003, 426 = BGHReport 2003, 248 = ZIP 2003, 685;
> BGH, Urt. v. 20.11.2003 – I ZR 102/02, TranspR 2004, 74
> = VersR 2004, 1024 = NJW-RR 2004, 497;
> BGH, Urt. v. 30.3.2006 – I ZR 96/03, GRUR 2006, 941 = WRP
> 2006, 1235;
> BGH, Urt. v. 19.4.2007 – I ZR 90/04, TranspR 2007, 416
> = NJW-RR 2008, 120 = MDR 2007, 1436.

Bei einer der CMR unterliegenden Beförderung bleibt der für die Abliefe- **437** rung vorgesehene Ort als Gerichtsstand erhalten, wenn das Gut im Hinblick auf seine Beschädigung nicht abgeliefert, sondern zurückbefördert wird.

> BGH, Urt. v. 18.12.2003 – I ZR 228/01. TranspR 2004, 169
> = VersR 2004, 1027 = NJW-RR 2004, 762.

c) Reichweite des Art. 31 Abs. 1 CMR

438 Die Zuständigkeitsregelungen des Art. 31 Abs. 1 CMR kommen grundsätzlich auch bei der Geltendmachung von außervertraglichen Ansprüchen, etwa aus Delikt, zur Anwendung. Das gilt selbst dann, wenn ein Unterfrachtführer als bloße Hilfsperson (Art. 3 CMR) des Hauptfrachtführers von dessen Auftraggeber bzw. von dem Rechtsnachfolger des Auftraggebers aus Delikt auf Schadensersatz in Anspruch genommen wird. Nach dem wörtlichen Verständnis der Zuständigkeitsregelung kommt es nicht darauf an, dass zwischen dem Kläger und dem aus Delikt in Anspruch genommenen Unterfrachtführer vertragliche Beziehungen bestehen. Ebenso wenig stellt Art. 31 Abs. 1 CMR auf die Anspruchsgrundlage der Klage ab. Entscheidend ist allein, ob die Streitigkeit aus einer der CMR unterliegenden Beförderung entstanden ist.

439 Sinn und Zweck des Art. 31 Abs. 1 CMR bestehen darin, Streitigkeiten aus der CMR unterliegenden grenzüberschreitenden Beförderungen auf ganz bestimmte Gerichtsstände zu beschränken. Dadurch sollen Klagen aus ein und demselben Beförderungsvertrag vor unterschiedlichen Gerichten verschiedener Staaten vermieden werden. Die Regelung des Art. 31 Abs. 1 CMR ermöglicht es daher den am Frachtvertrag beteiligten Personen, auch mehrere aus ein und demselben Beförderungsvertrag entspringende Rechtsstreitigkeiten vor den Gerichten eines Landes abzuwickeln.

440 Bei **Einschaltung mehrerer Frachtführer** ist nicht der Ort der Übernahme des Gutes durch den Unterfrachtführer, sondern der Abgangsort der gesamten Beförderung Ort der Übernahme i. S. v. Art. 31 Abs. 1 lit. b CMR. Dies gilt auch für eine von dem ursprünglichen Versender bzw. dessen Rechtsnachfolger gegen den Unterfrachtführer selbst gerichtete Klage.

441 Denn bei der Frage, ob eine Streitigkeit aus einer der CMR unterliegenden Beförderung resultiert, ist auf den zwischen dem Hauptfrachtführer und seinem Auftraggeber geschlossenen Gesamtbeförderungsvertrag und nicht auf das Vertragsverhältnis zwischen Haupt- und Unterfrachtführer abzustellen.

442 Für dieses Verständnis sprechen ebenfalls Sinn und Zweck der Zuständigkeitsregelungen in Art. 31 Abs. 1 CMR. Wesentlich ist zudem, dass der in Art. 31 Abs. 1 lit. b CMR vorgesehene Anknüpfungspunkt für alle am Transport Beteiligten (potentiell Ersatzberechtigte oder Ersatzpflichtige) in der Regel aus den Transportdokumenten unschwer nachvollzogen werden kann.

> BGH, Urt. v. 31.5.2001 – I ZR 85/00, TranspR 2001, 452
> = VersR 2002, 213 = NJW-RR 2002, 31;
>
> BGH, Urt. v. 20.11.2008 – I ZR 70/06, TranspR 2009, 26
> = VersR 2009, 807 = NJW-RR 2009, 1070.

443 Von Art. 31 Abs. 1 CMR werden neben den aus dem Frachtvertrag resultierenden Ansprüchen auch außervertragliche Ansprüche, etwa aus unerlaubter

Handlung, erfasst, sofern sie mit der Güterbeförderung in einem sachlichen Zusammenhang stehen.

Der Anwendungsbereich des Art. 31 Abs. 1 lit. b CMR ist allerdings – eben- **444** so wie derjenige des Art. 32 CMR – auf Ansprüche beschränkt, die mit dem Beförderungsvertrag noch in einem hinreichend engen Zusammenhang stehen. Erfasst werden jedenfalls Ansprüche von und gegen Personen, die an der Beförderung als solcher unmittelbar beteiligt waren.

> BGH, Urt. v. 20.11.2008 – I ZR 70/06, TranspR 2009, 26
> = VersR 2009, 807 = NJW-RR 2009, 1070.

Die Anwendung des Art. 31 Abs. 1 lit. b CMR auf gegen den Unterfracht- **445** führer gerichtete deliktische Ansprüche ist nur dann gerechtfertigt, wenn er weiß oder zumindest hätte wissen können, dass er im Rahmen einer der CMR unterliegenden Gesamtbeförderung tätig wird.

> BGH, Urt. v. 20.11.2008 – I ZR 70/06, TranspR 2009, 26
> = VersR 2009, 807 = NJW-RR 2009, 1070.

d) Verhältnis von Art. 31 Abs. 1 CMR zu Art. 20, Art. 57 Abs. 1 EuGVÜ

Von erheblicher praktischer Bedeutung ist bei Schadensersatzprozessen **446** gegen den Frachtführer die Frage nach der internationalen Zuständigkeit deutscher Gerichte.

Die Regelungen in Art. 31 Abs. 1 CMR werden nicht durch Art. 57 Abs. 1 **447** und Abs. 2 EuGVÜ (siehe jetzt Art. 67 EuGVVO = Verordnung (EG) Nr. 44/2001 des Rates vom 22.12.2000 über die gerichtliche Zuständigkeit und die Anerkennung und Vollstreckung von Entscheidungen in Zivil- und Handelssachen = Brüssel-I-VO) i. V. m. Art. 20 EuGVÜ (jetzt Art. 26 EuGVVO) ausgeschlossen. Die beiden letztgenannten Vorschriften haben – soweit hier von Bedeutung – folgenden Wortlaut:

Art. 57:

(1) Dieses Abkommen lässt Übereinkommen unberührt, denen die Vertragsstaaten angehören oder angehören werden und die für besondere Rechtsgebiete die gerichtliche Zuständigkeit ... regeln.

(2) Um eine einheitliche Auslegung des Absatzes 1 zu sichern, wird dieser Absatz in folgender Weise angewandt:

a) Dieses Übereinkommen schließt nicht aus, dass ein Gericht eines Vertragsstaates, der Vertragspartei eines Übereinkommens über ein besonderes Rechtsgebiet ist, seine Zuständigkeit auf ein solches Übereinkommen stützt, und zwar auch dann, wenn der Beklagte seinen Wohnsitz in dem Hoheitsgebiet eines Vertragsstaates hat, der nicht Vertragspartei eines solchen Übereinkommens ist. In jedem Fall wendet dieses Gericht Art. 20 des vorliegenden Übereinkommens an.

...

Art. 20:

(1) Lässt sich der Beklagte, der seinen Wohnsitz in dem Hoheitsgebiet eines Vertragsstaates hat und der vor den Gerichten eines anderen Vertragsstaates verklagt wird, auf das Verfahren nicht ein, so hat sich das Gericht von Amts wegen für unzuständig zu erklären, wenn seine Zuständigkeit nicht auf Grund der Bestimmungen dieses Übereinkommens begründet ist.

...

448 Nach Art. 57 Abs. 2 lit. a Satz 2 EuGVÜ soll zwar in jedem Fall ein Gericht, das seine Zuständigkeit auf ein Übereinkommen i. S. v. Absatz 1 stützt, Art. 20 EuGVÜ anwenden. Daraus ergibt sich aber nicht, dass es einem Beklagten freisteht, durch Nichterscheinen oder durch die Rüge der fehlenden Zuständigkeit, trotz der Zuständigkeitsregelungen des Art. 31 Abs. 1 CMR die Unzuständigkeit des deutschen Gerichts herbeizuführen.

449 In Art. 20 EuGVÜ ist ausdrücklich auf die Zuständigkeitsregelung „dieses Übereinkommens" abgehoben, also auch auf die Regelung des Art. 57 Abs. 1 EuGVÜ. Die Vorschrift des Art. 57 Abs. 1 EuGVÜ bestimmt, dass andere dort näher gekennzeichnete Abkommen bezüglich ihrer Zuständigkeitsregelung unberührt bleiben und regelt damit eine Zuständigkeit auf Grund der „Bestimmungen des Übereinkommens" i. S. d. Art. 20 Abs. 1 EuGVÜ.

450 Anhaltspunkte dafür, dass sich die in Art. 20 Abs. 1 EuGVÜ angeführte Zuständigkeit aus Titel II des Übereinkommens selbst ergeben muss, sind nicht erkennbar. Der Zweck der in Art. 57 EuGVÜ übernommenen Zuständigkeit aus besonderen Übereinkommen besteht gerade darin, die Beachtung der darin enthaltenen Zuständigkeitsregeln zu gewährleisten, da diese unter Berücksichtigung der Besonderheiten der Rechtsgebiete, auf die sie sich beziehen, aufgestellt wurden.

> BGH, Urt. v. 27.2.2003 – I ZR 58/02, TranspR 2003, 302
> = VersR 2004, 762 = NJW-RR 2003, 1347;
>
> BGH, Urt. v. 20.11.2003 – I ZR 102/02, TranspR 2004, 74
> = VersR 2004, 1024 = NJW-RR 2004, 497;
>
> EuGH, Urt. v. 28.10.2004 – C-148/03, TranspR 2004, 458
> = NJW 2005, 44.

e) Anderweitige Rechtshängigkeit i. S. v. Art. 31 Abs. 2 CMR

451 Nach Art. 31 Abs. 2 CMR kann, wenn ein Verfahren bei einem nach Art. 31 Abs. 1 CMR zuständigen Gericht wegen einer dort genannten Streitigkeit anhängig ist, eine neue Klage wegen derselben Sache zwischen denselben Parteien nicht erhoben werden, es sei denn, die Entscheidung des Gerichts, bei dem die erste Klage erhoben worden ist, kann in dem Staat nicht vollstreckt werden, in dem die neue Klage erhoben wird. Liegt der im Frachtvertrag vorgesehene Ort der Ablieferung des Transportgutes in einem Vertragsstaat der CMR, so sind auch die Gerichte dieses Staates für eine dort erhobene negative Feststellungsklage international zuständig.

Ob die Rechtshängigkeit der negativen Feststellungsklage in einem anderen   452
Vertragsstaat der CMR der Erhebung einer Leistungsklage in Deutschland
entgegensteht, hängt daher davon ab, ob es in beiden Verfahren „um dieselbe
Sache" i. S. v. Art. 31 Abs. 2 CMR geht und ggf. die in dem anderen Vertragsstaat ergehende Entscheidung in Deutschland vollstreckt werden kann.

Die CMR ist als internationales Abkommen aus sich selbst heraus auszule-   453
gen, wobei dem Wortlaut und dem Zusammenhang der Einzelvorschriften
besondere Bedeutung beizumessen ist. Die danach vorzunehmende Auslegung des Art. 31 Abs. 2 CMR ergibt, dass die Rechtshängigkeit einer von
dem als Schuldner in Anspruch genommen gegen den Anspruchsteller bei
einem nach Art. 31 Abs. 1 CMR international zuständigen Gericht erhobenen negativen Feststellungsklage nicht der späteren Erhebung der Leistungsklage durch den Anspruchsteller vor dem zuständigen Gericht eines anderen
Vertragsstaats entgegensteht.

Die Vorschrift des Art. 31 CMR verfolgt den Zweck, die materiell-rechtliche   454
Rechtsvereinheitlichung, welche die CMR vorsieht, dadurch noch wirksamer
zu machen, dass auch gewisse prozessrechtliche Fragen einheitlich geregelt
werden. Die Bestimmung des Art. 31 Abs. 2 CMR steht in Zusammenhang
mit der Regelung in Art. 31 Abs. 1 CMR, auf die sie Bezug nimmt. Art. 31
Abs. 1 CMR regelt die internationale Zuständigkeit, also die Frage, vor den
Gerichten welcher Staaten Klage erhoben werden kann. Danach besteht kei-
ne ausschließliche internationale Zuständigkeit der Gerichte eines Staates.
Vielmehr soll einerseits der Kläger unter mehreren möglichen den ihm im
Einzelfall als zweckmäßig erscheinenden Staat auswählen dürfen. Andererseits soll durch die Beschränkung der Staaten, deren Gerichte angerufen wer-
den können, sowie durch die Regelung der Rechtshängigkeit und der
Rechtskraft in Art. 31 Abs. 2 CMR die Gefahr verringert werden, dass ein
Beklagter wegen desselben Anspruches vor Gerichten verschiedener Staaten
in Anspruch genommen wird und in den einzelnen Staaten einander widersprechende Entscheidungen ergehen.

> BGH, Beschl. v. 31.5.2001 – I ZR 85/00, TranspR 2001, 452
> = VersR 2002. 213 = NJW-RR 2001, 31;
> BGH, Urt. v. 20.11.2003 – I ZR 102/02, TranspR 2004, 74
> = VersR 2004, 1024 = NJW-RR 2004, 497.

Dieses Spannungsverhältnis ist, wenn eine **negative Feststellungsklage und**   455
eine Leistungsklage erhoben worden sind, zugunsten eines Vorrangs der
Leistungsklage zu lösen.

Das dem Kläger durch Art. 31 Abs. 1 CMR eingeräumte **Wahlrecht zwischen**   456
mehreren Gerichtsständen, welches gemäß Art. 31 Abs. 1 Satz 1 CMR
nicht durch Vereinbarung ausgeschlossen werden kann, darf nicht losgelöst
von den ihm zugrunde liegenden materiell-rechtlichen Bezügen betrachtet
werden. Das Wahlrecht dient der prozessualen Durchsetzung der materiell-
rechtlichen Ansprüche aus einem der CMR unterliegenden Beförderungsver-

trag. Es ist daher zum Schutz desjenigen bestimmt, der Rechte aus einem solchen Vertrag geltend macht. Besonders deutlich tritt der bezweckte Schutz des Anspruchsinhabers in der in Art. 31 Abs. 1 lit. b CMR getroffenen Regelung zutage, welche die internationale Zuständigkeit der Gerichte am Ort der Übernahme und Ablieferung bestimmt. Danach soll dem Absender oder Empfänger ersichtlich die Möglichkeit gegeben werden, den Frachtführer dort auf Schadensersatz in Anspruch zu nehmen, wo er mit ihm zu tun hatte. Anhaltspunkte dafür, dass das dem Kläger eingeräumte Wahlrecht auch den Schutz des als Schuldner in Anspruch Genommenen bezweckt, der gegen den Gläubiger im Wege der negativen Feststellungsklage vorgeht, sind dagegen nicht ersichtlich.

457 Vor diesem Hintergrund muss der in der Beschränkung der Gerichtsstände und der Bestimmung des Art. 31 Abs. 2 CMR zum Ausdruck kommende Regelungszweck zurücktreten, Klagen wegen ein und derselben Angelegenheit vor Gerichten verschiedener Staaten mit möglicherweise divergierenden Entscheidungen zu verhindern.

> BGH, Urt. v. 20.11.2003 – I ZR 102/02, TranspR 2004, 74
> = VersR 2004, 1024 = NJW-RR 2004, 497;
>
> BGH, Urt. v. 20.11.2003 – I ZR 294/02, BGHZ 157, 66
> = TranspR 2004, 77 = NJW-RR 2004, 397 = MDR 2004, 760;
>
> a. A.: OGH (Wien), Beschl. v. 17.2.2006 – 10 Ob 147/05y,
> TranspR 2006, 257.

18. Verjährung (Art. 32 CMR)

458 Die **Verjährungsfrist** des Art. 32 Abs. 1 CMR gilt sowohl für Ansprüche des Frachtführers als auch für solche gegen den Frachtführer. Dagegen ist die Hemmungsvorschrift des Art. 32 Abs. 2 CMR nur bei Ansprüchen anwendbar, die gegen den Frachtführer gerichtet sind.

> BGH, Urt. v. 28.2.1975 – I ZR 35/74, VersR 1975, 445 = NJW
> 1975, 1075 = MDR 1975, 555.

459 Maßgeblich für die **Anwendbarkeit des Art. 32 CMR** ist, ob sich der Anspruch „aus einer diesem Abkommen unterliegenden Beförderung" ergibt. Es verjähren daher nach Art. 32 CMR nicht nur die Ansprüche, die sich unmittelbar aus dem Abkommen ergeben, sondern auch andere vertragliche Ansprüche, beispielsweise Ansprüche auf Zahlung von Fracht.

> BGH, Urt. v. 28.2.1975 – I ZR 35/74, VersR 1975, 445 = NJW
> 1975, 1075 = MDR 1975, 555.

460 Ebenso werden von der **Verjährungsvorschrift** des **Art. 32 Abs. 1 CMR** Ansprüche aus positiver Vertragsverletzung gemäß § 280 Abs. 1 BGB umfasst.

> BGH, Urt. v. 14.5.2009 – I ZR 208/06, TranspR 2009, 477.

461 Entscheidend ist ein irgendwie vorhandener sachlicher Zusammenhang mit einer der CMR unterliegenden Beförderung. Das ergibt sich aus dem Wort-

laut („Ansprüche aus einer diesem Übereinkommen unterliegenden Beförderung …") und aus einem Vergleich mit den Vorschriften des internationalen Eisenbahnfrachtrechts, an die sich die CMR eng anlehnt. Die Vorschrift des Art. 58 § 2 lit. c CIM, welche die Verjährung betrifft, bezieht die Frachtansprüche des Frachtführers ausdrücklich in ihren Geltungsbereich ein.

> BGH, Urt. v. 21.12.1973 – I ZR 119/72, VersR 1974, 325 = NJW 1974, 412 = MDR 1974, 470;
>
> BGH, Urt. v. 10.5.1990 – I ZR 234/88, TranspR 1990, 418 = VersR 1991, 238 = NJW-RR 1990, 1508.

Nach Art. 32 Abs. 1 Satz 3 lit. a CMR **beginnt die Verjährungsfrist** bei Teilverlust, Beschädigung und Überschreitung der Lieferfrist mit dem Tag der Ablieferung des Gutes zu laufen. Ablieferung ist der Vorgang, durch den der Frachtführer die Obhut an dem beförderten Gut im Einverständnis mit dem Empfänger aufgibt und diesen in die Lage versetzt, die tatsächliche Gewalt über das Gut auszuüben.   462

Um eine Ablieferung in diesem Sinne, die den Lauf der Verjährung auslöst, handelt es sich aber nicht, wenn der verfügungsberechtigte Absender das Frachtgut mit Rücksicht auf eine Beschädigung während des Transports im Einverständnis mit dem Empfänger nicht an diesen, sondern an einen Dritten weiterleitet, um es dort zwecks weiterer Verwertung von einem Schadenssachverständigen begutachten zu lassen.   463

> BGH, Urt. v. 29.11.1984 – I ZR 121/82, TranspR 1985, 182 = VersR 1985, 258 = MDR 1985, 465.

Macht der Empfänger bei der Annahme des Gutes **Vorbehalte** (Art. 30 CMR), so liegt darin nicht ohne Weiteres eine Schadensreklamation i. S. d. Art. 32 Abs. 2 CMR. Dafür ist die unmissverständliche Erklärung erforderlich, dass der Frachtführer für die Schäden am Transportgut einstehen soll.   464

> BGH, Urt. v. 9.2.1984 – I ZR 18/82, TranspR 1984, 146 = VersR 1984, 578 = MDR 1984, 910.

Gemäß Art. 32 Abs. 2 Satz 1 CMR wird die Verjährung durch eine schriftliche Reklamation bis zu dem Tage **gehemmt**, an dem der Frachtführer die Reklamation schriftlich zurückweist und die beigefügten Belege zurücksendet. Die Wirkung der Verjährungshemmung nach Art. 32 Abs. 2 Satz 1 CMR kann aber nur durch die Reklamation eines Berechtigten herbeigeführt werden. Reklamationsberechtigt ist jeder, der einen Anspruch gegen den Frachtführer geltend machen kann. In Bezug auf die sich aus der CMR ergebenden Ansprüche ist neben dem Absender grundsätzlich der verfügungsbefugte Empfänger des Transportgutes berechtigt, die Rechte aus dem Beförderungsvertrag wegen Beschädigung oder Verlustes des Gutes im eigenen Namen gegen den Hauptfrachtführer geltend zu machen.   465

> BGH, Urt. v. 24.10.1991 – I ZR 208/89, BGHZ 116, 15 = TranspR 1992, 177 = VersR 1992, 640 = NJW 1992, 1766;

BGH, Urt. v. 15.10.1998 – I ZR 111/96, TranspR 1999, 102
= VersR 1999, 646 = NJW 1999, 1110;
BGH, Urt. v. 8.7.2004 – I ZR 272/01, TranspR 2004, 357
= VersR 2005, 1753 = NJW 2004, 1480.

466 Das **Reklamationsrecht** gemäß Art. 32 Abs. 2 Satz 1 CMR kann auch von einem **Dritten** gegenüber dem Frachtführer geltend gemacht werden. Voraussetzung dafür ist jedoch, dass der Inhaber eines Schadensersatzanspruches aus Art. 17 Abs. 1 CMR den Dritten ermächtigt hat, diesen Anspruch gegenüber dem Frachtführer zu reklamieren mit der Folge, dass eine Hemmung der Verjährung gemäß Art. 32 Abs. 2 Satz 1 CMR eintreten konnte. Ein schutzwürdiges Interesse des Dritten an einer Reklamation reicht für sich allein für eine wirksame Schadensanzeige nach Art. 32 Abs. 2 Satz 1 CMR nicht aus. Erforderlich ist eine ausdrückliche oder konkludente Ermächtigung seitens eines Berechtigten zur Schadensreklamation. Eine wirksame Ermächtigung erfordert regelmäßig eine nach außen erkennbar gewordene Zustimmung des Rechtsinhabers zur fremden Rechtswahrnehmung.

BGH, Urt. v. 8.7.2004 – I ZR 272/01, TranspR 2004, 357
= VersR 2005, 1753 = NJW-RR 2004, 1480.

467 Das **Reklamationsrecht** gemäß Art. 32 Abs. 1 Satz 1 CMR kann zudem dadurch erworben werden, dass der (ursprünglich) Berechtigte (Anspruchsinhaber) seine Schadensersatzansprüche gegen den Frachtführer an den Reklamierenden (häufig wird dies ein Versicherer sein) gemäß § 398 BGB abtritt. Die **Abtretung** kann auch konkludent dadurch erfolgen, dass die den Schadensfall betreffenden Unterlagen an den Versicherer zum Zwecke der Klageerhebung übergeben werden. Denn die Überlassung der Schadensunterlagen an den Versicherer zum Zwecke der Prozessführung, der letztlich für den Ausgleich des Schadens gegenüber dem Geschädigten verantwortlich ist, hat allein den Sinn, diesen in den Stand zu setzen, die Ansprüche erfolgreich geltend zu machen. Dazu gehört nach der Vorstellung und dem Willen wirtschaftlich denkender Parteien erfahrungsgemäß auch, dass dem Versicherer alle vorhandenen Ansprüche gegen den Schädiger abgetreten werden.

468 Einer ausdrücklichen Erklärung bedarf es hierzu nicht. Es ist vielmehr von einem konkludenten rechtsgeschäftlichen Verhalten auszugehen. Für die Annahme der Abtretungserklärung ist es rechtlich unerheblich, ob die klagende Partei die Zession rechtlich zutreffend einordnet. Der Umstand, dass sich der Kläger im Prozess auf einen gesetzlichen Forderungsübergang gemäß § 67 Abs. 1 VVG beruft, kann nicht dahin gewertet werden, dass ihm bei der Entgegennahme der Unterlagen zur Geltendmachung der streitigen Ansprüche der rechtsgeschäftliche Wille gefehlt habe, die darin liegende rechtsgeschäftliche Abtretungserklärung anzunehmen. Für die Annahme einer stillschweigenden Abtretung kann es genügen, dass der Abtretungserfolg den Zwecken und Absichten der Beteiligten entspricht.

BGH, Urt. v. 21.11.1996 – I ZR 139/94, TranspR 1997, 164
= VersR 1997, 385 = NJW 1997, 729;

BGH, Urt. v. 1.12.2005 – I ZR 85/04, TranspR 2006, 166.

Der **Wirksamkeit der Abtretung** steht nicht entgegen, dass der Versicherer   **469**
den Schaden seines Versicherungsnehmers noch nicht reguliert hat. Ein Verstoß gegen Art. 1 § 1 Abs. 1 RBerG, der die Nichtigkeit der Zession zur Folge hätte, liegt nicht vor. Um dem Schutzzweck des Rechtsberatungsgesetzes gerecht zu werden, ist auf eine wirtschaftliche Betrachtungsweise abzustellen. Ob eine eigene oder eine fremde Rechtsangelegenheit vorliegt, ist davon abhängig, in wessen wirtschaftlichem Interesse die Besorgung der Angelegenheit liegt. Das wirtschaftliche Interesse am Ausgang eines Rechtsstreits, den der Transportversicherer gegen den Frachtführer führt, liegt in aller Regel bei dem Versicherer, da dieser aus dem Versicherungsvertrag mit seinem Versicherungsnehmer verpflichtet ist, dessen Schaden zu tragen. Damit ist die eigene Rechtsposition des Versicherers unmittelbar betroffen mit der Folge, dass er aus abgetretenem Recht – auch ohne vorher Zahlung geleistet zu haben – anspruchsberechtigt ist.

BGH, Urt. v. 1.12.2005 – I ZR 85/04, TranspR 2006, 166.

„**Weitere Reklamationen**" i. S. d. Art. 32 Abs. 2 Satz 4 CMR sind nochmali-   **470**
ge Reklamationen desselben Anspruchsinhabers. Bei mehreren Berechtigten (Gesamtgläubigerschaft, §§ 428 ff. BGB; Doppellegitimation von Absender und Empfänger, Rn. 342 ff.) steht jedem von ihnen eine eigene Reklamationsbefugnis zu. Zur Aufhebung der Hemmungswirkung des Art. 32 Abs. 2 Satz 1 CMR bedarf es daher der gesonderten Zurückweisung der jeweiligen Reklamation.

BGH, Urt. v. 24.10.1991 – I ZR 208/89, BGHZ 116, 15
= TranspR 1992, 177 = VersR 1992, 640 = NJW 1992, 1766.

19. Aufrechnung

Nicht verjährte Ansprüche können ohne Beschränkungen aufgerechnet wer-   **471**
den. Verjährte Ansprüche können dagegen nicht aufgerechnet und auch nicht mit einer Widerklage oder Einrede geltend gemacht werden, und zwar auch dann nicht, wenn sich die Forderungen in irgendeinem Zeitpunkt aufrechenbar gegenübergestanden haben (Art. 32 Abs. 4 CMR).

BGH, Urt. v. 29.3.1974 – I ZR 5/73, VersR 1974, 742 = NJW
1974, 1138.

20. Vertragliches Aufrechnungsverbot

Vertraglich vereinbarten Aufrechnungsverboten (z. B. Nr. 19 ADSp 2003)   **472**
steht die CMR nicht entgegen. Die Unzulässigkeit vertraglicher Aufrechnungsverbote ergibt sich weder aus Art. 32 Abs. 4 und Art. 36 CMR noch aus dem zwingenden Charakter (Art. 41 CMR) des Übereinkommens.

BGH, Urt. v. 7.3.1985 – I ZR 182/82, BGHZ 94, 71 = TranspR
1986, 68 = VersR 1985, 684 = NJW 1985, 2091;

BGH, Urt. v. 14.12.1988 – I ZR 235/86, TranspR 1989, 141
= VersR 1989, 309 = NJW-RR 1989, 481.

21. Aufeinanderfolgender Frachtführer (Art. 34 ff. CMR)

473 Ein in die Beförderung eingeschalteter Unterfrachtführer ist nicht ohne Weiteres auch „aufeinander folgender Straßenfrachtführer" i. S. v. Art. 34 CMR. Eine nur tatsächliche Aufeinanderfolge von Unterfrachtführern im Zusammenhang mit der Beförderung ein und desselben Transportgutes reicht dafür nicht aus.

474 „Aufeinander folgender Frachtführer" i. S. d. Art. 34 CMR kann nur sein, wer durch Annahme von Gut und Frachtbrief als sog. Gesamtfrachtführer und etwaigen Unterfrachtführern Vertragspartei des Absenders wird. Die Übergabe des Frachtbriefes hat insoweit konstitutive Bedeutung.

> BGH, Urt. v. 9.2.1984 – I ZR 18/82, TranspR 1984, 146 = VersR 1984, 578 = MDR 1984, 910;
>
> BGH, Urt. v. 25.10.1984 – I ZR 138/82, TranspR 1985, 48 = VersR 1985, 134 = NJW 1985, 555;
>
> BGH, Urt. v. 19.4.2007 – I ZR 90/04, TranspR 2007, 416 = NJW-RR 2008, 120 = MDR 2007, 1436.

475 „Frachtbrief" i. S. v. Art. 34 CMR ist der über den Frachtvertrag zwischen dem Absender und dem Hauptfrachtführer ausgestellte durchgehende, auf die gesamte Beförderungsstrecke lautende und dem Hauptfrachtführer vom Absender ausgehändigte Frachtbrief. Ist ein solcher Frachtbrief nicht ausgestellt oder vom Unterfrachtführer nicht angenommen oder an diesen nicht weitergegeben worden, ist der Unterfrachtführer kein „aufeinander folgender Frachtführer" i. S. v. Art. 34 CMR. Der über die gesamte Strecke ausgestellte Frachtbrief muss vom Absender und vom Hauptfrachtführer unterzeichnet sein.

> BGH, Urt. v. 9.2.1984 – I ZR 18/82, TranspR 1984, 146 = VersR 1984, 578 = MDR 1984, 910;
>
> BGH, Urt. v. 25.10.1984 – I ZR 138/82, TranspR 1985, 48 = VersR 1985, 134 = NJW 1985, 555;
>
> BGH, Urt. v. 19.4.2007 – I ZR 90/04, TranspR 2007, 416 = NJW-RR 2008, 120 = MDR 2007, 1436.

476 Empfängerrechte aus Art. 13 Abs. 1 Satz 2 CMR bestehen nicht gegen einen Unterfrachtführer, der nicht in der vorbezeichneten Weise durch Annahme von Gut und Frachtbrief **in den Beförderungsvertrag zwischen Absender und Hauptfrachtführer eingetreten** ist. Maßgebend für die Ersatzberechtigung des Empfängers ist – allein – der Frachtvertrag zwischen Absender und Hauptfrachtführer. Nur im Rahmen dieses Vertrages billigt die CMR dem Empfänger Ersatzansprüche wegen Verlustes oder Beschädigung des dem Hauptfrachtführer vom Absender übergebenen Gutes zu. Unterfrachtführer, deren sich der Hauptfrachtführer zur Erfüllung seiner frachtvertraglichen

Verpflichtungen bedient, sind – auch gegenüber dem Empfänger (Art. 13 Abs. 1 Satz 2 CMR; § 421 HGB) – nach der CMR (Art. 34) nur unter ganz bestimmten Voraussetzungen als nachfolgende Frachtführer zum Schadensersatz verpflichtet. Liegen diese Voraussetzungen nicht vor, haften sie nach dem Gesetz vertraglich weder gegenüber dem Absender noch gegenüber dem Empfänger.

Dazu stünde es im Widerspruch, einen Unterfrachtführer, in dessen Person **477** diese Voraussetzungen des Art. 34 CMR nicht vorliegen, gleichwohl – aus dem Frachtvertrag zwischen dem Hauptfrachtführer und dem Unterfrachtführer – gegenüber dem Empfänger haften zu lassen, obwohl nach den Regelungen der CMR die Tatsache des Abschlusses eines Unterfrachtvertrages allein dafür gerade nicht ausreichen soll. Denn der Unterfrachtführer ist lediglich **Hilfsperson** (Art. 3 CMR) und Erfüllungsgehilfe (§ 278 BGB) des Hauptfrachtführers bei Ausführung der Beförderung, und angesichts dieser Funktion sind seine Tätigkeiten nicht verschieden von denen des Arbeitnehmers (Fahrers), gegen den ebenfalls frachtvertragliche Ansprüche von Absender oder Empfänger nicht in Betracht kommen.

> BGH, Urt. v. 24.9.1987 – I ZR 197/85, TranspR 1988, 108
> = VersR 1988, 248;
>
> BGH, Urt. v. 28.4.1988 – I ZR 32/86, TranspR 1988, 338
> = VersR 1988, 825 = NJW 1988, 3095;
>
> BGH, Urt. v. 10.5.1990 – I ZR 234/88, TranspR 1990, 418
> = VersR 1990, 238 = NJW-RR 1990, 1508;
>
> BGH, Urt. v. 24.10.1991 – I ZR 208/89, BGHZ 116, 15
> = TranspR 1992, 177 = VersR 1992, 640 = NJW 1992, 1766.

Die im Rückgriffsverfahren zu beachtende **Zuständigkeitsbestimmung des** **478** **Art. 39 Abs. 2 CMR** gilt – ebenso wie die Regelung des Art. 37 CMR – allein für das Innenverhältnis zwischen aufeinander folgenden Frachtführern i. S. v. Art. 34 CMR. Auf andere Regressverfahren ist sie weder direkt noch analog anwendbar. Dies folgt aus ihrer systematischen Stellung im Kapitel VI der CMR (Art. 34 bis 40), dessen Bestimmungen allein für aufeinander folgende Frachtführer gelten.

> BGH, Urt. v. 25.10.1984 – I ZR 138/82, TranspR 1985, 48
> = VersR 1985, 134 = NJW 1985, 555;
>
> BGH, Urt. v. 10.5.1990 – I ZR 234/88, TranspR 1990, 418
> = VersR 1991, 238 = NJW-RR 1990, 1508;
>
> BGH, Urt. v. 19.4.2007 – I ZR 90/04, TranspR 2007, 416
> = NJW-RR 2008, 120 = MDR 2007, 1436.

22. Keine Unwirksamkeit einer Verbotsgutklausel wegen Verstoßes gegen Art. 41 Abs. 1 CMR

Eine **Transportausschlussklausel** ist nicht wegen Verstoßes gegen Art. 41 **479** Abs. 1 Satz 1 CMR unwirksam, da sie weder unmittelbar noch mittelbar von Bestimmungen der CMR – insbesondere nicht von dem in Art. 29 Abs. 1

CMR geregelten Wegfall von Haftungsbeschränkungen – abweicht. Eine Beförderungsausschlussklausel beschreibt im Allgemeinen lediglich den Umfang der vom Frachtführer zu leistenden Dienste und nicht seine Haftung bei Verlust und Beschädigung von Transportgut. Sie steht daher **nicht** im **Widerspruch** zu zwingenden Vorschriften der CMR. Betroffen ist in der Regel nur die **Vertragsabschlussfreiheit**, die in der CMR nicht geregelt ist.

> BGH, Urt. v. 26.3.2009 – I ZR 120/07, TranspR 2010, 76
> = NJW-RR 2010, 247.

23. Anwendung der Ausnahmebestimmung des Art. 2 Abs. 1 Satz 2 CMR

480 Gemäß **Art. 2 Abs. 1 Satz 1 CMR** gilt das Übereinkommen auch dann für die gesamte Beförderung, wenn das mit dem Gut beladene Fahrzeug während eines grenzüberschreitenden Straßengütertransports auf einem Teil der Strecke zur See, mit der Eisenbahn, auf Binnenwasserstraßen oder auf dem Luftweg befördert wird und das Gut – abgesehen von Fällen des **Art. 14 CMR** – nicht umgeladen wird.

481 Die Grundsatz wird jedoch unter den Voraussetzungen des **Art. 2 Abs. 1 Satz 2 CMR** durchbrochen. Soweit bewiesen wird, dass während der Beförderung mit dem anderen Verkehrsmittel eingetretene Verluste oder Beschädigungen nicht durch eine Handlung oder Unterlassung des Straßenfrachtführers, sondern durch ein Ereignis verursacht worden sind, das nur während und wegen der Beförderung mit dem anderen Beförderungsmittel eingetreten sein kann (**sog. transportträgertypische Gefahr**), bestimmt sich die Haftung des Straßenfrachtführers nicht nach den **CMR-Vorschriften**, sondern danach, wie der Frachtführer des anderen Verkehrsmittels gehaftet hätte, wenn ein lediglich das Gut betreffender Beförderungsvertrag zwischen dem Absender und dem Frachtführer des anderen Verkehrsmittels nach den **zwingenden Vorschriften** des für die Beförderung mit dem anderen Verkehrsmittel geltenden Rechts geschlossen worden wäre.

482 Sofern der „Huckepack-Transport" auf einem **Schiff** erfolgt, stellt sich die in der Rechtsprechung und im Schrifttum umstrittene Frage, ob es sich bei den **Haager Regeln von 1924** um „zwingende Vorschriften" i. S. v. Art. 2 Abs. 1 Satz 2 CMR handelt. Dies hat der I. Zivilsenat des **BGH** bejaht. Bei der Auslegung des Art. 2 Abs. 1 Satz 2 CMR kommen dem Sinn und Zweck der Vorschrift entscheidende Bedeutung zu. Die Bestimmung will vor allem verhindern, dass der **Straßenfrachtführer** einer schärferen und umfangreicheren Haftung gegenüber den Verfügungsberechtigten ausgesetzt wird, als er seinerseits gegenüber dem von ihm beauftragten Unterfrachtführer des Trägertransportmittels (bei einem Schiffstransport: Verfrachter) **Regress** nehmen kann.

483 Diese Gefahr ist vor allem bei einem „Huckepack-Transport" per Schiff gegeben, weil die Haftung des Verfrachters nach den Haager Regeln von 1924 und den seerechtlichen Haftungsbestimmungen im Handelsgesetzbuch im

Vergleich zur Haftung nach den CMR-Vorschriften **deutlich schwächer** ausgebildet ist. Dies gilt nicht nur für die Höhe der Haftung, sondern vor allem auch für den Grund der Haftung bei nautischem Verschulden und Feuer, wenn den Verfrachter kein eigenes Verschulden trifft.

> Art. 4 § 2 lit. a und b der Haager Regeln von 1924, § 607 Satz 2 HGB.

Das Regressinteresse des Straßenfrachtführers rechtfertigt es letztlich, die **484** Haager Regeln von 1924 als „zwingende Vorschriften" i. S. v. Art. 2 Abs. 1 Satz 2 CMR einzuordnen.

> BGH, Urt. v. 15.12.2011 – I ZR 12/11, BGHZ 192, 118
> = TranspR 2012, 330.

Die Frage, ob **Feuer** an Bord eines Seeschiffes eine **transportträgertypische** **485** **Gefahr** i. S. v. Art. 2 Abs. 1 Satz 2 CMR darstellt, lässt sich nicht generell beantworten. Bei der Beurteilung müssen alle bekannten Umstände des Schadenshergangs berücksichtigt werden. In der Regel dürfte es sich bei Feuer an Bord eines Seeschiffes jedoch um ein für dieses Transportmittel **typisches Schadensrisiko** handeln.

> BGH, Urt. v. 15.12.2011 – I ZR 12/11, BGHZ 192, 118
> = TranspR 2012, 330.

V. Seefrachtrechtliche Entscheidungen

1. Multimodaler Transport unter Einschluss einer Seestrecke

a) Anwendbares Recht

Haben sowohl der Fixkostenspediteur als auch sein Auftraggeber ihren Sitz **486** in Deutschland und befindet sich dort auch der Entladeort für das zu befördernde Gut, spricht die (widerlegliche) Vermutung des Art. 28 Abs. 4 EGBGB für die Anwendung deutschen Rechts.

Im Übrigen kann – wenn andere Umstände nicht entgegenstehen – bei einer **487** derartigen Fallgestaltung angenommen werden, dass der Vertrag die engsten Verbindungen mit Deutschland aufweist und schon aus diesem Grund gemäß Art. 28 Abs. 1 Satz 1 EGBGB dem deutschen Recht unterliegt.

Auf einen **multimodalen Frachtvertrag** sind auch dann grundsätzlich die **488** §§ 407 bis 450 HGB uneingeschränkt anzuwenden, wenn dieser eine Seestrecke einschließt (§ 452 Satz 2 HGB). Das gilt auch dann, wenn die Seestrecke – wie häufig – die bedeutendste **Teilstrecke** ist, die lediglich durch einen verhältnismäßig kurzen Vor- oder Nachlauf auf der Straße oder Schiene im Abgangs- oder Ankunftsland ergänzt wird. Ebenso wenig steht der Anwendung des **Landfrachtrechts** entgegen, dass für die gesamte Beförderung ein „Seekonnossement" ausgestellt wurde, da dieses beim Multimodaltransport rechtlich nur die Bedeutung eines Ladescheins i. S. v. § 444 HGB hat.

BGH, Urt. v. 22.4.2010 – I ZR 74/08, TranspR 2010, 429
= VersR 2011, 140 = MDR 2010, 1405.

b) Beendigung der Seestrecke

489 Die Frage, ob der Warenumschlag in einem Seehafen-Terminal eine eigenständige Teilstrecke i. S. d. § 452 Satz 1 HGB darstellt, ist gesetzlich nicht geregelt. Sie ist zumindest für diejenigen Fälle zu verneinen, in denen in dieser Hinsicht keine besonderen Umstände gegeben sind (siehe dazu Rn. 299 ff.).

BGH, Urt. v. 3.11.2005 – I ZR 325/02, BGHZ 164, 394
= TranspR 2006, 35 = VersR 2006, 389 = NJW-RR 2006, 616;

BGH, Urt. v. 18.10.2007 – I ZR 138/04, TranspR 2007, 472
= VersR 2008, 261 = MDR 2008, 273.

c) Voraussetzungen des § 660 Abs. 3 HGB

490 aa) Der **Grundsatz,** dass die beim Anspruchsteller liegende Darlegungs- und Beweislast für die besonderen Voraussetzungen der unbeschränkten Haftung des Spediteurs dadurch gemildert wird, dass dieser nach Treu und Glauben (§ 242 BGB) wegen **des unterschiedlichen Informationsstandes** der Vertragsparteien zu den näheren Umständen aus seinem Betriebsbereich soweit möglich und zumutbar eingehend vorzutragen hat, gilt auch im Rahmen des **§ 660 Abs. 3 HGB.**

491 Dieser für **Verlustfälle** entwickelte Grundsatz kann allerdings nicht ohne Weiteres auf diejenigen Fälle übertragen werden, in denen das beförderte Gut auf dem Transport beschädigt wurde. Soweit in dieser Hinsicht ein **Organisationsverschulden** des Verfrachters in Rede steht, bleibt es grundsätzlich dabei, dass der Anspruchsteller die tatsächlichen Voraussetzungen der den Anspruch begründenden Bestimmung und daher insbesondere das Vorliegen einer für den Schaden ursächlich gewordenen **Pflichtverletzung** darzulegen und ggf. zu beweisen hat. Abweichendes gilt allerdings dann, wenn der an dem Frachtgut eingetretene Schaden auf einer unzureichenden **Sicherung** des Transportgutes beruht.

BGH, Urt. v. 8.5.2002 – I ZR 34/00, TranspR 2002, 408 = VersR 2003, 395 = NJW-RR 2002, 1609;

BGH, Urt. v. 3.11.2005 – I ZR 325/02, BGHZ 164, 394
= TranspR 2006, 35 = VersR 2006, 389 = NJW-RR 2006, 616;

BGH, Urt. v. 29.6.2006 – I ZR 176/03, TranspR 2006, 390
= NJW-RR 2007, 32 = BGHReport 2006, 1412.

492 bb) Gemäß § 660 Abs. 3 HGB verliert der Verfrachter das Recht auf jede Haftungsbeschränkung, „wenn der Schaden auf eine Handlung oder Unterlassung zurückzuführen ist, die der **Verfrachter** in der Absicht, einen Schaden herbeizuführen oder leichtfertig und in dem **Bewusstsein** begangen hat, dass ein Schaden mit Wahrscheinlichkeit eintreten werde".

Diese **Regelung**, in der nur der „**Verfrachter**" genannt wird und nicht auch – **493**
wie etwa in § 435 HGB – die in § 428 HGB genannten Personen erwähnt
werden, ist dahin zu verstehen, dass die in den **§§ 658, 659, 660 Abs. 1 HGB**
vorgesehenen Haftungsbeschränkungen nur bei einem eigenen qualifizierten
Verschulden des Verfrachters entfallen. Dieses Verständnis ergibt sich mit
hinreichender Klarheit aus der **Entstehungsgeschichte des § 660 Abs. 3 HGB.**
Das qualifizierte Verschulden der Leute oder Bediensteten wird – anders als
etwa bei **Art. 29 Abs. 2 CMR** – dem qualifizierten Verschulden des Verfrachters nicht gleichgestellt. Die Vorschrift des § 607 Abs. 1 HGB steht dieser
Beurteilung nicht entgegen, weil sie nur die Haftung dem Grunde nach
betrifft und nicht auch für die Frage Bedeutung hat, in welcher Höhe der
Verfrachter für einen während seiner **Obhutszeit** eingetretenen Schaden haften muss. Die Bestimmung des § 607 Abs. 1 HGB findet im Rahmen von
§ 660 Abs. 3 HGB keine Anwendung.

Sofern es sich bei dem in Anspruch genommenen **Verfrachter** um eine juri- **494**
stische Person oder um eine Personenhandelsgesellschaft handelt, erfordert
der **Verlust** des Rechts auf **Haftungsbegrenzungen** ein qualifiziertes Verschulden der Organe des Anspruchsgegners.

> BGH, Urt. v. 18.6.2009 – I ZR 140/06, BGHZ 181, 292
> = TranspR 2009, 327 = VersR 2010, 412;
>
> BGH, Urt. v. 29.7.2009 – I ZR 212/06, TranspR 2009, 331
> = NJW-RR 2009, 1482 = MDR 2009, 1285.

cc) Handelt es sich bei dem beklagten Verfrachter um eine **juristische Per-** **495**
son oder um eine **Personenhandelsgesellschaft**, so trifft den Beklagten
grundsätzlich eine sekundäre Darlegungslast hinsichtlich seines Betriebsbe-
reiches dann, wenn der Schaden nach dem Vortrag des Klägers auf einem
dem Beklagten gemäß § 487d HGB analog zuzurechnenden qualifizierten
Verschulden des **Geschäftsführers** bei der Verladung oder Beförderung des
Gutes beruhte. Ist dazu nichts vorgetragen worden und lässt auch das Scha-
densbild keinen Rückschluss auf den für den Schadenseintritt ursächlichen
Sorgfaltsmangel zu, verbleibt es bei der grundsätzlich dem **Anspruchsteller**
obliegenden Darlegungs- und Beweislast.

> BGH, Urt. v. 3.11.2005 – I ZR 325/02, BGHZ 164, 394
> = TranspR 2006, 35 = VersR 2006, 389 = NJW-RR 2006, 616.

dd) Wird das Transportgut wegen **unzureichender Sicherung** während der **496**
Seebeförderung beschädigt, so spricht dies zunächst für ein grobes Organisationsverschulden des Verfrachters. Dieser muss daher im Einzelnen darlegen,
welche **organisatorischen Maßnahmen** er selbst oder die für ihn handelnden
Organe zur Verhinderung von Verladungsfehlern ergriffen haben. Kommt
der Verfrachter der ihm obliegenden **sekundären Darlegungslast** nicht in
ausreichendem Maße nach, erstreckt sich die Vermutung für ein grobes **Or-**
ganisationsverschulden auch auf das Verhalten seiner **Organe**.

> BGH, Urt. v. 29.7.2009 – I ZR 212/06, TranspR 2009, 331
> = NJW-RR 2009, 1482 = MDR 2009, 1285.

497 ee) Im Rahmen der **Seefracht** reicht es für die Annahme eines qualifizierten Verschuldens des Verfrachters wegen Verlustes des Transportgutes grundsätzlich nicht aus, dass das sperrige Gut (**Mobilkran** mit einem **Gewicht** von **48.000 kg**) auf seine Veranlassung vor der Verladung auf das Transportschiff auf einem frei zugänglichen Gelände des Seehafens Antwerpen verschlossen abgestellt worden ist.

> BGH, Urt. v. 24.11.2010 – I ZR 192/08, TranspR 2011, 161
> = MDR 2011, 551.

2. Haftung des Verfrachters gemäß § 559 HGB

498 Zu der „**Seetüchtigkeit**" i. S. d. § 559 Abs. 1 HGB gehört neben der Seetüchtigkeit im engeren Sinne, d.h. der Tauglichkeit des Schiffskörpers, mit der konkreten Ladung auf der vorgesehenen Reise die Gefahren der See zu bestehen, soweit diese nicht von ganz ungewöhnlicher Art sind, auch die sog. Reisetüchtigkeit des Schiffes, d. h. seine gehörige Einrichtung, Ausrüstung, Bemannung und Verprovianterung (Seetüchtigkeit im weiteren Sinne). Dementsprechend kann auch eine fehlerhafte oder unzureichende Bemannung des Schiffes durch den Reeder zu einer Haftung des Verfrachters aus § 559 HGB i. V. m. § 278 BGB führen.

499 Bei der Haftung aus § 559 HGB handelt es sich um eine solche für **vermutetes Verschulden**. Der Verfrachter hat daher die Möglichkeit, sich zu entlasten.

> BGH, Urt. v. 26.10.2006 – I ZR 20/04. BGHZ 169, 281
> = TranspR 2007, 36 = VersR 2007, 417.

500 Bei der Beurteilung der Frage, ob eine „**Seeuntüchtigkeit**" i. S. v. § 559 Abs. 1 HGB vorgelegen hat, ist auf den Beginn der Frachtreise der beschädigten bzw. untergegangenen Ladung und nicht auf den Antritt der Schiffsreise als solche abzustellen. Die Übermüdung eines Besatzungsmitglieds stellt einen Mangel in der Bemannung dar, der grundsätzlich geeignet ist, eine anfängliche Seeuntüchtigkeit zu begründen. Denn eine solche Seeuntüchtigkeit kann sich auch aus einem nur vorübergehend bestehenden Mangel ergeben.

501 Ein Mangel führt allerdings dann nicht zu einer Seeuntüchtigkeit, wenn anzunehmen ist, dass er im regelmäßigen Schiffsbetrieb alsbald entdeckt und beseitigt worden wäre. Andernfalls würde die Verantwortlichkeit des Verfrachters überspannt. Für den Ausschluss mangelnder Seetüchtigkeit genügt es daher, dass zu erwarten ist, dass das Schiff bei Eintritt einer Seegefahr seetüchtig ist. Dies ist dann anzunehmen, wenn es sich um einen Mangel handelt, der entweder einem für seine Beseitigung zuständigen Mitglied der Besatzung bekannt gewesen ist oder unabhängig davon im Zuge des üblichen Bordbetriebes alsbald behoben worden wäre.

BGH, Urt. v. 14.12.1972 – II ZR 88/71, BGHZ 60, 39 = VersR
1973, 218 = MDR 1973, 297;

BGH, Urt. v. 20.2.1995 – II ZR 60/94, TranspR 1995, 306
= VersR 1995, 685 = NJW 1995, 1831;

BGH, Urt. v. 26.10.2006 – I ZR 20/04, BGHZ 169, 281
= TranspR 2007, 36 = VersR 2007, 417.

3. Haftung des Verfrachters gemäß §§ 606, 607 HGB

a) Grundsatz

Nach § 606 Satz 2 HGB haftet der Verfrachter für den Schaden, der durch **502**
Verlust oder Beschädigung der Güter in der Zeit von der Annahme bis zur
Ablieferung entsteht, es sei denn, dass der Verlust oder die Beschädigung auf
Umständen beruht, die durch die Sorgfalt eines ordentlichen Verfrachters
nicht abgewendet werden konnten. Gemäß § 607 Abs. 1 HGB hat der Ver-
frachter ein Verschulden seiner Leute und der Schiffsbesatzung in gleichem
Umfang zu vertreten wie eigenes Verschulden. Ist der Schaden durch ein
Verhalten bei der Führung oder der sonstigen Bedienung des Schiffes (nautisches Verschulden) oder durch Feuer entstanden, so hat der Verfrachter gemäß § 607 Abs. 2 HGB nur sein eigenes Verschulden zu vertreten.

b) Haftungsausschluss gemäß § 607 Abs. 2 Satz 1 HGB

Unter „**Führung des Schiffes**" i. S. d. § 607 Abs. 2 Satz 1 HGB sind alle Maß- **503**
nahmen der Besatzung in Bezug auf die Fortbewegung des Schiffes zu verstehen. Hierzu zählen sämtliche Schiffsmanöver, Ruder- und Maschinen-
kommandos, das Absetzen des Kurses, die Besetzung des Ausgucks, die
Standortbestimmung, das Hinzuziehen von Lotsen, die Beobachtung des
Radars, die Signalgebung sowie die Beachtung der Vorschriften des Seestra-
ßenrechts. Bei der „sonstigen Bedienung" des Schiffes handelt es sich um die
technische Handhabung des Schiffes, soweit sie nicht die Navigation betrifft.

Kommen als Schadensursache das Setzen eines geänderten Kurses, das **504**
Nichteinschalten eines „Watchalarms" und die Besetzung der Brücke mit nur
einem und dabei möglicherweise übermüdeten Wachoffizier in Betracht, so
betreffen diese Verhaltensweisen sämtlich die Führung oder die technische
Bedienung des Schiffes in dem vorstehend unter Rn. 502 angesprochenen
Sinn. Nicht zur Bedienung des Schiffes i. S. v. § 607 Abs. 2 HGB gehören –
wie sich aus § 607 Abs. 2 Satz 2 HGB ergibt – nur solche Maßnahmen der
Schiffsbesatzung, die überwiegend im Interesse der Ladung getroffen werden.

BGH, Urt. v. 26.10.2006 – I ZR 20/04, BGHZ 169, 281
= TranspR 2007, 36 = VersR 2007, 417.

Die Bestimmung des § 607 Abs. 2 Satz 1 HGB kann nicht dahingehend ein- **505**
schränkend ausgelegt werden, dass der dort bestimmte Haftungsausschluss
allein Fälle fahrlässigen Fehlverhaltens erfasst. Die Haftungsbefreiung des

§ 607 Abs. 2 HGB greift nach ihrem eindeutigen Wortlaut sowie nach ihrem Sinn und Zweck gerade **auch bei vorsätzlichem Verhalten** ein.

506 Der Gesetzgeber hat trotz der seit langem bekannten Kritik im Schrifttum an der Haftungsverteilung in § 607 Abs. 2 HGB bewusst festgehalten. Vor allem ist bei der Transportrechtsreform im Jahre 1998 kein dringender Bedarf für eine Änderung der Haftungsregelung im Bereich der Seebeförderung gesehen worden. Eine Beschränkung des in § 607 Abs. 2 HGB bestimmten Haftungsausschlusses auf fahrlässige Verhaltensweisen scheidet daher aus.

507 Stellt sich ein Versäumnis des Kapitäns als **nautisches Verschulden** i. S. v. § 607 Abs. 2 Satz 1 HGB dar, so hat der Verfrachter dies selbst bei einem vorsätzlichen Verhalten des Kapitäns nicht zu vertreten.

> BGH, Urt. v. 26.10.2006 – I ZR 20/04, BGHZ 169, 281
> = TranspR 2007, 36 = VersR 2007, 417.

4. Bindung an eine in einem Konnossement vereinbarte Gerichtsstandsklausel

508 Gemäß Art. 23 Abs. 1 Brüssel-I-VO (= EuGVVO) können Parteien, von denen mindestens eine ihren Sitz im Hoheitsgebiet eines Mitgliedstaates hat, vereinbaren, dass die Gerichte eines Mitgliedstaats über eine künftige aus einem bestimmten Rechtsverhältnis entspringende Rechtsstreitigkeit entscheiden sollen. Ist nichts Anderes vereinbart, sind die Gerichte dieses Mitgliedstaates dann ausschließlich zuständig. Eine solche Gerichtsstandsvereinbarung erfordert gemäß Art. 23 Abs. 1 Satz 3 lit. a Brüssel-I-VO grundsätzlich eine **schriftliche** oder schriftlich bestätigte Vereinbarung zwischen den Parteien des Rechtsstreits. Im internationalen Handel muss die Gerichtsstandsvereinbarung in einer Form geschlossen werden, die einem **Handelsbrauch** entspricht, den die Parteien kannten oder kennen mussten und den Parteien von Verträgen dieser Art in dem betreffenden Geschäftszweig allgemein kennen und regelmäßig beachten (Art. 23 Abs. 1 Satz 3 lit. c Brüssel-I-VO).

- Weist ein Konnossement den Charterer auf der Vorderseite deutlich hervorgehoben als Verfrachter aus, so geht dies als Individualvereinbarung der Benennung des Reeders als Verfrachter in den Konnossementsbedingungen (Identity-of-Carrier-Klausel = IOC-Klausel) vor.

> BGH, Urt. v. 5.2.1990 – II ZR 15/89, TranspR 1990, 163
> = VersR 1990, 503 = NJW-RR 1990, 613;
>
> BGH, Urt. v. 4.2.1991 – II ZR 52/90, TranspR 1991, 243
> = VersR 1991, 715 = NJW 1991, 1420;
>
> BGH, Urt. v. 15.2.2007 – I ZR 40/04, BGHZ 171, 141
> = TranspR 2007, 119 = VersR 2007, 1292 = NJW 2007, 2036.

- Eine im Konnossement zwischen Verfrachter und Befrachter vereinbarte Gerichtsstandsklausel bindet den Drittinhaber des Konnossements, soweit dieser nach dem anwendbaren nationalen Recht in die Rechte und Pflichten des Befrachters eingetreten ist oder der Gerichtsstandsklausel zugestimmt hat.

Die Frage, ob eine Zustimmung des Drittberechtigten vorliegt, ist am Maßstab des Art. 23 Abs. 1 Brüssel-I-VO zu beurteilen. Danach kann ein Einverständnis vermutet werden, wenn in dem betreffenden Geschäftszweig des internationalen Handelsverkehrs ein entsprechender Handelsbrauch besteht, der den Parteien bekannt ist oder der als ihnen bekannt angesehen werden muss. Maßgebliches Kriterium ist insoweit, ob die Kaufleute in dem Geschäftszweig des internationalen Handelsverkehrs, in dem die Vertragsparteien tätig sind, das betreffende Verhalten allgemein und regelmäßig befolgen. Da Gerichtsstandsklauseln in Konnossementen im internationalen Seerecht als handelsüblich gelten, ist davon auszugehen, dass derjenige, der als Empfänger Ansprüche aus dem Konnossement geltend macht – unabhängig davon, ob er wie ein Abtretungsempfänger in die Rechte des Befrachters eintritt oder originär eigene Rechte und Pflichten erwirbt – auf Grund dieses Handelsbrauchs der Gerichtsstandsvereinbarung zugestimmt hat.

> EuGH, Urt. v. 16.3.1999 – C 159/97, EuZW 1999, 441 – Castelletti;
>
> EuGH, Urt. v. 9.11.2000 – C 387/98, NJW 2001, 501 – Coreck Maritime;
>
> BGH, Urt. v. 15.2.2007 – I ZR 40/04, BGHZ 171, 141 = TranspR 2007, 119 = VersR 2007, 1292 = NJW 2007, 2036.

- Gegenüber dem Reeder entfaltet eine im Konnossement zwischen Verfrachter und Befrachter vereinbarte Gerichtsstandsklausel allerdings nur Wirkung, wenn dieser an dem Konnossement mitgewirkt oder der Gerichtsstandsklausel nachträglich zugestimmt hat.

> EuGH, Urt. v. 9.11.2000 – C 387/98, NJW 2001, 501 – Coreck Maritime;
>
> BGH, Urt. v. 15.2.2007 – I ZR 40/04, BGHZ 171, 141 = TranspR 2007, 119 = VersR 2007, 1292 = NJW 2007, 2036.

5. Zum Anwendungsbereich des § 625 HGB

Die Vorschrift des § 625 HGB regelt allein den Fall, dass der Verfrachter das Frachtgut an den **Empfänger abgeliefert** hat. Der Empfänger wird allein durch die Annahme der Güter verpflichtet, die Fracht und die weiteren in § 614 Abs. 1 HGB genannten Vergütungen an den Verfrachter zu zahlen. 509

Für den Fall, dass der Empfänger die **Annahme** des Gutes **verweigert**, bestimmt § 627 Abs. 1 HGB, dass der Befrachter den Verfrachter weiterhin wegen der Fracht und der übrigen Forderungen aus dem Frachtvertrag zu befriedigen hat. Der **Verfrachter** kann den Befrachter nur dann auf Zahlung der nach der Verschiffung entstandenen Gebühren in Anspruch nehmen, 510 wenn der Empfänger diese nicht zahlt. Der Verfrachter ist mithin gehalten, in erster Linie den **Empfänger** wegen seiner offenen Forderungen in Anspruch zu nehmen. Hat der Empfänger die Annahme des **Gutes** verweigert, bestehen gegen ihn keinerlei Ansprüche. In einem solchen Fall ist allein der Befrachter dem Verfrachter gemäß § **627 Abs. 1 HGB** verpflichtet.

> BGH, Urt. v. 22.4.2010 – I ZR 74/08, TranspR 2010, 429
> = VersR 2011, 140 = MDR 2010, 1405.

VI. Güterbeförderung per Luftfracht

1. Montrealer Übereinkommen

511 Die seit etwa 1990 bestehenden Bestrebungen, das Abkommen zur Vereinheitlichung von Regeln über die Beförderung im internationalen Luftverkehr in der Fassung von Den Haag 1955,

> WA 1955, BGBl. II 1958, 291,

zu reformieren, konnten im Rahmen der in Montreal vom 10. bis 28.5.1999 durchgeführten Diplomatischen Konferenz von etwa 120 Staaten über ein **Übereinkommen zur Vereinheitlichung bestimmter Vorschriften für die Beförderung im internationalen Luftverkehr** erfolgreich zum Abschluss gebracht werden. Das Übereinkommen von Montreal,

> Montrealer Übereinkommen 1999 – MÜ, ABl. EG Nr. L 154 v.
> 18.7.2001, S. 39,

wurde am 28.5.1999 von 52 Staaten unterzeichnet. Deutschland, Frankreich, das Vereinigte Königreich und die Vereinigten Staaten von Amerika gehörten zu den ersten Unterzeichnerstaaten.

512 Das **Montrealer Übereinkommen** legt besonderes Gewicht auf die Verbesserung des Verbraucherschutzes. Mit der neuen Konvention wurde u. a. die Möglichkeit geschaffen, Luftfahrtunternehmen auf Grund nationaler Regelungen zu schnellen Vorauszahlungen im Schadensfall zu verpflichten (**Art. 28 MÜ**). Daneben enthält das Montrealer Übereinkommen Bestimmungen über die Beförderungsdokumente (Flugschein, Fluggepäckschein, Luftfrachtbrief), die den neuen technischen Entwicklungen vor allem im Bereich des elektronischen Buchungs- und Luftfrachtbriefverfahrens entsprechen und den wirtschaftlichen Bedürfnissen der Luftfahrtunternehmen Rechnung tragen. Für Gepäck-, Fracht- und Verspätungsschäden wurden neue **Haftungshöchstgrenzen** der Luftfahrtunternehmen vereinbart.

513 Das Übereinkommen bedarf der **Ratifikation der Vertragsstaaten**. Es tritt gemäß seinem Art. 53 Abs. 6 am 60. Tag nach Hinterlegung der 30. Ratifikations-, Annahme-, Genehmigungs- oder Beitrittsurkunde beim Verwahrer zwischen den Staaten in Kraft, die eine solche Urkunde hinterlegt haben.

514 Mit Beschluss vom **5.4.2001** hat die **Europäische Gemeinschaft** das Montrealer Übereinkommen genehmigt und festgestellt, dass der Präsident des

Rates im Namen der Gemeinschaft die in Art. 53 Abs. 5 des Übereinkommens vorgesehene Urkunde sowie eine Zuständigkeitserklärung bei der Internationalen Zivilluftfahrt-Organisation hinterlegt. Diese Urkunde wird zur gleichen Zeit hinterlegt wie die Ratifikationsurkunden sämtlicher Mitgliedsstaaten.

> ABl. EG Nr. L 194, S. 38.

Da die EG-Mitgliedstaaten auch weiterhin dem Warschauer Abkommenssystem angehören, können die Mitgliedstaaten der Gemeinschaft im Verhältnis zu **Drittländern**, die das Übereinkommen noch nicht ratifiziert haben, zumindest das alte Warschauer Abkommen weiter anwenden. **515**

2. Geltung des Montrealer Übereinkommens für die Bundesrepublik Deutschland

In **Art. 4 Abs. 2** des Gesetzes zur Harmonisierung des Haftungsrechts im Luftverkehr vom 6.4.2004, **516**

> BGBl. I 2004, 550,

ist bestimmt, dass das Bundesministerium der Justiz im Bundesgesetzblatt den Tag bekannt gibt, an dem das Montrealer Übereinkommen für die Bundesrepublik Deutschland in Kraft tritt.

Nach der Bekanntmachung über das Inkrafttreten des Montrealer Übereinkommens vom 16.9.2004, **517**

> BGBl. II 2004, 1371,

ist das Übereinkommen gemäß seinem Art. 53 Abs. 7 für die **Bundesrepublik Deutschland** am 28.6.2004 in Kraft getreten.

Gemäß **Art. 1 § 6 des Gesetzes zur Durchführung des Übereinkommens vom 28.5.1999 zur** Vereinheitlichung bestimmter Vorschriften über die Beförderung im internationalen Luftverkehr, **518**

> Montrealer-Übereinkommen-Durchführungsgesetz – MontÜG,
> BGBl. I 2004, 550,

sind die Vorschriften des Montrealer Übereinkommens nur anzuwenden, wenn der Luftbeförderungsvertrag nach dem Zeitpunkt geschlossen wurde, zu dem das Montrealer Übereinkommen für die Bundesrepublik Deutschland in Kraft getreten ist.

Daraus sowie aus den Darlegungen unter Rn. 511 ff. ergibt sich, dass die **bisherige Rechtsprechung** des Bundesgerichtshofs zum Warschauer Abkommen durchaus noch **Bedeutung** hat. Sie wird daher im Folgenden in den wesentlichen Zügen referiert. Mittlerweile gibt es allerdings auch eine ganze Reihe von Entscheidungen des Bundesgerichtshofs zum Montrealer Übereinkommen, die nachfolgend unter Rn. 578 ff. kommentiert werden. **519**

3. Höchstrichterliche Rechtsprechung zum Warschauer Abkommen (WA 1955)

a) Der Luftfrachtvertrag

520 Der Luftfrachtvertrag ist Konsensualvertrag. Er ist an keine Form gebunden. Insbesondere bedarf es für seine Gültigkeit weder der Ausstellung eines Frachtbriefs noch anderer Beförderungspapiere. Der Luftfrachtbrief (Air Waybill) hat für die Wirksamkeit des Abschlusses des Luftfrachtvertrages keine (konstitutive) Bedeutung.

> BGH, Urt. v. 22.4.1982 – I ZR 86/80, BGHZ 84, 101 = TranspR 1982, 156 = VersR 1982, 896 = NJW 1983, 516.

521 Das **Warschauer Abkommen** findet nur Anwendung, wenn ein entgeltlicher Luftfrachtvertrag zwischen Luftfrachtführer und Absender abgeschlossen worden ist (Art. 1 Abs. 1 Satz 1 WA). Unentgeltliche Verträge unterliegen dem Warschauer Abkommen nur, wenn sie von einem Luftfahrtunternehmen ausgeführt werden (Art. 1 Abs. 1 Satz 2 WA).

> BGH, Urt. v. 2.4.1974 – VI ZR 23/73, BGHZ 62, 256 = VersR 1974, 902 = NJW 1974, 1617;
>
> BGH, Urt. v. 27.11.1979 – VI ZR 267/78, BGHZ 76, 32 = TranspR 1980, 55 = VersR 1980, 234 = NJW 1980, 587.

522 Ein **IATA-Luftfrachtbrief** erbringt gemäß Art. 11 Abs. 1 WA den widerlegbaren Beweis für den Abschluss des Luftbeförderungsvertrages. Diese Beweisvermutung erstreckt sich auch auf den Inhalt des Vertrages, insbesondere auf die Frage, wer von den am Luftbeförderungsvertrag Beteiligten als Absender, Frachtführer und Empfänger anzusehen ist.

> BGH, Urt. v. 15.11.1988 – IX ZR 11/88, TranspR 1989, 151 = NJW-RR 1989, 252 = MDR 1989, 350;
>
> BGH, Urt. v. 21.9.2000 – I ZR 135/98, BGHZ 145, 170 = TranspR 2001, 29 = VersR 2001, 526 = NJW-RR 2001, 396.

523 Der bei Ausfüllung eines internationalen Luftfrachtbriefs ausdrücklich als Absender (Shipper) Bezeichnete wird grundsätzlich selbst dann Vertragspartei des Luftfrachtvertrages, wenn der für ihn handelnde „Agent" ein Speditionsunternehmen betreibt.

> BGH, Urt. v. 21.9.2000 – I ZR 135/98, BGHZ 145, 170 = TranspR 2001, 29 = VersR 2001, 526 = NJW-RR 2001, 396.

b) Der Luftfrachtbrief nach dem Warschauer Abkommen

524 Der Luftfrachtbrief dient **Beweiszwecken** (Art. 5 Abs. 2, Art. 11 Abs. 1 und Abs. 2 WA). Sind in dem Luftfrachtbrief bestimmte Angaben über die Anzahl der Packstücke enthalten, so steht die Richtigkeit dieser Angaben bis zum Beweis des Gegenteils fest (Art. 11 Abs. 2 Satz 1 WA).

> BGH, Urt. v. 22.4.1982 – I ZR 86/80, BGHZ 84, 101 = TranspR 1982, 156 = VersR 1982, 896 = NJW 1983, 516.

Nach Art. 11 Abs. 2 Satz 1 WA gelten die Angaben des Luftfrachtbriefes 525
über die Verpackung des Gutes **bis zum Beweis des Gegenteils** als richtig.
Gemäß Art. 11 Abs. 2 Satz 2 WA erbringen die Angaben über den Zustand
des Gutes gegenüber dem Luftfrachtführer allerdings nur insoweit Beweis,
als dieser sie in Gegenwart des Absenders nachgeprüft hat und dies auf dem
Frachtbrief vermerkt ist, oder wenn es sich um Angaben handelt, die sich auf
den äußerlich erkennbaren Zustand des Gutes beziehen. Ist auf dem Luftfrachtbrief nicht vermerkt, dass der Luftfrachtführer den Zustand des Gutes
in Anwesenheit des Absenders nachgeprüft hat, gilt die Angabe im Luftfrachtbrief, dass der Luftfrachtführer das Gut in äußerlich ordnungsgemä-
ßem Zustand übernommen hat, bis zum Beweis des Gegenteils nur insoweit
als richtig, als sie sich auf den äußerlich erkennbaren Zustand des Gutes bezieht (Art. 11 Abs. 2 Satz 2 WA). Die Beweiswirkung der Angaben zum äußerlich erkennbaren Zustand des Gutes gemäß Art. 11 Abs. 2 Satz 2 WA
entspricht derjenigen des Art. 9 Abs. 2 CMR. Darunter ist der Zustand zu
verstehen, der sich mit den Mitteln und der Sorgfalt überprüfen lässt, die
einem CMR-Frachtführer zur Verfügung stehen.

> BGH, Urt. v. 9.6.2004 – I ZR 966/00, TranspR 2004, 369
> = VersR 2005, 811 = NJW-RR 2004, 1482.

Des Weiteren ist zu beachten, dass die **Haftungsbeschränkungen** zugunsten 526
des Luftfrachtführers nach Art. 22 Abs. 2 WA **entfallen**, wenn kein Luftfrachtbrief ausgestellt wird oder ein ausgestellter Luftfrachtbrief nicht den
nach Art. 8 lit. c WA vorgeschriebenen Hinweis auf die beschränkte Haftung
des Luftfrachtführers nach dem Warschauer Abkommen enthält (Art. 5
Abs. 2 Halbsatz 2 WA, Art. 9 WA).

c) Der Luftfrachtführer

„Luftfrachtführer" i. S. d. Warschauer Abkommens ist derjenige, der sich dem 527
Absender gegenüber zur Beförderung vertraglich verpflichtet (vertraglicher
Luftfrachtführer). Maßgebend ist insoweit allein das vertragliche Leistungs-
versprechen. Luftfrachtführer ist daher auch der Spediteur in den Fällen der
§§ 458, 459 HGB, wenn er die Besorgung eines Lufttransports übernommen
hat.

> BGH, Urt. v. 7.5.1981 – VII ZR 107/80, BGHZ 80, 280
> = TranspR 1981, 98 = NJW 1981, 1664 = MDR 1981, 838;
> BGH, Urt. v. 14.2.1989 – VI ZR 121/88, TranspR 1989, 275
> = VersR 1989, 522 = NJW-RR 1989, 723.

Überträgt der vertragliche Luftfrachtführer (z. B. der Spediteur) die Ausfüh- 528
rung der Beförderung einem Anderen, so wird dieser in dem Umfang, in dem
er tätig wird, ebenfalls zum (ausführenden) Luftfrachtführer und haftet gegenüber dem Versender in dem vorbezeichneten Umfang bei einer internationalen Beförderung nach dem Warschauer Abkommen.

529 Wird eine Beförderung von mehreren **aufeinander folgenden Luftfracht-führern** ausgeführt, sind diese vertragliche Luftfrachtführer, wenn sie sich dem Absender gegenüber zur Beförderung auf ihrer Teilstrecke im Rahmen einer einheitlichen (Gesamt-)Beförderung verpflichtet haben, die Teilbeförderung also nur als Teilstück einer Gesamtbeförderung vereinbart worden ist („aufeinander folgende Luftfrachtführer", Art. 1 Abs. 3 WA). Durch die Annahme des Frachtgutes wird der nachfolgende Luftfrachtführer zur Partei des Beförderungsvertrages (Art. 30 Abs. 1 WA) mit der gesamtschuldnerischen Haftung gemäß Art. 30 Abs. 3 WA.

BGH, Urt. v. 20.5.1974 – I ZR 25/73, VersR 1974, 1054;

BGH, Urt. v. 9.10.1981 – I ZR 98/79, VersR 1982, 60 = MDR 1982, 379 = VRS 62, 357.

d) Der Regelungsbereich des Warschauer Abkommens

530 Das Warschauer Abkommen regelt nur Teile des Beförderungsvertrages, nämlich den Luftfrachtbrief, die Absender- und Empfängerrechte und die Haftung des Luftfrachtführers für Zerstörung, Verlust, Beschädigung und Verzögerung (Überschreitung der Lieferfrist).

531 Nicht geregelt ist die Haftung des Luftfrachtführers wegen Nichterfüllung. In diesen Fällen gelten ergänzend nationale Rechtsvorschriften, bei Anwendbarkeit deutschen Rechts insbesondere die §§ 276, 280, 281, §§ 323 ff., §§ 631 ff. BGB, ggf. auch die ADSp.

BGH, Urt. v. 10.10.1985 – I ZR 124/83, BGHZ 96, 136 = TranspR 1986, 70 = VersR 1986, 285 = NJW 1986, 1434.

532 Die **Verjährung der Ansprüche** von Luftfrachtführern wegen des Beförderungsentgelts richtet sich nach den nationalen Verjährungsbestimmungen.

BGH, Urt. v. 7.5.1981 – VII ZR 107/80, BGHZ 80, 280 = TranspR 1981, 98 = NJW 1981, 1664 = MDR 1981, 838.

e) Die Haftung des Luftfrachtführers

aa) Multimodaler Transport

533 Wird das Gut nicht nur mit Luftfahrzeugen, sondern teilweise auch mit anderen Verkehrsmitteln befördert (gemischte Beförderung i. S. d. Art. 31 WA = kombinierter oder multimodaler Transport), so gilt das Warschauer Abkommen nur für die Luftbeförderung (Art. 18 Abs. 3, Art. 31 Abs. 1 WA). Die Vorschrift des Art. 18 Abs. 3 Satz 2 WA bildet davon keine Ausnahme, sondern ist lediglich Beweiserleichterung zugunsten des Geschädigten.

534 Führt der Luftfrachtführer auf Grund weiterer, über den Luftfrachtvertrag hinausgehender Beförderungspflichten (Vor- und Nach-)Transporte aus (Art. 31 Abs. 2 WA), so richtet sich seine Haftung insoweit nach den für die jeweilige Beförderungsart maßgebenden Vorschriften, also insbesondere

nach CMR und HGB. Dabei ist unerheblich, ob bei einer Gesamtbetrachtung das Schwergewicht des Transportes bei der Luftbeförderung liegt.

Die weiteren über den Luftfrachtvertrag hinausgehenden Beförderungspflichten können ausdrücklich oder stillschweigend und auch durch Einbeziehung von Allgemeinen Geschäftsbedingungen in den Vertrag übernommen werden. **535**

Ist der Luftfrachtführer auf Grund von Allgemeinen Geschäftsbedingungen **536** berechtigt, seine vertraglichen Beförderungsverpflichtungen unter bestimmten Voraussetzungen auch mit anderen Beförderungsmitteln als Luftfahrzeugen zu erfüllen und befördert er in Ausübung dieses Rechts das Gut im grenzüberschreitenden Straßengüterverkehr, unterliegt die Beförderung den Vorschriften der CMR. Der grenzüberschreitende Straßengüterverkehr ist in solchen Fällen – aufschiebend bedingt – vereinbart und stellt sich bei Eintritt der Bedingung als vertragsgemäße Beförderung i. S. d. Art. 1 CMR dar.

Für Transportschäden an Luftfrachtgut anlässlich einer – auftragswidrigen **537** oder vom Auftrag gedeckten – Beförderung im Straßengüterverkehr haftet der Luftfrachtführer jedenfalls nach den im Straßengüterverkehr geltenden Vorschriften.

> BGH, Urt. v. 17.5.1989 – I ZR 211/87, TranspR 1990, 19
> = VersR 1990, 331 = NJW 1990, 639.

bb) Haftung nach Art. 12 Abs. 3 WA

Der Luftfrachtführer haftet nach Art. 12 Abs. 3 WA auf Schadensersatz, **538** wenn er das von ihm unterzeichnete dritte Stück des Luftfrachtbriefes mit Empfangsbestätigung dem Absender aushändigt, ohne das Frachtgut erhalten zu haben.

> BGH, Urt. v. 19.3.1976 – I ZR 75/74, VersR 1976, 778 = NJW
> 1976, 1583.

cc) Haftung nach Art. 18, 19 WA

Die Haftung des Luftfrachtführers ist wie die des Landfrachtführers nach **539** dem HGB (§ 425 Abs. 1 HGB) eine Haftung **für vermutetes Verschulden** (Art. 20 WA). Weist der Absender bzw. der anspruchsberechtigte Empfänger nach, dass der Luftfrachtführer das Gut in einwandfreiem Zustand übernommen hat, so ist es dessen Sache, die Verschuldensvermutung des Art. 20 WA zu entkräften. Verdirbt beispielsweise Obst oder Gemüse, das als solches gekennzeichnet ist, im Verlauf eines Lufttransports, genügt für den Schadensersatzanspruch des Empfängers der Nachweis, dass der Verderb die Folge unsachgemäßer Transportbehandlung sein kann. Der Luftfrachtführer muss diese Verschuldensvermutung entkräften.

540 Die beim **Misslingen des Entlastungsbeweises** eingreifende Haftung des Luftfrachtführers richtet sich ausschließlich nach Art. 18 WA (bei Zerstörung, Verlust und Beschädigung) und Art. 19 (bei Verspätung).

541 Liegen die Voraussetzungen für einen Schadensersatzanspruch nach Art. 18, 19 WA vor, gelten **ausschließlich** die Vorschriften des Abkommens, insbesondere die Bestimmungen über **Schadensanzeige** und **Ausschlussfristen** (Art. 26, 29 WA), auch wenn die Ersatzansprüche (ohne das Abkommen) auf andere Haftungsgrundlagen gestützt werden könnten. Ein Schadensersatzanspruch kann also – auf welchem Rechtsgrund er auch beruht – nur unter den Voraussetzungen und Beschränkungen des Warschauer Abkommens geltend gemacht werden (Art. 24 Abs. 1 WA).

> BGH, Urt. v. 2.4.1974 – VI ZR 23/73, BGHZ 62, 256 = VersR 1974, 902 = NJW 1974, 1617.

542 Der **Begriff der Luftbeförderung** umfasst nach Art. 18 Abs. 2 WA den Zeitraum, während dessen sich die Güter auf einem Flughafen, an Bord eines Luftfahrzeuges oder – bei Landung außerhalb eines Flughafens – sonst in der Obhut des Luftfrachtführers befinden. Der Schadensersatzanspruch nach Art. 18 Abs. 1 WA setzt voraus, dass während dieser Zeit eine Schadensursache gesetzt worden ist.

543 Der Luftfrachtführer hat so lange **Obhut** an dem Gut, als es sich mit seinem Willen derart in seinem Einwirkungsbereich befindet, dass er in der Lage ist, das Gut gegen Verlust und Beschädigung zu schützen. Ein körperlicher Gewahrsam durch den Luftfrachtführer ist dafür nicht zwingend erforderlich. Es genügt, dass der Luftfrachtführer auf die Behandlung des Transportgutes Einfluss nehmen kann. Befindet sich das Frachtgut im Gewahrsam eines Dritten, so hängt der Grad der erforderlichen Einwirkungsmöglichkeit von den Umständen des jeweiligen Einzelfalls ab. Im Grundsatz kann ein geringerer Grad von Einwirkungsmöglichkeit ausreichen, wenn der Schaden in einem zu den Kernbereichen der Luftbeförderung gehörenden Teilabschnitt eingetreten ist. Denn der Absender darf darauf vertrauen, dass der Luftfrachtführer zumindest in den vertragstypischen Tätigkeitsfeldern der Luftbeförderung für eine sorgfältige Vertragserfüllung einstehen will.

> BGH, Urt. v. 27.10.1978 – I ZR 114/76, VersR 1979, 83 = NJW 1979, 493;
>
> BGH, Urt. v. 21.9.2000 – I ZR 135/98, BGHZ 145, 170 = TranspR 2001, 29 = VersR 2001, 526 = NJW-RR 2001, 396.

544 Übergibt der Luftfrachtführer das Frachtgut freiwillig in die Hand **eines Dritten**, so wird seine Obhut zumindest im Kernbereich der Luftbeförderung im Regelfall bereits deshalb fortbestehen, weil der Dritte seinerseits in Erfüllung seiner dem Luftfrachtführer gegenüber bestehenden Vertragspflichten zum sorgsamen Umgang mit dem Frachtgut verpflichtet ist. Insoweit wird die obhutsbegründende Einwirkungsmöglichkeit durch das rechtliche Band der Vertragsbeziehung vermittelt. Die Obhut endet lediglich dann, wenn

der Luftfrachtführer den Gewahrsam ohne eigene Mitwirkung – beispielsweise durch staatlichen Hoheitsakt einer Zollbehörde – verliert und keine tatsächlichen oder rechtlichen Einwirkungsmöglichkeiten auf das Frachtgut hat.

Der **Entladevorgang** einschließlich des **Warenumschlags** auf dem Flughafen 545 gehören zu den vertragstypischen Leistungspflichten des Luftbeförderungsvertrages. In diesem Bereich sind keine allzu strengen Anforderungen an das Fortbestehen einer Obhut des Luftfrachtführers zu stellen.

> BGH, Urt. v. 21.9.2000 – I ZR 135/98, BGHZ 145, 170
> = TranspR 2001, 29 = VersR 2001, 526 = NJW-RR 2001, 396.

Die Obhut am Frachtgut geht auf den Luftfrachtführer über, wenn er im 546 Falle einer Anlieferung des Gutes zum Flughafen per LKW vom Anlieferer in die Lage versetzt wird, das Frachtgut vom LKW zu übernehmen, und er seine Bereitwilligkeit hierzu dadurch zum Ausdruck bringt, dass er mit dem **Abladen** beginnt. Eine Hilfe des LKW-Fahrers geht zu Lasten des Luftfrachtführers, dessen Erfüllungsgehilfe der Fahrer ist.

> BGH, Urt. v. 27.10.1978 – I ZR 114/76, VersR 1979, 83 = NJW
> 1979, 493.

Trifft den Geschädigten ein **Mitverschulden** (§ 254 BGB), ist dies bei der 547 Bemessung der Ersatzpflicht des Luftfrachtführers zu berücksichtigen (Art. 21 WA). Vertragsvereinbarungen oder Allgemeine Geschäftsbedingungen, die dagegen verstoßen, sind nichtig (Art. 21, 23 WA).

Die Vorschrift des Art. 18 WA enthält keine Regelungen zum **Umfang des** 548 **zu ersetzenden Schadens**. Demnach ist ergänzend das jeweils anwendbare nationale Recht heranzuziehen. Bei Zugrundelegung deutschen Rechts gelten für die Feststellung des Umfangs des zu ersetzenden Schadens die §§ 249 ff. BGB.

Im Falle der Zerstörung des Gutes ist dem Geschädigten der Aufwand zu 549 ersetzen, der am Ort der Ablieferung erbracht werden muss, um die gleiche Sache wiederzubeschaffen. Darüber hinaus hat der Geschädigte im Fall des Totalverlustes Anspruch auf Ersatz der Frachtkosten und der Schadensermittlungskosten. Ferner kann dem Ersatzberechtigten auch ein Anspruch auf Ersatz der Kosten für die Entsorgung des beschädigten Gutes zustehen, da diese in unmittelbarem Zusammenhang mit dem Güterschaden stehen.

> BGH, Urt. v. 9.6.2004 – I ZR 266/00, TranspR 2004, 369
> = VersR 2005, 811 = NJW-RR 2004, 1482.

dd) Haftungsbeschränkungen

Beschränkungen der Haftung des Luftfrachtführers der Höhe nach ergeben 550 sich aus Art. 22 WA. Zur Berechnung der Haftungshöchstsumme (Umrechnung in die Landeswährung, Art. 22 Abs. 5 WA)

> siehe BGH, Urt. v. 28.10.1978 – VI ZR 257/77, BGHZ 72, 389
> = TranspR 1980, 24 = VersR 1979, 188 = NJW 1979, 496.

551 Unter dem **Begriff „Leute"** i. S. d. Art. 20, 25 WA sind alle Personen zu verstehen, deren sich der Luftfrachtführer zur Ausführung der ihm aufgetragenen Luftbeförderung arbeitsteilig bedient. Hierbei ist im Sinne einer vertragsautonomen Auslegung der internationalen Tendenz Rechnung zu tragen, den persönlichen Anwendungsbereich der Vorschrift großzügig zu umschreiben. In der Sache entspricht der **„Leute"-Begriff** weitgehend der dem deutschen Rechtskreis geläufigen Rechtsstellung des Erfüllungsgehilfen nach § 278 BGB. Auch dort beruht der eigentliche Grund für die Zurechnung der fremden Handlung darauf, dass der Erfüllungsgehilfe objektiv auf Veranlassung des Schuldners eine Aufgabe übernimmt, deren Erfüllung im Verhältnis zum Gläubiger dem Schuldner selbst obliegt. Deshalb wird die Eigenschaft, als Erfüllungsgehilfe tätig zu werden, auch nicht dadurch in Frage gestellt, dass der Erfüllungsgehilfe keinen Weisungen des Schuldners unterliegt. Unerheblich ist zudem, dass der mit Willen des Schuldners in dessen Geschäftskreis eintretende Erfüllungsgehilfe hinsichtlich der von ihm erbrachten Leistung eine **Monopolstellung** innehat.

> BGH, Urt. v. 8.2.1974 – V ZR 21/72, BGHZ 62, 119 = NJW 1974, 692 = WM 1974, 377 = JR 1974, 377;
>
> BGH, Urt. v. 21.9.2000 – I ZR 135/98, BGHZ 145, 170 = TranspR 2001, 29 = VersR 2001, 526 = NJW-RR 2001, 396;
>
> BGH, Urt. v. 2.4.2009 – I ZR 61/06, TranspR 2009, 317.

552 Unter „Leuten" i. S. d. Art. 20, 25 WA sind daher in der Regel auch Monopolunternehmen zu verstehen, deren sich der Luftfrachtführer zur Ausführung der ihm aufgetragenen Luftbeförderung arbeitsteilig bedient. Auf eine nähere Weisungsbefugnis des Luftfrachtführers kommt es nicht an.

> BGH, Urt. v. 21.9.2000 – I ZR 135/98, BGHZ 145, 170 = TranspR 2001, 29 = VersR 2001, 526 = NJW-RR 2001, 396.

553 Auch Mitarbeiter von Reinigungsunternehmen und **Zollbedienstete** können jedenfalls während ihres Aufenthalts in einem vom Luftfrachtführer auf dem Flughafengelände betriebenen Umschlaglager zu dessen „Leuten" gehören. Entscheidend ist dass es der Luftfrachtführer in aller Regel in der Hand hat, das Frachtgut auch in diesem Zeitraum durch geeignete Maßnahmen vor **Verlust** oder Beschädigung zu schützen. Dafür reicht es aus, dass dem Luftfrachtführer rechtliche **Einflussmöglichkeiten** hinsichtlich des Umgangs der „Leute" mit dem Transportgut zustehen und er, sofern es sich bei den „Leuten" um **selbständige Unternehmen** oder deren Mitarbeiter handelt, durch eine zumindest überwachende Anwesenheit auf die Behandlung des Gutes auch tatsächlich **Einfluss** nehmen kann.

> BGH, Urt. v. 21.9.2000 – I ZR 135/98, BGHZ 145, 170 = TranspR 2001, 29 = VersR 2001, 526 = NJW-RR 2001, 396;
>
> BGH, Urt. v. 2.4.2009 – I ZR 61/06, TranspR 2009, 317.

ee) Unabdingbarkeit der Haftung (Art. 23 WA)

Nach Art. 23 Abs. 1 WA sind auch Vereinbarungen nichtig, durch die entgegen der Regelung des Art. 26 Abs. 2 WA eine Frist für die Anzeige eines Schadens durch Verlust gesetzt wird. Der vom Gesetz bezweckte Schutz des Vertragspartners erfordert die Nichtigkeit in jedem Fall, wenn durch die Vereinbarung der gesetzlich geregelte Haftungstatbestand berührt wird. Das ist auch dann der Fall, wenn die Geltendmachung des Anspruches durch Vereinbarung an eine Frist gebunden wird, die nicht Inhalt des gesetzlichen Anspruches ist. Auf den Umfang des Ausschlusses hat der Gesetzgeber nicht abgestellt. Es kommt nicht auf die Gestaltung des Einzelfalls an, ob beispielsweise wegen der Besonderheiten der Durchführung der Beförderung der Verlust dem Luftfrachtführer sofort bekannt war oder nicht.

> BGH, Urt. v. 22.4.1982 – I ZR 86/80, BGHZ 84, 101 = TranspR 1982, 156 = VersR 1982, 896 = NJW 1983, 516;
>
> BGH, Urt. v. 11.11.1982 – I ZR 178/80, VersR 1983, 336.

ff) Unbeschränkte Haftung des Luftfrachtführers (Art. 9, 25 WA)

Eine unbeschränkte Haftung des Luftfrachtführers greift nach dem Warschauer Abkommen ein, wenn ein Luftfrachtbrief nicht ausgestellt wird oder der Hinweis nach Art. 8 lit. c WA fehlt (Art. 9 WA).

Die Anwendung des Art. 25 WA erfordert entweder **Vorsatz** oder **leichtfertiges Handeln** und das Bewusstsein, dass ein Schaden mit Wahrscheinlichkeit eintreten werde (§ 435 HGB). Hinzukommen muss eine sich aus dem leichtfertigen Verhalten dem Handelnden aufdrängende Erkenntnis, es werde mit **Wahrscheinlichkeit ein Schaden** entstehen. Eine solche Erkenntnis ist anzunehmen, wenn das leichtfertige Verhalten nach seinem Inhalt und nach den Umständen diese Folgerung rechtfertigt. Verlangt wird in objektiver und subjektiver Hinsicht ein besonders schwerer Fall grober Fahrlässigkeit (zu den Einzelheiten siehe die Ausführungen zu § 435 HGB, Rn. 26 ff.). Die Beweislast dafür trägt- ebenso wie in den Fällen des Art. 29 CMR – grundsätzlich der Geschädigte.

> BGH, Urt. v. 12.1.1982 – VI ZR 286/80, TranspR 1982, 100 = VersR 1982, 369 = NJW 1982, 570;
>
> BGH, Urt. v. 21.9.2000 – I ZR 135/98, BGHZ 145, 170 = TranspR 2001, 29 = VersR 2001, 526 = NJW-RR 2001, 396.

Das nach Art. 25 WA erforderliche qualifizierte Verschulden des Luftfrachtführers oder seiner „Leute" kann sich auch aus einer **mangelhaften Organisation** des Betriebsablaufs ergeben, der keinen hinreichenden Schutz der zu befördernden Frachtgüter gewährleistet und sich in krasser Weise über die Sicherheitsinteressen des Vertragspartners hinwegsetzt. Liegt nach den Umständen des Falles ein qualifiziertes Verschulden i. S. d. Art. 25 WA mit gewisser Wahrscheinlichkeit nahe, ist der Luftfrachtführer zur Vermeidung prozessualer Nachteile grundsätzlich gehalten, ein Informationsdefizit des

554

555

556

557

Anspruchsteller durch detaillierten Sachvortrag auszugleichen. Erfüllt der Luftfrachtführer die im Einzelfall bestehende Darlegungslast, bleibt es Sache des Geschädigten, den Nachweis dafür zu erbringen, dass der vom Luftfrachtführer vorgetragene Organisationsablauf den strengen Verschuldensvorwurf des Art. 25 WA rechtfertigt.

558 Hierzu mag der Geschädigte entweder den Tatsachenvortrag des Luftfrachtführers angreifen oder aufzeigen, weshalb die Organisation des Frachtablaufs den normativen Anforderungen des Art. 25 WA nicht gerecht wird. In beiden Fällen trägt der Geschädigte den Nachteil aus der **Nichterweislichkeit** seiner Behauptungen und muss sich im Falle des fehlgeschlagenen Beweises mit der beschränkten Haftung nach Art. 22 WA begnügen.

> BGH, Urt. v. 21.9.2000 – I ZR 135/98, BGHZ 145, 170
> = TranspR 2001, 29 = VersR 2001, 526 = NJW-RR 2001, 396.

559 Der **Diebstahl von Transportgut** durch Mitarbeiter des Luftfrachtführers während der Zwischenlagerung bis zum Weitertransport weist grundsätzlich einen inneren sachlichen Zusammenhang mit dem Beförderungsvorgang auf und ist deshalb als eine Handlung in Ausübung der Verrichtungen i. S. v. Art. 25 Satz 2 WA 1955 anzusehen. Bedienstete des Luftfrachtführers handeln in Ausübung ihrer Verrichtung, wenn ein innerer sachlicher Zusammenhang zwischen der übertragenen Verrichtung nach ihrer Art und ihrem Zweck und der schädigenden Handlung besteht. Die Handlung muss noch zum allgemeinen Umkreis des zugewiesenen Aufgabenbereichs gehören. Bei Diebstählen durch Bedienstete des Luftfrachtführers ist ein solcher innerer Zusammenhang jedenfalls dann gegeben, wenn die Vornahme der schädigenden Handlung durch Zuweisung des betreffenden Aufgabenbereichs ermöglicht worden ist.

> BGH, Urt. v. 21.9.2000 – I ZR 135/98, TranspR 2001, 29
> = NJW-RR 2001, 396;
>
> BGH, Urt. v. 3.7.2008 – I ZR 218/05,
> http://www.bundesgerichtshof.de/Entscheidungen.

gg) Schadensanzeige (Art. 26 WA)

560 Gemäß Art. 26 Abs. 2 WA muss der Empfänger im Falle einer Beschädigung von Transportgut dem Luftfrachtführer unverzüglich nach der Entdeckung des Schadens, jedenfalls aber **binnen 14 Tagen** nach Annahme des Gutes, Anzeige erstatten. Jede Beanstandung muss entweder auf den Beförderungsschein gesetzt oder in anderer Weise schriftlich erklärt und innerhalb der dafür vorgesehenen Frist abgesandt werden (Art. 26 Abs. 3 WA). Wird die Anzeigefrist versäumt, so ist nach Art. 26 Abs. 4 WA jede Klage gegen den Luftfrachtführer ausgeschlossen, es sei denn, dass dieser arglistig gehandelt hat.

561 Für die Wahrung der Anzeigeerfordernisse des Art. 26 WA ist es nicht erforderlich, dass die Schadensanzeige persönlich vom Empfänger erstattet

wird. Es genügt, wenn für ihn ein Beauftragter handelt oder wenn der Luftfrachtführer in Gegenwart des Empfängers selber den Schaden aufnimmt
oder wenn ein von einem Dritten für den Empfänger gefertigtes Schadens-
protokoll an den Luftfrachtführer weitergeleitet wird.

Die Schadensanzeige muss grundsätzlich den **Schadenssachverhalt** konkret 562
mitteilen und erkennen lassen, gegen wen Ansprüche geltend gemacht werden. Die Beschreibung der Beschädigung muss dabei nicht ins Detail gehen,
es genügt, dass die Schäden aus der Sicht des Empfängers der Anzeige hinreichend erkennbar sind.

> BGH, Urt. v. 14.3.1985 – I ZR 183/82, TranspR 1986, 22
> = VersR 1985, 686 = VRS 80, 203;
> BGH, Urt. v. 9.6.2004 – I ZR 266/00, TranspR 2004, 369
> = VersR 2005, 811 = NJW-RR 2004, 1482.

Einer frist- und formgerechten Anzeige nach Art. 26 Abs. 2 und Abs. 3 WA 563
bedarf es nur bei Beschädigung des Gutes, **nicht bei Verlust**. Allgemeine Geschäftsbedingungen, die unter Verstoß gegen die Regelung Anzeigepflichten
i. S. d. Art. 26 Abs. 2 und Abs. 3 WA auch für Fälle des Verlustes begründen,
sind nichtig.

> BGH, Urt. v. 22.4.1987 – I ZR 86/80, BGHZ 84, 101 = TranspR
> 1982, 156 = VersR 1982, 896 = NJW 1983, 516.

hh) Ausschlussfrist für Schadensersatzklagen (Art. 29 WA)

Anstelle von Verjährungsfristen sieht Art. 29 WA eine Ausschlussfrist **von** 564
zwei Jahren für Schadensersatzklagen gegen den Luftfrachtführer vor. Sinn
der Ausschlussfrist ist es, eine baldige sachlich-rechtliche Klärung der Ansprüche herbeizuführen. Es liegt im Interesse des Luftfrachtführers, alsbald
Klarheit darüber zu erlangen, ob er noch mit Ersatzansprüchen rechnen
muss. Der Ablauf der Ausschlussfrist ist – anders als der Ablauf der Verjährungsfrist – von Amts wegen zu berücksichtigen.

> BGH, Urt. v. 7.5.1963 – VI ZR 198/62, VersR 1963, 640 = NJW
> 1963, 1405.

Die Ausschlussfrist ist nur gewahrt, wenn die Klage binnen zwei Jahren er- 565
hoben wird. War die Frist bei **Erhebung der Klage** bereits abgelaufen, führt
das – ebenso wie in den Fällen des Art. 26 Abs. 4 WA – zur Abweisung der
Klage als unbegründet. Jedoch kann rechtswirksam vereinbart werden, dass
dem anderen Teil der Einwand des Rechtsverlustes infolge verspäteter Geltendmachung nicht entgegengehalten werden kann. Der Zweck der Vorschrift, den Rechtsfrieden zu sichern und Beweisschwierigkeiten zu verhindern, steht dem nicht entgegen. Der Ausschluss einer solchen Abrede wäre
eher geeignet, geschäftliche Beziehungen empfindlich zu stören.

> BGH, Urt. v. 22.4.1982 – I ZR 86/80, BGHZ 84, 101 = TranspR
> 1982, 156 = VersR 1982, 896 = NJW 1983, 516.

566 Nach Art. 29 Abs. 2 WA richtet sich die **Berechnung der Ausschlussfrist** nach den Gesetzen des angerufenen Gerichts (lex fori), so dass – bei Anwendbarkeit deutschen Rechts – auch die vor Ablauf der Ausschlussfrist bewirkte Zustellung eines Mahnbescheids die Frist wahrt (§ 209 Abs. 2 Nr. 1 BGB a. F.). Ebenfalls gilt § 193 BGB a. F., der auch auf Ausschlussfristen Anwendung findet.

> BGH, Urt. v. 14.3.1985 – I ZR 183/82, TranspR 1986, 22
> = VersR 1985, 686.

567 Der Lauf der zweijährigen Klagefrist gemäß Art. 29 Abs. 1 WA wird nicht gemäß § 209 Abs. 2 Nr. 4 BGB a. F. analog durch eine von dem Ersatzberechtigten gegenüber dem Luftfrachtführer erklärte **Streitverkündung** in einem Vorprozess unterbrochen.

568 Die Vorschrift des Art. 29 Abs. 1 WA enthält keine Verjährungs-, sondern eine Ausschlussfrist. Auf Ausschlussfristen sind die **verjährungsrechtlichen Vorschriften** nicht unmittelbar anwendbar. Das Warschauer Abkommen enthält keine Bestimmung darüber, ob der Lauf der Ausschlussfrist des Art. 29 Abs. 1 WA auch durch andere Handlungen des Vertragspartners des Luftfrachtführers als durch Klage auf Schadensersatz unterbrochen werden kann. Das rechtfertigt nicht die Annahme, durch die im nationalen Recht geregelte Streitverkündung (§ 72 ZPO) werde der Lauf der Ausschlussfrist des Art. 29 Abs. 1 WA unterbrochen. Die Streitverkündung steht der Klageerhebung i. S. d. Art. 29 Abs. 1 WA nicht gleich. Daher kommt die Vorschrift des § 209 Abs. 2 Nr. 4 BGB a. F. im Rahmen von Art. 29 Abs. 1 WA nicht entsprechend zur Anwendung.

> BGH, Urt. v. 24.3.2005 – I ZR 196/02, TranspR 2005, 317
> = NJW-RR 2005, 1122 = BGHReport 2005, 1202;
> BGH, Urt. v. 6.10.2005 – I ZR 14/03, TranspR 2006, 33 = VersR
> 2006, 1664 = NJW-RR 2006, 619.

569 Die Verhandlungen zur Schaffung der Ausschlussfrist des Art. 29 WA belegen, dass es den beteiligten Vertragsstaaten, die ursprünglich noch eine detaillierte Verjährungsregelung unter teilweiser Anwendung der Bestimmungen der lex fori erwogen hatten, mit der Schaffung der Ausschlussfrist darum ging, die Frist zur Wahrung der Rechte des Geschädigten zu vereinheitlichen und einer Zersplitterung über unterschiedliche nationale Verjährungsvorschriften entgegenzuwirken.

570 Nach dem eindeutigen Wortlaut des Art. 29 Abs. 1 WA muss eine Klage auf Schadensersatz innerhalb der Ausschlussfrist von zwei Jahren erhoben werden. Eine andere prozessuale Maßnahme wie die Streitverkündung in einem anderen Verfahren wird nicht zugelassen. Die Streitverkündung steht in ihren Wirkungen auch nicht einer Klageerhebung gleich. Die Streitverkündung gegenüber einem Dritten ist lediglich die förmliche Benachrichtigung des Dritten, dass zwischen anderen Prozessparteien ein Rechtsstreit anhängig ist.

Der Streitverkünder erhebt – anders als der Kläger – keinen sachlich-rechtlichen oder prozessualen Anspruch gegen den Streitverkündeten.

> BGH, Urt. v. 6.10.2005 – I ZR 14/03, TranspR 2006, 33 = VersR 2006, 1664 = NJW-RR 2006, 619.

Die Vorschrift des Art. 29 WA verdrängt als **lex specialis** die nationalen Vorschriften des allgemeinen Frachtrechts über die Verjährung.

571

Das Warschauer Abkommen ist als völkerrechtlicher Vertrag **autonom auszulegen**. Dem Abkommen ist hinsichtlich der fristgerechten Wahrnehmung der Rechte keine Lücke zu entnehmen, die es rechtfertigt, neben der Ausschlussfrist des Art. 29 WA eine nationale Verjährungsregelung anzuwenden. Die Vorschrift des Art. 29 WA verdrängt vielmehr als besondere Regelung die nationalen Vorschriften des allgemeinen Frachtrechts über die Verjährung, da die Ausschlussfrist des Art. 29 WA funktional dasselbe Problem der Verfristung regelt wie die nationalen Verjährungsvorschriften.

572

Die Verhandlungen zur Schaffung der Ausschlussfrist des Art. 29 WA belegen, dass es den beteiligten Vertragsstaaten, die ursprünglich noch eine detaillierte Verjährungsregelung teilweise unter Anwendung der Bestimmungen der lex fori erwogen hatten, mit der Schaffung der Ausschlussfrist darum ging, die Frist zur Wahrung des Rechts des Geschädigten zu vereinheitlichen und einer Zersplitterung über unterschiedliche nationale Verjährungsvorschriften entgegen zu wirken. Mit der alleinigen Geltung der Frist des Art. 29 WA ist für den geschädigten Anspruchsteller ein Vertrauenstatbestand geschaffen worden, der nicht über die Anwendung nationaler kürzerer Verjährungsvorschriften in Frage gestellt werden darf.

573

> BGH, Urt. v. 24.3.2005 – I ZR 196/02, TranspR 2005, 17 = NJW-RR 2005, 1122 = BGHReport 2005, 1202.

Nach einer **neueren Entscheidung** des I. Zivilsenats des **Bundesgerichtshofs** erfasst der Begriff der Verjährung in § 452b HGB auch Ausschluss- und Erlöschensregelungen (dort: Art. 29 Abs. 1 WA 1955), die in dem nach den §§ 452 ff. HGB anwendbaren Teilstreckenrecht funktional an die Stelle der Verjährungsregelung treten. Dementsprechend soll § 452b Abs. 2 Satz 2 HGB auch anwendbar sein, wenn die haftungsrelevante Teilstrecke einem internationalen Übereinkommen unterliegt.

574

Gemäß § 452b Abs. 2 Satz 2 HGB greift die **Verjährungsregelung** des § 439 HGB allerdings nur ein, wenn sie zu einer späteren Verjährung des Anspruchs führt. Eine kürzere nationale Verjährungsregelung kommt dagegen gegenüber einer längeren Ausschlussfrist nach einem **internationalen Übereinkommen** grundsätzlich nicht zur Anwendung.

575

> BGH, Urt. 2.4.2009 – I ZR 60/06, TranspR 2009, 262 = NJW-RR 2009, 1335 = MDR 2009, 937.

ii) Internationale Zuständigkeit gemäß Art. 28 Abs. 1 WA 1955

576 Nach **Art. 28 Abs. 1 WA 1955** muss eine auf Bestimmungen des Warschauer Abkommens 1955 gestützte Schadensersatzklage im Gebiet eines der Hohen Vertragschließenden Teile erhoben werden. Damit wird die **internationale Zuständigkeit** des angerufenen Gerichts geregelt. Diese ist auch unter der Geltung des § 545 Abs. 2 ZPO (n. F.) in der Revisionsinstanz von Amts wegen zu prüfen.

> BGH, Urt. v. 22.10.2009 – I ZR 88/07, TranspR 2009, 479
> = VersR 2011, 648 = NJW-RR 2010, 548;
>
> BGH, Urt. v. 29.6.2010 – VI ZR 122/09, VersR 2011, 137
> = NJW-RR 2010, 1554.

577 Die **internationale Zuständigkeit** der deutschen Gerichte für eine auf Bestimmungen des Warschauer Abkommens 1955 gestützte Schadensersatzklage ist auch dann gegeben, wenn der Luftfrachtvertrag sachrechtlich zwar dem Abkommen in der Fassung des von der Bundesrepublik Deutschland nicht ratifizierten **Protokolls Nr. 4 von Montreal** unterliegt, das beklagte Luftfrachtunternehmen seinen Sitz aber in Deutschland hat. Dem Zusatzprotokoll kommt bei der Frage, welche Gerichte international zuständig sind, keine Sperrwirkung zu, da dieses Protokoll **Art. 28 Abs. 1 WA 1955** unverändert gelassen hat. Die Gerichte eines Staates, der das Zusatzprotokoll nicht ratifiziert hat, sind nicht gehindert, auf den erhobenen Schadensersatzanspruch das Warschauer Abkommen 1955 in der Fassung des **Zusatzprotokolls** anzuwenden.

> BGH, Urt. v. 22.10.2009 – I ZR 88/07, TranspR 2009, 479
> = VersR 2011, 648 = NJW-RR 2010, 548.

4. Höchstrichterliche Rechtsprechung zum Montrealer Übereinkommen

a) Einheitlicher Luftbeförderungsvertrag (Art. 1 MÜ)

578 Gemäß Art. 1 Abs. 1 MÜ gilt das Übereinkommen für jede internationale **Beförderung** von Personen, Reisegepäck und **Gütern,** die durch Luftfahrzeuge gegen Entgelt erfolgt. Ein Frachtführer kann mit einem Versender von Transportgut grundsätzlich auch dann einen **einheitlichen Luftbeförderungsvertrag** i. S. v. § 1 Abs. 1 Satz 1 MÜ abschließen, wenn ein nicht unwesentlicher Teil des Transports im Wege einer Oberflächenbeförderung per LKW und nicht per Luftfracht erfolgen soll. Entscheidend ist, wie die jeweiligen Erklärungen der Vertragschließenden – vor allem, wenn Allgemeine Geschäftsbedingungen des Frachtführers in den Vertrag einbezogen wurden – nach §§ 133, 157 BGB auszulegen sind.

579 Der Umstand, dass ein nicht unwesentlicher Teil des Transports im Wege eines Oberflächentransports per LKW erfolgen muss, steht einer solchen Beurteilung nicht von vornherein entgegen. Wie sich aus **Art. 38 Abs. 1 MÜ** ergibt, fallen grundsätzlich auch **gemischte** Beförderungen unter die Be-

stimmungen des Montrealer Übereinkommens. Dies wird durch den Hinweis in Art. 38 Abs. 1 MÜ auf Art. 18 Abs. 4 MÜ klargestellt. Die Regelung in Art. 38 Abs. 1 MÜ, nach der das Übereinkommen nur für die **Luftbeförderung** gilt, wird durch **Art. 18 Abs. 4 Satz 2 MÜ** eingeschränkt.

Zudem bestimmt **Art. 38 Abs. 2 MÜ**, dass die Vertragsparteien durch das   580
Übereinkommen nicht gehindert sind, Bedingungen für die Beförderung mit anderen Verkehrsmitteln in den Luftbeförderungsvertrag aufzunehmen, wenn hinsichtlich der Luftbeförderung das Übereinkommen beachtet wird.

> BGH, Urt. v. 24.2.2011 – I ZR 91/10, TranspR 2011, 436
> = VersR 2012, 205;
>
> BGH, Urt. v. 10.5.2012 – I ZR 109/11, TranspR 2012, 466.

b) Reichweite der Obhutshaftung des Luftfrachtführers (Art. 18 Abs. 1 und 3 MÜ)

Nach Art. 18 Abs. 1 MÜ haftet der Luftfrachtführer für Schäden, die wäh-   581
rend der Luftbeförderung eingetreten sind. Die Luftbeförderung umfasst gemäß **Art. 18 Abs. 3 MÜ** den Zeitraum, während dessen die Güter sich in der Obhut des Luftfrachtführers befinden. Der Haftungszeitraum des Luftfrachtführers wird also – anders als bei **Art. 18 Abs. 2 WA 1955**, der für die Haftung an die **Örtlichkeit** anknüpft – mit der Obhutsausübung des Luftfrachtführers verbunden. Der Begriff der „Obhut" wird trotz seiner zentralen Bedeutung für die Haftung des Luftfrachtführers im Übereinkommen nicht näher definiert.

Entscheidend ist, ob sich das Frachtgut derart im **Einwirkungsbereich** des   582
Luftfrachtführers befindet, dass dieser in der Lage ist, das Gut gegen Verlust und Beschädigung zu schützen.

> BGH, Urt. v. 21.9.2000 – I ZR 135/98, BGHZ 145, 170
> = TranspR 2001, 29 = VersR 2001, 526;
>
> BGH, Urt. v. 24.2.2011 – I ZR 91/10, TranspR 2011, 436
> = VersR 2012, 205 =MDR 2011, 1231.

Dementsprechend wird die **Obhut** des **Luftfrachtführers** im Regelfall nicht   583
schon mit dem Ausladen der Güter aus dem Luftfahrzeug beendet. Sie dauert vielmehr auch dann noch an, wenn der Luftfrachtführer die Güter nach Beendigung der eigentlichen Luftbeförderung bis zur Ablieferung an den Empfänger einlagert. Unerheblich ist dabei, ob die Güter in einem eigenen Lagerhaus des Luftfrachtführers oder bei einem vom Luftfrachtführer beauftragten **Drittunternehmen** eingelagert werden, weil das Lagerunternehmen in Erfüllung seiner dem Luftfrachtführer gegenüber bestehenden Vertragspflichten handelt. Die obhutsbegründende Einwirkungsmöglichkeit des Luftfrachtführers wird in einem solchen Fall nicht beendet, weil die Lagergesellschaft dem Luftfrachtführer gegenüber zum **Schutz der Güter** und auf dessen Verlangen zu deren Herausgabe verpflichtet ist.

584 Die **Obhutshaftung** des **Luftfrachtführers** kann damit auch dann noch in Betracht kommen, wenn das Gut nach der eigentlichen Luftbeförderung vom Flughafengelände mit einem Landfahrzeug zu einem außerhalb des Flughafens gelegenen Lager des Luftfrachtführers gebracht wird, in dem es anschließend abhandenkommt. Die Haftung des Luftfrachtführers nach den Vorschriften des **Montrealer Übereinkommens** endet nicht ohne Weiteres, wenn das Gut die Grenzen des Flughafengeländes überschritten hat.

> BGH, Urt. v. 24.2.2011 – I ZR 91/10, TranspR 2011, 436
> = VersR 2012, 205 = MDR 2011, 1231.

585 Unterliegt die Einlagerung des Gutes in einem außerhalb des Flughafengeländes gelegenen **Warenlager** des Luftfrachtführers haftungsrechtlich den Bestimmungen des Montrealer Übereinkommens, erscheint es nicht sinnvoll, Beförderungen zu dieser Einlagerungsstätte und damit verbundene Umschlagsleistungen einer anderen Haftungsordnung zu unterstellen. Denn auch diese Beförderung- und Umschlagsleistungen erfolgen – wenn die Einlagerung vom Luftfrachtführer vorgenommen wird – unter der **Obhut** des Luftfrachtführers oder seiner Leute.

> BGH, Urt. v. 24.2.2011 – I ZR 91/10, TranspR 2011, 436
> = VersR 2012, 205 = MDR 2011, 1231.

c) **Zum Zubringerdienst i. S. v. Art. 18 Abs. 4 Satz 2 MÜ**

586 Bei einer Beförderung des Transportgutes per LKW vom Flughafen Köln/Bonn in die Nähe Münchens (Martinsried) handelt es sich nicht mehr um einen **Zubringerdienst i. S. v. Art. 18 Abs. 4 Satz 2 MÜ.** Von einem Zubringerdienst i. S. d. genannten Vorschrift ist nur dann auszugehen, wenn der Oberflächenbeförderung lediglich eine reine **Hilfsfunktion** für die Luftbeförderung zukommt. Echte Hilfsfunktion hat nur diejenige Oberflächenbeförderung auf einer Teilstrecke, für die eine Luftbeförderung – etwa wegen Fehlens eines unmittelbar benachbarten geeigneten Flughafens oder in Ermangelung passender Verkehrsverbindungen am Ausgangs- oder Endpunkt der Teilstrecke – nicht möglich ist. Unterbleibt eine Luftbeförderung auf der Teilstrecke, obwohl eine solche technisch und verbindungsmäßig möglich wäre, hat die **Oberflächenbeförderung** keine Hilfsfunktion mehr, sondern im Verhältnis zur vorangegangenen Luftbeförderung einen eigenständigen, die Luftbeförderung ersetzenden **Alternativcharakter.**

> BGH, Urt. v. 13.6.2012 – I ZR 161/10, TranspR 2012, 456.

d) **Verteilung der Darlegungs- und Beweislast im Rahmen von Art. 18 Abs. 4 Satz 2 MÜ**

587 Die Haftung des Luftfrachtführers für Verlust und Beschädigung von Transportgut richtet sich nur dann nach den Bestimmungen des **Montrealer Übereinkommens,** wenn der Schaden während der Obhutszeit des Luftfrachtführers (Art. 18 Abs. 1 und 3 MÜ) eingetreten ist. Nach Art. 18 Abs. 4 Satz 1 MÜ

umfasst der Zeitraum der Luftbeförderung grundsätzlich nicht die Beförderung zu **Land, zur See oder auf Binnengewässern** außerhalb eines Flughafens. Erfolgt der Transport allerdings bei Ausführung des Luftbeförderungsvertrags zum Zwecke der Verladung, der Ablieferung oder der Umladung, so wird gemäß **Art. 18 Abs. 4 Satz 2 MÜ** bis zum **Beweis** des **Gegenteils** vermutet, dass der Schaden durch ein während der Luftbeförderung eingetretenes Ereignis verursacht worden ist.

Die Vorschrift des **Art. 18 Abs. 4 Satz 2 MÜ** dehnt nicht die Haftung des Luftfrachtführers aus, sondern stellt nur eine widerlegbare Beweisvermutung auf. Steht fest, dass das schadensauslösende Ereignis während einer **Oberflächenbeförderung** außerhalb der Flughafengrenzen stattgefunden hat, ist für die Vermutung kein Raum. Der **Gegenbeweis** braucht dann nicht geführt zu werden. **588**

Ist der **Schadensort** dagegen **ungeklärt**, muss derjenige, der den Eintritt des Schadens während der Luftbeförderung bestreitet, den Verlust oder die Beschädigung des Gutes während eines Oberflächentransports beweisen. Die Beweisanforderungen beurteilen sich nach der **lex fori**, also nach dem Recht des angerufenen Gerichts. **589**

BGH, Urt. v. 24.2.2011 – I ZR 91/10, TranspR 2011, 436
= VersR 2012, 205 = MDR 2011, 1231;
BGH, Urt. v. 10.5.2012 – I ZR 109/11, TranspR 2012, 466.

Im Hinblick darauf, dass der Ort des Verlustes oder der Beschädigung des Gutes nicht feststeht, trifft den Luftfrachtführer eine **sekundäre Darlegungslast**. Der Geschädigte hat in aller Regel keine Kenntnis von den Einzelheiten der Beförderung. Er ist daher im Allgemeinen nicht in der Lage, den von **Art. 18 Abs. 4 Satz 2 MÜ** geforderten Gegenbeweis zu führen. Sofern der Transport ordnungsgemäß organisiert war, muss es dem Frachtführer möglich sein, den **Schadensort** zu lokalisieren und den **Schadenszeitpunkt** zu benennen. Der Frachtführer ist daher nach Treu und Glauben gemäß § 242 BGB gehalten, soweit möglich und zumutbar zu den näheren Umständen des Verlustes oder der Beschädigung vorzutragen, damit der Geschädigte die Möglichkeit hat, die **Vermutung gemäß Art. 18 Abs. 4 Satz 2 MÜ** zu widerlegen. Kommt der Luftfrachtführer der ihm obliegenden sekundären Darlegungslast nicht in ausreichendem Maße nach, ist vom Vortrag des Anspruchstellers auszugehen, dass der Schaden während einer **Oberflächenbeförderung** eingetreten ist. **590**

BGH, Urt. v. 24.2.2011 – I ZR 91/10, TranspR 2011, 436
= VersR 2012, 205 = MDR 2011, 1231;
BGH, Urt. v. 12.5.2012 – I ZR 109/11, TranspR 2012, 466.

e) Persönlicher Anwendungsbereich des Art. 18 Abs. 4 Satz 2 MÜ

Auf die **Ausnahmeregelung** des Art. 18 Abs. 4 Satz 2 MÜ kann sich nicht nur der Geschädigte, sondern auch der Luftfrachtführer berufen. Der Wort- **591** laut der Vorschrift bietet keinen Anhaltspunkt für die Annahme, dass die widerlegbare Vermutung nur zugunsten des Geschädigten zur Anwendung kommen soll. Ebenso wenig kann der **Gesetzessystematik** oder dem **Zweck** des Art. 18 Abs. 4 Satz 2 MÜ entnommen werden, dass sich der Luftfrachtführer nicht auf die Vermutung berufen kann, wenn für ihn die Anwendung der Vorschriften des Übereinkommens günstiger sein sollte als eine Haftung nach dem sonst anwendbaren Transportrecht. Die Bestimmung hat keine einseitige Begünstigung des Geschädigten zum Ziel, sondern schafft für **beide Parteien** des Luftfrachtvertrags eine Beweiserleichterung.

> BGH, Urt. v. 24.2.2011 – I ZR 91/10, TranspR 2011, 436
> = VersR 2012, 205 = MDR 2011, 1231;
>
> BGH, Urt. v. 12.5.2012 – I ZR 109/11, TranspR 2012, 466.

f) Haftungserweiterung gemäß Art. 25 MÜ durch ADSp

592 Die Haftung des Luftfrachtführers für Verlust und Beschädigung des Transportgutes ist gemäß **Art. 22 Abs. 3 MÜ** grundsätzlich auf 19 Sonderziehungsrechte für jedes Kilogramm beschränkt, wenn der Absender bei der Übergabe des Frachtstücks an den Luftfrachtführer kein Interesse an der Ablieferung am Bestimmungsort betragsmäßig angegeben hat. Diese Haftungsbegrenzung kommt dem Luftfrachtführer selbst dann zu Gute, wenn er oder seine Leute den Eintritt des Schadens durch ein **qualifiziertes Verschulden** verursacht haben.

593 Nach **Art. 25 MÜ** kann sich ein Luftfrachtführer im Beförderungsvertrag höheren als den im Übereinkommen vorgesehenen Haftungshöchstbeträgen unterwerfen oder auf Haftungshöchstbeträge verzichten. Dies kann auch durch Einbeziehung der **Allgemeinen Deutschen Spediteurbedingungen** in den Luftfrachtvertrag erfolgen. Sind die ADSp Vertragsbestandteil geworden, gelten – wenn nichts Gegenteiliges vereinbart wurde – auch **Nr. 23.1.2 und Nr. 27 ADSp**.

594 Gemäß **Nr. 27.2 ADSp** gelten die in diesem Regelwerk enthaltenen Haftungsbefreiungen und –begrenzungen (siehe vor allem Nr. 23 und Nr. 24 ADSp) nicht, wenn der Schaden in den Fällen der §§ 425 ff., § 461 Abs. 1 HGB durch den Spediteur oder die in §§ 428, 462 HGB genannten Personen vorsätzlich oder bewusst leichtfertig verursacht wurde. Der **Wortlaut** von **Nr. 27.2 ADSp** steht einer Anwendung der Bestimmung im Rahmen von Art. 25 MÜ nicht entgegen, auch wenn in Nr. 27 ADSp lediglich auf die „vorstehenden Haftungsbefreiungen und –begrenzungen" verwiesen wird und nur Bestimmungen des Handelsgesetzbuches genannt werden, während Vorschriften des **Montrealer Übereinkommens** keine Erwähnung finden.

595 Es ist zu berücksichtigen, dass nach **Nr. 23.1.2 ADSp**, bei der es sich um eine „vorstehende Haftungsbegrenzung" i. S. v. Nr. 27 ADSp handelt, der ersatzfähige Schaden, der am Gut während des Transports mit einem Beförderungsmittel eingetreten ist, auf den für dieses Beförderungsmittel gesetzlich

festgesetzten Haftungshöchstbetrag begrenzt wird, im Falle einer Luftbeförderung mithin gerade auf den in **Art 22 Abs. 3 Satz 1 MÜ** festgelegten Betrag von 19 Sonderziehungsrechten je Kilogramm. Aufgrund der Verweisung in Nr. 23.1.2 ADSp ist die in Art. 22 Abs. 3 Satz 1 MÜ angeordnete Haftungsbegrenzung zugleich eine „vorstehende Haftungsbegrenzung" i. S. v. Nr. 27 ADSp geworden, die unter den Voraussetzungen des Nr. 27. 2 ADSP – **qualifiziertes Verschulden** des Frachtführers oder seiner Leute (Gehilfen, Bedienstete) – nicht gilt.

Danach ist **Nr. 27.2 ADSp** als ein Verzicht des Luftfrachtführers auf die   **596** Haftungshöchstbeträge i. S. d. **Öffnungsklausel** des **Art. 25 MÜ** zu qualifizieren, der auch durch Allgemeine Geschäftsbedingungen (des Luftfrachtführers) in den Beförderungsvertrag eingeführt werden kann.

> BGH, Urt. v. 22.7.2010 – I ZR 194/08, TranspR 2011, 80 = VersR 2011, 690 = MDR 2011, 241;
>
> BGH, Urt. v. 3.3.2011 – I ZR 50/10, TranspR 2011, 220 = VersR 2011, 1332 = MDR 2011, 792.

Teil B Vertragsgestaltung

I. Einleitung

Die moderne Logistikbranche umfasst sowohl Unternehmen, deren Leis- **597** tungsspektrum auf Güterbeförderungen begrenzt ist, wie auch solche, deren Fokus darüber hinausgeht und im Zusammenhang mit Transporten stehende Leistungen, beispielsweise Lagerhaltung und Sendungsumschlag, einbezieht. Sie ist hinsichtlich Umsatzvolumen, Wachstumsdynamik und ihrer Bedeutung für die gesamtwirtschaftliche Entwicklung ein wesentlicher Wirtschaftszweig in Deutschland und darüber hinaus. Die Möglichkeiten der grenzüberschreitenden Transporte und die Internationalisierung dieser Branche sowie die Entwicklung der Kabotage tragen ebenfalls dazu bei, dass der Logistikbereich wichtig ist.

> *Brandt*, TranspR 2011, 1 ff. (zur Kabotage im europäischen Straßengüterverkehr);
>
> *Volz/Ehm*, TranspR 2009, 393 ff. (zur Liberalisierung der Seekabotage).

Mehr Rechtssicherheit durch branchenspezifische Vertragsgestaltung ist vor **598** diesem Hintergrund hilfreich, um das Funktionieren des bedeutenden Wirtschaftsbereiches zu verbessern, wobei Verbraucherbelange nicht Gegenstand der Betrachtung sind.

Allerdings ist im Logistikbereich noch immer das unberechtigte Vertrauen **599** verbreitet, wonach der Gesetzgeber in der Lage sei, alle Rechtsfolgen dieser komplexen Abläufe stets interessengerecht zu regeln.

Auch wenn Auftraggeber und Logistikunternehmer im Logistikbereich von **600** Vereinbarung und Dokumentation konkreter Rechtsfolgen absehen, erfolgt die Zusammenarbeit immer auf vertraglicher Grundlage. Damit finden allerdings auf die Zusammenarbeit gesetzliche Rechtsfolgen Anwendung, die oft viel zu allgemein und unpräzise sind, um den tatsächlichen Belangen von Logistikunternehmern und Auftraggebern bei Logistikprojekten gerecht werden zu können. Der Gesetzgeber kann nämlich nicht für alle Formen der Zusammenarbeit präzise und individuell passende Rechtsfolgen regeln. Er muss allgemein bleiben und überlässt es deshalb bewusst den Vertragsparteien, interessengerechte und praxisnahe Rechtsfolgen miteinander auszuhandeln, um dadurch Rechtsfrieden zu erreichen. Rechtliche Probleme entstehen also weniger durch detailliert ausgehandelte Verträge, sondern eher durch deren Fehlen. Wenn ein Problem nicht bereits geregelt ist, bevor es entsteht, wird es während der Zusammenarbeit viel schwerer, es gütlich zu lösen.

Deshalb ist es erforderlich, je nach dem Bedarf im konkreten Fall Rege- **601** lungen zu vereinbaren und zu dokumentieren. Nur so können Personen, auch ohne an den Verhandlungen beteiligt gewesen zu sein, nachvollziehen, welche Rechte und Pflichten sich aus der Zusammenarbeit ergeben. Es ist auch zu berücksichtigen, dass die **Wiedergabe von** ohnehin **gesetzlich vorgesehenen Rechtsfolgen** Sinn machen kann, damit der Logistikvertrag aus sich heraus verständlich wird und es nicht erforderlich ist, parallel die gesetzlichen Normen hinzuzuziehen.

602 Für die beteiligten Unternehmen hat die gründliche Ausarbeitung von Logistikverträgen aber noch einen wichtigen zusätzlichen Effekt: Sie kann den Unternehmenswert steigern, weil dadurch Geschäftserwartungen begründet werden können.

Gran, M&A Review 2003, 167 ff.

603 Angesichts der zunehmenden Zahl der Unternehmenstransaktionen, die sich auch im Logistikbereich zeigten, sollte auch dies Ansporn sein, um rechtssicherere Verträge anzustreben.

Jung, Mergers & Acquisitions in der Logistik, M&A-Prozesse, Finanzierung, Rechtsfragen, Praxisberichte, S. 1 ff.

604 Vor diesem Hintergrund sollen die nachstehenden Ausführungen Logistikunternehmern und deren Auftraggebern dabei helfen, Logistikverträge zu gestalten, um dadurch zur erfolgreichen Zusammenarbeit im Logistikbereich beizutragen. Um dieses Ziel zu erreichen, werden zahlreiche praxisnahe Klauselvorschläge als **Formulierungsbeispiele** vermittelt, die jeweils einleitend mit Blick auf die gesetzliche Ausgangssituation und die jeweiligen Interessenlagen von Auftraggebern und Logistikunternehmern kommentiert werden. Es handelt sich lediglich um allgemeine Anregungen, die nicht inhaltsgleich umzusetzen, sondern im konkreten Fall anzupassen sind.

605 Wesentlich ist, worauf *Müller*, hinweist, dass bei der Gestaltung von Logistikverträgen praxisnahe Überlegungen helfen.

Müller, TranspR 2009, 49 ff.

606 Mit den Problemen bei der Vertragsgestaltung aus Sicht des Logistikunternehmers befasst sich auch *Gilke*.

Gilke, TranspR 2008, 380 ff.

607 Da vorformulierte Klauselvorschläge wegen der Komplexität und Individualität der jeweiligen Ausgangs- und Interessenlagen nicht als Modul-Baukasten für alle denkbaren Konstellationen hilfreich sein können, sollen die jeweiligen Kommentierungen bei der Suche nach passenden Klauselformulierungen behilflich sein. Ein **individuelles Aushandeln** ist dringend zu empfehlen und dient auch dazu, den Unsicherheiten, die sich bei Anwendbarkeit des Rechts der Allgemeinen Geschäftsbedingungen ergeben können (§§ 305 ff. BGB), zu begegnen. Dabei können die folgenden Formulierungsbeispiele innerhalb der für Verträge geltenden Grenzen des zwingenden Rechts jeweils auftragnehmer- oder auftraggeberfreundlicher ausgestaltet werden. Es bleibt dann dem Verhandlungsgeschick überlassen, die wirtschaftlichen Interessen bestmöglich durchzusetzen. Sämtliche Anregungen und

Kommentierungen können angesichts der Komplexität des Logistikbereiches keinen Anspruch auf Vollständigkeit erheben und es ist stets von der individuellen Situation abhängig, ob und wie eine Spezifizierung oder Modifizierung erforderlich ist. Völlige Rechtssicherheit lässt sich naturgemäß nicht erreichen.

Es kommt hinzu, dass auch § 449 HGB der Gestaltungsfreiheit Grenzen **608** setzt.

Ramming, TranspR 2010, 197 ff.

Im Anschluss daran erstrecken sich die nachstehenden Ausführungen auf **609** **Verbandsempfehlungen**, die ebenfalls die Vertragsgestaltung im Logistikbereich zum Gegenstand haben. Sie bestätigen die momentan zu beobachtende Neigung bei vielen Logistikunternehmern und deren Auftraggebern, der Vertragsgestaltung mehr Beachtung zu schenken. Derartige Aktivitäten, wie auch das insgesamt wachsende Interesse der Juristen am Logistikbereich und des Logistikbereiches an der Juristerei, lassen darauf hoffen, dass sich diese Entwicklung hin zu etwas mehr Rechtssicherheit in der Logistikbranche fortsetzen wird.

II. Vorüberlegungen

Bevor sie in Verhandlungen über einen Logistikvertrag eintreten, sollten **610** potenzielle Auftraggeber gemeinsam mit potenziellen Auftragnehmern grundsätzlich überlegen, ob die Übertragung von Logistikleistungen zur Erreichung ihres Ziels, wirtschaftlicher zu arbeiten, das geeigneteste Mittel ist.

Müller-Dauppert, in: Müller-Dauppert, Logistik-Outsourcing, S. 11 ff.

Hierbei spielen aus rechtlicher Sicht u. a. drei Aspekte für die Grundent- **611** scheidung eine maßgebliche Rolle.

1. Kaufrechtliche Aspekte

Regelmäßig dienen Logistikleistungen dazu, die Erfüllung von kaufvertrag- **612** lichen Pflichten zu ermöglichen (§ 433 BGB). Übergabe und Eigentumsverschaffung erfordern dann eine Beförderung des Kaufgegenstandes und eventuell logistische Zusatzleistungen. Vor diesem Hintergrund hat die Bedeutung der Logistikleistungen durch Logistikunternehmer für die Handelsbeziehungen zwischen Unternehmen zugenommen.

Gass, TranspR 2000, 203 ff.

Aus kaufrechtlicher Sicht gilt es für den potenziellen Auftraggeber von Lo- **613** gistikunternehmern zu überdenken, um welche Art von kaufrechtlicher Verpflichtung es sich handelt. In Betracht kommen **Bring-, Hol- und Schickschuld**. Zu beachten sind hierbei die §§ 269, 447 BGB, wie auch die Incoterms der Internationalen Handelskammer, falls diese im Kaufvertrag verwendet wurden. Solche Umstände sind ausschlaggebend für die Notwendigkeit der Vergabe von Logistikaufträgen. Ist der Verkäufer beispielsweise in keinem seiner Kaufverträge zur Lieferung des Kaufgegenstandes verpflichtet, so besteht möglicherweise kein Bedarf an der Beauftragung externer Unternehmen zur Transportdurchführung. Kaufvertragsverhandlungen können entsprechende Überlegungen, einschließlich der Frage, ob der Käufer oder der Verkäufer bessere Konditionen mit Logistikunternehmern aushandeln kann, einbeziehen.

Bredow/Seiffert, Incoterms, Kommentar und deutsch/englischer Text der ICC-Incoterms, 2000.

2. Vertriebsrechtliche Aspekte

614 Ebenso kann die Vertriebsstruktur des potenziellen Auftraggebers eine Rolle für die Entscheidung spielen, ob und wie Logistikleistungen vergeben werden (§§ 84 ff. HGB). Hier ist beispielsweise die Frage zu stellen, welchen Einfluss Handelsvertreter auf die Logistikleistungen haben sollen und ob diese oder der Prinzipal nach der Vertriebsstruktur für den Abschluss von Logistikverträgen zuständig sind. Aus wirtschaftlicher Sicht kann es sich empfehlen, die Vertragsgestaltung beim Prinzipal zu koordinieren. Dies ist allerdings stets unter Betrachtung sämtlicher vertriebsrechtlichen Grundlagen zu bewerten.

3. Gesellschaftsrechtliche Aspekte

615 Ist man nach Prüfung der beiden vorgenannten Aspekte zu dem Schluss gekommen, die Übertragung von Logistikleistungen sei wirtschaftlich sinnvoll, sollte überlegt werden, ob man diesen Schritt ausschließlich durch einen Logistikvertrag mit einem Logistikunternehmer oder zudem in gesellschaftsrechtlicher Form gehen will. Zu denken ist hier an die **Ausgliederung** der gesamten eigenen Logistik in Form einer Tochtergesellschaft und deren Veräußerung an ein Logistikunternehmen oder an einen sonstigen Investor.

Gran, M&A Review 2005, 427 ff.

616 Gesellschaftsrechtliche Ausprägung können Logistikverträge außerdem erlangen, wenn eine Verbindung mit einem Logistikunternehmer durch Gründung eines **Joint Ventures**, also insbesondere durch Schaffung einer rechtlich selbstständigen Gesellschaft, eingegangen wird. Diese gesellschaftsrechtliche Bindung kann für den potenziellen Auftraggeber hilfreich sein, weil seine Möglichkeiten der Einflussnahme verbessert werden können. Andererseits besteht das Risiko, keine ausreichende Einbeziehung des anderen Partners beim Joint Venture zu erreichen und bei Störungen der Logistikabläufe keine Sanktionen ergreifen zu können, ohne selbst als Gesellschafter in Mitleidenschaft gezogen zu werden. Jedenfalls sollten Leistungsbeziehung und gesellschaftsrechtliche Verbindung konsistent und aufeinander abgestimmt sein.

Picot, in: Picot, Handbuch Mergers & Acquisitions, S. 216 ff.

III. Vertragsanbahnung

Nach den dargestellten Vorüberlegungen kann die Vertragsanbahnung fol- **617** gen. Bereits diese Kontaktaufnahme der künftigen Vertragsparteien des Logistikvertrages **begründet Rechte und Pflichten** und sollte wohlüberlegt sein. Dies kann die Beteiligten zu gegenseitiger Rücksichtnahme verpflichten (§ 311 BGB).

1. Ausschreibung

Zentrale Bedeutung hat im Logistikbereich oft die Ausschreibung von Lo- **618** gistikleistungen, also etwa die invitatio ad offerendum als Aufforderung an mehrere Logistikunternehmer, ein Angebot abzugeben. Zu diesem Zweck erstellen die Logistikabteilungen von Industrie- und Handelsunternehmen oft umfangreiche Ausschreibungsunterlagen, die als **Request for Quotation** oder als **Request for Proposal** bezeichnet werden.

> *Müller-Dauppert*, in: Müller-Dauppert, Logistik-Outsourcing,
> S. 33 ff.

Wesentliche Inhalte der Ausschreibung aus kommerzieller Sicht sind oft die **619** Leistungsbeschreibung und die Vergütungsregelung. Zwar empfiehlt es sich, bereits in dieser Vorphase die Erwartungen an Haftungsregelungen und sonstige Inhalte des angestrebten Logistikvertrages darzustellen. Dies muss aber nicht allzu vertieft geschehen, um bei den eventuell späteren Vertragsverhandlungen Flexibilität zu bewahren.

Eine **Bietererklärung** ist aus Sicht des Ausschreibenden empfehlenswert. Sie **620** kann die Bestätigung zum Inhalt haben, dass der Inhalt der Ausschreibungsunterlagen vollständig zur Kenntnis genommen und verstanden wurde und dass sich der Bieter in der Lage sieht, auf Grundlage vorhandener Informationen ein Angebot abzugeben.

Ist der potenzielle Auftraggeber vergaberechtlichen Vorgaben unterworfen, **621** so sollten diese bereits frühzeitig beachtet werden.

> *Otting*, TranspR 2003, 325 ff.;
> *Burgbacher*, TranspR 1999, 1 ff.

2. Absichtserklärungen

Auffällig ist im Logistikbereich die beliebte Verwendung von Absichtserklä- **622** rungen, wobei aus rechtlicher Sicht kaum ins Gewicht fallen kann, ob diese Dokumente als

- „Letter of Intent",

- „Vorvertrag" oder als

- „Punktation"

bezeichnet werden.

623 Derartige Erklärungen können rechtliche Relevanz entfalten und sind deshalb zu durchdenken. Regelmäßig ist den künftigen Vertragsparteien nicht hinreichend klar, ob sie bereits rechtliche Verbindlichkeit geschaffen haben und welches Ausmaß diese ggf. erreicht hat.

Lutter, Der Letter of Intent, S. 1 ff.

624 Wenn die Absichtserklärungen den Bindungswillen zum Ausdruck bringen und es nicht zum Abschluss des Logistikvertrages kommt, kann dies Haftungsfolgen nach sich ziehen.

Bergjan, ZIP 2004, 395.

625 Der Gesetzgeber hat in Anlehnung zur früheren Rechtsprechung zum Verschulden bei Vertragsschluss (culpa in contrahendo) im BGB dahingehende Regelungen aufgenommen (§ 241 Abs. 2 BGB).

626 Regelmäßig ist zu beobachten, dass Logistikunternehmer von potenziellen Auftraggebern die Abgabe von Absichtserklärungen fordern, bevor die Logistikleistungen durchgeführt werden und dass dabei der „eigentliche" Logistikvertrag erst später ausgehandelt werden soll. Dieses Anliegen der Logistikunternehmer kann berechtigt sein, wenn Investitionen erforderlich sind. Demgegenüber sollte aber der potenzielle Auftraggeber bedenken, dass nach Übertragung der Logistikleistungen die Verhandlungsposition verschlechtert wird, weil er sich faktisch in Abhängigkeit begibt. Vor diesem Hintergrund ist es oft besser, Absichtserklärungen nur abzugeben, wenn Einigkeit über die wesentlichen Grundlagen der Zusammenarbeit hergestellt wurde und wenn klare Rechtsfolgen vorgesehen sind. Kommt es später zum Abschluss des Logistikvertrages, so sollte darauf geachtet werden, dass die Absichtserklärungen keine ungewollten Rechtswirkungen mehr entfalten.

IV. Logistikvertrag

627 Haben sich die Beteiligten auf die Zusammenarbeit verständigt, besteht die Herausforderung, den gemeinsamen Willen möglichst präzise zu Papier zu bringen.

628 Jeder Logistikvertrag sollte deshalb zunächst ein aussagekräftiges **Deckblatt** haben, damit seine Zuordnung auf den ersten Blick erleichtert wird. Obwohl dieser Hinweis zunächst als selbstverständlich erscheinen mag, liegt dem doch die Beobachtung zugrunde, wonach die Zuordnung bestimmter Vertragsdokumente anhand der Deckblattgestaltung bei manchen Unternehmen problematisch ist.

629 Als Überschrift empfiehlt sich der gängige Begriff „Logistikvertrag", der aber verändert werden kann, falls nur einzelne Logistikleistungen erbracht werden, etwa in „Transportvertrag" oder „Lagervertrag" bei ausschließlicher Vereinbarung von Transport oder Lagerhaltung.

Die Bezeichnung als Logistikvertrag wird in der Praxis für Verträge verwen- **630**
det, durch die einem Fremdunternehmen Transport- und Lagerleistungen
sowie damit verbundene Tätigkeiten übertragen werden. Er ist in der Logistikbranche meistens die Beschreibung einer längerfristigen Vereinbarung zur
Verteilung von Rechten und Pflichten.

> *Gran*, TranspR 2004, 1 ff.

Der dem Militär entstammende **Begriff** „Logistik" ist nicht einheitlich defi- **631**
niert, beschreibt aber insoweit insbesondere die Material- und Warenbewe-
gungen bei einem Unternehmen, die auch als „Supply Chain" bezeichnet
werden. Darüber hinaus werden viele Aktivitäten als Logistik bezeichnet, die
mit der Warenfertigung im Zusammenhang stehen.

> Weitere Definitionen zum Logistikbegriff: *Heiserich*, Logistik, S. 7.

Von diesen logistischen Abläufen werden diverse Teile nicht mehr selbst von **632**
Industrie- oder Handelsunternehmen durchgeführt, sondern im Rahmen der
„**Kontraktlogistik**" an Logistikunternehmer übertragen, um Kosteneinspa-
rungen und die Konzentration auf Kernkompetenzen zu ermöglichen.

> Zum Begriff der Kontraktlogistik: *Tunn*, Lagerrecht/
> Kontraktlogistik, Rn. 44 ff.

Grundlage hierfür ist die individuelle „**Make-or-Buy-Entscheidung**" des Auf- **633**
traggebers, wobei für ein Ausgliedern von Logistikabläufen auch die Erfahrungen und Kenntnisse des Logistikunternehmers sprechen.

> *Müller-Dauppert*, in: Müller-Dauppert, Logistik-Outsourcing,
> S. 11 ff.

Es gibt allerdings kein einheitliches „Logistikrecht" und insoweit, ungeachtet **634**
der vorgeschlagenen Vertragsbezeichnung, keine umfassenden Rechtsgrundlagen für Logistikverträge. Vielmehr sind die am Markt angebotenen Logistikleistungen eine Mischung verschiedener Vertragstypen, deren Rechtsgrundlagen bei Anwendbarkeit deutschen Rechts insbesondere

- im Frachtrecht (§§ 407–452d HGB),

- im Speditionsrecht (§§ 453–466 HGB),

- im Lagerrecht (§§ 467–475h HGB),

- im Dienstvertragsrecht (§§ 611–630 BGB),

- im Werkvertragsrecht (§§ 631–651 BGB) und

- im Geschäftsbesorgungsvertragsrecht (§§ 675–676 BGB)

zu finden sind, wobei Unterschiede bestehen und es zu Abgrenzungsproblemen kommen kann, mit denen sich auch die Rechtsprechung befasst hat.

> *Wieske*, TranspR 2008, 388;
> *ders.*, TranspR 2002, 177, 178;
> *Koller*, TranspR 2007, 221 ff.

635 Zur rechtlichen Handhabung typengemischter Verträge führt *Temme* aus.

> *Temme*, TranspR 2008, 374 ff.

636 Beim Transportrecht sind seine Neugestaltung durch das **Transportsrechtreformgesetz (TRG)** vom 25.6.1998,

> BGBl I 1998, 1588,

sowie weitere Reformen, was teils zwingendes Recht umfasst, zu beachten.

> *Fremuth*, TranspR 1999, 95 ff.;
> *Herber*, TranspR 1999, 89 ff.;
> *Basedow*, TranspR 1998, 58 ff.

637 Hinzu kommt, dass bei der Transportkomponente auf Grund grenzüberschreitender Beförderungen häufig internationale Rechtsabkommen anzuwenden sind, die sich nach der Art des einzusetzenden Beförderungsmittels richten und vorrangiges Recht darstellen können. Auch auf europäischer Ebene gibt es verschiedene Rechtsgrundlagen, die zu beachten sind. Dieses supranationale Recht kann zur Anwendung gelangen, wenn EG-Verordnungen erlassen oder EG-Richtlinien in nationales Recht übertragen wurden. Auch bei fehlender Übertragung in nationales Recht kann eine Richtlinie im Einzelfall zu beachten sein, wenn sie hinreichend bestimmt formuliert ist und Rechte und Pflichten für den jeweils Betroffenen beinhaltet.

638 Dem Logistikbereich ist zudem eine **branchenspezifische Rechtsprechung** immanent, weshalb die Beachtung des Gesetzes mit Kenntnis der Gerichtsurteile für die Vertragsgestaltung angereichert werden muss. Anmerkungen zur Rechtsprechung zum Logistikrecht finden sich bei *Wieske*.

> *Wieske*, TranspR 2008, 388 ff.

639 Transportrechtliche Rechtsprechung ist dabei zu beachten.

> *Gran*, NJW 2012, 34 ff.;
> *ders.*, NJOZ 2009;
> *ders.*, NJW 2007, 564 ff.;
> *ders.*, NJW 2004, 2064 ff.

640 Das Unternehmen, welches Logistikabläufe überträgt, kann auf dem Deckblatt des Logistikvertrages als „Auftraggeber" bezeichnet werden. Wenn ausschließlich Transportleistungen übernommen werden, wird in der Transportbranche für den Auftraggeber der Begriff **„Verlader"** verwendet. Verträge mit Verbrauchern werden hier nicht betrachtet.

641 Der Vertragspartner eines Unternehmens, welches Logistikabläufe überträgt, wird teils als „Logistikdienstleister" und teils als „Logistikleister" bezeichnet. Da die Bezeichnung „Logistikdienstleister" der rechtlichen Zuordnung einzelner Tätigkeiten als Werkleistungen widerspricht und der Begriff „Logistikleister" ungewohnt ist, bietet sich der Begriff **„Logistikunternehmer"** an, wobei der Gesetzgeber den Begriff „Unternehmer" ohnehin verwendet (§ 631 BGB).

Abweichend *Wieske*, TranspR 2002, 177 ff.

Häufig bestehen solche Vertragsbeziehungen auch zwischen Logistikunter- **642** nehmen untereinander, insbesondere wenn ein Logistikunternehmen gegenüber seinem Auftraggeber verpflichtet ist, aber diese Verpflichtung, zumindest teilweise, auf ein anderes Logistikunternehmen überträgt und seinerseits die Rolle des Auftraggebers übernimmt. Dies kann ebenso auf dem Deckblatt des Logistikvertrages zum Ausdruck kommen wie die Zusammenarbeit zwischen zwei Unternehmen, die zum selben Unternehmenskonzern gehören, aber dessen ungeachtet rechtlich selbstständig Vertragsbeziehungen eingehen.

Sollten zwischen den Vertragsparteien **mehrere Verträge** im Logistikbereich **643** abgeschlossen werden, empfiehlt es sich, bereits auf dem Deckblatt eine deutliche Abgrenzung durch Präzisierung der jeweiligen Unterschiede vorzunehmen. Dies kann beispielsweise durch eine Bezeichnung des jeweils betroffenen Standortes, der jeweils betroffenen Güter oder der jeweils betroffenen Leistungskomponenten geschehen. Eine solche Aufteilung von Vertragsverhältnissen bietet sich insbesondere an, wenn Logistikunternehmer nach deren Kompetenzen und Vergütungen nur selektiv eingesetzt werden und der Auftraggeber deshalb auf die umfassende Vertragsbeziehung zu einem Logistikunternehmer als „One Stop Shop" verzichtet.

LOGISTIKVERTRAG

für [Standort/Güter/Leistungskomponente]

zwischen

1. [Industrie- und Handelsunternehmen], [Sitz]

nachfolgend „Auftraggeber" genannt,

2. [Logistikunternehmen], [Sitz]

nachfolgend „Logistikunternehmer" genannt.

1. Vertragsparteien

Einleitend sollte die Tätigkeit des Auftraggebers kurz dargestellt werden, **644** damit der Logistikunternehmer nachweisbar über branchenspezifische Besonderheiten informiert ist. Um die Leistungsbereitschaft und -fähigkeit des Logistikunternehmers zu dokumentieren, sollte zudem bereits an dieser Stelle ein entsprechender Hinweis erfolgen.

Es kann sich anbieten, hierbei die Vertragsparteien näher zu beschreiben, **645** denn überwiegend handelt es sich um juristische Personen, also etwa um Gesellschaften mit beschränkter Haftung oder Aktiengesellschaften, die rechtlich losgelöst von den handelnden natürlichen Personen berechtigt und verpflichtet werden. Bei Konzernen, in denen teils sehr komplexe gesellschaftsrechtliche Beteiligungsverhältnisse vorzufinden sind, ist darauf zu achten, dass die vom Logistikvertrag betroffenen juristischen Personen einbezogen oder zur Vermeidung von Unklarheiten ggf. ausgeschlossen werden.

646 Zu beachten ist zudem, dass beim Abschluss des Logistikvertrages durch einen Vertreter dieser nicht Vertragspartner wird. Rechte und Pflichten aus dem Vertragsverhältnis sollen vielmehr nur für den Vertretenen entstehen (§ 164 BGB). Darauf sollte geachtet werden, weil sowohl Logistikunternehmer wie auch deren Auftraggeber **konzernintern Vertretungsverhältnisse** geregelt haben können. Die Vertretungsberechtigung sollte nachgewiesen werden, damit die andere Vertragspartei mehr Sicherheit über die rechtliche Verbindlichkeit des Logistikvertrages erlangt. Bei fehlender Vertretungsmacht und Verweigerung der nachträglichen Genehmigung des Logistikvertrages kann der Vertreter selbst Vertragspartei und zu Erfüllung oder Schadensersatz verpflichtet (§ 179 BGB) sein.

Palandt-*Heinrichs*, BGB, § 179 Rn. 5.

647 Die Vertragsparteien sollten beim gesamten Vertragsinhalt, einschließlich verbundener Verträge und Anlagen, stets darauf achten, dass keine Abweichungen hinsichtlich der vom Vertrag erfassten juristischen Personen entstehen. Auch wenn beispielsweise die Gesellschaftsbezeichnungen „GmbH" und „AG" als Firmenzusatz hinter demselben Firmenkern der Firma, also dem Unternehmensnamen (§ 17 HGB), auf den ersten Blick von juristischen Laien nicht in ihrer Bedeutung erkannt werden, sind sie schließlich ausschlaggebend dafür, wer den Vertrag zu erfüllen hat. Dies gilt insbesondere, wenn mehrere Konzernunternehmen mit ähnlicher Firmierung beteiligt sind.

648 In diesem Zusammenhang sollten die künftigen Vertragsparteien des Logistikvertrages bedenken, dass sich derartige Gesellschaftsformen während der Laufzeit des Vertrages ändern können. Dies geschieht zum Beispiel, wenn ein Vertragspartner bei Unternehmenskauf, Unternehmenszusammenschluss oder Umstrukturierung seine Rechtsform ändert.

Gran/Meyer-Witting, TranspR 2003, 73 ff.

649 Zwar sind in diesen Fällen die Rechtsfolgen teils im Gesellschaftsrecht geregelt, aber die Vertragsparteien können grundsätzlich einem Wechsel der Vertragspartner zustimmen. Ohne die Zustimmung des Logistikunternehmers kann ansonsten der Auftraggeber den Vertrag grundsätzlich nicht auf eine andere Gesellschaft übertragen, wie auch der Logistikunternehmer grundsätzlich nicht berechtigt ist, eine solche Vertragsübernahme zu veranlassen. Allerdings sollte die Zustimmung nicht uneingeschränkt erfolgen, denn es besteht die Gefahr, dass der Logistikvertrag auf eine Gesellschaft übertragen wird, die nicht in gleicher Weise die Vertragserfüllung sicherstellt, etwa weil deren Auftragsvolumen, Leistungs- oder Zahlungsfähigkeit eingeschränkt ist.

Falls sich bei Vertragsschluss bereits abzeichnet, dass ein Wechsel des Ver- **650** tragspartners erforderlich sein wird, kann dies durch einen Hinweis konkretisiert werden.

Der Auftraggeber betreibt ein Unternehmen im Bereich [Beschreibung des Leistungsspektrums].

Als Auftraggeber gelten auch [Konzern- und Tochtergesellschaften], die beim Vertragsabschluss vertreten und ihrerseits durch diesen Vertrag berechtigt und verpflichtet werden.

Der Logistikunternehmer hat langjährige Erfahrungen im Bereich [Beschreibung des Leistungsspektrums] und verfügt über sämtliche Voraussetzungen, um die in diesem Logistikvertrag geregelten Logistikleistungen zu erbringen.

Als Logistikunternehmer gelten auch [Konzern- und Tochtergesellschaften], die beim Vertragsabschluss vertreten und ihrerseits durch diesen Vertrag berechtigt und verpflichtet werden.

2. Präambel

Um den wirtschaftlichen Hintergrund des Logistikvertrages und die Absich- **651** ten der Vertragsparteien darzustellen, kann eine Präambel verwendet werden.

Je nach Ausgangssituation kann es sich dabei anbieten, erläuternde Ausfüh- **652** rungen zur Entstehung der Geschäftsbeziehung oder zu dem Zusammenspiel des Logistikvertrages mit sonstigen Vertragsbeziehungen aufzunehmen, damit auch derjenige den Logistikvertrag in seiner Bedeutung einschätzen kann, der die sonstigen Abläufe nicht kennt. Bei Unternehmen mit einer Vielzahl von Vertragsbeziehungen erleichtert dies die Übersichtlichkeit.

Regelmäßig legen Auftraggeber Wert darauf, dass bereits in der Präambel de- **653** ren Interesse an der Zusammenarbeit dargestellt wird. Da der Logistikunternehmer das Vertrauen seines Kunden benötigt, kann eine wohlwollende Formulierung verwendet werden, die dies und den Willen zum rücksichtsvollen Umgang miteinander bekräftigt. Selbst bei allgemeiner und damit rechtlich kaum verbindlicher Erklärung wird hierdurch eine psychologische Komponente in die Verhandlung eingebracht, die es beiden Vertragsparteien erleichtert, Vertrauen in die erfolgreiche Vertragsbeziehung aufzubauen. Diese **Vertrauensbildung** ist bei Logistikprojekten im Hinblick auf die Abhängigkeit und die Versorgungssicherheit oft von entscheidender Bedeutung.

Die Präambel sollte allerdings grundsätzlich **allgemein gefasst** werden, damit **654** sich keine ungewollten Rechtsfolgen aus ihr herleiten lassen. Bereits aus Sätzen wie „Der Auftraggeber hat sich entschieden, den Logistikunternehmer mit der Übernahme seiner Logistik zu beauftragen" könnte bei Auslegung der Formulierung der möglicherweise unzutreffende Eindruck entstehen, die Vertragsparteien hätten sich über eine exklusive Zusammenarbeit geeinigt. Riskant für den Logistikunternehmer wäre beispielsweise die Formulierung

„Die Zusammenarbeit erfolgt mit dem Ziel, dem Auftraggeber zu Kosteneinsparungen im Logistikbereich zu verhelfen", denn durch Auslegung könnte dem entnommen werden, dass aus unterbleibender Kostenersparnis Rechtsfolgen, wie etwa ein Kündigungsrecht oder eine Vergütungsanpassung, resultieren.

655 Zudem kann sich eine Klarstellung empfehlen, wonach die Zusammenarbeit nicht den **Charakter einer Gesellschaft bürgerlichen Rechts** erlangen soll, denn diese liegt bereits vor, wenn ein gemeinsamer Zweck durch beide Vertragsparteien gefördert werden soll (§ 705 BGB). Zwar ist dies nicht der Fall, soweit sich die Mitwirkung des Auftraggebers insbesondere auf die Entrichtung einer Vergütung beschränkt, aber bei den zunehmend komplexen Formen von Leistungsaustausch und Zusammenarbeit mit Logistikunternehmern kann die Schwelle zur Gesellschaft überschritten werden. Dann sollten sich die Vertragsparteien, als Gesellschafter, jedenfalls darüber im Klaren sein, dass sich die Rechtsfolgen ihrer Zusammenarbeit aus §§ 705 ff. BGB ergeben, was beispielsweise für die gegenseitige Haftung ausschlaggebend ist (§ 708 BGB).

Weber, JuS 2000, 313.

Durch diesen Logistikvertrag vereinbaren die Vertragsparteien die künftige Zusammenarbeit im Rahmen der Übertragung von Logistikleistungen in der Absicht, es dem Auftraggeber zu ermöglichen, die Konzentration auf sein Kerngeschäft zu verstärken und dazu die Erfahrungen und Kenntnisse des Logistikunternehmers zu nutzen.

Während bei der bisherigen Zusammenarbeit ausschließlich Einzelaufträge erteilt wurden, dient dieser Logistikvertrag zur umfassenderen Regelung der künftigen Zusammenarbeit.

Beide Parteien sind sich darüber einig, partnerschaftlich und mit gegenseitiger Rücksichtnahme das Vertragsverhältnis zu erfüllen. Eine gesellschaftsrechtliche Verbindung ist durch den Logistikvertrag jedoch nicht beabsichtigt.

3. Geltungsbereich

656 Wichtig ist es, in einer einleitenden Vertragsklausel den Geltungsbereich des Logistikvertrages zu beschreiben, damit möglichst keine Abgrenzungsprobleme zu sonstigen Vereinbarungen entstehen.

657 Ein Logistikvertrag kann grundsätzlich auf nur eine zeitlich und örtlich begrenzte Logistikleistung, etwa den Transport von Gütern ab dem Auftraggeber zu dessen Kunden, beschränkt sein. Solche Aufträge können in der Praxis aber oft wegen der Zeitvorgaben und der eingeschränkten wirtschaftlichen Bedeutung nicht jeweils einzeln ausgehandelt werden. In diesem Zusammenhang wird gelegentlich der Begriff **„Zurufgeschäft"** verwendet.

Valder/Wieske, TranspR 2006, 222.

Handelt es sich um eine umfassendere Geschäftsbeziehung der Beteiligten, **658**
sollte ein Logistikvertrag jedoch Aspekte regeln, die für sämtliche Einzelaufträge gelten, also deren rechtlichen Rahmen abstecken. Deshalb ist der
typische Logistikvertrag regelmäßig ein **Rahmenvertrag**.

Der wirtschaftliche Hintergrund eines Logistikvertrages ist es zudem, den **659**
Vertragsparteien eine längerfristige Vertragssicherheit zu ermöglichen, denn
Einzelaufträge erlauben weder Industrie- und Handelsunternehmen eine verlässliche Planung, noch Logistikunternehmen die kalkulierbare Vornahme von
Investitionen und die Abweisung anderer Aufträge. Vor diesem Hintergrund
ist ein Logistikvertrag mit einer längeren Vertragslaufzeit oft als „Dauerschuldverhältnis" (§ 314 BGB) besser geeignet, um eine Planungssicherheit
für künftige Einzelaufträge zu schaffen.

Beides, seine Eigenschaft als Rahmenvertrag und seine Eigenschaft als Dauer- **660**
schuldverhältnis, macht den Logistikvertrag ggf. für die Geschäftsbeziehung
aus Sicht von Auftraggeber und Logistikunternehmer grundsätzlich attraktiv.

Neben einer Beschreibung dieser Aufgabe des Logistikvertrages sollten die **661**
Vertragsparteien darauf achten, dass die Art und Weise der Erteilung von
Einzelaufträgen, insbesondere die Zeitvorgaben, durch den Logistikvertrag
standardisiert werden.

Der Vorrang des Logistikvertrages vor den Einzelaufträgen sollte, soweit **662**
rechtlich im Hinblick auf den Grundsatz der Privatautonomie, also der rechtlichen Entscheidungsfreiheit, zulässig, klargestellt werden, falls dies gewünscht
wird.

Wesentlich ist die häufig unzureichend bedachte Frage, in welchem Umfang **663**
der Logistikvertrag **durch Einzelaufträge „aufgefüllt"**, also bedarfsgerecht
ausgestaltet wird. Hier kann bei auftraggeberfreundlicher Gestaltung der Anspruch auf Erteilung von Einzelaufträgen weitgehend eingeschränkt werden
oder bei auftragnehmerfreundlicher Gestaltung eine Mindestanzahl von Einzelaufträgen vereinbart werden.

Wird kein Mindestumfang an Einzelaufträgen im Logistikvertrag definiert, **664**
so muss der Logistikunternehmer möglicherweise seine Leistungsbereitschaft vorhalten, ohne die Sicherheit einer Beauftragung zu erlangen. Beim
Fehlen einer entsprechenden Vertragsklausel wird der Logistikunternehmer
deshalb eventuell versuchen, aus den restlichen Regelungen des Logistikver-
trags einen Anspruch auf Auftragserteilung herzuleiten. Um sich diesem
Risiko nicht auszusetzen, empfiehlt sich ggf. für den Auftraggeber eine
explizite Regelung.

Wenn bereits bei Abschluss des Logistikvertrages die Möglichkeit besteht, **665**
den Umfang inhaltlich deutlicher abzugrenzen, anstatt auf künftige Einzelaufträge zu verweisen, kann ggf. davon Gebrauch gemacht werden. Dies ist
etwa der Fall, wenn ein Logistikvertrag sämtliche Logistikleistungen im Zu-

sammenhang mit einem konkreten Projekt, beispielsweise der Erstellung einer Anlage, erfassen soll.

Dieser Logistikvertrag erfasst als Rahmenvertrag und Dauerschuldverhältnis sämtliche Einzelaufträge, die der Auftraggeber dem Logistikunternehmer während der Laufzeit dieses Logistikvertrages in dessen Geltungsbereich erteilt.

Der Auftraggeber wird sämtliche Einzelaufträge rechtzeitig und unmissverständlich [Vorgaben für die Erteilung von Einzelaufträgen] erteilen.

Durch Einzelaufträge können die in diesem Rahmenvertrag getroffenen Vereinbarungen [nicht] abgeändert werden.

Ein Anspruch des Logistikunternehmers gegen den Auftraggeber auf Erteilung von Aufträgen [besteht nicht/besteht in folgendem Umfang: Beschreibung des Umfanges].

4. Güter

666 Als Grundlage für die folgenden Vertragsregelungen sollten die von dem Logistikvertrag betroffenen Güter möglichst präzise definiert werden, damit sich der Logistikunternehmer darauf einrichten kann.

Bei vielen Gütern sind besondere Sicherheitsvorkehrungen zu treffen (z. B. zerbrechliche Güter oder Valoren).

Bei verderblichen Gütern (z. B. Früchte oder Medizinprodukte als „Perishable Goods“) ist darauf zu achten, dass die Kühlkette nicht unterbrochen werden darf und eine Vorkühlung zu erfolgen hat.

Bei lebenden Tieren hat eine artgerechte Fütterung zu erfolgen.

Bei Gefahrgut i. S. d. verschiedenen Gefahrgutverordnungen sind diverse öffentlich-rechtliche Sicherheitsvorkehrungen einzuhalten.

667 Außerdem hat der Auftraggeber den Logistikunternehmer rechtzeitig in Textform auf die Gefährlichkeit von Gütern hinzuweisen, da andernfalls der Logistikunternehmer nicht zur Durchführung eines Transportes verpflichtet ist (§ 410 Abs. 2 HGB). Entsprechende **Informationspflichten** gelten außerdem im Lagerrecht für den Einlagerer (§ 468 Abs. 1 HGB).

Koller, Transportrecht, § 410 HGB Rn. 1 ff.

668 Wenn ein Industrie- oder Handelsunternehmen Waren kauft und es dem Logistikunternehmer überlässt, diese entgegenzunehmen, kann er bei Annahme der Güter die Prüfung übernehmen, ob die Güter den kaufvertraglich vereinbarten Eigenschaften entsprechen und bei Abweichungen nach den Vorgaben des Handelsrechts ggf. Mängel rügen. Ansonsten muss der Auftraggeber unter Umständen den vereinbarten Kaufpreis zahlen, obwohl er die bestellte Ware nicht in vereinbartem Zustand erhalten hat (§ 377 Abs. 2 HGB). Diese **Mängelrüge** kann also nach dem Logistikvertrag dem Logistikunternehmer

obliegen, weil bei der Logistikabwicklung der Auftraggeber nicht selbst zur Überprüfung in der Lage ist.

Dieser Logistikvertrag erfasst die folgenden Güter: [Beschreibung der Güter].

Es handelt sich um [Besonderheiten der Güter].

Bei der Logistikabwicklung dieser Güter ist insbesondere darauf zu achten, dass [Vorgaben zur Behandlung der Güter].

Sofern der Logistikunternehmer angelieferte Waren entgegennimmt, die der Auftraggeber gekauft hat, ist der Logistikunternehmer berechtigt und verpflichtet, diese auf Fehlerlosigkeit zu überprüfen und ggf. eine form- und fristgerechte Mängelrüge gegenüber dem Verkäufer auszusprechen.

5. Logistikleistungen

Der Begriff „Logistikleistungen" ist weder im Gesetz noch im Sprachge- **669** brauch eindeutig definiert. Er umfasst diverse Behandlungen der beschriebenen Güter. Daher kann an dieser Stelle eine **Gliederung des Logistikvertrages** nach seinen Teilkomponenten erfolgen, wobei insbesondere die nachfolgend dargestellten Unterpunkte,

– Lagerung,

– Inventur,

– Fertigung,

– Kommissionierung,

– Transport,

– Verpackung,

– Verwiegen,

– Paletten und Container,

– Kennzeichnung,

– Verladen und Entladen,

– zollamtliche Abwicklung sowie

– Inkasso

gebildet werden können. Dabei ist Raum für flexible Handhabung und eine bedarfsgerechte Anpassung der Strukturierung von Logistikleistungen.

Gran, TranspR 2004, 1 ff.

Neben diesen Elementen kommen weitere Elemente in Betracht, beispiels- **670** weise, wenn der Logistikunternehmen in die kaufvertraglichen Beziehungen des Auftraggebers mit dessen Kunden eingebunden werden soll, etwa indem er Bestellungen entgegennimmt. Dabei können Überlegungen zum Kaufrecht und Handelsvertreterrecht angebracht sein. In solchen Fällen wird der Logistikunternehmer noch intensiver in die Einkaufs- und/oder Verkaufsabläufe integriert.

671 Die rechtliche Einordnung sog. Mehrwertdienstleistungen wird von *Valder* unter Hinweis auf die Komplexität der vertraglichen Strukturen im Logistikbereich analysiert. Er unterteilt anhand der faktischen Abläufe in:

- Bestellung, also Auftragsmanagement sowie Call Center/Hotline.

- Lager, also Wareneingang, Einlagerung, Kennzeichnung, Kontrolle, Bestandsführung, Kommissionierung, Konfektionierung.

- Versand, also Tracking & Tracing, Reklamation, Retourenmanagement.

- Zahlungsverkehr, also Fakturierung und Inkasso.

Valder, TranspR 2008, 383 ff.

672 Die hier dargestellte Gestaltung eines individuell zu verhandelnden Logistikvertrages basiert darauf, dass der unternehmerische Auftraggeber den Logistikunternehmer sehr umfassend beauftragt und ihm zahlreiche Leistungskomponenten überträgt. Wenn unterschiedliche Logistikleistungen von unterschiedlichen Logistikunternehmern erbracht werden sollen, ist es erforderlich, mehrere Verträge nicht isoliert voneinander zu verhandeln, sondern deren Zusammenspiel stets zu beachten. Insoweit sollten die Vertragsparteien die einzelnen Verträge bei der Beschreibung des Umfanges der Logistikleistungen präzise ausgestalten, damit Überschneidungen der Zuständigkeitsbereiche verschiedener Logistikunternehmer vermieden werden können.

673 Besondere Schwierigkeiten ergeben sich bei der Verwendung von Vertragsklauseln i. S. d. AGB-Rechts.

Vogt, TranspR 2010, 15 ff.

674 Auch wenn lediglich eine Vertragsbeziehung über diverse Logistikleistungen gewünscht wird, ist es erforderlich, den Logistikvertrag entsprechend zu strukturieren, um die Leistungserbringung individuell beurteilen und die anzuwendenden Rechtsgrundlagen auffinden zu können. Die einzelnen Komponenten können dabei isoliert voneinander beschrieben und es können Anlagen sowie ergänzende Tätigkeitsbeschreibungen beigefügt werden (z. B. Transportwegbeschreibungen).

Zu sog. Schnittstellen *Otte*, Logistik inside, 11/2004, 61.

675 Nach *Gilke* sollte eine konkrete Leistungsbeschreibung erfolgen, sofern aus operativer Sicht möglich.

Gilke TranspR 2008, 380.

Hilfreicher als dieses Vertrauen kann deshalb die vom Gesetzgeber in § 315   778
BGB ausdrücklich vorgesehene Regelung eines **einseitigen Leistungsbe-stimmungsrechts** sein. Dieses ermöglicht ggf. dem Auftraggeber die Anpassung von Logistikleistungen, ohne dass der Logistikunternehmer dazu jeweils seine Zustimmung zu erteilen hat.

Dieser wiederum wird üblicherweise argumentieren, dass er nicht bereit sei,   779
sämtlichen Anpassungswünschen des Auftraggebers zu entsprechen. Seine Sorge ist verständlich. Hierbei kann § 315 BGB relevant sein.

Palandt-*Grüneberg*, BGB, § 315 Rn. 1 ff.

Um eine interessengerechte Flexibilität beim Umfang der Logistikleistungen   780
zu gestalten, kann außerdem der Logistikunternehmer ebenfalls das Recht haben, bei der Gestaltung der Logistikleistungen mitzuwirken. Es könnte also zum Leistungsspektrum des Logistikunternehmers gehören, nach den logistischen und betrieblichen Notwendigkeiten, Verhältnissen und Abläufen eigenverantwortlich und umfassend alle Leistungen durchzuführen, die eine funktionierende Gesamtlogistik erfordert. Andernfalls können Logistikabläufe dadurch unterbrochen werden, dass fehlende einzelne Leistungskomponenten die Erbringung sonstiger Logistikleistungen verhindern. Dies ist hinsichtlich der Wirksamkeit im Einzelfall zu betrachten.

Der Auftraggeber ist berechtigt, bei nachgewiesener Bedarfsänderung während der Vertragslaufzeit, unter Berücksichtigung der Interessen des Logistikunternehmers und bei Übernahme der anfallenden Zusatzkosten, vom Logistikunternehmer einseitig die Erbringung von veränderten oder von zusätzlichen Logistikleistungen zu verlangen: [Vorgaben].

Der Logistikunternehmer ist berechtigt, bei nachgewiesener Bedarfsänderung während der Vertragslaufzeit, unter Berücksichtigung der Interessen des Auftraggebers und bei gleich bleibenden oder geringeren Kosten veränderte oder zusätzliche Logistikleistungen zu erbringen: [Vorgaben].

9. Service Levels und Mängelhaftung

Die einzelnen Logistikleistungen sind zwar bereits definiert worden, aber es   781
ist zudem erforderlich, sie zu präzisieren und die Rechtsfolgen bei unzulänglicher Leistungserbringung klar zu bestimmen. Dies kann entweder durch die Integration in den jeweiligen Klauseln über die Logistikleistungen oder isoliert in einer Klausel zu „Service Levels" und Mängelhaftung bzw. Gewährleistung erfolgen.

Gilke, TranspR 2008, 382.

Hierzu sollten zunächst **objektive Messgrößen** für die Qualität der zu er-   782
bringenden Logistikleistungen bestimmt werden. Dies führt zur Definition von Service Levels, bei deren Einhaltung der Logistikvertrag ordnungsgemäß erfüllt wird. Auf der zweiten Stufe sollten dann die Rechtsfolgen bei Nicht-

Denkbar ist grundsätzlich auch eine Vereinbarung, wonach die Verpflichtung **676** des Logistikunternehmers besteht, **sämtliche erforderlichen Logistikleistungen** zu erbringen. Eine solche vollständige Übertragung ist charakteristisch für Outsourcing. Da dies allerdings ein einseitiges Leistungsbestimmungsrecht darstellen kann, wäre darauf zu achten, dass es ggf. nur in den Grenzen billigen Ermessens ausgeübt werden darf (§ 315 BGB).

> Vertiefend Palandt-*Grüneberg*, BGB, § 315 Rn. 1 ff.

Hierbei reicht eine Bestimmung, der Logistikunternehmer werde im Rahmen **677** von „**3PL (Third Party Logistics)**" oder „**4PL (Fourth Party Logistics)**" tätig, nicht zur Vermeidung von Auslegungsproblemen aus, denn diese Bezeichnungen haben keine ausreichende Aussagekraft. Während bei 3PL tendenziell die Tätigkeiten eines Spediteurs verrichtet werden, also die Versendung des Gutes besorgt wird (§ 453 Abs. 1 HGB), kommen bei 4PL noch Managementaufgaben hinzu. Im Einzelnen sind die Überbegriffe rechtlich aber nur schwer zuzuordnen und eignen sich damit für eine klare Vertragsgestaltung nicht.

In dieser Klausel können die Vertragsparteien des Logistikvertrages auch **678** Vereinbarungen über die **Kapazitätsvorhaltung** des Logistikunternehmers ergänzen. Ist nicht geregelt, in welchem Umfang Logistikleistungen abgerufen werden, läuft der Logistikunternehmer Gefahr, nicht über ausreichende Kapazitäten zu verfügen und sich durch Nichterbringen der geschuldeten Logistikleistungen schadensersatzpflichtig zu machen. Eine präzise Bedarfsplanung der Logistikleistungen sollte vom Auftraggeber eingebracht werden.

> Der Logistikunternehmer erbringt für den Auftraggeber auf Grundlage dieses Logistikvertrages und der erteilten Einzelaufträge die nachfolgenden Logistikleistungen.
>
> Dem Auftraggeber obliegt es, dem Logistikunternehmer jeweils rechtzeitig eine Bedarfsplanung für die Logistikleistungen zur Kenntnis zu bringen, damit dieser entsprechende Kapazitäten vorhalten kann: [Vorgaben].

a) Lagerung

Bei den in Logistikverträgen geregelten Logistikleistungen ist die Lagerung **679** zu erwähnen.

> *Valder*, TranspR 2008, 384.

Umfassende Logistikverträge haben überwiegend Lagerhaltung durch den **680** Logistikunternehmer zum Gegenstand, denn neben Transportabläufen ist bei Logistik auch die Verfügbarkeit der Güter durch bedarfsgerechte Bevorratung wichtig. Man spricht dann von „verfügter Lagerung".

> *Tunn*, Lagerrecht/Kontraktlogistik, Rn. 1 ff.

681 Die Rechtsfolgen entsprechender Vereinbarungen bestimmen sich grundsätzlich nach Lagerrecht (§§ 467–475h HGB). Umfassende internationale Regelungen hierzu gibt es grundsätzlich nicht, denn die Lagerung hat keine maßgebliche grenzüberschreitende Komponente.

682 Das deutsche Lagerrecht umfasst, auch nach der Transportrechtsreform im Jahre 1998, nur wenige Regelungen und ist für die Ausgestaltung durch Verträge teils offen, also dispositiv, gestaltet. Deshalb müssen die künftigen Vertragsparteien im Logistikvertrag die Klarheit schaffen, die vom Gesetzgeber vermieden wurde.

Frantzioch, TranspR 1998, 101.

683 Restriktionen können sich auch diesbezüglich bei einer AGB-Kontrolle im Lagerrecht ergeben.

Valder, TranspR 2010, 27 ff.

684 Wichtig ist, die **Anforderungen an das Lager** (z. B. Hochregal-, Block-, Kühl- oder Sicherheitslager) **und** an die **Lagerhaltung** (z. B. Stapelvorschriften, besondere Sicherungsmaßnahmen, Temperaturvorgaben, Videokameras, Feuerschutz) exakt zu bestimmen. Eventuell ist an dieser Stelle auch darauf hinzuweisen, dass es sich um ein „Pufferlager" zum Ausgleich von Lieferengpässen handeln soll.

685 An unterschiedlichen **Lagerungssystemen** stehen sich insbesondere gegenüber

- die „statische Lagerung" und

- die „dynamische Lagerung", also das Verbleiben des Gutes auf einem Ruheplatz oder dessen kontinuierliche Bewegung als Ladeeinheit.

686 Unterschieden wird auch zwischen

- der „Festplatzlagerung" und

- der „chaotischen Lagerung".

687 Die chaotische Lagerung ist in modernen Hochregallagern typisch, wo jedem einzulagernden Gut ein in diesem Moment freier Ort zugeteilt wird. Sie ermöglicht dem Lagerhalter eine effizientere Raumausnutzung als die Festplatzlagerung, bei der jede Gruppe von Gütern einem spezifizierten Bereich zugeordnet ist. Hat der Auftraggeber bezüglich der Lagerung weitergehende individuelle Anforderungen, so sollten diese ebenfalls hier erwähnt werden.

688 Die Erforderlichkeit eines Einverständnisses des Einlagerers zur **Vermischung** der eingelagerten Sachen mit denjenigen anderer Einlagerer bei Sammellagerung ist zwar ohnehin gesetzlich vorgesehen (§ 469 Abs. 1 HGB), kann aber im Logistikvertrag ausdrücklich erwähnt oder, falls gewünscht, ausgeschlossen werden.

Zur Dokumentation verlangt das Lagerrecht grundsätzlich das Ausstellen 689
eines **Lagerscheins** (§ 475c HGB). Bei komplexen Logistikleistungen kann
es aber ratsam sein, dass auch Bestandslisten zu bestimmten Vorgaben geführt und aktualisiert werden. Etwaige besondere Dokumentationsvorgaben
sind beim Vertragstext zu berücksichtigen.

Die Vertragsparteien sollten bedenken, dass ein Lager beim Abschluss des 690
Logistikvertrages eventuell noch nicht existiert. Deshalb sind ergänzende
Regelungen zu treffen. Der Ort, an dem das Gebäude errichtet werden soll,
sollte so genau wie möglich bestimmt sein.

Im diesem Zusammenhang kann auch ein sog. **Konsignationslager** ange- 691
dacht werden. Hierbei wird Ware von einem Verkäufer in einem Lager zur
bedarfsgerechten Entnahme durch einen Käufer zur Verfügung gestellt, wobei die Entnahme regelmäßig den Abschluss des Kaufvertrages darstellt. Dies
ist allerdings eine kaufrechtliche Thematik, bei der die Lagerhaltung keine
Hauptleistungspflicht ist. In Betracht kommen dabei unterschiedliche Ge-
staltungsmöglichkeiten, bei denen die Verantwortung für den Bestand des
Konsignationslagers beim Käufer, beim Verkäufer oder bei einem Lagerhalter
angesiedelt werden kann.

> Der Logistikunternehmer übernimmt die Lagerung der Güter.
>
> Als Lager wird verwendet: [Beschreibung des Lagers].
>
> Das Lager hat folgenden Anforderungen zu genügen: [Anforderungen an das
> Lager].
>
> Die Lagerung hat wie folgt zu erfolgen: [Anforderungen an die Lagerung].
>
> Eine anderweitige Lagerung oder die Sammellagerung mit anderen Gütern
> [bedarf/bedarf nicht] der vorherigen schriftlichen Zustimmung durch den
> Auftraggeber.
>
> Über den gesamten Lagerbestand sind auch Bestandslisten fortlaufend zu er-
> stellen und auf Anforderung dem Auftraggeber auszuhändigen.

b) Inventur

Der Auftraggeber ist, wenn es sich um einen **Kaufmann** handelt, gesetzlich ver- 692
pflichtet, zu Beginn seines Handelsgewerbes seine Vermögensgegenstände genau zu verzeichnen und dabei deren Wert anzugeben. Dies gilt grundsätzlich
zum Abschluss jedes Geschäftsjahres (§ 240 HGB).

Erleichterungen können bestehen, wozu auf die Inventurvereinfachungsver- 693
fahren gem. § 241 HGB verwiesen wird.

Vor diesem Hintergrund muss der Auftraggeber die Durchführung der In- 694
ventur seiner eingelagerten Vermögensgegenstände bei der Gestaltung des
Logistikvertrages bedenken. Deshalb sollte eine Klarstellung erfolgen, in
welcher Weise die Durchführung einer Inventur vom Logistikunternehmer

durchzuführen oder zu fördern ist und welche Verantwortlichkeit sich daraus ergibt.

Tunn, Lagerrecht/Kontraktlogistik, Rn. 341 ff.

695 Dabei kann der Logistikunternehmer zur Selbstvornahme von Inventuren auf einer regelmäßigen Basis verpflichtet werden. Gelegentlich wird dies einmal pro Jahr verlangt, wobei ein Anspruch auf **Aufwendungsersatz** gegen den Auftraggeber erst bei zusätzlichen von ihm geforderten Inventuren entsteht.

696 Neben dieser Stichtagsinventur besteht auch die Möglichkeit zur Durchführung **permanenter Inventuren.** Dieses Verfahren ist vor allem dann denkbar, wenn eine Stichtagsinventur technisch nicht machbar wäre, denn oft können Lagerfunktionen nicht unterbrochen werden, so zum Beispiel in einem Hochregallager, wo eine Aus- und Einlagerung aller Paletten unpraktikabel ist. Einzelheiten sind auch diesbezüglich bedarfsgerecht im konkreten Fall zu vertiefen.

Der Logistikunternehmer ist verpflichtet, die Durchführung einer nach den gesetzlichen Vorgaben erforderlichen Stichtagsinventur entsprechend den Anforderungen des Auftraggebers zu ermöglichen und sich daran zu beteiligen: [Art der Beteiligung].

Diese Leistungen des Logistikunternehmers [sind/sind nicht] von der Vergütung erfasst.

c) Fertigung

697 In der Praxis werden Logistikunternehmer verstärkt bei Fertigungsabläufen im Produktionsbereich tätig, die mit Lagerung und Transport in zeitlichem oder organisatorischem Zusammenhang stehen. Dies intensiviert zwar die Abhängigkeit des Auftraggebers vom Logistikunternehmer, schafft aber dafür die bei Fremdvergabe von Logistikleistungen gewünschte Variabilisierung fixer Kosten, denn Fertigungsprozesse können bedarfsgerechter gestaltet werden.

Valder/Wieske, TranspR 2006, 222.

698 Sobald der Logistikunternehmer auch Bereiche der Produktfertigung übernimmt (z. B. End- oder Teilmontage von Geräten) ist dies, wie auch jede etwaige Unterstützungsobliegenheit des Auftraggebers, im Logistikvertrag darzustellen.

699 Da die Fertigung den Produktionsabläufen beim Auftraggeber zu entsprechen hat, ist eine **Schulung** der Mitarbeiter, die beim Logistikunternehmer entsprechende Tätigkeiten verrichten sollen, geboten und die Verantwortlichkeit des Auftraggebers für die **Materialbeschaffung** kann vorgesehen werden.

Auf derartige Logistikleistungen ist insbesondere das gesetzliche Werkver- **700**
tragsrecht (§§ 631–651 BGB) anzuwenden, das eine gesetzliche Grundlage
bildet, soweit sich jemand verpflichtet, für seinen Vertragspartner eine Leistung zu erbringen, die nicht bereits in spezielleren Gesetzen, etwa im
Fracht- oder Lagerrecht, explizit geregelt ist. Nach diesem Werkvertragsrecht ist die vertragliche Leistung oft erst erbracht, wenn der Auftraggeber
diese, also das Werk, abnimmt und damit klarstellt, dass sie der Vereinbarung
entspricht.

Die **werkvertragliche Abnahme** hat verschiedene Rechtsfolgen: Fälligkeit **701**
der Vergütung (§ 641 Abs. 1 BGB), Beginn der Verjährung (§ 634a Abs. 2
BGB) und Gefahrtragung (§ 644 Abs. 1 Satz 1 BGB). Jedoch lassen sich für
diese Regelungen teils individuell Abweichungen vereinbaren. Die körper-
liche Abnahme von gegenständlichen Werken kann bei nicht gegenständlichen Werken, wie in der Regel bei Logistikleistungen, durch Vollendung
des geschuldeten Werks (§ 646 BGB) ersetzt werden. Auch die Pflicht des
Auftraggebers, ein vertragsgemäßes Werk abzunehmen, kann vereinfacht
werden.

Bedenken sollten die künftigen Vertragsparteien diese Ausgangssituation bei **702**
der Gestaltung des Logistikvertrages. Ob die Fertigung durch den Logistikunternehmer vertragsgemäß erfolgt, kann der Auftraggeber nämlich oft nicht
mehr selbst beurteilen, weil es sich regelmäßig um Kaufgegenstände handelt,
die nach Fertigstellung unmittelbar beim Käufer ausgeliefert werden. Er weiß
also nicht, ob der Logistikunternehmer seine Aufgabe ordnungsgemäß durchgeführt hat. Insofern kann die beanstandungslose Übernahme der Kaufsache
durch den Käufer zugleich eine Abnahme der Leistung durch den Auftraggeber gegenüber dem Logistikunternehmer darstellen.

> Der Logistikunternehmer übernimmt für den Auftraggeber einen Teil der
> Fertigung, die im Zusammenhang mit den logistischen Abläufen steht.
>
> Es handelt sich hierbei um: [Tätigkeitsbeschreibung].
>
> Das dazu erforderliche Material stellt der Auftraggeber dem Logistikunter-
> nehmer zur Verfügung.
>
> Der Auftraggeber verpflichtet sich zudem, die hierzu eingesetzten Arbeitneh-
> mer des Logistikunternehmers entsprechend den Anforderungen einzuweisen
> und zu schulen.
>
> Die Fertigung gilt als vertragsgemäß und abgenommen, wenn der Empfänger
> der Güter seinerseits diese beanstandungslos entgegennimmt.

d) Kommissionierung

Kommissionierung ist ein weiterer, in Logistikverträgen zu beobachtender **703**
Leistungsbestandteil.

> *Valder*, TranspR 2008, 385.

704   Um die Logistikabläufe für den Auftraggeber effizient zu gestalten, kann der Logistikunternehmer die bedarfsgerechte Kommissionierung, also die Verteilung und Zuordnung der Güter für den anschließenden Transport oder für die sich anschließende Verwendung, vornehmen. Er hat dabei oft die Aufgabe, die Güter exakt so „auf die Rampe" zu bringen, dass der Transport und die Lagerung möglichst reibungslos ineinander greifen und Wartezeiten vermieden werden.

> Grundlegend zum Kommissionieren: *Heiserich*, Logistik, S. 149 ff.

705   Damit die Verteilung von Sendungen reibungsloser erfolgen kann, können Vorgaben an den Logistikunternehmer erfolgen. Diesbezüglich bedarf es auf kommerzieller Ebene einer Verständigung.

706   Hierbei kann, falls es bedarfsgerecht sein sollte, als Vorgabe das sog. „Fifo-Prinzip" (first in – first out) gewählt werden. Demnach sind die Güter, welche zuerst eingelagert wurden, auch zuerst auszulagern.

707   Es kann aber auch erforderlich sein, dass die Kommissionierung nach anderen Vorgaben zu erfolgen hat (z. B. Verfallsdatum, Saisonware). Dann wäre hier eine bedarfsgerechte Vorgabe zu ergänzen. Sofern lediglich Eingangstransporte und keine Weiterleitungen erfolgen, könnten Vorgaben zur sonstigen Sortierung oder Behandlung der eingehenden Güter aufgenommen werden.

> Der Logistikunternehmer ist verpflichtet, die Kommissionierung der eingelagerten Güter durchzuführen und sie entsprechend für den Transport bereitzustellen.
>
> Folgende Verteilung der Güter ist vorgesehen: [Vorgaben für die Verteilung].
>
> Bei der Kommissionierung ist darauf zu achten, dass die zuerst eingelagerten Güter auch zuerst wieder ausgelagert und transportiert werden.
>
> Zu davon abweichender Kommissionierung ist der Logistikunternehmer nur verpflichtet, wenn ihn der Auftraggeber rechtzeitig entsprechend anweist.

e) Transport

708   Eine zentrale Bedeutung bei Logistikverträgen hat oft die Durchführung von Transporten der Güter, die den Regelungen des nationalen Frachtrechts bei nicht grenzüberschreitenden Beförderungen oder bei grenzüberschreitenden Beförderungen auch internationaler Rechtsabkommen unterliegen kann.

709   Auftraggeber sollten darauf achten, dass sich der Logistikunternehmer selbst als **Frachtführer** zur Durchführung der Transporte (§ 407 Abs. 1 HGB) und nicht lediglich als **Spediteur** nur zu deren „Besorgung", also quasi Organisation, verpflichtet (§ 453 Abs. 1 HGB). Andernfalls sind die Möglichkeiten, den Logistikunternehmer bei Transportstörungen in Anspruch zu nehmen, be-

grenzt (§ 461 HGB), denn der Spediteur kann sich unter Umständen auf seine eingeschränkte Verantwortung für die Transportdurchführung berufen und auf andere Unternehmen verweisen. Maßgeblich hierbei ist u. a., ob sich die Güter während des Transports tatsächlich in der Obhut des Logistikunternehmers befinden.

Koller, Transportrecht, § 461 HGB Rn. 4.

Selbst wenn sich der Logistikunternehmer nicht zur Durchführung der Transporte, sondern lediglich zur Besorgung der Beförderungen verpflichtet, wird er allerdings nach dem Handelsgesetzbuch **wie ein Frachtführer behandelt**, sofern er | 710

- die Transporte tatsächlich durch sog. Selbsteintritt durchführt (§ 458 HGB),

- für seine Tätigkeit als sog. Fixkostenspediteur eine feststehende Vergütung, die auch die Beförderung einschließt, verlangt (§ 459 HGB) oder

- im Wege der Sammelladungsspedition die Versendung des Gutes zusammen mit dem Gut eines anderen Versenders veranlasst (§ 460 Abs. 2 HGB).

Bei der Beschreibung der Transportleistung sind **Abgangs- und Bestimmungsort** (z. B. Laderampe an einem bestimmten Gebäude) exakt zu bezeichnen, denn es kann Streit darüber entstehen, wo der Transport beginnt und wo er beendet ist. | 711

Da Transporte insbesondere per Lkw, Eisenbahn, Schiff oder Flugzeug erfolgen können, sind hier die jeweiligen Besonderheiten zu bedenken. Das einzusetzende Beförderungsmittel ist genau darzustellen (z. B. geschlossener oder offener Lkw, Kühlwagen). Ferner bietet sich angesichts **des schnellen Verschleißes** gewerblich genutzter Transportmittel die Bestimmung eines Höchstalters an. | 712

Gemäß § 460 Abs. 1 HGB ist eine **Sammelladung**, also die gemeinsame Beförderung mit anderen Gütern, grundsätzlich möglich. Sollte der Auftraggeber ein entgegenstehendes Interesse haben, empfiehlt sich die Erwähnung im Logistikvertrag. Wegen der Schadensgeneigtheit des **Umladens** kann auch dieses untersagt werden. | 713

Koller, Transportrecht, § 407 HGB Rn. 48.

Im Zusammenhang mit den Transporten ist die möglichst konkrete Bestimmung der **Lieferfrist** anzuraten, da deren Angemessenheit andernfalls durch Vergleich mit einem „sorgfältigen Frachtführer" unter Berücksichtigung der Umstände abzuleiten ist, was zwangsläufig zu einer erheblichen Rechtsunsicherheit führt (§ 423 HGB). | 714

Die Erteilung einer **Quittung („Proof of Delivery" [POD])** ist für den Auftraggeber regelmäßig wesentlich, um die Erfüllung eigener vertraglicher Ver- | 715 pflichtungen nachweisen zu können (z. B. Erfüllung der Verpflichtung aus einem Kaufvertrag). Außerdem hat sie Beweiswirkung für die ordnungsgemäße Erfüllung des Frachtvertrages (§ 409 Abs. 1 HGB). Gegebenenfalls können hier zusätzliche Anforderungen an den Inhalt der Quittung ergänzt werden.

716 Ein **Standardproblem** im Transportrecht ist insoweit jedoch der fehlende, ungeeignete oder zweifelhafte **Nachweis der Ablieferung** an eine entsprechend legitimierte Person beim Empfänger. Hierzu sollten klare Vorgaben erfolgen. In der Praxis ist neben der Überprüfung von Personalien beispielsweise auch die Vorlage von Dokumenten möglich. Im Seerecht können sich außerdem Probleme bei der Auslieferung von Gütern ohne Vorlage eines Konnossements ergeben.

Jessen, TranspR 2001, 405 ff.

717 Der Vollständigkeit halber ist im Zusammenhang mit Transporten anzumerken, dass, wie bereits in den Vorüberlegungen eingangs erörtert, die diesbezügliche Beauftragung des Logistikunternehmers eventuell nur erforderlich ist, wenn der Auftraggeber und nicht der Empfänger für den Transport verantwortlich ist. Bei der Gestaltung des Logistikvertrages können Auftraggeber deshalb überdenken, ob es wirtschaftlich sinnvoller ist, wenn der Empfänger die Güter durch dessen Frachtführer beim Auftraggeber abholen lässt. Dann können Auftraggeber mit ihren jeweiligen Kunden eine Holschuld oder einen Versendungskauf vereinbaren (§§ 269, 447 BGB).

718 Als Hintergrund für Gütertransporte ist insgesamt das Güterkraftverkehrsrecht zu beachten.

Knorre, TranspR 2011, 353 ff.

719 Damit dieser Beweiswert nicht erschüttert wird, hat sich der Auftraggeber davon zu überzeugen, dass der Empfänger vor Ausstellung der Quittung die Sendung tatsächlich nach Anzahl, Art und Gewicht überprüft.

> Der Logistikunternehmer übernimmt für den Auftraggeber die Transporte der Güter ab [exakter Abgangsort] und befördert sie zum [exakter Bestimmungsort].
>
> Für die Durchführung der Transporte wird der Logistikunternehmer ausschließlich [Bezeichnung des Transportmittels] verwenden.
>
> Sammeltransporte mit anderen Gütern und die Umladung der Güter während des Transportes auf ein anderes Beförderungsmittel sind ohne vorherige schriftliche Zustimmung des Auftraggebers [zulässig/unzulässig].
>
> Der Auftraggeber wird einzelne Transporte von gelagerten Gütern wie folgt abrufen: [Vorgaben].
>
> Als Lieferfrist wird für den Transport der Güter ein Zeitraum von [Zeitvorgaben] vorgesehen. Nach Ablauf dieses Zeitraums liegt eine Lieferfristüberschreitung vor.

Die Ablieferung der Güter beim Empfänger darf nur dann erfolgen, wenn sich der Auftragnehmer von der Berechtigung und Identität der Personen, denen die Güter ausgehändigt werden, überzeugt hat.

Unterlässt der Logistikunternehmer die Prüfung der Legitimation des Empfängers, so kann er sich nicht auf eine ordnungsgemäße Vertragserfüllung berufen, falls die Güter den bestimmungsgemäßen Empfänger nicht erreichen.

Für sämtliche ausgelieferten Güter hat sich der Logistikunternehmer eine Quittung vom Empfänger ausstellen zu lassen. Diese erbringt bis zum Beweis des Gegenteils den Beweis für die ordnungsgemäße Vertragserfüllung.

f) Verpackung

Nach dem deutschen Frachtrecht schuldet nicht der zum Transport Verpflichtete, sondern dessen Auftraggeber die Verpackung des Frachtgutes (§ 411 HGB). **720**

Koller, Transportrecht, § 407 HGB Rn. 54.

Logistikunternehmen übernehmen aber in Abweichung von dieser gesetzlichen Pflichtenverteilung häufig die Verpackung oder Umpackung vertraglich. Bei der vertraglichen Verpflichtung zur Verpackung oder Umpackung handelt es sich dann grundsätzlich um einen **Werkvertrag** (§ 631 BGB). Vertieft mit der Abgrenzung einer werkvertraglichen Hauptleistungspflicht zu einer Nebenpflicht im Rahmen der §§ 407 ff. HGB bei vereinbarter Verpackung durch ein Transportunternehmen befasst sich *Schmidt*. **721**

Schmidt, TranspR 2010, 88 ff.

Da es diverse Möglichkeiten der transportsicheren Verpackung gibt und im Streitfall gelegentlich nur durch ein Verpackungsgutachten von einem Verpackungssachverständigen die Transportsicherheit der verwendeten Verpackung belegt werden kann, ist eine Präzisierung der Verpackungsart sinnvoll (z. B. Verwendung von Schrumpffolie, Bandeisen, Schockdetektoren, Füllmaterial). **722**

Die künftigen Vertragsparteien sollten im Logistikvertrag ferner die Einigung darüber dokumentieren, wer Verpackungsmaterial zu beschaffen und wer die entstehenden Kosten zu tragen hat. **723**

Der Logistikunternehmer ist verpflichtet, für den Auftraggeber das Verpacken der Güter zu übernehmen.

Die Verpackung hat den Anforderungen zu genügen, die nach Einschätzung von Verpackungssachverständigen als transportüblich bezeichnet werden können.

Es sind folgende Verpackungsverfahren durchzuführen: [Beschreibung der Verpackung].

Das Verpackungsmaterial wird vom [Logistikunternehmer oder Auftraggeber] unter Beachtung des Bedarfs in ausreichenden Mengen beschafft.

Die hierbei anfallenden Verpackungskosten hat der [Logistikunternehmer/
Auftraggeber] zu tragen.

g) Paletten und Container

724 Das Verbringen von Gütern auf Paletten oder in Container kann als Teil des
Verpackungsvorganges gewertet, sollte aber wegen der Besonderheiten explizit und durch Vorgaben beispielsweise zum „Palettenbau" bzw. der Con-
tainerbeladung dargestellt werden.

725 Da sichere Paletten wesentlich zur Vermeidung von Transportschäden beitragen können, sie aber auch **verschleißen**, empfiehlt sich eine Klarstellung,
wenn lediglich neue oder neuwertige Paletten zum Einsatz kommen sollen.

726 Damit die Sicherheit der Güter gewährleistet ist, sollten die künftigen Vertragsparteien des Logistikvertrages **Höhe** und **Schwerpunkt** bedenken, denn
bei Schwerpunktverlagerung einer unsicher gebauten Palette oder eines unzulänglich beladenen Containers droht bei der Beförderung per Fahrzeug
oder Flurförderzeug (z. B. Gabelstapler) das Umstürzen.

727 Die Eigentumsverhältnisse bei Paletten sind häufig ungeklärt, da sich im
Laufe der Zusammenarbeit die Paletten der Auftraggeber und der Logistikunternehmer vermengen. Es empfiehlt sich daher eine entsprechende Klarstellung im Logistikvertrag. Derartige sog. Paletten-Rückführverträge basieren oft auf einem „**Palettenkonto**" und sind nach der Rechtsprechung als
Darlehensverträge zu bewerten (§§ 607 ff. BGB). Beim derartigen Sachdarle-
hen begrenzt sich die Rückgabepflicht des Darlehensnehmers auf Sachen
gleicher Art, Güte und Menge (§ 607 Abs. 1 BGB). Man kann sich ggf. darauf einigen, den Palettentausch nach den sog. **Bonner oder Kölner Paletten-
tauschregeln** abzuwickeln und diese dann als Anlage dem Vertrag beizufügen.

Knorre, TranspR 2001, 1 ff.

728 Auch bei der Verwendung von Containern ist eine derartige Regelung zu
überdenken.

Der Logistikunternehmer übernimmt für den Auftraggeber das Palettieren der
Güter.

Es sind folgende Paletten zu verwenden: [Beschreibung der Paletten].

Die Paletten dürfen maximal wie folgt gebaut werden: [Vorgaben].

Die Rückführung der überlassenen Paletten oder solcher, die den überlassenen
Paletten in Art und Güte entsprechen, an den jeweiligen Eigentümer erfolgt
monatlich auf Grundlage eines Palettenkontos.

Nicht zurückgeführte Paletten sind mit [Palettenpreis] zu vergüten.

Diese Regelungen gelten entsprechend bei Verwendung von Containern.

h) Verwiegen

Die Feststellung des Gewichts einer Sendung hat nicht nur für die Frage der 729
Höchsthaftung bei Beschädigung, Zerstörung oder Verlust (§ 431 HGB)
eine große Bedeutung, sondern kann, sofern das Ergebnis im Frachtbrief eingetragen wurde, dort auch eine Richtigkeitsvermutung begründen (§ 409 HGB)
und ist aus Sicherheitsgründen (z. B. zur Vermeidung der Überladung von
Transportmitteln) wichtig. Außerdem kann das Gewicht maßgeblich sein,
um die Erfüllung kaufvertraglicher Verpflichtungen durch den Auftraggeber
nachzuweisen.

Ergänzend zur gesetzlichen Vorgabe, wonach der Frachtführer nur ver- 730
pflichtet ist, Gewichtsüberprüfungen vorzunehmen, wenn der Auftraggeber
dies verlangt und angemessene Mittel zur Überprüfung zur Verfügung stellt
(§ 409 Abs. 3 Satz 2 HGB), können die künftigen Vertragsparteien in einem
Logistikvertrag eine Regelung treffen, nach der die Verpflichtung zum Verwiegen vom Logistikunternehmer übernommen wird. Das ist bei einer Übertragung komplexer und miteinander verzahnter Logistikabläufe ratsam.

Das **Wiegesystem** muss nicht stets vom Auftraggeber zur Verfügung gestellt 731
werden. Dementsprechend kann also eine konkrete Vorgabe in dem Logistikvertrag aufgenommen werden. Hier kann insbesondere der Typ oder zumindest die Genauigkeit des zu benutzenden Wiegesystems vorgegeben werden. Will man es noch detaillierter vorgeben, so können Anweisungen zur
Eichung und Inspektion von Wiegesystemen ergänzt werden.

Wie bei der Verpackung ist hier eine **Kostentragungsregelung** notwendig, 732
sofern das Verwiegen prinzipiell dem Auftraggeber obliegt. Der gesetzlich
vorgesehene Anspruch auf Aufwendungsersatz kann im Gesamtentgelt aufge-
hen oder anderweitig vereinbart werden, denn § 409 HGB ist insgesamt abdingbar.

> *Koller*, Transportrecht, § 409 HGB Rn. 32.

> Der Logistikunternehmer übernimmt für den Auftraggeber das Verwiegen der
> Güter.

> Das Verwiegen hat wie folgt zu geschehen: [Vorgaben zum Verwiegen und
> zum Wiegesystem].

> Die hierbei anfallenden Verwiegungskosten trägt der [Logistikunternehmer/
> Auftraggeber].

i) Kennzeichnung

Valder erkennt auch die Kennzeichnung als einen Vertragsbestandteil an, der 733
im Logistikbereich relevant werden kann, u. a. das Erstellen und Anbringen
von Barcode Labels.

> *Valder*, TranspR 2008, 385.

734 Der Gesetzgeber hat zudem vorgesehen, dass der Absender das Gut zu kennzeichnen hat (z. B. Gewicht, Anzahl, Empfänger), sofern dessen vertragsgemäße Behandlung dies erfordert (§ 411 HGB). Gemeint sind beispielsweise **Warnhinweise** zur Behandlung der Güter.

Koller, Transportrecht, § 411 HGB Rn. 4.

735 Diese Tätigkeit kann allerdings ebenfalls übertragen werden und Auftraggeber sind oft daran interessiert, die Kennzeichnung umfangreich ihren Logistikunternehmern zu überlassen, da die Abläufe zeitlich und räumlich im Zusammenhang mit der Lagerung oder dem Transport stehen.

736 Logistikunternehmer übersehen aber gelegentlich die **Haftungsrisiken**, die sich aus unzulänglicher Kennzeichnung ergeben können. Wenn beispielsweise versäumt wird, eine zerbrechliche Sendung als solche zu kennzeichnen, ist das Risiko der unsachgemäßen Behandlung vorprogrammiert. Denkbar ist auch, dass sich in der Substanz unterschiedliche Güter, beispielsweise Chemikalien oder Bauelemente, optisch nicht unterscheiden lassen und bei unzulänglicher Kennzeichnung falsch verwendet werden.

737 Zur Präzisierung der Klausel können auf kommerzieller Ebene bei den Vertragsverhandlungen die Kennzeichnungserfordernisse vereinbart werden (z. B. „Vorsicht zerbrechlich", „oben/unten", Bezeichnung der enthaltenden Güter). Da der Auftraggeber regelmäßig keinen vollständigen Überblick über erforderliche Kennzeichnungen haben wird, empfiehlt sich zumindest die Zuweisung der Verantwortung für logistikspezifische Kennzeichnung auf den Logistikunternehmer (z. B. für Verzollung, Transportabwicklung).

> Der Auftraggeber wird dafür Sorge tragen, dass die Güter bei Übergabe an den Logistikunternehmer wie folgt gekennzeichnet sind: [Vorgaben der Kennzeichnung].
>
> Der Logistikunternehmer übernimmt die ansonsten erforderliche Kennzeichnung der Güter nach den Anweisungen des Auftraggebers und den gesetzlichen Bestimmungen.
>
> Sofern eine Kennzeichnung zur Optimierung der Logistikabläufe objektiv erforderlich ist, muss der Logistikunternehmer diese veranlassen und den Auftraggeber unverzüglich über das Kennzeichnungserfordernis unterrichten.

j) Verladen und Entladen

738 Auch das beförderungssichere, also dem Schutz der Güter dienende Verladen und das entsprechende Entladen der Güter gehören nach der gesetzlichen Pflichtenverteilung grundsätzlich nicht zum Leistungsspektrum des Frachtführers, sondern nur, wenn sich aus den Umständen oder der **Verkehrssitte** etwas Abweichendes ergibt (§ 412 Abs. 1 HGB).

Koller, Transportrecht, § 41 HGB Rn. 4;

Widmann, TranspR 2001, 74.

Der Auftraggeber muss demnach dafür Sorge tragen, dass die Güter bei der **739** beabsichtigten Beförderung nicht zu Schaden kommen, während der Frachtführer nur für die betriebssichere Verladung, also die Sicherheit von Fahrzeug und Verkehr, verantwortlich zeichnet. Da es in der Praxis aber schwierig ist, eine Verkehrssitte nachzuweisen, sollten die künftigen Vertragsparteien des Logistikvertrages darauf achten, dass es der ausdrücklichen Erwähnung im Logistikvertrag bedarf, falls der Logistikunternehmer sowohl für die betriebs-, wie auch für die beförderungssichere Verladung verantwortlich sein soll.

Neufang/Valder, TranspR 2002, 325 ff.

Die Vertragsparteien sollten sich bei der betriebssicheren Verladung übrigens **740** auch der Verantwortung nach § 22 der **Straßenverkehrsordnung** bewusst sein, denn danach können die Polizei- und Ordnungsbehörden eingreifen, wenn Ladungen nicht den Vorgaben an die Verkehrssicherheit, beispielsweise den dort nachzulesenden Umfangsbeschränkungen für Fahrzeuge, entsprechen. Hiervon ist nicht nur der Fahrzeugführer betroffen, denn auch beim Auftraggeber kann eine persönliche öffentlich-rechtliche Verantwortung beispielsweise von Betriebs-, Fuhrpark- oder Versandleitern, Gefahrgutbeauftragten und Disponenten bestehen. Die bußgeldrechtliche Tragweite von Verstößen gegen die Ladungssicherheit wird von *Wieske/Kramer* dargestellt.

Wieske/Kramer, TranspR 2008, 435 ff.

Fromm befasst sich mit der Fahrlässigkeit beim Führen eines Fahrzeuges un- **741** ter Überschreitung des zulässigen Gesamtgewichts.

Fromm, TranspR 2010, 137 ff.

Aber auch der Inhaber eines Betriebes oder Unternehmens, der vorsätzlich oder fahrlässig die Aufsichtsmaßnahmen, insbesondere die Bestellung, sorgfältige Auswahl und Überwachung von Aufsichtspersonen unterlässt, die erforderlich sind, um derartige Zuwiderhandlungen zu verhindern, kann sich nach dem **Ordnungswidrigkeitengesetz** einem Risiko aussetzen (§ 130 OWiG). Im Schwerlastverkehr kann bei Ladungsmängeln eine bußgeldrechtliche Verantwortlichkeit bestehen.

Fromm, TranspR 2009, 215 ff.

Um die Verantwortlichkeit für die verkehrssichere Ladung zuzuweisen, kann **742** u. a. im Logistikvertrag oder in dessen Anlagen auf bestimmte Personen hingewiesen werden. Im Hinblick auf das Verbot eines Vertrages zu Lasten Dritter sind die einstehenden Personen allerdings in geeigneter Weise unmittelbar vom Auftraggeber oder vom Logistikunternehmer entsprechend zu verpflichten. Einzelheiten sind auch diesbezüglich bedarfsgerecht zu vertiefen.

Palandt-*Grüneberg*, BGB, Vor § 328 Rn. 10.

Beispielhaft sei angemerkt, dass § 22 Abs. 1 StVO vorgibt, die Ladung ein- **743** schließlich Geräte zur Ladungssicherung sowie Ladeeinrichtungen so zu verstauen und zu sichern, dass sie selbst bei Vollbremsung oder plötzlicher Ausweichbewegung nicht verrutschen, umfallen, hin- und herabrollen, herabfallen oder vermeidbaren Lärm erzeugen kann. Wen dies betrifft, wird nicht durch die Norm, sondern, wie *Köper* ausführt, durch die Rechtsprechung bestimmt. Derartige öffentlich-rechtliche Vorgaben können also relevant sein.

Köper, TranspR 2011, 209 ff.

744 Dies gilt nicht nur für den Straßentransport, denn auch bei anderen Verkehrsträgern gibt es öffentlich-rechtliche Vorgaben zur Ladungssicherung.

745 Von Interesse können die Internationalen Verlade- und Transportbedingungen für die Binnenschifffahrt 2009 (IVTB) sein.

Korioth, TranspR 2009, 149 ff.

Im Gefahrgutbereich bestehen darüber hinaus Sondervorschriften zur Ladung, die besondere Beachtung finden sollten.

746 Hilfreich ist ferner eine Regelung, welche die Verfügbarkeit der erforderlichen Geräte (z. B. Zurrgurte, Hubwagen) sicherstellen soll. Gegebenenfalls hat der Logistikunternehmer dafür Sorge zu tragen, dass entsprechende Geräte am Abgangs- und Bestimmungsort vorgehalten werden.

747 Die Verladefristen und die Entladefristen sollten ebenfalls konkretisiert werden, wie aussagekräftige **Lieferfristen** (§ 423 HGB).

Der Logistikunternehmer übernimmt das beförderungs- und betriebssichere Verladen und das Entladen der Güter zu Beginn und am Ende der Transporte.

Verantwortlich für die Einhaltung öffentlich-rechtlicher Vorgaben ist u. a.: [Name des Verantwortlichen].

Der Logistikunternehmer hat bei den Transporten folgende erforderlichen Einrichtungen mitzuführen und vorzuhalten: [Vorgaben der Einrichtungen].

Die Verladefrist beträgt [Verladefrist]. Die Entladefrist beträgt [Entladefrist].

k) Zollamtliche Abwicklung

748 Zollrecht ist ein weiterer Rechtsbereich, der von der Gestaltung der Logistikverträge erfasst sein kann. Wird die zollamtliche Abwicklung vereinbart, ist dies zu bedenken. Diesbezüglich erläutert *Ovie* die Entwicklung des Zollschuldrechts durch die Rechtsprechung des EuGH sowie den modernisierten Zollkodex.

Ovie, TranspR 2008, 357 ff.

749 Transportrechtliche Dokumente entfalten dabei zollrechtliche Bedeutung.

Weerth, TranspR 2010, 219 ff.

Bei internationalen Beförderungen, die über die Grenzen des Europäischen 750
Binnenmarktes hinausgehen und zollrechtlich relevant werden, ist durch den
Logistikvertrag zu bestimmen, wer die Zollformalitäten vorbereitet und wer
die Zollanmeldung sowie eine etwaige Zollbeschau durchführt.

Die künftigen Vertragsparteien sind gut beraten, wenn sie an die **Schadens-** 751
risiken denken, denn einerseits können bei unzulänglicher Zolldeklaration
Zölle und Steuern anfallen und andererseits kann ein Festhalten von Gütern
durch die Zollbehörden erfolgen, was wiederum Verzugsschäden, etwa durch
Vertragsstrafe bei verspäteter Auslieferung der Sendungen an den Kunden
des Auftraggebers, auslösen kann. Es kommt hinzu, dass es sich bei zoll-
rechtlichen Vorgaben um eine sehr komplexe Materie handelt, die Kenntnisse beispielsweise vom Zollkodex und der Rechtsprechung der zuständigen
Gerichte erfordert, weshalb insoweit unerfahrene Logistikunternehmer einem
hohen Fehlerrisiko ausgesetzt sind, wenn sie diese Aufgabe übernehmen.
Dies gilt umso mehr vor dem Hintergrund der zunehmenden Internationalisierung von Transportabläufen, die es auch erforderlich macht, diverse ausländische Rechtsgrundlagen zu kennen, um Transportstörungen möglichst
zu vermeiden.

Rogov, TranspR 1999, 54 ff.

Allerdings sollte selbst bei Übernahme der Zollformalitäten durch den Lo- 752
gistikunternehmer die **Mitwirkungsverpflichtung** des Auftraggebers bedacht werden, da der Logistikunternehmer andernfalls die erforderlichen
Angaben für die Zolldeklaration kaum erlangen kann (z. B. Warengruppe,
Verwendungszweck, Zollwert).

Hierbei sollten die künftigen Vertragsparteien des Logistikvertrages auch aus- 753
handeln, ob der Logistikunternehmer eine Prüfung der Unterlagen bei Entgegennahme durchzuführen hat, was sich im Hinblick auf seine Erfahrungen
anbieten kann und dem Auftraggeber ermöglicht, sich auf die Unterstützung
durch den Logistikunternehmer eher zu verlassen. Besonderheiten sind vertieft zu betrachten.

Der Logistikunternehmer ist verpflichtet, für den Auftraggeber alle erforderlichen Vorbereitungen für die zollamtliche Abwicklung von Sendungen zu
übernehmen.

Er ist hierzu jedoch nur verpflichtet, sofern der Auftraggeber ihm spätestens
binnen [Zeitvorgabe] vor Durchführung des internationalen Transportes
sämtliche erforderlichen Dokumente und Informationen verschafft.

Der Logistikunternehmer [ist/ist nicht] verpflichtet, diese auf Richtigkeit und
Vollständigkeit zu überprüfen.

l) Inkasso

Gelegentlich wird als zusätzliche Logistikleistung das Inkasso, also die Ein- 754
ziehung von Rechnungsbeträgen durch den Logistikunternehmer beim Kun-

den des Auftraggebers, vereinbart, sofern der Leistungsgegenstand des Logistikunternehmers die Ablieferung der Güter umfasst. Dies bietet sich an, wenn der Logistikunternehmer Sendungen dem Empfänger nur gegen Nachnahme auszuliefern hat. Insoweit bedarf es der Präzisierung nach dem jeweiligen Sachverhalt und der Einräumung einer dahingehenden Vollmacht im Logistikvertrag.

755 Den Bezug zwischen Inkassotätigkeit und der Nachnahme, die frachtrechtlich in § 422 HGB erfasst wird, erkennt *Valder* und weist darauf hin, dass eine Abgrenzung von Nachnahme- und sonstigen Tätigkeiten erforderlich sein kann, weil mit der Nachnahme nur die auf dem abgelieferten Gut ruhenden Kosten geltend gemacht werden können. Er weist die Kaufpreiszahlung der Warennachnahme und die Bezahlung der Beförderungskosten der Frachtnachnahme zu.

Valder, TranspR 2008, 387.

756 Binnen welcher Zeitspanne der Logistikunternehmer vereinnahmte Beträge abzuführen hat, kann durch den Logistikvertrag geregelt werden. Hierbei handelt es sich um eine Konkretisierung der Regelung des § 667 BGB, die bei Geschäftsbesorgungen gemäß § 675 BGB anzuwenden ist. Für die Fälligkeit dieses Herausgabeanspruchs können die künftigen Vertragsparteien des Logistikvertrages durch auftraggeber- bzw. auftragnehmerfreundliche Gestaltung grundsätzlich engere oder weitere Fristen vereinbaren. Auch kann, anders als hier vorgesehen, zunächst eine Rechnungsstellung vom Auftraggeber verlangt werden.

757 Dem Auftraggeber wäre zu empfehlen, dass er ein **Zurückbehaltungsrecht** des Logistikunternehmers an den eingenommenen Beträgen vertraglich auszuschließen versucht, weil er andernfalls Gefahr läuft, dass eine streitige Vergütung für Logistikleistungen mit der Vergütung aus Kaufverträgen mit den Kunden in Zusammenhang gebracht wird.

758 Außerdem dürfte es in seinem Interesse liegen, etwaige **Insolvenzrisiken** des Logistikunternehmers, die auch vereinnahmte Beträge tangieren könnten, beispielsweise durch eine Bankbürgschaft oder durch eine entsprechende Sicherheit abzusichern. In Betracht kommt hierbei auch eine **Patronatserklärung**, durch die ein mit dem Logistikunternehmer verbundenes Unternehmen die Bereitschaft erklärt, Forderungen des Auftraggebers, die durch Zahlungsausfall des Logistikunternehmers entstehen, auszugleichen. Eine derartige Absicherung etwaiger Insolvenzrisiken ist auch ohne die Übernahme von Inkassoaufgaben durch den Logistikunternehmer denkbar und kann insbesondere bei kleineren oder am Markt unbekannteren Logistikunternehmen durchaus ratsam.

759 In diesem Zusammenhang kann das Rechtsdienstleistungsgesetz zu beachten sein.

Neben der vorab dargestellten Problematik kann sich übrigens bei einer in- 760
tensiven Einbindung des Logistikunternehmers bei der Erfüllung des Kaufvertrages zwischen dem Auftraggeber und dessen Kunden eine Beachtung
des **Fernabsatzgesetzes** empfehlen.

> *Wieske*, TranspR 2005, 206 ff.

> Der Logistikunternehmer übernimmt das Inkasso für diejenigen Güter, die er
> als Nachnahmesendungen ausliefert.

> Die entsprechende Inkassovollmacht wird hiermit erteilt.

> Die eingenommenen Beträge hat der Logistikunternehmer spätestens binnen
> [Frist] unaufgefordert an den Auftraggeber abzuführen.

> Ein Zurückbehaltungsrecht des Logistikunternehmers besteht an diesen Be-
> trägen nicht.

> Der Logistikunternehmer ist verpflichtet, eine selbstschuldnerische und unwi-
> derrufliche Bankbürgschaft in ausreichendem Umfang zur Sicherheit für die
> Weiterleitung eingenommener Beträge vorzuhalten und auf Verlangen des Auf-
> traggebers diesem nachzuweisen.

6. Pflichtenheft

Die in Logistikverträgen getroffenen Vereinbarungen zu den geschuldeten 761
Logistikleistungen sind häufig derart komplex, dass es auf kommerzieller
Ebene einer gesonderten Beschreibung in einem Pflichten- oder Lastenheft
bedarf. Dort können dann die Logistikleistungen ergänzend spezifiziert werden, nachdem der künftige Auftraggeber seinen faktischen Bedarf intern ermittelt hat.

Beim Pflichtenheft ist darauf zu achten, dass vermeintlich unbedeutende 762
Elemente der Leistungsbeschreibung für die Funktion der gesamten Logistik
zentrale Bedeutung haben können. Etwaige Schwachstellen der Logistikabläufe sollten im operativen Bereich als solche identifiziert werden.

Der Gestaltungsfreiheit im Pflichtenheft sind grundsätzlich kaum Grenzen 763
gesetzt und es gilt allgemein: Was bereits präzise geregelt ist, muss während
der Vertragslaufzeit nicht mehr durch Interpretation geklärt werden. Die
künftigen Vertragsparteien des Logistikvertrages sollten sich deshalb die Zeit
nehmen, durch das Pflichtenheft möglichst **alle Logistikabläufe** zu erfassen,
beispielsweise die Positionierung von Lagerregalen oder die Beschreibung
von Verpackungsmaterial. Hierbei kann es sich empfehlen, im operativen Bereich auf Logistikabläufe spezialisierte Unternehmensberater hinzuzuziehen.

Ergänzen können die künftigen Vertragsparteien des Logistikvertrages im 764
Pflichtenheft auch Beispiele für Dokumente, etwa durch Kopien von benötigten Aufklebern für die Kennzeichnung oder Rechnungsformularen. Verweisen können die künftigen Vertragsparteien im Vertragstext an der jeweils
passenden Stelle auf die Möglichkeit, die Detailregelungen im Pflichtenheft

nachzulesen. Im Aufbau sollte sich das Pflichtenheft dabei an der Struktur des Logistikvertrages orientieren und der Unterteilung der Logistikleistungen entsprechen.

765 Der Vorbehalt einer Anpassungsbedürftigkeit oder die Anpassungsfähigkeit einzelner Tätigkeitsbeschreibungen empfehlen sich jedoch, um die Flexibilität zu steigern, u. a., wenn die Abläufe noch unklar sind. Beispielsweise kann es für den Auftraggeber hilfreich sein, gewisse Abänderungen des Pflichtenhefts auch ohne Zustimmung des Logistikunternehmers verlangen zu dürfen, damit er, ggf. im Rahmen des rechtlich Möglichen (§ 315 BGB), flexibler agieren kann.

> Die Einzelheiten der Zusammenarbeit zwischen dem Auftraggeber und dem Logistikunternehmer werden in einem Pflichtenheft festgelegt, das Anlage zu diesem Logistikvertrag ist.
>
> Das Pflichtenheft regelt in seinen Teilbereichen die Einzelheiten der dargestellten Logistikleistungen.
>
> Dieses Pflichtenheft kann [nur einvernehmlich/auf Verlangen des Auftraggebers] in folgendem Umfang angepasst werden: [Vorgaben].

7. Dokumentation

766 Im Interesse beider Vertragsparteien sind die **Einzelaufträge** zu dokumentieren und hierzu präzise Vorgaben in dem Logistikvertrag aufzunehmen. Dies gilt sowohl für Transportaufträge und Lageraufträge, wie auch für sonstige Logistikleistungen.

767 Der Frachtführer kann die Ausstellung eines **Frachtbriefes** verlangen (§ 408 Abs. 1 HGB), der Beweiskraft für die zugrunde liegende Vereinbarung entfaltet (§ 409 Abs. 1 HGB).

> *Koller*, Transportrecht, § 409 HGB Rn. 2 ff.

768 Auch im Lagerrecht ist das Ausstellen eines Dokuments zu Beweiszwecken üblich. Dies ist der **Lagerschein** (§ 475c HGB).

> *Tunn*, Lagerrecht/Kontraktlogistik, Rn. 408 ff.

Dieses Verlangen sollte daher im Logistikvertrag zum Ausdruck kommen und der Inhalt des Frachtbriefes und Lagerscheins sollte dabei genau definiert werden.

769 Dass die Dokumentation von Logistikabläufen **Auswirkungen auf die Finanzierung** von Handelsgeschäften haben kann, ist ein zusätzlicher Aspekt, der nicht übersehen, sondern, ggf. nach weiterer Abstimmung des Auftraggebers mit seinen sonstigen Vertragspartnern, durch eine bedarfs- und interessengerechte Regelung in den Logistikvertrag einfließen sollte.

> *Nielsen*, TranspR 1999, 424 ff.;

ders., WM 1994, 2221 ff.;

ders., Grundlagen des Akkreditivgeschäfts, S. 1 ff.;

ders., WM-Sonderbeilage Nr. 3, 1993, 1 ff.

Außerdem sollten die künftigen Vertragsparteien des Logistikvertrages eine 770
Vertragsklausel bedenken, die **Aufbewahrungspflichten** regelt und damit
über einen längeren Zeitraum Beweisprobleme durch fehlende Dokumente
vermeiden kann. Der Gesetzgeber sieht solche Aufbewahrungspflichten zwar
zum Zwecke ordnungsgemäßer Buchführung, insbesondere für sog. Handels-
briefe, also ggf. den Logistikvertrag selbst, vor, überlässt es aber zum Teil den
Vertragsparteien, zusätzliche Verpflichtungen zu vereinbaren (§ 257 HGB).

Überdies empfiehlt sich die Beachtung der rechtlichen und faktischen Rah- 771
menbedingungen, falls sich die Vertragsparteien auf die Verwendung **elek-**
tronischer Dokumentation verständigt haben. Dies kann zwar eine Erleichterung der Logistikabläufe bewirken, bringt aber zugleich Risiken, insbesondere hinsichtlich Beweislast und Rechtswirkung, mit sich, wenn keine möglichst rechtssicheren Vereinbarungen mit der Verwendung elektronischer Logi-
stikdokumente einhergehen. Insgesamt lässt sich allerdings beobachten, dass
sich diese Art der Informationserfassung zunehmender Beliebtheit erfreut und
auch in unterschiedlicher Form vom Gesetzgeber gefördert wird.

Ruhwedel, TranspR 2004, 421 ff.;

ders., TranspR 1999, 369 ff.;

Schuback, TranspR 1999, 41 ff.

In den Einzelaufträgen sind jeweils alle erforderlichen Angaben zu der jeweils
in Auftrag gegebenen Logistikleistung zu dokumentieren und Frachtbriefe sowie
Lagerscheine nach den gesetzlichen Bestimmungen auszustellen: [Vorgaben].

Frachtbriefe haben folgenden Inhalt: Ort und Tag der Ausstellung, Name und
Anschrift des Absenders, Name und Anschrift des Frachtführers, Abgangs-
und Bestimmungsort, Name und Anschrift des Empfängers, Bezeichnung der
Güter, Anzahl und Gewicht der Güter, vereinbarte Vergütung, Nachnah-
meauftrag sowie Weisungen.

Lagerscheine haben folgenden Inhalt: Ort und Tag der Ausstellung, Name
und Anschrift des Einlagerers, Name und Anschrift des Lagerhalters, Bezeichnung des Gutes, Anzahl und Gewicht der Güter sowie Weisungen.

Die dargestellte Dokumentation ist bei Beachtung der gesetzlichen Aufbewahrungspflichten im Übrigen für einen Zeitraum von [Aufbewahrungsdauer]
aufzubewahren und auf Verlangen des Auftraggebers diesem vom Logistikunternehmer vorzulegen.

8. Bedarfsänderung

Ein Kernproblem von Logistikverträgen ist die Anpassung der dargestellten 772
Logistikleistungen bei Bedarfsänderung während der Vertragslaufzeit und
der daraus resultierende Wunsch der Auftraggeber, sog. **Change Requests** zu

stellen, welche der Auftragnehmer zu berücksichtigen hat. Ausgangslage sind die vertraglich vereinbarten Leistungspflichten.

Gilke, TranspR 2008, 380

773 Bei der Vertragsgestaltung sollte deshalb bedacht werden, dass Logistik ein dynamischer Unternehmensablauf ist, der üblicherweise über die Laufzeit eines Logistikvertrages hinweg Veränderungen unterworfen ist. Es ist deshalb erforderlich, auch solche Logistikleistungen zu bedenken, deren Bedarf beim Vertragsabschluss noch nicht oder zumindest nicht in der künftigen Ausprägung besteht.

774 Als Rahmenverträge dienen Logistikverträge zwar oft dazu, nur den Rahmen für Einzelaufträge abzustecken, aber dieser Rahmen ist durch die wirtschaftlichen und organisatorischen Abläufe seinerseits einem stetigen Wandel unterworfen.

Beispielsweise kann es dazu kommen, dass

– bei der Verpackung neue Materialien einzusetzen,

– beim Transport neue Lieferfristen zu beachten oder

– bei der Kennzeichnung neue Etiketten zu verwenden sind.

In diesen Fällen ist es bei praktischen Erwägungen oft nicht sinnvoll, stets den Vertragstext neu auszuformulieren. Vielmehr sollte eine unproblematisch zu realisierende **Vertragsanpassung** möglich sein.

775 Bei Betrachtung der überwiegenden Zahl von Logistikverträgen gewinnt der Leser den Eindruck, dass die Vertragsparteien sich der Unmöglichkeit, künftige Bedarfsentwicklungen zu berücksichtigen, bewusst geworden, aber einer Bewältigung dieses Problems kaum näher gekommen sind. Deshalb finden sich häufig sog. **Sprechklauseln**, bei denen die gemeinsame Absicht dokumentiert wird, sich bei Anpassungsbedarf gütlich zu verständigen.

776 Hierbei ist das Vertrauen in die Einigungsbereitschaft bei laufender Vertragsbeziehung ausgeprägter, als es oft vertretbar erscheint, denn bei einem laufenden Vertrag wird keine der Vertragsparteien ohne Weiteres bereit sein, die Konditionen zu ihren Lasten zu verschlechtern, ohne im Gegenzug etwas zu erlangen.

777 Diese Ausgangslage liegt in der Natur des Wirtschaftslebens und sollte auch bei harmonischen Vertragsverhandlungen nicht übersehen werden. Die Personen, die am Verhandlungstisch ihre gegenseitige Kompromissbereitschaft unter Beweis gestellt haben, sind oft nicht mehr diejenigen, welche Probleme des Logistikvertrages während der Vertragslaufzeit bewältigen müssen. Deshalb empfiehlt es sich, die Hoffnung auf künftige gütliche Einigungen im Zaum zu halten und stattdessen vertragliche Vorgaben zu schaffen.

erreichen der definierten Service Levels, also bei mangelhafter Logistikleistung, vereinbart werden.

783 Hintergrund ist die gesetzliche Ausgangslage. Man spricht hierbei von der Mängelhaftung, die auch als **Gewährleistung** bezeichnet wird. Nach der gesetzlichen Ausgangslage sind Leistungen vereinbarungsgemäß zu erbringen und bei unzulänglicher Erbringung Rechtsfolgen vorgesehen.

784 Also bestehen auch bei Logistikleistungen Rechte des Auftraggebers, sofern die Logistikleistungen Mängel aufweisen, weil sie hinter der vertraglich vereinbarten Qualität zurückbleiben (u. a. § 634 BGB).

785 Der Auftraggeber kann dann insbesondere entweder

- Nacherfüllung verlangen,

- den Mangel selbst beseitigen und dafür Aufwendungsersatz fordern,

- vom Vertrag zurücktreten oder

- die Vergütung mindern.

Außerdem kann eine minderwertige Leistung zu Schadensersatzforderungen oder Ersatzansprüchen wegen vergeblicher Aufwendungen des Auftraggebers führen.

Palandt-*Sprau*, BGB, § 634 Rn. 1 ff.

786 Weil diese rechtliche Ausgangssituation viel zu allgemein ist, besteht eine zentrale Herausforderung bei der Gestaltung von Logistikverträgen darin, einerseits die vertragsgemäße Leistung zu definieren und andererseits die Rechtsfolgen bei nicht vertragsgemäßer Leistung präzise auszuhandeln, um später Unsicherheiten über die Rechtsfolgen zu vermeiden. Beide Aspekte sollten aber gemeinsam verhandelt werden, denn es hilft nur unzureichend, wenn ersichtlich wird, wann die Leistung vertragswidrig ist, solange ungeklärt bleibt, welche Rechte der Auftraggeber daraus herleiten darf.

787 Da der Gesetzgeber nicht alle Konstellationen regeln kann, hat er beispielsweise lediglich festgelegt, dass „eine Sache mittlerer Art und Güte zu leisten ist" (§ 243 BGB).

Ergänzend: *Schrey*, Vertragliche Aspekte beim IT-Outsourcing, in: Gründer, IT-Outsourcing in der Praxis, S. 345 ff.

788 Diese auslegungsbedürftigen Begriffe helfen im Logistikvertragsrecht nicht viel weiter, weil kaum feststellbar ist, wann eine solche Durchschnittlichkeit gewahrt bleibt. Man müsste dazu nämlich in der Lage sein, Logistikleistungen diverser Logistikunternehmer miteinander zu vergleichen, was schon daran scheitert, dass die Logistikleistungen in der Praxis zahllose Unterschiede aufweisen und dadurch oftmals nicht miteinander vergleichbar sind.

789 Die künftigen Vertragsparteien des Logistikvertrages sollten also abschätzen, welche Unzulänglichkeit bei interessengerechter Betrachtung noch akzep-

tiert wird, denn eine Perfektionierung durch vollständigen Ausschluss von Fehlerquellen ist auch bei äußerster Anstrengung nicht zu erreichen. Beispielsweise können die künftigen Vertragsparteien des Logistikvertrages grundsätzlich vereinbaren, dass bei Einhaltung der vorgegebenen Lieferfristen in einer bestimmten Prozentzahl von Beförderungen oder bei einer bestimmten Anzahl unzulänglich gekennzeichneter Packstücke die Logistikleistung **insgesamt noch vertragsgerecht** ist.

Aus Sicht des Auftraggebers sollte dazu allerdings bedacht werden, dass bei   790
Unzulänglichkeiten innerhalb des zugestandenen Bereichs grundsätzlich keine Möglichkeit mehr besteht, eine fehlerfreie Vertragserfüllung durchzusetzen, weil Sanktionen, etwa die Vergütungsminderung, oft ausscheiden. Vor diesem Hintergrund wird bei Vertragsverhandlungen gelegentlich die Frage diskutiert, weshalb ein unter 100 % liegender Service Level zugestanden werden sollte.

Will man die Mühe vermeiden, sämtliche Logistikleistungen durch Service   791
Levels zu bestimmen, könnte grundsätzlich notgedrungen in dem Logistikvertrag aber auch allgemein vereinbart werden, dass es sich noch um eine mangelfreie Leistung handelt, wenn nur geringfügige Abweichungen vorliegen. Dies ist zwar auslegungsbedürftig, aber bisweilen praktikabler als die teilweise in Logistikverträgen nachzulesende nicht klar nachvollziehbare Zuweisung von hohen Prozentzahlen zu Logistikleistungen, die auch in der praktischen Umsetzung einen immensen Überprüfungsaufwand mit sich bringen können.

Ist die Festlegung von Service Levels geklärt, stehen die künftigen Ver-   792
tragsparteien des Logistikvertrages vor der Herausforderung, sämtliche Folgen der Schlechterfüllung von Logistikleistungen zu bedenken und **Sanktionen** auszuhandeln, die aus Sicht des Logistikunternehmers erst bei gravierenden Leistungsabweichungen und aus Sicht des Auftraggebers tendenziell bereits bei geringfügigen Abweichungen greifen sollen. Auch die Obliegenheit des Auftraggebers, eine Abmahnung vorzunehmen, bevor bei unzulänglichen Logistikleistungen Rechtsfolgen entstehen, kann im Logistikvertrag ausgestaltet werden.

Bei der Gestaltung von Logistikverträgen ist zu beobachten, dass zur Lei-   793
stungsbestimmung Kennzahlen und sog. Key Performance Indicators (KPI) verwendet werden.

Schriefers, TranspR 2009, 11 ff.

Qualitätssicherungssysteme, also die systematische Erfassung der Leis-   794
tungsparameter, können helfen, die Einhaltung von Service Levels zu kontrollieren. Sie sollten deshalb ebenfalls Erwähnung im Vertragstext finden.

> Logistikleistungen gelten als mangelhaft und entsprechen nicht mehr den vertraglichen Vorgaben, wenn sie folgende Service Levels nicht erreichen: [Vorgaben z. B. Einhaltung der vereinbarten Lieferfrist bei 99 % der geschuldeten Transporte].

Wenn die Logistikleistungen mangelhaft sind, entstehen [Vorgaben zur Abmahnung] folgende Rechte für den Auftraggeber: [Vorgaben z. B. Kürzung der Vergütung für bis zu 30 Minuten verspätete Transporte um x % und bei weitergehender Lieferfristüberschreitung um x %].

Der Logistikunternehmer ist verpflichtet, die von ihm geschuldete Qualität bei der Leistungserbringung durch Verwendung eines angemessenen Qualitätssicherungssystems sicherzustellen.

10. Überleitung

795 Bei Beauftragung eines Logistikunternehmers ist häufig ein Übergang der Logistikleistungen erforderlich, die entweder bis dahin von einem Industrie- und Handelsunternehmen selbst (z. B. durch Werkverkehr) oder durch andere Logistikunternehmen durchgeführt wurden.

796 Wenn bereits ein Logistikunternehmer für den Auftraggeber tätig wird und ausgewechselt werden soll, sollte sich der Auftraggeber darauf verlassen können, dass der neue Logistikunternehmer trotz etwaiger Widerstände seines um das Geschäft gebrachten Konkurrenten die Überleitung störungsfrei gestalten kann. Hierzu sollten die künftigen Vertragsparteien des Logistikvertrages sachverhaltsbezogen klarstellen, in welcher Weise eine Überleitung zu erfolgen hat, weil die Gefahr einer Störung der Logistikabläufe während der Überleitung besteht. Dabei kann der stufenweise Überleitungsprozess durch Zeit-, Güter- oder Mengenangaben konkretisiert werden.

797 Besondere praktische Bedeutung hat in diesem Zusammenhang das **Outsourcing**, also das „Outside Resource Using", von Logistikleistungen. Darunter versteht man die Ausgliederung von Logistiktätigkeiten, die bislang durch eigenes Personal vorgenommen wurden. Durch den Trend zu dieser Entscheidung der Auftraggeber in der Erwartung, sich besser auf Kernkompetenzen konzentrieren und vom Erfahrungsschatz externer Logistikunternehmer profitieren zu können, hat auch die Vertragsgestaltung im Logistikbereich zunehmende Bedeutung erlangt.

Köhler-Frost, Outsourcing, 2005.

798 Während es bei der internen Logistik oft weniger erforderlich war, die Arbeitsabläufe derart umfassend zu regeln und Rechtsfolgen zu bestimmen, tritt diese Erforderlichkeit nach der Entscheidung für Outsourcing im Logistikbereich zu Tage.

Müller-Dauppert, in: Müller-Dauppert, Logistik-Outsourcing, S. 9 ff.

799 Fehlende Kenntnisse der Rechtsgrundlagen und Unsicherheiten bei der Vertragsgestaltung sind allerdings mit dafür verantwortlich zu machen, dass die Euphorie zum Outsourcing von Logistik in den vergangenen Jahren nicht ungebremst geblieben ist.

Wenn die Überleitung im Rahmen von Outsourcing erfolgt, ist zu empfeh- 800
len, im Logistikvertrag die Unterstützung durch den Logistikunternehmer
zu definieren, damit sich einerseits beim Auftraggeber keine Übergangs-
schwierigkeiten ergeben und andererseits der Logistikunternehmer nicht allzu umfassend für die interne Umstrukturierung des Auftraggebers verantwortlich ist.

Outsourcing-Projekte gehen gelegentlich mit einer gesellschaftsrechtlichen 801
Umstrukturierung einher. Hierzu werden zunächst alle relevanten Logistikabläufe und Vermögenswerte eines Unternehmens in einer separaten Gesellschaft, also häufig in einer Gesellschaft mit beschränkter Haftung gebündelt,
damit diese anschließend im sog. „Carve-out-Prozess" veräußert wird.

Gran, M&A Review 2005, 427 ff.

Der Logistikunternehmer, der einem Industrie- oder Handelsunternehmen 802
auf diese Weise seine Logistikabläufe „abkauft", ist zwangsläufig daran interessiert, dass durch einen Logistikvertrag die Geschäftserwartungen der er-
worbenen Logistik-Gesellschaft gesichert werden. Deshalb sind **Unterneh-
menskauf-** und **Logistikvertrag** auszuhandeln, wobei es im Interesse des
Verkäufers liegen kann, einen bereits unterzeichneten Logistikvertrag der
Logistik-Gesellschaft samt dieser zu verkaufen und nur noch über den Unternehmenskauf, nicht aber über die bereits getroffene Logistikvereinbarung,
zu verhandeln. Diesbezüglich sind diverse branchenspezifische Besonderheiten zu berücksichtigen.

Gran, in: Jung, M&A in der Logistik, S. 74 ff.

Ist ein solches Outsourcing beabsichtigt, empfiehlt sich eine entsprechende 803
Erläuterung im Logistikvertrag.

Derzeit werden die Logistikleistungen des Auftraggebers durchgeführt [Ist-
Zustand]. Sie werden künftig durch den Logistikunternehmer durchgeführt.

Um den reibungslosen Übergang der Logistikabläufe zu ermöglichen, werden
diese, entsprechend den betrieblichen Anforderungen, sukzessive übergeleitet.
Die Überleitung erfolgt in dieser Weise: [Vorgaben zur Überleitung].

Der Logistikunternehmer ist verpflichtet, den Auftraggeber nach besten Kräf-
ten vor Schäden durch Überleitung der Logistikabläufe zu bewahren.

Die Übertragung der Logistikleistungen erfolgt als Outsourcing im Zusammenhang mit dem anschließenden Verkauf des Logistikunternehmers, der aus
einer rechtlich unselbstständigen Unternehmenseinheit des Auftraggebers
entstanden ist. Daher sind bei Überleitung der Logistikleistungen ggf. Regelungen aus dem Unternehmenskaufvertrag zu beachten.

11. Investitionen

Häufig verfügt der Logistikunternehmer beim Vertragsschluss noch nicht 804
über die erforderlichen **Kapazitäten**, derer es zur Erbringung der geschulde-

ten Logistikleistungen bedarf. Dann sollten die künftigen Vertragsparteien des Logistikvertrages der vertraglichen Regelung zu Investitionen besondere Beachtung zukommen lassen, denn die Investitionsphase erweist sich regelmäßig wegen der Unsicherheit, wie sich die Zusammenarbeit entwickeln wird, als kritisch.

805 Möglich ist, dass im Rahmen von Outsourcing Vermögensgegenstände vom Auftraggeber auf den Logistikunternehmer übergehen sollen. Das kann dazu führen, dass der Logistikvertrag beispielsweise um Aspekte aus Kauf- und Mietrecht erweitert wird. Es ist dann Aufgabe der zukünftigen Vertragsparteien, sachverhaltsbezogen die jeweiligen zusätzlichen Rechte und Pflichten zu dokumentieren und darauf zu achten, dass die Pflicht zur Erbringung der Logistikleistungen an die Mitwirkungen des Auftraggebers als Vermieter oder Verkäufer gekoppelt wird.

806 Außerdem können etwa der Erwerb oder die Anmietung des Lagers und seiner Lagerausstattung (z. B. Gabelstapler, Hubwagen, Paletten) bei einem Dritten erforderlich sein, um die Durchführung der geschuldeten Logistikleistungen zu ermöglichen.

807 Für den Fall der **Beendigung des Logistikvertrages** sollten zusätzliche Vereinbarungen getroffen werden, die auch die Belange des Auftraggebers berücksichtigen. Konkret bedeutet dies, dass sich der Auftraggeber das Recht einräumen lassen sollte, die benötigten „Assets", also die vom Auftragnehmer gekauften oder angemieteten Gegenstände, beim Scheitern der Zusammenarbeit zu erwerben oder zu mieten, damit er zur Not eher in der Lage ist, auch ohne den Logistikunternehmer seine Logistikabläufe und damit die Versorgungssicherheit zu erhalten. Sofern sich die zur Erbringung der Logistikleistungen erforderlichen Gegenstände im Eigentum des Auftragnehmers befinden, kommt die sog. Call Option zugunsten des Auftraggebers in Betracht, etwa als Vorkaufsrecht.

808 Dies kommt dem Logistikunternehmer regelmäßig entgegen, da er nach Beendigung der Zusammenarbeit mit dem Auftraggeber kein Interesse mehr an der Nutzung der Investitionen hat. Er kann sogar daran interessiert sein, sich dieser Gegenstände auch ohne Aufforderung durch den Auftraggeber und erforderlichenfalls entgegen dessen Interessen zu entledigen. Hierzu kann er eine sog. Put Option, etwa als Ankaufspflicht, vereinbaren.

809 **Call Option und Put Option** sind vertragstechnisch als aufschiebende oder auflösende Bedingungen zu gestalten.

810 Bei dieser Ausgangslage ist es oft hilfreich oder sogar unumgänglich, bei den Vertragsverhandlungen einen betroffenen Dritten, also insbesondere den Eigentümer oder Vermieter derartiger „Assets" hinzuzuziehen, denn ohne dessen Mitwirkung können Vereinbarungen zu seinen Lasten nicht rechtswirksam abgeschlossen werden.

Beachten sollten die künftigen Vertragsparteien des Logistikvertrages, dass **811** insoweit eine notarielle **Beurkundung** erforderlich sein kann, wenn Rechte an Grundstücken betroffen sind (§ 311b Abs. 1 Satz 1 BGB). Dieses Erfordernis kann sich eventuell auch auf den gesamten Logistikvertrag erstrecken, sofern dessen Regelungen mit der Übertragung von Rechten an Grundstücken wirtschaftlich in engem und untrennbarem Zusammenhang stehen, was erforderlichenfalls zu vertiefen ist.

> Palandt-*Grüneberg*, BGB, § 311b Rn. 32.

Wenn der Auftraggeber Eigentümer des Lagers ist und es dem Logistikun- **812** ternehmer zur Vertragserfüllung überlässt, sollte dies ebenfalls im Logistikvertrag zum Ausdruck kommen.

In der Praxis sind außerdem Vereinbarungen anzutreffen, die sich mit den **813** sog. **Projektkosten** befassen, die unabhängig von den Kosten bei Leistungserbringung bereits im Vorfeld eines Projektes zur Konzeption und Planung anfallen, beispielsweise durch Personaleinsatz und bei Beauftragung von entsprechend fachlich spezialisierten Unternehmensberatungen. Falls darüber Unstimmigkeiten nicht auszuschließen sind, bietet es sich für die künftigen Vertragsparteien an, eine klare Aussage hinsichtlich der Kostentragungspflicht im Vertragstext aufzunehmen. Dies kann geschehen, indem die Abgeltung der Projektkosten betont wird. Diese Vergütungsregelung kann übrigens auch Einfluss auf die Folgen der Beendigung des Logistikvertrages haben, denn Logistikunternehmer haben regelmäßig ein Interesse daran, dass sich entsprechende Kosten durch die spätere Vergütung amortisieren.

Um die Durchführung der Logistikleistungen zu ermöglichen, ist der Logistikunternehmer verpflichtet, bis zum [Zeitvorgabe] folgende Investitionen vornehmen: [Beschreibung der Investitionen].

Zur Erfüllung des Logistikvertrages übernimmt der Logistikunternehmer vom Auftraggeber folgende Vermögensgegenstände: [Aufzählung].

Als Gegenleistung für die Übernahme der Gegenstände schuldet der Logistikunternehmer dem Auftraggeber: [Mietzins/Kaufpreis].

Eine Erstattung der vorgenommenen Investitionen des Logistikunternehmers durch den Auftraggeber nach Vertragsbeendigung erfolgt derart: [Erstattungsregelung].

Der Auftraggeber ist [berechtigt/verpflichtet] bei Vertragsbeendigung in solche Verträge zu den bestehenden Konditionen anstelle des Logistikunternehmers einzutreten, die der Logistikunternehmer zur Erbringung der Logistikleistungen mit [Vermietern, Zulieferern etc.] abgeschlossen hat.

Um dies dem Auftraggeber zu ermöglichen, ist der Logistikunternehmer verpflichtet, in den entsprechenden Verträgen das Recht des Auftraggebers zur Vertragsübernahme zu vereinbaren und dieses nachzuweisen.

Kosten beider Vertragsparteien aus etwaigen Vorbereitungen im Vorfeld der Vertragsunterzeichnungen [sind/sind nicht] auszugleichen.

12. Betriebsübergang

814 Traditionell verfügen zahlreiche Industrie- und Handelsunternehmen über eigene Transportkapazitäten im Fuhrpark, insbesondere den sog. Werkverkehr, und über eigenständig betriebene Lagerräume. Viele der mit Transport und Lagerhaltung räumlich und zeitlich in Zusammenhang stehenden Leistungen erbringt das eigene Personal. Auch weitergehende Zusatzleistungen, die nicht das Kerngeschäft des Auftraggebers berühren, werden teilweise von eigenen Mitarbeitern erbracht.

815 Beim Outsourcing von Logistikleistungen kann es zur Übernahme dieses bestehenden Personals (z. B. Lagerhalter, Werkverkehrsfahrer, in der Produktion tätige Mitarbeiter) kommen, was aus rechtlicher Sicht einen sog. Betriebsübergang gemäß § 613a BGB darstellen kann, wobei Mitarbeiter in den Personalbestand des Logistikunternehmens wechseln können.

816 In § 613a BGB ist der Fall geregelt, dass ein Betrieb oder ein Betriebsteil durch Rechtsgeschäft auf einen anderen Inhaber übergeht. Dieser tritt dann ggf. in die Rechte und Pflichten aus den im Zeitpunkt des Überganges bestehenden Arbeitsverhältnissen ein. Sind diese Rechte und Pflichten durch Rechtsnormen eines Tarifvertrages oder durch eine Betriebsvereinbarung geregelt, so werden sie, nach dem Wortlaut von § 613a Abs. 1 BGB, Inhalt des Arbeitsverhältnisses zwischen dem neuen Inhaber und dem Arbeitnehmer und dürften nicht vor Ablauf eines Jahres nach dem Zeitpunkt des Übergangs zum Nachteil des Arbeitnehmers geändert werden.

> Palandt-*Weidenkaff*, BGB, § 613a Rn. 1 ff.

817 Beim Betriebsübergang haben die betroffenen Arbeitnehmer gemäß § 613a Abs. 6 BGB ein **Widerspruchsrecht**. Durch dessen Ausübung können sie sich allerdings dem stark erhöhten Risiko einer betriebsbedingten Kündigung durch ihren ursprünglichen Arbeitgeber aussetzen.

818 Was ein Betriebsübergang i. S. d. Vorschrift ist, bleibt Gegenstand von Meinungsverschiedenheiten. Allerdings ist zu beobachten, dass die Rechtsprechung einen **eher weiten Anwendungsbereich** für § 613a BGB anerkennt. Für die Anwendbarkeit von § 613a BGB ist es somit nicht unbedingt erforderlich, dass der Auftraggeber dem Logistikunternehmer Immobilien, Mobiliar, Arbeitsmittel usw. im Wesentlichen insgesamt veräußert, damit das Personal mit diesen Gegenständen weiterhin die bisherige Tätigkeit ausüben kann. Vielmehr kann es ggf. bereits genügen, dass der Auftraggeber dem Logistikunternehmer an diesen Sachen Rechte einräumt. Diese komplexe Thematik sollte bei Bedarf arbeitsrechtlich vertieft betrachtet werden.

> *Becker/Zwissler*, in: Müller-Dauppert, Logistik-Outsourcing, S. 79 ff.

819 Um Rechtsunsicherheit abzumindern, empfiehlt es sich, die betroffenen Betriebsbereiche und Arbeitnehmer im Logistikvertrag zu konkretisieren. Bedenken sollten die künftigen Vertragsparteien des Logistikvertrages aber, dass eine Mitteilung der **Arbeitnehmerdaten** aus datenschutzrechtlichen Gründen unzulässig sein kann.

Zu beachten ist vor dem Hintergrund dieser Unsicherheiten die Konformität   820
der im Logistikvertrag vereinbarten Personalklausel mit § 613a Abs. 1 BGB.
Eher unproblematisch ist dies, wenn der Logistikunternehmer im Rahmen
von Outsourcing das gesamte bisherige Personal übernehmen soll. Dann ist
der Regelungszweck des § 613a Abs. 1 BGB in Bezug auf die Arbeitsplatz-
sicherheit der betroffenen Mitarbeiter erreicht. Deren Kenntnisse und Erfahrungen können für den Logistikunternehmer trotz der bei langer Be-
triebszugehörigkeit höheren Gehälter hilfreich sein.

Probleme tauchen aber beispielsweise auf, wenn zwar Betriebsmittel, aber   821
kaum Personal oder nur bestimmte Mitarbeiter, insbesondere diejenigen mit
Wissensvorsprung, vom Logistikunternehmer übernommen werden sollen.
Auch hier könnten, wenn das Tatbestandsmerkmal des Betriebsübergangs erfüllt ist, gemäß § 613a Abs. 1 BGB alle betroffenen Beschäftigungsverhält-
nisse automatisch auf den Logistikunternehmer übergehen.

Ferner sollte die Verteilung der gesetzlichen **Informationspflichten** geregelt   822
werden. Gemäß § 613a Abs. 5 BGB haben nämlich der bisherige Arbeitgeber
oder der neue Inhaber die von einem Übergang betroffenen Arbeitnehmer
vor dem Übergang in Textform zu unterrichten über 1.) den Zeitpunkt oder
den geplanten Zeitpunkt des Übergangs, 2.) den Grund für den Übergang,
3.) die rechtlichen, wirtschaftlichen und sozialen Folgen des Übergangs für
die Arbeitnehmer und 4.) die hinsichtlich der Arbeitnehmer in Aussicht genommenen Maßnahmen. Da der Gesetzestext offen lässt, wer diese Unter-
richtung durchführt, ist es Sache des Auftraggebers und des Logistikunternehmers, sich darüber zu verständigen.

Außerdem empfehlen sich Regelungen für die **Beendigung der Zusammen-**   823
arbeit. Insoweit können die künftigen Vertragsparteien des Logistikvertrages
vereinbaren, dass Betriebseinheiten samt Personal rücküberтragen werden müssen, sofern der Logistikvertrag abgelaufen ist. Derartige Regelungen können
aber rechtlich nicht wirksam sein, weil sie die Rechte der Arbeitnehmer als
unzulässigen Vertrag zu Lasten Dritter einschränken.

> Zur Durchführung der Logistikleistungen übernimmt der Logistikunterneh-
> mer vom Auftraggeber mit Wirkung zum [Zeitvorgabe] folgende Betriebsteile
> samt der darin beschäftigten Arbeitnehmer des Auftraggebers: [Bezeichnung].
>
> Der [Auftraggeber/Logistikunternehmer] wird die betroffenen Arbeitnehmer
> unverzüglich gemäß § 613a BGB im Fall eines Betriebsübergangs darüber und
> über dessen Folgen entsprechend den gesetzlichen Vorgaben unterrichten.
>
> Der Auftraggeber verpflichtet sich zur Wiedereinstellung dieser Arbeitnehmer
> nach Beendigung des Vertrages, sofern die Arbeitsverhältnisse bis zu diesem
> Zeitpunkt fortbestehen und die Arbeitnehmer damit einverstanden sind.
> [Bedarfsspezifische Vorgaben].

13. Exklusivität

824 Eine Exklusivitätsklausel ist für Logistikunternehmer oft elementare Voraussetzung, um erforderliche Investitionen zu rechtfertigen und um andere Aufträge abzulehnen.

825 Während es bei Investitionen des Logistikunternehmers kaum legitim sein dürfte, hierfür keine durch exklusive Beauftragung oder anderweitig abgesicherte Geschäftserwartung zu vereinbaren, sind solche vertraglichen Bindungen ohne Investitionslast beim Logistikunternehmer für den Auftraggeber oft allenfalls akzeptabel, wenn sich diese durch entgegenkommende Vergütungsregelungen kompensieren lassen. Die Exklusivität sollte entweder Entgegenkommen für die **Übernahme von Investitionsrisiken** oder für eine **Preisreduzierung** sein.

826 Den künftigen Vertragsparteien ist zu empfehlen, bei den Verhandlungen über die Exklusivitätsklausel den Zusammenhang mit einer **Vorhalteverpflichtung**, die sich aus der Übernahme der Verpflichtung zur Durchführung der beschriebenen Logistikleistungen ergibt, zu beachten. Von einem Logistikunternehmer wird nämlich kaum zu verlangen sein, dass er uneingeschränkt für die Laufzeit des Vertrages seine Leistungsbereitschaft, insbesondere sein Personal, vorhält und sich damit „blockiert", ohne zugleich mehr Gewissheit zu erlangen, dass der Auftraggeber die vorgehaltenen Leistungen auch in Anspruch nimmt. Wenn keine Exklusivität gewährt und auch durch Mindestvergütung oder Mindestvolumen keine Sicherheit verschafft wird, sollte die Vorhalteverpflichtung entsprechend eingeschränkt sein.

827 Bei der Formulierung dieser öfters anzutreffenden Klausel ist darauf zu achten, dass sie möglichst nicht durch Einschränkungen bei der Wortwahl ausgehebelt werden kann. Wenn Exklusivität gewünscht wird, sollte dies durch Verwendung des Begriffes oder vergleichbarer Begriffe, wie etwa „ausschließlich" **unmissverständlich** zum Ausdruck gebracht werden. Anderenfalls sollte mit entsprechender Deutlichkeit klargestellt werden, dass dies nicht gewünscht ist.

828 Gegen eine Exklusivitätsklausel sprechen aber aus Sicht des Auftraggebers teils gewichtige Gründe. Bietet zum Beispiel der Alleinauftragnehmer bestimmte **Spezialtransporte** (z. B. Gefahrgut, Kühlgut, Arzneimittel) nicht selbst an, so kann eine Fremdbeauftragung erforderlich sein. Diese Fälle sollten daher im Vorfeld bereits bedacht und aus der Exklusivitätsklausel ausgeklammert werden. Abgrenzungsschwierigkeiten sollten durch eine genaue Formulierung vermieden werden.

829 Die nachstehend beispielhaft angeregte Klauselformulierung sieht für den Fall der Zuwiderhandlung des Auftraggebers gegen die Exklusivitätsklausel Rechtsfolgen vor. Hier kommen aber neben Vergütungsansprüchen auch Sonderkündigungsrechte des Logistikunternehmers in Betracht. Einer ver-

tiefen Prüfung im Einzelfall bedarf es aber bei der Frage der rechtlichen Durchsetzbarkeit.

Bei der Vereinbarung einer Exklusivitätsklausel können **kartell- und wett-** 830 **bewerbsrechtliche Aspekte** Bedeutung erlangen, die jeweils gesondert zu prüfen sind. Wenn nämlich die vertragliche Bindung derart intensiv ist, dass sie in Verbindung mit der Laufzeit eine Beeinträchtigung des Wettbewerbs mit sich bringt, könnte dies gegen die deutschen und internationalen Kartell- und Wettbewerbsvorschriften verstoßen.

Dies gilt auch für die in Logistikverträgen gelegentlich vorgesehenen Pflich- 831 ten des Auftraggebers, den Auftragnehmer bei der Vergabe von sonstigen Aufträgen im Logistikbereich gegenüber anderen Logistikunternehmen zu bevorzugen. Dabei kann der Auftraggeber verpflichtet sein, den Auftragnehmer zur Abgabe eines Angebotes aufzufordern, bevor sonstige Logistikunternehmen diese Möglichkeit erhalten („**First Call**") oder nachdem Angebote sonstiger Logistikunternehmen vom Auftraggeber eingeholt wurden („**Last Bid**").

Damit verbunden ist dann regelmäßig eine Pflicht des Auftraggebers zur An- 832 nahme des Angebotes des Auftragnehmers, sofern dieses gewisse Voraussetzungen erfüllt. Obwohl auch die faktische Durchsetzbarkeit derartiger Rechtspositionen problematisch ist, verschaffen sie dem Auftragnehmer in der Regel einen erheblichen Marktvorteil, denn er ist nicht in gleichem Maße den kalkulatorischen Unsicherheiten seiner Konkurrenz bei der Angebotsabgabe ausgesetzt.

> Der Auftraggeber räumt dem Logistikunternehmen bei der Durchführung der vorstehend bezeichneten Logistikleistungen [keine] Exklusivität ein.

> Der Auftraggeber ist nicht berechtigt, während der Laufzeit dieses Rahmenvertrages andere Auftragnehmer zu beschäftigen oder die übertragenen Leistungen selbst durchzuführen.

> Dies gilt nicht für [ausgenommene Logistikleistungen oder Bereiche].

> Sofern der Auftraggeber dessen ungeachtet während der Laufzeit dieses Logistikvertrages andere Auftragnehmer beauftragt oder die übertragenen Logistikleistungen selbst durchführt, behält der Logistikunternehmer den Vergütungsanspruch. Er muss sich ersparte Aufwendungen anrechnen lassen.

14. Subunternehmer

In die Verhandlungen zu einem Logistikvertrag sollten auch Überlegungen 833 im Hinblick auf die grundsätzlich mögliche Vertragserfüllung durch den Logistikunternehmer mittels des Einsatzes von Subunternehmern einfließen. Ausgangspunkt ist die im Schuldrecht dem Grundsatz nach bestehende Freiheit des Schuldners, Erfüllungsgehilfen einzusetzen.

> Palandt-*Heinrichs*, BGB, § 278 Rn. 7 ff.

834 Außerdem ist hinsichtlich der Transportleistungen die Möglichkeit der Beauftragung von sog. **Unterfrachtführern** durch den sog. Hauptfrachtführer im deutschen Transportrecht grundsätzlich vorgesehen (§ 407 HGB).

Koller, Transportrecht, § 407 HGB Rn. 8.

835 Dabei können unmittelbare Ansprüche des Auftraggebers gegen den sog. ausführenden Frachtführer entstehen (§ 437 Abs. 1 HGB). Bei der Durchführung von Transporten, insbesondere bei solchen mit internationalem Bezug, wird die Einschaltung von Subunternehmern (z. B. Fluggesellschaften) regelmäßig unumgänglich sein und im Interesse des Auftraggebers liegen.

836 Im **Lagerrecht** ist der Lagerhalter grundsätzlich nicht berechtigt, die Güter bei einem Dritten einzulagern (§ 472 Abs. 2 HGB). Der Lagerhalter muss deshalb aber die Lagerung nicht persönlich erbringen, wie dies etwa bei Dienstleistungen geregelt ist (§ 613 Satz 1 BGB). Vielmehr wird die Ansicht vertreten, er dürfe sich bei der Erfüllung seiner vertraglichen Pflichten der Hilfe Dritter bedienen. Die Grenze bilde erst der Einsatz von **Unterlagerhaltern**, weil der Lagerhalter dazu vollständig die Obhut am Gut aufgeben müsste.

Tunn, Lagerrecht/Kontraktlogistik, Rn. 99.

837 In diesem Zusammenhang sollte, jedenfalls vom Logistikunternehmer, bereits bedacht werden, dass der intensive Einsatz von Subunternehmern **arbeitsrechtliche Folgen** haben kann. Die entsprechenden Vertragsbeziehungen zwischen Logistikunternehmer und dessen Subunternehmern müssten diesbezüglich ebenso beachtet werden wie die faktischen Abläufe, damit keine ungewünschten Rechtsfolgen entstehen.

Boecker, TranspR 1999, 51 ff.;
Lübke, TranspR 1999, 232 ff.

838 Da dem Auftraggeber außerdem vielfach daran gelegen sein wird, Einfluss auf die mit der Logistikabwicklung betrauten Unternehmen und Personen zu nehmen, kann teils verhindert werden, dass die faktische Vertragserfüllung vom Logistikunternehmer anderweitig übertragen wird, indem er Subunternehmer verpflichtet. Der Auftraggeber kann dazu, allerdings nur im Rahmen des rechtlich Zulässigen, verlangen, dass vor der Beauftragung von Subunternehmern seine entsprechende Einwilligung eingeholt wird oder ihm zumindest die Gelegenheit verbleibt, der Beauftragung von Subunternehmern zu widersprechen. Um Beweisproblemen aus dem Weg zu gehen, empfiehlt es sich hierbei, eine Schriftform zu vereinbaren.

839 Ein **Einwilligungsvorbehalt** stellt grundsätzlich noch keinen unwirksamen Vertrag zu Lasten Dritter dar, weil hierdurch keine selbstständigen Verpflichtungen Dritter, also der nicht akzeptierten potenziellen Subunternehmer, entstehen. Bei einem Widerspruchsrecht kann dies ebenfalls relevant sein.

Auch bei Akzeptanz von Subunternehmern ist es ratsam, dafür zu sorgen, **840** dass diese dieselben Pflichten übernehmen, wie der Logistikunternehmer gegenüber dem Auftraggeber. Da insoweit durch das **Verbot des Vertrages zu Lasten Dritter**, also der akzeptierten Subunternehmer, eine Gestaltung von Rechtsfolgen mit Mitwirkung gegen den Subunternehmer nicht möglich ist, sollte der Logistikunternehmer durch den Logistikvertrag zumindest verpflichtet werden, in seinem Vertrag mit dem jeweiligen Subunternehmer die Belange des Auftragebers zu wahren. Den Subunternehmer unmittelbar zu verpflichten, ist auf dem Weg der Vertragsgestaltung zwischen Logistikunternehmern und Auftraggebern im Grundsatz nicht machbar, was aus allgemeinen Vorgaben deutschen Vertragsrechts resultiert.

Der Logistikunternehmer ist [nur nach Einwilligung des Auftraggebers/bis auf Widerspruch des Auftraggebers] berechtigt, die Logistikleistungen durch Subunternehmer durchführen zu lassen.

Der Auftraggeber kann seine Einwilligung während der Vertragslaufzeit [bei berechtigten Interessen/ohne Angabe von Gründen] widerrufen.

Erfolgt nach Einwilligung der Einsatz eines Subunternehmers, so hat der Auftragnehmer diesen sorgfältig auszuwählen und zu überwachen.

Der Logistikunternehmer ist verpflichtet, seine Subunternehmer ggf. in dem Umfang zu verpflichten, in dem er seinerseits durch diesen Logistikvertrag gegenüber dem Auftraggeber verpflichtet wird. Dies hat er dem Auftraggeber unverzüglich nachzuweisen.

15. Weisungen

Da sich im Einzelfall nach Erteilung von Einzelaufträgen Abweichungen bei **841** den Anforderungen an die Logistikleistungen ergeben und Leistungshindernisse auftreten können, empfiehlt sich aus Sicht des Auftraggebers der ausdrückliche Hinweis auf dessen Weisungsbefugnis und eventuell auf die Formlosigkeit dieser Weisungen.

Im deutschen **Transportrecht** sind hierzu bereits Rechtsfolgen bestimmt **842** (§ 418 HGB).

Vertiefend *Koller*, Transportrecht, § 418 HGB Rn. 1 ff.

Der **Logistikunternehmer** hingegen kann daran Interesse haben, Weisungen **843** nicht oder nur unter bestimmten Voraussetzungen Folge leisten zu müssen, da er dadurch in der Flexibilität bei seiner Vertragserfüllung weniger stark eingeschränkt wird.

Ein besonderes Interesse des Auftraggebers ist jedoch bei Ablieferungshin- **844** dernissen zu berücksichtigen. Ihm sollte deshalb zumindest bei diesen Fällen ein Recht auf Informationen und Weisung eingeräumt werden, da er nicht zwangsläufig unterrichtet ist. Diese Informationspflicht des Logistikunternehmers sollte verhindern, dass der Auftraggeber im Vertrauen auf die Vertragserfüllung anderweitige Dispositionen unterlässt. Er wird dadurch in die Lage versetzt, etwaige Schäden durch Weisungen abzuwenden, also etwa bei Bekanntwerden von Zustellungsproblemen die Übergabe von Ware an Nichtberechtigte zu verhindern.

845 **Enge Zeitvorgaben** könnten vereinbart werden, damit der Auftraggeber kurzfristig entscheiden kann und damit eher die Chance besteht, noch rechtzeitig vor Schadenseintritt zu disponieren. Hierzu bietet sich der Begriff „unverzüglich" an, weil er den Logistikunternehmer zum Tätigwerden „ohne schuldhaftes Zögern" verpflichtet (§ 121 BGB).

Palandt-*Heinrichs*, BGB, § 121 Rn. 3.

846 Da die Weisungen eine Abweichung von der ursprünglichen Auftragserteilung darstellen, ist eine **Kostentragungspflicht** des Auftraggebers angebracht, die dazu dient, den Logistikunternehmer zur Ausführung von Weisungen zu ermutigen. Zur Begrenzung von Ansprüchen gegen den Auftraggeber sind hier als Schranken die Erforderlichkeit oder die Üblichkeit der zu zusätzlichen Kosten führenden Maßnahmen denkbar.

847 Auch wenn eine abschließende Formulierung in der nachstehenden Klauselanregung für den Fall der fehlenden Einholung von Weisungen keine unmittelbare und konkrete Rechtswirkung entfaltet, dient sie dazu, den Logistikunternehmer zu einer verantwortungsvollen Tätigkeit zu bewegen.

> Beim Erbringen der Logistikleistungen hat der Logistikunternehmer die im Einzelauftrag dokumentierten [Formvorgaben] Weisungen des Auftraggebers unverzüglich zu beachten.
>
> Sofern ein Ablieferungshindernis oder sonstige ungewöhnliche Beeinträchtigungen der Logistikleistungen eintreten, sind vom Logistikunternehmer beim Auftraggeber unverzüglich Weisungen einzuholen.
>
> Sofern die Durchführung einer Weisung nicht möglich ist, hat der Logistikunternehmer den Auftraggeber unverzüglich zu unterrichten.
>
> Falls die Durchführung einer Weisung Kosten verursacht, ist der Auftraggeber dem Logistikunternehmer zur Erstattung verpflichtet.
>
> Sollte das Einholen einer Weisung nicht möglich sein, entscheidet der Logistikunternehmer nach pflichtgemäßem Ermessen.

16. Vertraulichkeit

848 Da Logistikunternehmer häufig mit vertraulichen Unternehmensabläufen beim Auftraggeber in Kontakt kommen, empfiehlt sich eine Vertraulichkeitsklausel im Logistikvertrag.

849 Andererseits sollte dem Logistikunternehmer nicht jede Möglichkeit genommen werden, die Erfahrungen, die er durch die Zusammenarbeit erlangt, zu nutzen. Die künftigen Vertragsparteien des Logistikvertrages sollten des-

halb prüfen, welche Informationen als vertraulich empfunden werden, und dies im Rahmen der Vertragsverhandlungen klären.

Beide Vertragsparteien sollten berücksichtigen, dass Vertraulichkeitsklauseln **850** bei Unternehmenstransaktionen hinderlich sein können. Will sich beispielsweise ein potenzieller Investor über die Geschäftsabläufe beim Logistikunternehmer oder Auftraggeber ein Bild machen, so wäre es für diese Zwecke hinderlich, wenn durch Vertraulichkeitsklauseln Informationen über Logistikverträge, also über bestehende Geschäftsbeziehungen, nicht offenbar werden dürfen. Da regelmäßig das Schutzinteresse auch nicht derart weit geht, sollten die Vertraulichkeitsklauseln bedarfsgerecht formuliert werden.

Gran, in: *Jung*, M&A in der Logistik, S. 82.

Von der Vertraulichkeit können konkrete Informationen ausgenommen wer- **851** den, deren Nutzung und Mitteilung unverfänglich erscheint. Ist eine Eingrenzung der schutzbedürftigen Informationen nicht möglich, so kann eine allgemeine Formulierung helfen, eine differenzierte Betrachtung im Einzelfall vorzunehmen.

Die Vertraulichkeit sollte über die **Beendigung des Logistikvertrages** hinaus **852** gewahrt bleiben. Andernfalls besteht die Gefahr, dass mit Ablauf der Vertragslaufzeit auch die Vertraulichkeitsklausel jede Rechtswirkung verliert. Ratsam ist hierzu eine entsprechende Verdeutlichung im Vertragstext.

> Beide Vertragsparteien werden sämtliche Informationen, die sie bei der Vertragserfüllung erlangen, streng vertraulich behandeln.
>
> Nicht erfasst sind allerdings hiervon alle Informationen, die öffentlich zugänglich oder bei objektiver Betrachtung für den Auftraggeber nicht schutzbedürftig sind: [Vorgaben].
>
> Diese Vertraulichkeit ist bis zu [Datumsangabe] zu beachten.

17. Elektronische Datenverarbeitung

Die Funktionsfähigkeit der Logistikabläufe ist häufig abhängig von der Effi- **853** zienz der elektronischen Datenverarbeitung und der zuverlässigen Erfassung relevanter Daten. Hierzu sind die Anforderungen möglichst präzise zu beschreiben und rechtliche Besonderheiten zu beachten.

Breckwoldt, in: Müller-Dauppert, Logistik-Outsourcing, S. 153;
Geis, TranspR 2002, 89 ff.

Besonderheiten ergeben sich, wenn der Auftraggeber den Logistikunter- **854** nehmer vertraglich verpflichten will, ihm die zur Verrichtung der Logistikaktivitäten benutzten EDV-Systeme sowie die zugehörigen Lizenzen zu verschaffen, um diese während und nach Ende der Vertragslaufzeit selbst nutzen zu können. In diesem Fall sind die Vorgaben des **Urheberrechts** zu beachten, denn es kann sein, dass der Logistikunternehmer nicht berechtigt und nicht in der Lage ist, die besagten Lizenzen dem Auftraggeber zu überlassen. Die künftigen Vertragsparteien des Logistikvertrages sollten dann eine Einbeziehung des Inhabers der Software in Erwägung ziehen, damit dieser seinerseits die Berechtigung akzeptiert.

855 Daneben kann durch den Logistikvertrag ebenfalls geregelt werden, wie die Software des Auftraggebers und die Software des Logistikunternehmers aufeinander abgestimmt sein sollen. Eine Verknüpfung von EDV-Systemen ist insbesondere im Bereich „Tracking & Tracing", also bei der genauen Bestimmung des Aufenthaltsortes transportierter Güter, sowie zur Inventurkontrolle sinnvoll.

> *Rädle*, in: Müller-Dauppert, Logistik-Outsourcing, S. 98.

> Der Logistikunternehmer verpflichtet sich, eine geeignete Software für die Durchführung der Logistikleistungen vorzuhalten.

> Hierzu ist das System [Beschreibung des EDV-Systems] zu verwenden.

> Es ist [vom Logistikunternehmer/vom Auftraggeber] mit dem System [Beschreibung des EDV-Systems] des Auftraggebers zu verknüpfen.

> Die Erfassung und Pflege von Daten erfolgt permanent und vollständig in folgender Weise: [Datenerfassung].

18. Genehmigungen und Rechtsvorschriften

856 Für die Durchführung von Transporten bedarf es ggf. verschiedener Genehmigungen, für deren Beschaffung der Logistikunternehmer verantwortlich ist. Dahingehend sollte u. a. das **Güterkraftverkehrsgesetz (GüKG)** Beachtung finden.

> *Knorre*, TranspR 2005, 152 ff.;
> *ders.*, TranspR 2001, 436 ff.

857 Auch die **Lagerhaltung** kann derartigen Anforderungen unterliegen. Darüber hinaus bestehen diverse Rechtsvorschriften, die unmittelbar und mittelbar mit Logistikleistungen im Zusammenhang stehen und zu deren Einhaltung der Logistikunternehmer ausdrücklich verpflichtet werden sollte. Damit ggf. bei Missachtung ein Kündigungsgrund vorliegt, kann die Verpflichtung explizit hervorgehoben und präzisiert werden.

858 Sollte unklar sein, ob der Logistikunternehmer aus öffentlich-rechtlicher Sicht uneingeschränkt zur Durchführung der Logistikleistungen berechtigt ist, kann eine Anfrage bei der jeweils zuständigen staatlichen Stelle vorgenommen werden. Dies ist mittlerweile auch im Hinblick auf die **Verantwortlichkeit des Auftraggebers** gemäß § 7c GüKG empfehlenswert.

859 Letztlich ist dem Auftraggeber anzuraten, sich eine Freistellung einräumen zu lassen, falls er selbst auf öffentlich-rechtlicher Grundlage Sanktionen aus-

gesetzt sein sollte, obwohl er die Verantwortung auf den nehmer und dessen Mitarbeiter übertragen hat.

Der Logistikunternehmer versichert hiermit, über sämtliche erforderlichen Erlaubnisse, Berechtigungen und Genehmigungen zu verfügen und ist verpflichtet, sie über die gesamte Vertragslaufzeit hinweg aufrechtzuerhalten sowie den Auftraggeber über relevante Änderungen unverzüglich in Kenntnis zu setzen.

Dies umfasst insbesondere die nach dem deutschen Güterkraftverkehrsgesetz (GüKG) erforderliche Erlaubnis sowie jede Genehmigung, die für den Betrieb der Lagerhalle erforderlich ist.

Zudem ist der Logistikunternehmer zur Einhaltung und Beachtung sämtlicher rechtlichen Vorgaben für die Erbringung der Logistikleistungen verpflichtet.

Der Logistikunternehmer ist verpflichtet, den Auftraggeber unverzüglich von sämtlichen Sanktionen, insbesondere Buß- oder Ordnungsgeld, freizustellen, wenn diese auf einer Nichtbeachtung der vorstehenden Vorgaben durch den Logistikunternehmer beruhen.

19. Personaleinsatz

Der Logistikunternehmer ist für das von ihm eingesetzte Personal, wie auch **860** für eingesetzte Subunternehmer, gegenüber seinem Auftraggeber verantwortlich. Er haftet deshalb ggf. für Schäden, die sein Personal bei der Vertragserfüllung schuldhaft verursacht. Dies ergibt sich als Verantwortlichkeit des Schuldners für Dritte aus der Haftung für Erfüllungsgehilfen nach dem allgemeinen Schuldrecht (§ 278 BGB) und im Frachtrecht aus der Haftung des Frachtführers für dessen sog. Leute (§§ 428, 436 HGB).

> Palandt-*Heinrichs*, BGB, § 278 Rn. 7 f.;
>
> *Koller*, Transportrecht, § 428 HGB Rn. 1 ff.

Diese rechtliche Handhabe kann aber angesichts praktischer Probleme bei **861** der Realisierung der Rechte durch **zusätzliche Möglichkeiten der Einflussnahme** des Auftraggebers ergänzt werden. Im Interesse des Auftraggebers ist deshalb oft eine genauere Bestimmung notwendig, in welcher Weise der Logistikunternehmer das zur Erfüllung seiner vertraglichen Pflichten eingesetzte Personal auszuwählen, einzuweisen und zu überwachen hat, damit es, ungeachtet der Haftungssituation, nicht zu Schäden und Vertragsstörungen durch unqualifiziertes Personal kommen kann. Einzelfallspezifische Besonderheiten sollten Beachtung finden.

> Hierzu *Hailbronner*, TranspR 2004, 393 ff.;
>
> *Schäffer*, TranspR 2008, 290 ff. (zum Arbeits- und Sozialrecht für Seeleute).

Bei der Auswahl kann eventuell die Einsichtnahmepflicht in Führungszeug- **862** nisse durch den Logistikunternehmer vereinbart werden.

> *Tunn*, Lagerrecht/Kontraktlogistik, Rn. 93.

863 Hinsichtlich der **Einweisung** kann beispielsweise die Durchführung von Einweisungsmaßnahmen und eine Dokumentation aller dieser Maßnahmen im konkreten Fall vor dem Personaleinsatz verlangt werden.

864 Der Logistikunternehmer kann auch verpflichtet werden, sein zur Erfüllung des Logistikvertrages eingesetztes Personal in arbeitsrechtlich zulässiger Weise zu kontrollieren, wobei die teilweise gewählte **Überwachungsmaßnahme** durch Einsatz von Videokameras zur Verhinderung von Personaldiebstählen auf Ablehnung beim Betriebsrat stoßen kann.

865 Auch sonstige personalbezogene Aspekte, wie etwa sog. Fahrerassistenzsysteme, können in die Gestaltung des Logistikvertrages an dieser Stelle einfließen.

> *Frenz*, TranspR 2003, 50 ff.

866 Ebenso sollte hier auf die Kompetenzen eines ggf. vorhandenen **Werkschutzes** aufmerksam gemacht werden. Sind die Arbeitnehmer des Logistikunternehmers regelmäßig auf dem Betriebsgelände des Auftraggebers tätig, so kann der Logistikvertrag auch die zu tragende Arbeitskleidung spezifizieren und ein angemessenes Erscheinungsbild fordern.

867 Besonderheiten bei der Arbeitnehmerüberlassung in der Logistikbranche beleuchet *Müglich*.

> *Müglich*, TranspR 2008, 133 ff.

868 Im **Transportgewerbe** bestehen auf nationaler und europäischer Ebene Vorschriften zum Schutz des Personals und des Wettbewerbs. Auf die Einhaltung dieser Bestimmungen sollte geachtet werden. Da bei Verstößen des Auftragnehmers gegen diese Vorgaben die gesamte Logistik des Auftraggebers in Mitleidenschaft gezogen werden kann, sollte ein entsprechender Verweis aufgenommen werden.

> *Jochum*, TranspR 2001, 145 ff.;
> *Boecker*, TranspR 1999, 51 ff.;
> *Lübke*, TranspR 1999, 232 ff.

869 In diesem Zusammenhang können auch die Vorschriften des **Allgemeinen Gleichbehandlungsgesetzes (AGG)** von Bedeutung sein. Insgesamt sind arbeitsrechtliche Überlegungen im Einzelfall zu vertiefen.

Der Logistikunternehmer verpflichtet sich, Personal nur bei Vorliegen einer Arbeitsgenehmigung einzusetzen, es ausreichend zu überwachen und, soweit erforderlich, entsprechend den Vorgaben aus diesem Logistikvertrag in zulässigem Umfang arbeitsrechtlich zu verpflichten.

Zudem hat der Logistikunternehmer insbesondere dafür Sorge zu tragen, dass Fahrpersonal eine amtliche Bescheinigung nach dem GüKG besitzt und diese bei jeder Fahrt mit sich führt.

Außerdem hat sich der Logistikunternehmer durch Vorlage eines aktuellen Führungszeugnisses die Zuverlässigkeit des zur Vertragserfüllung eingesetzten Personals nachweisen zu lassen.

20. Werbemaßnahmen

Da sich beispielsweise Kraftfahrzeuge als **Werbeträger** eignen, kann durch   870
den Logistikvertrag klargestellt werden, inwieweit der Auftraggeber berechtigt ist, von derartigen Möglichkeiten der Werbung für sein Unternehmen oder seine Produkte Gebrauch zu machen.

Neben der Beschriftung von Transportmitteln kommt ein entsprechender   871
Aufdruck auf den Verpackungen der Güter ebenso in Betracht, wie die Beschriftung der Kleidung von Mitarbeitern des Logistikunternehmers oder Hinweise auf dem Lagergelände.

Die Verpflichtung muss sich nicht lediglich auf eine Beschriftung beschrän-   872
ken, sondern kann genaue Vorgaben bezüglich Schrifttyps, Farbwahl, etwaiger Logos etc. umfassen. Hier ist bedarfsgerecht zu formulieren.

Die allgemein formulierte Klauselanregung zeigt, dass der Logistikvertrag of-   873
fen ist für zahlreiche Regelungsbereiche, die im Zusammenhang mit den Logistikaktivitäten stehen, auch wenn sie sich nicht unmittelbar auf die Logistikleistungen beziehen.

> Der Logistikunternehmer hat sich nach Abstimmung mit dem Auftraggeber an dessen Werbemaßnahmen zu beteiligen: [Vorgaben].
>
> Insbesondere sind die Transportmittel des Logistikunternehmers mit folgender Beschriftung zu versehen: [Vorgaben für die Beschriftung].

21. Kontrollen

Der Auftraggeber verliert bei Fremdvergabe von Logistikleistungen den Ein-   874
blick in diese, für sein Unternehmen bedeutenden Abläufe. Er sollte daher versuchen, sich zumindest Kontrollrechte durch den Logistikvertrag zugestehen zu lassen. Dies gilt sowohl für seine Berechtigung, Kontrollen durchzuführen, wie auch für die Verpflichtung des Logistikunternehmens, Selbstkontrollen durchzuführen.

> *Tunn*, Lagerrecht/Kontraktlogistik, Rn. 92.

Für den **Lagerbereich** ist ein Kontrollrecht für den Auftraggeber bereits dem   875
Gesetz zu entnehmen, denn eine Konkretisierung des Besichtigungsrechts des Einlagerers ist in § 471 Abs. 1 HGB vorgesehen. Danach hat der Lagerhalter dem Einlagerer die Besichtigung des Gutes, die Entnahme von Proben und die zur Erhaltung des Gutes notwendigen Handlungen während der Geschäftsstunden zu gestatten.

876 Durch den Logistikvertrag kann es allerdings angemessen bedarfsgerecht präzisiert werden, etwa durch **Zeitvorgaben** und sonstige Voraussetzungen. Hier wird der Logistikunternehmer gehalten sein, den Wünschen des Auftraggebers weitgehend zu entsprechen, damit dieser das nötige Vertrauen für die externe Logistikabwicklung entwickeln und aufrechterhalten kann.

877 Zutrittsrechte des Auftraggebers sollten interessengerecht ausgehandelt werden, damit einerseits der Auftraggeber die Möglichkeit hat, seine Güter zu inspizieren, aber andererseits der Logistikunternehmer in die Lage versetzt wird, sich darauf vorzubereiten.

878 Von erheblicher praktischer Bedeutung ist im Logistikbereich zudem die sog. **Schnittstellenkontrolle**, die es dem Auftraggeber ermöglichen soll, vom Logistikunternehmer zuverlässig Auskunft über den jeweiligen Verbleib der Güter während der Beförderung zu erhalten.

879 Als „Schnittstelle" wird dabei grundsätzlich jeder Übergang der Sendungsobhut bezeichnet, also insbesondere die Übergabe von Sendungen vom Absender an den Frachtführer, von diesem an Unterfrachtführer und bei der Auslieferung an den Empfänger. Aber auch im Obhutzeitraum des Logistikunternehmers kann der Nachweis möglich sein, welche konkret identifizierbare Person jeweils den Zugriff und damit die persönliche Verantwortung für die Sendung hat. In diesem Zusammenhang bedarf es einer Betrachtung der Rechtsprechung zur Schnittstellenthematik und der individuellen Prüfung, ob und ggf. wie die Rechtsprechungsvorgaben bei Vertragsgestaltung einwirken.

880 In der Praxis erfolgt eine Kontrolle des Sendungslaufes häufig durch sog. **Tracking & Tracing**.

Müglich, TranspR 2003, 280 ff.

881 Nach ständiger Rechtsprechung kann sich der Frachtführer bei **unterlassener Schnittstellenkontrolle** ggf. nicht auf die gesetzlich grundsätzlich vorgesehenen Haftungshöchstgrenzen berufen, denn diese kommen nicht zur Anwendung, wenn der Schaden auf eine Handlung oder Unterlassung zurückzuführen ist, die der Frachtführer oder seine sog. Leute (§ 428 HGB) vorsätzlich oder leichtfertig und in dem Bewusstsein, dass ein Schaden mit Wahrscheinlichkeit eintreten werde, begangen haben (§ 435 HGB).

882 Dem liegt die Annahme zugrunde, dass Verluste nur wirkungsvoll verhindert werden können, wenn die Aufklärungsquote angesichts ineinander greifender Kontrollmechanismen hoch ist. Dies zeigt, dass die Rechtsprechung die Bedeutung von Kontrollmaßnahmen hervorhebt. Sie verlangt diesbezüglich ein hohes Maß an Kontrolldichte und lässt es beispielsweise nicht genügen, wenn Sendungen lediglich beim Eingang in ein Umschlaglager, nicht aber beim Ausgang, „gescannt", also durch EDV-Erfassung mit mobilen Geräten erfasst werden.

Naturgemäß bringen allerdings diese Kontrollen Kosten mit sich, die dann **883** meist an den Auftraggeber weitergegeben werden. Nicht nur der Logistikunternehmer kann daher ein Interesse am Versuch eines **vertraglichen Ausschlusses** der Schnittstellenkontrolle haben, soweit dies mittels einer Individualvereinbarung möglich ist.

Betrachtet man aber die Wichtigkeit einer effektiven Schnittstellenkontrolle **884** bei Logistikverträgen, so wird man die entsprechende Verzichtserklärung zumindest in Form einer Allgemeinen Geschäftsbedingung, die in einer Vielzahl von Verträgen verwendet wird, als überraschend und damit unwirksam i. S. v. § 305c BGB ansehen können. Dieses Risiko besteht auch, wenn man die Vereinbarung einer unterlassenen Schnittstellenkontrolle als sog. Leistungsbeschreibung sieht, wenn man davon ausgeht, dass zugleich die Kardinalpflicht des Frachtführers, das fremde Gut zu schützen, in unzulässiger Weise eingeschränkt werden kann.

Bei einer **Individualvereinbarung** ist der wirksame Verzicht auf die Schnitt- **885** stellenkontrolle eventuell möglich, wenn die Klausel ausgehandelt und hinreichend präzise gestaltet ist. Um die gewünschte Wirksamkeit zu entfalten, ist jedenfalls darauf zu achten, dass die betreffende Regelung nicht nur die Dokumentation einer Schnittstellenkontrolle, sondern die Kontrolle selbst erfasst. Inwieweit dies durchgreift, bleibt der Rechtsprechung vorbehalten.

Als Alternative zu den traditionellen Methoden der Schnittstellenkontrolle **886** durch Scannen der Sendungsnummer bietet sich die **RFID-Technologie** an. Die Abkürzung steht für „radio frequency identifaction". Diese Technologie ist in den Medien hauptsächlich im Zusammenhang mit einer Kontrolle des Käuferverhaltens im Einzelhandel bekannt geworden. Darüber hinaus eignet sie sich aber zur Überwachung von Lager- oder Transportabläufen. Hierbei erhält jede Sendung einen sog. passiven Empfänger. Dieser macht das individuelle Packstück oder dessen Palette für das ortsfeste Überwachungsgerät einzigartig sowie erkennbar und reduziert damit das Verlustrisiko.

Der Wille zur RFID-Überwachung der Güter sollte ggf. im Logistikvertrag **887** dokumentiert sein. Ebenso sollte dieser eine explizite Kostentragungsregelung enthalten.

Dass der Logistikunternehmer bei Unregelmäßigkeiten den Auftraggeber zu **888** informieren hat, ist im Lagerrecht vorgesehen (§ 471 Abs. 2 HGB). Danach hat der Lagerhalter dem Einlagerer mitzuteilen und Weisungen einzuholen, wenn nach dem Empfang des Gutes Veränderungen daran entstanden oder zu befürchten sind, die den Verlust oder die Beschädigung des Gutes oder Schäden des Lagerhalters erwarten lassen. Trotzdem sollte an diese Pflicht vertraglich erinnert werden, auch hinsichtlich sonstiger Logistikleistungen.

Nach der Rechtsprechung kann von dem Logistikunternehmer außerdem **889** verlangt werden, dass er bei Fehlbeständen aufklärt. Dies kann im Logistikvertrag ebenfalls ausdrücklich hervorgehoben werden.

Der Logistikunternehmer verpflichtet sich, dem Auftraggeber Kontrollen der Logistikleistungen in folgendem Umfang zu ermöglichen: [Kontrollmaßnahmen].

Der Auftraggeber hat jedoch die Kontrollmaßnahmen rechtzeitig unter Wahrung der Interessen des Logistikunternehmers und unter Benennen der verantwortlichen Personen anzukündigen.

Zur Sicherung der eingelagerten Güter sind zudem regelmäßig Kontrollen des Lagers durch geeignetes Sicherheitspersonal des Logistikunternehmers durchzuführen.

Der Logistikunternehmer ist bei Transporten insbesondere verpflichtet, die so genannte Schnittstellenkontrolle an allen Stellen, an denen eine Übergabe der Sendungen erfolgt, durchzuführen, zu dokumentieren und die Dokumentation für die Dauer von [Zeitraum] nach Vertragsbeendigung zu verwahren.

Hierzu hat der Logistikunternehmer auf Anfrage des Auftraggebers detailliert den Sendungslauf nachzuweisen. Die Sendungskontrolle hat Datum, Anzahl der Sendungen und Ort zu umfassen.

Sofern Fehlbestände auffallen, ist unverzüglich dem Auftraggeber Mitteilung zu machen und der Sachverhalt aufzuklären.

22. Tätigkeit für Wettbewerber

890 Es kann im Interesse des Auftraggebers liegen, dass der Logistikunternehmer nicht für die Konkurrenten des Auftraggebers tätig wird, denn die enge Geschäftsbeziehung zwischen den Parteien ermöglicht Einblicke, die der Konkurrenz grundsätzlich nicht bekannt werden sollten.

891 In einer Vielzahl von Logistikverträgen sind daher entsprechende Wettbewerbsverbote anzutreffen. Die Wirksamkeit dieser Wettbewerbsverbote richtet sich dann auch nach allgemeinen rechtlichen Anforderungen (z. B. § 138 Abs. 1 BGB).

Palandt-*Heinrichs*, BGB, § 138 Rn. 104 ff.

892 Besteht ein schutzwürdiges Interesse und eine angemessene inhaltliche Beschränkung, so kann ein das Vertragsende in zulässigem Ausmaß überschreitendes Wettbewerbsverbot, eventuell zusätzlich gesichert mit einer entsprechenden Vertragsstrafe, grundsätzlich als wirksam angesehen werden, vorbehaltlich ergänzender Betrachtung im Einzelfall.

893 Als Variante könnte wiederum festgelegt werden, dass zumindest eine Einwilligung, also die vorherige Zustimmung (§ 183 BGB), seitens des Auftraggebers erforderlich ist. Dies ist jeweils wettbewerbsrechtlich zu überprüfen.

Eine umfassende Tätigkeit des Logistikunternehmers für Wettbewerber des Auftraggebers ist, soweit rechtlich zulässig, nur nach Einwilligung des Auftraggebers zulässig.

Erfasst werden hiervon sämtliche Tätigkeiten, die den hier geregelten Logistikleistungen entsprechen.

Diese Regelung gilt [Zeitraum] nach Beendigung der Vertragslaufzeit fort.

23. Veränderungen beim Auftraggeber

Sofern es sich bei dem Auftraggeber um ein Unternehmen handelt, bei dem **894** die Veräußerung von Unternehmensteilen oder beherrschten Gesellschaften als „Deinvestments" in Betracht kommt oder sogar konkret geplant ist, empfiehlt sich eine diesbezügliche Regelung im Logistikvertrag.

Insbesondere ist zu bedenken, dass eine Verpflichtung des Logistikunter- **895** nehmers, solche veräußerten Unternehmensteile oder Gesellschaften, zumindest vorübergehend, bei der Logistikabwicklung einzubeziehen, dem Auftraggeber gegenüber Kaufinteressenten den Hinweis ermöglicht, wonach die Logistikversorgung auch nach Trennung besser gesichert ist. Dem Logistikunternehmer ist dies in aller Regel lieb, denn so kann er das eingeschränkte Auftragsvolumen besser kompensieren.

Andererseits kann es aber für den Auftraggeber bei der Veräußerung von **896** Unternehmen oder Unternehmensteilen hinderlich sein, dem Erwerber den Logistikvertrag „anteilig mitzuverkaufen", denn dieser hat möglicherweise eher ein Interesse daran, das zu erwerbende Unternehmen in sein eigenes bereits bestehendes Logistikkonzept zu integrieren. Eventuell ist er sogar durch eine Exklusivitätsklausel bereits an einen anderen Logistikunternehmer gebunden und hat zwangsläufig keinen zusätzlichen Bedarf.

Beides sollte geregelt werden, wobei die flexible Struktur des Logistikver- **897** trages es auch erlaubt, diese Regelungsbereiche in sonstige Klauseln zu integrieren, etwa durch ein **Teilkündigungsrecht** in der Kündigungsklausel.

Bei derartigen Veränderungen beim Auftraggeber ist letztlich zu überlegen, **898** welchen Einfluss diese auf die Vergütungsregelung haben, denn bei geringerem Auftragsvolumen können durch eingeschränkte **Fixkostenverdünnung** die Erträge des Logistikunternehmers zurückgehen.

> Veräußert der Auftraggeber Unternehmen oder Unternehmensteile, so verpflichtet sich der Logistikunternehmer auf Wunsch des Auftraggebers, entsprechende Logistikleistungen auf Grundlage dieses Vertrages auch für die betroffenen Unternehmen oder Unternehmensteile für [Zeitraum] zu erbringen.

> Veräußert der Auftraggeber Unternehmen oder Unternehmensteile und hat der Erwerber kein Interesse an den Logistikleistungen nach diesem Logistikvertrag, so hat der Auftraggeber ein entsprechendes Teilkündigungsrecht.

24. Vergütung

Die Vergütung des Logistikunternehmers wird häufig nicht präzise genug **899** geregelt, um Meinungsverschiedenheiten während der Vertragslaufzeit vermeiden zu können. Die Bereiche dieses Kernproblems bei Logistikverträgen sind insoweit insbesondere

- die Bemessung der Vergütung,

- die Bestimmung einer Mindestvergütung und

- die Anpassung der Vergütung während der Laufzeit des Logistikvertrages.

900 Die künftigen Vertragsparteien des Logistikvertrages sollten deshalb versuchen, sicherzustellen, dass bei den Vertragsverhandlungen die Vergütungsstruktur unmissverständlich in diesen Bereichen verstanden und akzeptiert wird, um Auseinandersetzungen darüber möglichst auszuschließen. Derartige kommerzielle Aspekte sind mit den rechtlichen Strukturen eines Logistikvertrages zu verbinden.

901 In diesem Zusammenhang bleibt ferner zu beachten, dass im Transportbereich auch Vergütungsansprüche **gegenüber dem Empfänger** möglich sind (§ 421 HGB). Deshalb sollte der Logistikvertrag um entsprechende Vereinbarungen ergänzt werden, falls diese Zahlungspflicht der Interessenlage aller Beteiligten entsprechend modifiziert oder präzisiert werden soll.

Bodis/Remiorz, TranspR 2005, 438 ff.;

Widmann, TranspR 2002, 103 ff.

a) Vergütungsbemessung

902 Erhebliche praktische Probleme ergeben sich bei der vertraglichen Bestimmung der Vergütung, da die unterschiedlichen Logistikleistungen nicht einheitlich bemessen werden können.

903 In Betracht kommt insbesondere die Vergütung von Logistikleistungen pro Stück, pro Zeiteinheit, nach Strecke oder nach Gewicht (Tonnage). Da die einzelnen Logistikleistungen üblicherweise gesondert vergütet werden, kann sich eine separate Vergütungsregelung empfehlen (z. B. Transporte nach Gewicht und Strecke, Lagerung nach Dauer, Verpackung nach Stückzahl und Fertigung nach Zeitaufwand).

904 Es ist häufig unvermeidbar, die einzelnen Vergütungsstufen präzise den Leistungen zuzuweisen, damit leistungsgerecht vergütet werden kann. Hierfür kann auf kommerzieller Ebene eine **Vergütungsstruktur** ausgearbeitet werden.

905 Als Variante können allerdings feste Vergütungsblöcke für entsprechende **Leistungsblöcke** vereinbart werden, beispielsweise ein bestimmter Betrag für die Erbringung sämtlicher Logistikleistungen bezüglich eines bestimmten Gutes. Diese Pauschalierung kann zwar nicht gewährleisten, dass sämtliche Logistikleistungen jeweils gleichmäßig vergütet werden, erleichtert aber die Abrechnung und erspart administrativen Aufwand.

Auch im Rahmen von Logistikleistungen bietet sich ferner zur Regelung der 906
Vergütung ein Modell auf der Basis von **Service Levels** an. Ein sog.
Bonus/Malus-System kann dabei einen stärkeren Leistungsanreiz schaffen.

Bei konkreter Umsetzung wäre dann zum Beispiel bei der Abrechnung nach 907
Einzelleistungen für eine fristgerechte Lieferung oder eine pünktliche Aus-
lagerung die volle Vergütung zu zahlen. Bei Verspätungen würde die Vergütung schrittweise abnehmen. Diese Vergütungsstruktur entspricht der gesetzlichen Vorgabe, denn bei einer mangelhaften Leistung steht es dem Auftraggeber demnach frei, die Vergütung zu mindern (§ 634 Nr. 3 BGB).

> Palandt-*Sprau*, BGB, § 634 Rn. 5.

Andererseits kann durch Vergütungsanhebung ein deutlicher Anreiz ge- 908
schaffen werden, Leistungen zu erbringen, die über das vereinbarte Maß
noch hinausgehen. Man spricht hier vom einem Bonus, der, anders als der
vorab beschriebene Malus, nicht klar gesetzlich geregelt ist. Die Bestimmungen zur Draufgabe passen nicht zu dem hier in Bezug genommenen
Anwendungsbereich (§§ 336 ff. BGB).

Wichtig in diesem Zusammenhang ist, dass sich das Bonus/Malus-System 909
nur auf die Vergütung auswirkt und damit nur die **vertraglichen Primär-
pflichten** berührt. Ein Logistikunternehmer sollte sich bei von ihm zu ersetzenden Verspätungsschäden also grundsätzlich nicht darauf berufen können,
der Auftraggeber habe seine Leistung mit der Zahlung einer, wenn auch ver-
minderten, Vergütung anerkannt, denn bei Schadenshaftung einerseits und
Vergütungsminderung andererseits handelt es sich um zwei grundsätzlich
verschiedene und abgetrennte Bereiche des Logistikvertrages.

Ein Anreiz zur Kostensenkung beim Logistikunternehmer kann durch des- 910
sen Beteiligung am finanziellen Vorteil geschaffen werden (**Gain Share**).

Unabhängig von der Vergütung für die Logistikleistungen wird es als inte- 911
ressengerecht erscheinen, wenn dem Logistikunternehmer bei unvorherseh-
baren finanziellen Aufwendungen bei der Vertragserfüllung ein Ausgleich
zusteht. Dieser **Aufwendungsersatzanspruch** kann je nach Bedarf präzisiert
oder in seinem Umfang eingeschränkt werden.

> *Koller*, Transportrecht, § 407 HGB Rn. 121.

Es ist bei Vertragsverhandlungen zur Vergütung übrigens darauf zu achten, 912
dass die Vergütung von Transportleistungen als „**Fracht**" zu bezeichnen ist
(§ 407 Abs. 2 HGB).

> Dem Logistikunternehmer sind vom Auftraggeber sämtliche vertragsgemäß
> erbrachten Logistikleistungen wie folgt zu vergüten: [Berechnungsgrundlage
> der Vergütung].
>
> Die Vergütung richtet sich nach folgendem Bonus/Malus-System: [Vorgaben
> für Vergütungsminderung oder -anhebung].

Neben dieser Vergütung hat der Auftraggeber dem Logistikunternehmer unvorhersehbare Aufwendungen außerhalb seiner Risikosphäre zu erstatten, die er den Umständen nach für erforderlich halten durfte.

b) Mindestvergütung

913 Die bereits dargestellte Exklusivitätsklausel schützt den Logistikunternehmer nur begrenzt vor einem Umsatzausfall. Bei vollständigem Ausbleiben von Einzelaufträgen läuft sie leer. Daher empfiehlt sich für den Logistikunternehmer die Aufnahme einer Mindestvergütungsklausel im Logistikvertrag, um zumindest das Risiko auszuschließen, dass einerseits ein Vorhalten der Leistungsbereitschaft erforderlich ist, aber andererseits der Umsatz ausbleibt.

914 Die Vergütung kann deshalb in zwei Vergütungsblöcke unterteilt werden, wobei durch Zahlung einer feststehenden Mindestvergütung zumindest die fixen Kosten des Logistikunternehmers als Gegenleistung für das Vorhalten seiner Leistungsbereitschaft entsprechend der Bedarfsplanung des Auftraggebers und zudem die tatsächlich erbrachten Logistikleistungen entsprechend dem Bedarf abgegolten werden.

915 Der Anspruch auf die Mindestvergütung kann unter den Vorbehalt gestellt werden, dass kein gravierender Vertragsverstoß des Logistikunternehmers erfolgt. Hier ist eine Koppelung mit Kündigungsrechten denkbar.

> Unabhängig von der angefallenen Vergütung hat der Logistikunternehmer als Gegenleistung für seine Investitionen und Vorhaltekosten während der Vertragslaufzeit Anspruch auf eine Mindestvergütung in Höhe von [Mindestvergütung mit Berechnungsgrundlage].

> Der Anspruch auf diese Mindestvergütung besteht nicht, sofern eine Kündigung des Auftraggebers aus wichtigem Grund berechtigt und erfolgt ist.

c) Vergütungsanpassung

916 Eine während der Vertragslaufzeit aus Sicht einer oder beider Vertragsparteien sinnvolle Vergütungsanpassung kann im Logistikvertrag aufgenommen werden, wenn es, insbesondere in kommerzieller Hinsicht, gelingt, einen passenden Mechanismus zu vereinbaren.

> *Gilke*, TranspR 2008, 381.

917 Da die dargestellte Kombination der verschiedenen Logistikleistungen die Transparenz der Vergütung einschränkt, wird bei Logistikverträgen teilweise nach einiger Zeit eine Vergütungsanpassung vorgesehen.

918 Binnen dieser **„Open Book-Phase"** kann sich der Auftraggeber dadurch einen Eindruck von der Kostenstruktur des Logistikunternehmers verschaffen. Ob allerdings eine derartige Klausel gewünscht ist, muss im Einzelfall

auf kommerzieller Ebene ermittelt werden. Sie wird sich häufig bei Outsourcing-Projekten anbieten, wenn auf Auftraggeberseite Erfahrungswerte hinsichtlich der Kostenstruktur fehlen.

Müller-Dauppert, in: Müller-Dauppert, Logistik-Outsourcing, S. 51.

Weil es sich oft um einen Vertrag mit längerer Laufzeit handelt, können **919** eventuell weitere Voraussetzungen für eine **automatische Anpassung** der Vergütung ergänzend hinzugefügt werden (z. B. Kopplung an die allgemeinen Lebenshaltungskosten oder logistikspezifische Kosten).

Ist die konkrete Bestimmung zu den Anpassungsvoraussetzungen als All- **920** gemeine Geschäftsbedingung gemäß § 305 Abs. 1 BGB zu werten, so ist diese an § 307 BGB zu messen. Das kann zur Unwirksamkeit führen, wenn die Bedingungen, unter denen eine Anpassung erfolgen soll, nicht hinreichend konkretisiert sind. Auch hierbei wird eine Individualvereinbarung angeregt.

Palandt-*Heinrichs*, BGB, § 307 Rn. 23.

Mehr Vertragsbeständigkeit erreicht man durch eine eingeschränkte Mög- **921** lichkeit der Vergütungsanpassung, weshalb nicht sämtliche Kostenpositionen des Logistikunternehmers zu einer Vergütungsanpassung führen sollten. Akzeptabel dürfte es aber auch aus Sicht des Auftraggebers sein, wenn massive Kostensteigerungen, beispielsweise bei Energie und Versicherung, durchgereicht werden. Andernfalls droht die Kalkulation des Logistikunternehmers in Schieflage zu geraten und ohne Vergütungsanpassung besteht die Gefahr, dass die Einsparungen durch minderwertige Logistikleistungen erreicht werden.

Die Personalkosten haben im Logistikbereich zentrale Bedeutung, denn sie **922** bilden oft den größten Teil der Gesamtkosten. Auch hier kann aber eine weitreichende Verbindlichkeit vorgesehen werden, damit nicht sämtliche Gehalts- oder Tariferhöhungen Auswirkungen auf das Vertragsverhältnis zwischen Auftraggeber und Logistikunternehmer entfalten.

Vergütungsanpassungen sind während des laufenden Jahres nur eingeschränkt **923** praktikabel, da sie häufig Umstellungen im Abrechnungsverfahren mit sich bringen. Außerdem kann jede Anpassung zu Meinungsverschiedenheiten führen und könnte deshalb grundsätzlich nur im **Jahresturnus** ungesehen möglich sein. Deshalb ist anzudenken, unterjährige Vergütungsanpassungen auszuschließen.

Um die Vergütung den Interessen von Auftraggeber und Logistikunternehmer entsprechend festzulegen und um Missverhältnisse auszugleichen, erfolgt nach einer „Open Book-Phase" von [Zeitraum] auf Grundlage der offengelegten Kostenstruktur des Logistikunternehmers eine Anpassung der Vergütung unter folgenden Voraussetzungen: [Anpassungsvoraussetzungen].

Bei Vorliegen dieser Voraussetzungen gilt automatisch die angepasste Vergütung als vereinbart.

Die Vergütung gilt sodann für die gesamte Vertragslaufzeit als fest vereinbart, wird aber jeweils mit Ablauf eines [Geschäfts-/Kalenderjahres] für das Folgejahr unter den nachstehenden Voraussetzungen automatisch angepasst: [Vorgaben]

- Bei Steigerung der Energiekosten um mehr als [x %] gegenüber dem Vorjahr in Höhe der nachgewiesenen Zusatzkosten.

- Bei Steigerung der Versicherungsprämien um mehr als [x %] gegenüber dem Vorjahr in Höhe der nachgewiesenen Zusatzkosten.

- Bei Steigerung der Personalkosten um mehr als [x %] gegenüber dem Vorjahr in Höhe der nachgewiesenen Zusatzkosten.

Unterjährige Vergütungsanpassungen sind nicht möglich.

25. Abrechnung

924 Ist die Vergütung vereinbart, so schließt sich die Frage an, wie die Abrechnung der Vergütung in der Praxis zu erfolgen hat.

925 Neben den formellen Anforderungen an die **Rechnungsstellung** empfiehlt es sich, in diesem Abschnitt des Logistikvertrages Regelungen zu den gesetzlichen **Sicherungsrechten** hinsichtlich der abgerechneten Forderungen zu bedenken, denn diese sind bei Streit über Rechnungsstellung als mögliche Druckmittel verfügbar.

a) Rechnungsstellung

926 Zur Rechnungsstellung muss generell berücksichtigt werden, dass häufig durch die Buchhaltung oder Kostenstellen unternehmensspezifische Vorgaben bestehen, die berücksichtigt werden sollten. Was aus buchhalterischer Sicht nicht praktikabel ist, sollte auch nicht vertraglich vereinbart werden.

927 Damit die Fälligkeit der Rechnungen nicht zweifelhaft ist, sollte deren Inhalt möglichst exakt bestimmt werden. Hierfür ist entscheidend, welche genauen Angaben der Auftraggeber benötigt, um den Rechnungsbetrag nachzuvollziehen und ggf. zu prüfen, sowie welche Kriterien für die Berechnung der Vergütung vereinbart sind. Abhängig von der Entscheidung über die Art der Vergütung ist den künftigen Vertragsparteien zu empfehlen, klare Vorgaben zum Inhalt der Rechnungen im Logistikvertrag aufzunehmen.

928 Es kann auch darauf hingewiesen werden, dass der Rechnung geeignete Nachweise beizufügen sind (z. B. unterzeichnete Arbeitszeitnachweise, Wiegezettel, Stücklisten). Solche Dokumente können die künftigen Vertragsparteien auch als Muster in die Anlagen aufnehmen.

929 Sofern ein **Zahlungsziel** vereinbart wird, bedarf dies einer Erwähnung im Logistikvertrag unter Berücksichtigung der gesetzlich vorgesehenen Verzugsfolgen.

Hackert, TranspR 2000, 442 ff.

Bei der Rechnungserstellung sind sämtliche Angaben für die Berechnung der Vergütung zu dokumentieren.

Der Rechnung sind folgende Nachweise beizufügen: [Vorgaben].

Nur eine diesen Anforderungen genügende Rechnung wird fällig.

Die Rechnungsstellung erfolgt jeweils zum Ende eines Kalendermonats.

Die Rechnungen sind binnen [Zeitraum] auszugleichen.

b) Aufrechnungsverbot

Das Recht, Gegenforderungen zu nutzen, um diese gegen Rechnungsforde- 930 rungen aufzurechnen, sieht das Gesetz ausdrücklich vor (§§ 387 ff. BGB). Es steht deshalb grundsätzlich auch den Parteien eines Logistikvertrages zu.

Palandt-*Grüneberg*, BGB, § 387 Rn. 14.

Voraussetzung dafür ist, dass zwei Personen einander Leistungen, die ihrem 931 Gegenstand nach gleichartig sind, schulden. Dies gilt für Geldleistungen, weil diese gleichartig sind. Dann kann nach dem Gesetzestext jeder Teil seine Forderung gegen die Forderung des anderen Teils aufrechnen, sobald er die ihm gebührende Leistung fordern und die ihm obliegende Leistung bewirken kann.

Will man dieses Recht vermeiden, lässt sich dafür nur in den Grenzen des 932 rechtlich Zulässigen ein Aufrechnungsverbot vereinbaren. Das Aufrechnungsverbot hat im Logistikbereich erhebliche praktische Bedeutung, da häufig gegenüber Frachtforderungen mit behaupteten Schadensersatzansprüchen aufgerechnet wird und der Logistikunternehmer mit Hilfe des Aufrechnungsverbotes verhindern möchte, dass auf diese Weise Zahlungen für seine Leistungen ausbleiben.

Ein individuell auszuhandelndes uneingeschränktes Aufrechnungsverbot wider- 933 spricht den Interessen des Auftraggebers, der keine Leistungsvergütung vornehmen möchte, um danach seine eigene Gegenforderung mit gerichtlicher Hilfe und damit verbundenem Zeit- und Kostenaufwand durchsetzen zu müssen. Somit können, als Ausdruck gegenseitigen Entgegenkommens, bei der Formulierung des Aufrechnungsverbotes solche Gegenforderungen ausgenommen werden, die der Logistikunternehmer nicht in Abrede stellt.

Wenn der Logistikunternehmer ein weitergehendes Aufrechnungsverbot 934 vereinbaren will, wird er zudem oft der Forderung ausgesetzt sein, seinerseits auf das **Pfandrecht**, auf welches noch eingegangen wird, zu verzichten. Falls die Parteien über ein Aufrechnungsverbot nachdenken, sind Vor- und Nachteile sowie rechtliche Grenzen abzuwägen.

c) Abtretungsverbot

935 Der Gesetzgeber bietet durch §§ 398 ff. BGB die Möglichkeit, eine Forderung auf eine andere Person zu übertragen. Der Logistikunternehmer ist demnach berechtigt, seinen Vergütungsanspruch abzutreten und den Auftraggeber nach gesetzlichen Vorgaben dadurch zu veranlassen, die Vergütung an diesen Dritten zu entrichten.

Palandt-*Grüneberg*, BGB, § 398 Rn. 1 ff.

936 Aber auch der Auftraggeber ist berechtigt, eine Abtretung seiner Forderungen gegen den Logistikunternehmer, etwa bei Schadensfällen an Versicherungen, vorzunehmen sowie anzuzeigen und damit eine entsprechende Zahlungsverpflichtung des Logistikunternehmers zu begründen.

Demuth, TranspR 2004, Sonderbeilage zu Heft 3-2004, XII ff.

937 Neben Aufrechnungsverboten vereinbaren die Parteien bei Logistikverträgen teilweise ein Abtretungsverbot, um die beschriebene gesetzliche Ausgangssituation anzupassen. Die Vertragsparteien möchten häufig vorab eindeutig wissen, wem gegenüber sie zur Zahlung verpflichtet sind, um nicht unbekannten Personen, beispielsweise Inkassounternehmen, gegenüber verpflichtet zu werden.

938 Für Geldforderungen ist dieses Abtretungsverbot aber gemäß § 354a HGB bei Handelsgeschäften grundsätzlich unwirksam, denn der Gesetzgeber möchte die Abtretung im Handelsverkehr grundsätzlich ermöglichen.

939 Die künftigen Vertragsparteien können also zumindest bei den mündlichen Verhandlungen auf diese gesetzliche, aber häufig unbemerkt bleibende Voraussetzung hinweisen. Andernfalls enthält der Logistikvertrag eine unwirksame Regelung, was zu Irritationen führen kann. Wenn der Logistikvertrag nicht, wie hier angenommen, mit Privatpersonen zu Stande kommt, kann die Aufnahme eines Abtretungsverbotes grundsätzlich entbehrlich sein.

d) Pfand- und Zurückbehaltungsrecht

940 Pfand- und Zurückbehaltungsrechte sind im deutschen Recht für diverse Bereiche vorgesehen:

Das deutsche **Transportrecht** umfasst ein Pfandrecht zur Absicherung aller Forderungen aus dem Frachtvertrag sowie wegen anderer, unbestrittener Forderungen der Vertragsparteien (§ 441 HGB).

Andresen, TranspR 2004, Sonderbeilage zu Heft 3-2004, V ff.

Das deutsche **Speditionsrecht** regelt dies ebenfalls (§ 464 HGB) und auch das **Lagerrecht** sieht es zugunsten des Logistikunternehmers vor (§ 475b HGB).

Ferner besteht ein Pfandrecht auch für Leistungen, die den besagten Vertragstypen aus der Logistik nicht zuzuordnen sind und dem **Werkvertrags-**

recht unterfallen. Dort erstreckt es sich auf die hergestellten oder ausgebesserten Sachen des Auftraggebers (§ 647 BGB). Daneben bestehen Zurückbehaltungsrechte bei fälligen Gegenforderungen (§§ 273 ff. BGB, §§ 369 ff. HGB).

Wie weit derartige Pfand- und Zurückbehaltungsrechte gehen, ist jedoch   941
umstritten. Dies gilt etwa für die Frage, ob sich das Pfand- oder Zurückbehaltungsrecht nur auf Güter, die im Eigentum des Auftraggebers stehen, erstreckt oder den Logistikunternehmer auch berechtigt, die Herausgabe der Güter sonstiger Eigentümer zu verweigern. Hierzu wird allerdings auf die aktuelle BGH-Rechtsprechung verwiesen.

Risch, TranspR 2005, 108 ff.

Unklar ist häufig auch, welchen Güterwert der Logistikunternehmer sichern   942
kann, um seine ausstehende Forderung durchzusetzen, denn bei unverhältnismäßig hohem Wert der gepfändeten Güter kommt eine entsprechend § 138 BGB unzulässige anfängliche **Übersicherung** in Betracht.

Palandt-*Heinrichs*, BGB, § 138 Rn. 97.

Aus Sicht des Logistikunternehmers ist relevant, welche rechtliche Handha-   943
be ein Pfandrecht ermöglicht, sofern sich eine Zahlungsunfähigkeit des Auftraggebers abzeichnet oder eintritt.

Bräuer, TranspR 2006, 197 ff.

Auch im internationalen Kontext können die Vorgaben der §§ 441, 464 HGB   944
relevant sein.

Schmidt, TranspR 2011, 56 ff.

Ergänzend zu betrachten ist erforderlichenfalls das Pfandrecht des Fracht-   945
führers in der Insolvenz des Absenders.

Oepen, TranspR 2011, 89 ff.

Die künftigen Vertragsparteien sollten bei den Verhandlungen zum Logis-   946
tikvertrag diese Möglichkeit zur Sicherung von Ansprüchen durch ein Pfand-oder Zurückbehaltungsrecht eindeutig, so oder so, regeln.

Als Kompromiss kann vereinbart werden, dass der Logistikunternehmer nur   947
bei unbestrittenen Forderungen ein Pfand- und Zurückbehaltungsrecht ausüben darf und sich die Vertragsparteien vorab verständigen, damit die Ausübung des Pfandrechts vermieden werden kann.

> Zur Sicherung eines unbestrittenen Vergütungsanspruches steht dem Logistikunternehmer gegen den Auftraggeber ein Pfand- und Zurückbehaltungsrecht an sämtlichen Gütern zu, die sich in Gewahrsam des Logistikunternehmers befinden und im Eigentum des Auftraggebers stehen.

> Ergibt sich aus den Dokumenten, dass der Auftraggeber nicht Eigentümer ist, entsteht kein Pfand- oder Zurückbehaltungsrecht.

Vor Ausübung des Pfand- oder Zurückbehaltungsrechts werden beide Parteien versuchen, eine gütliche Einigung herbeizuführen.

26. Haftung des Logistikunternehmers

948 Ein weiteres Kernproblem von Logistikverträgen ist meistens die Haftungsklausel.

> *Wieske*, TranspR 2000, 1 ff.

949 *Krins* sieht deshalb eine Erforderlichkeit für Logistikunternehmen, welche auch dem Geschäft der Kontraktlogistik nachgehen, auf diese Aspekte zu achten.

> *Krins*, TranspR 2007, 269 ff.

950 Die Haftung spielt im Logistikbereich eine erhebliche Rolle, weil Logistikleistungen sehr schadensgeneigt sind (z. B. Beschädigungen, Verluste, Überschreitungen der Lieferfristen).

> *Boecker*, TranspR 2002, 137 ff.

Sie können auch versicherungsrechtlich relevant und deshalb mit dem Versicherer abzustimmen sein.

951 Hinsichtlich der einzelnen Logistikleistungen sind unterschiedliche Rechtsgrundlagen für die Haftung des Logistikunternehmers zu beachten. Dabei unterscheiden sich hinsichtlich der Logistikleistungen nicht nur die erstattungsfähigen Schäden und Haftungshöchstbeträge, sondern auch der Verschuldensmaßstab und die entsprechende **Beweislastverteilung**.

952 Hier machen sich das Fehlen eines einheitlichen Logistikrechts sowie die Zersplitterung der auf Logistikverträge anzuwendenden gesetzlichen Regelungen besonders bemerkbar. Deshalb kann in der den Logistikunternehmer betreffenden Haftungsklausel möglichst zum Ausdruck kommen, welche Rechtsfolgen im Schadensfall eintreten sollen.

953 Die nachfolgende Struktur der gesetzlichen Haftungsregelungen, aufgeteilt nach

- Haftung bei Lagerung,

- Haftung bei Transporten und

- Haftung bei sonstigen Logistikleistungen,

kann die Grundlage für die vertragliche Regelung der Haftung des Logistikunternehmers bilden. Nach einer einleitenden Haftungsklausel kann deshalb im Logistikvertrag eine Unterteilung in diese Bereiche vorgenommen werden.

954 Da allerdings oftmals nicht aufzuklären ist, in welchem Bereich der Schaden verursacht wurde, kann dem Auftraggeber eventuell ein Wahlrecht einge-

räumt werden. Es liegt dann im Interesse des Logistikunternehmers, durch organisatorische Vorkehrungen, wie beispielsweise durch die oben bereits besprochenen Schnittstellenkontrollen, den **Nachweis der Schadensursache** zu ermöglichen, um nicht das für ihn günstigere Haftungsregime ungenutzt zu lassen.

Diese Konstellation erinnert an die Haftungsproblematik beim sog. Multi-   955
modalvertrag, bei dem unterschiedliche Verkehrsträger genutzt werden.

> *Herber*, TranspR 2010, 85 ff.;
>
> *ders.*, TranspR 2006, 435 ff.;
>
> *ders.*, TranspR 2005, 59 ff.;
>
> *ders.*, TranspR 1999, 89 ff.;
>
> *Hartenstein*, TranspR 2005, 9 ff.;
>
> *Drews*, TranspR 2010, 327 ff.;
>
> *ders.*, TranspR 2006, 177 ff.;
>
> *ders.*, TranspR 2003, 12 ff.;
>
> *Ramming*, TranspR 1999, 325 ff.;
>
> *Freise*, TranspR 2012, 1 ff.;
>
> *Bydlinski*, TranspR 2009, 389 ff.

Will man das Problem der unzulänglichen Aufklärung von Schadensursachen   956
und damit der Unauffindbarkeit des anzuwendenden Rechts abweichend
lösen, so könnte grundsätzlich auch eine Haftungsregelung aufgenommen
werden, die umfassend für alle Logistikleistungen gilt. Dabei werden von beiden Vertragsparteien Zugeständnisse beim Abrücken von gesetzlich vorgesehenen Regelungen verlangt, um die Komplexität abzuschwächen und den
Verhandlungserfolg nicht zu gefährden. Zudem sind zwingende Vorgaben zu
beachten.

Möglich ist zudem, eine **andere Strukturierung von Schadensszenarien**   957
vorzunehmen. Hierzu können die Rechtsfolgen nach

- Güterschäden, also Schäden an den Gütern selbst durch Beschädigung,
  Zerstörung oder Verlust,

- bei Güterfolgeschäden, die sich aus Güterschäden ergeben, und

- bei Vermögensschäden, die unabhängig von Güterschäden entstehen,

unterschiedlich geregelt werden. Beispielsweise kann bei Güterschäden generell eine unbeschränkte Haftung, bei Güterfolgeschäden und Vermögensschäden jedoch eine Haftungshöchstgrenze vereinbart werden, soweit zulässig.
Bei dieser Vereinheitlichung von Lager-, Fracht-, Speditions- und sonstigem
Schuldrecht besteht aber ebenfalls das Problem, von den Gesetzesvorgaben
weitgehend abweichen zu müssen, was teils unmöglich ist.

Häufig enthalten Logistikverträge deshalb kein eigenes Haftungsregime oder   958
die Strukturierung nach Schadensformen, sondern orientieren sich an der ge-

setzlichen Ausgangslage, auch wenn dies aus kommerzieller Sicht unbefriedigend ist, weil die Aufteilung von Logistikleistungen in unterschiedliche Rechtsbereiche den wirtschaftlichen Marktentwicklungen nicht mehr entspricht.

Gilke, TranspR 2008, 382.

959 Überdies kann die Haftungsregelung im Logistikvertrag um eine Vereinbarung ergänzt werden, die vom Auftraggeber eine unverzügliche **Schadensanzeige** verlangt, damit der Logistikunternehmer eher die Möglichkeit hat, sich auf die Schadensersatzverpflichtung einzurichten.

960 Außerdem ergeben sich Restriktionen bei der Vertragsgestaltung durch § 449 HGB, insbesondere wegen frachtrechtlicher Aspekte.

Ramming, TranspR 2010, 397 ff.

961 Sofern einem Logistikvertrag Umzugstransporte zugrunde liegen, können sich ebenfalls Besonderheiten ergeben, weil das deutsche Transportrecht diesen Logistikbereich speziellen Regelungen unterwirft (§§ 451 ff. HGB).

Mittelhammer, TranspR 2011, 139 ff.

962 Es ist ggf. die Klarstellung erforderlich, dass diese Vertragsgestaltung nicht dazu dient, die teils **zwingenden Haftungsnormen, insbesondere in internationalen Abkommen,** zu ersetzen, denn diese lassen eine entsprechende Abweichung von der vorgesehenen Haftung auch bei Individualvereinbarungen teils nicht zu. Beim hier nicht betrachteten AGB-Bereich kommen diese Einschränkungen hinzu.

> Die Haftung des Logistikunternehmers ist abhängig davon, ob es sich um einen Schaden bei Lagerung, um Schaden bei Transporten oder um Schaden bei sonstigen Logistikleistungen handelt.
>
> Ist nicht nachweisbar, wie der Schaden verursacht wurde und damit eine Zuordnung zu der entsprechenden Logistikleistung nicht möglich, hat der Auftraggeber ein Wahlrecht hinsichtlich der möglichen Haftungsfolgen nach diesem Logistikvertrag.
>
> Erfolgt keine unverzügliche Schadensanzeige nach Übergabe der jeweiligen Güter, ist davon auszugehen, dass ein Güterschaden nicht vom Logistikunternehmer verursacht worden ist.
>
> Zwingende Regelungen, auch in internationalen Rechtsabkommen, bleiben hiervon unberührt.

a) Haftung bei Lagerung

963 Bei Verlusten und Beschädigungen der Güter in der Zeit von der Übernahme zur Lagerung bis zur Auslieferung sieht das Gesetz grundsätzlich eine **unbeschränkte Haftung** des Logistikunternehmers vor, es sei denn, dass der

Schaden durch die Sorgfalt eines ordentlichen Kaufmannes, was auslegungsbedürftig ist, nicht abgewendet werden konnte (§ 475 HGB).

Folgeschäden sind, anders als teils im Transportrecht (§ 429 HGB), grund- **964**
sätzlich von der gesetzlichen Haftung mit erfasst.

Diese Haftungsfolgen sind sehr weitreichend und es entspricht oft der **965**
Praxis, dass für Lagerschäden **Haftungshöchstgrenzen** vereinbart werden.
Die Haftung für Lagerschäden kann ggf. hierzu beispielsweise pro Jahr oder
pro Schadensereignis begrenzt sein. Auch die Vereinbarung beider Haftungshöchstgrenzen ist denkbar und der Logistikunternehmer kann sich
dann eventuell auf die jeweils niedrigere Haftungshöchstgrenze berufen,
auch wenn der tatsächlich nachweisbare Schaden des Auftraggebers darüber
hinausgeht.

Die Diskussion über Gerechtigkeit und Angemessenheit von Haftungs- **966**
höchstgrenzen im Logistikbereich hat Tradition und es gibt kaum verallge-
meinerungsfähige Angaben zur Üblichkeit von bestimmten Beträgen. Häufig
ist die Höhe der Haftungshöchstgrenzen einerseits vom Verhandlungsgeschick und andererseits vom wirtschaftlichen Kräfteverhältnis der Ver-
handlungsparteien abhängig.

Als Argument für eine hohe Haftungshöchstgrenze bei Lagerschäden wird **967**
aus Auftraggebersicht oft die gesetzliche Ausgangslage, also das Fehlen jeglicher Haftungsbeschränkung, vorgetragen. Dahingehend sollten die künftigen Vertragsparteien aber berücksichtigen, dass der Gesetzgeber bei der
Transportrechtsreform 1998 nicht die Absicht geäußert hat, die Haftung für
Lagerschäden und die Haftung für Transportschäden derart unterschiedlich
zu regeln, weil der Frachtführer und der Spediteur schutzbedürftiger seien
als der Lagerhalter.

Vielmehr ist der Grund für die Diskrepanz zwischen den Haftungsprinzipien **968**
auch teilweise darin zu sehen, dass der Gesetzgeber es dem Markt überlassen
wollte, Haftungshöchstgrenzen für die Lagerhaltung zu schaffen. Deshalb ist
das Lagerrecht im Gegensatz zum Fracht- und Speditionsrecht (§ 449 HGB)
auch insoweit dispositiv verhandelbar ausgestaltet. Der Wunsch des Logistikunternehmers nach Haftungsbeschränkung widerspricht also grundsätzlich nicht der Intention des Gesetzgebers.

Zu beobachten ist das Anliegen von Auftraggebern, durch hohe Haftungs- **969**
risiken den Logistikunternehmer zum besonders sorgsamen Umgang mit
den Gütern zu veranlassen. Bei diesem Anliegen wird allerdings oft der Hinweis des Logistikunternehmers folgen, wonach bei der alternativen Durchführung von Logistikleistungen durch das eigene Personal des Auftraggebers
dieser ohnehin durch Arbeitnehmerschutz kaum Möglichkeiten hätte, einen
Schadensausgleich zu erhalten und die Fremdvergabe von Logistikleistungen
nicht zu seiner diesbezüglichen Besserstellung dienen sollte.

970 Andererseits zu beobachten ist das Anliegen der Logistikunternehmer, ihre Haftungsrisiken kalkulierbar zu gestalten, denn die Schadensfolgen sind andernfalls nicht absehbar. Während der Auftraggeber besser einschätzen kann, welche Haftungsszenarien entstehen können, etwa weil Vertragsstrafen gegenüber seinen Kunden oder Vermögensschäden durch Lieferengpässe entstehen, fehlt es dem Logistikunternehmer regelmäßig am Einblick in die schadensrelevanten Abläufe.

971 Hier könnte sich allerdings im Rahmen der Vertragsverhandlung ein Informationsfluss als hilfreich erweisen, wenn dieser dem Logistikunternehmer die **Einschätzung der Schadensrisiken** erleichtert. Dazu könnte der Logistikunternehmer darüber informiert werden, wie die von ihm gelagerten Güter in die Produktions- oder Vertriebsabläufe des Auftraggebers eingebunden sind und welche konkreten Folgen Güterschäden oder Fehler bei der Vertragserfüllung unter Berücksichtigung eines etwaigen Mitverschuldens und der Schadensminderungspflicht auf Seiten des Auftraggebers (§ 254 BGB) für Produktion oder Vertrieb haben können.

> Palandt-*Heinrichs*, BGB, § 254 Rn. 36 ff.

972 Beide Interessenlagen können bei den Verhandlungen dargestellt und eine einvernehmliche, für beide Vertragsparteien hinnehmbare Lösung sollte gesucht werden, ohne das Ziel, durch einen Logistikvertrag den Interessen beider Vertragsparteien zu entsprechen, aus den Augen zu verlieren.

973 Ist die Haftungshöchstgrenze gefunden, können die künftigen Vertragsparteien noch vereinbaren, ob und wie diese durchbrochen werden kann. Das Gesetz gibt hierzu lediglich vor, dass die **Haftung wegen Vorsatzes** dem Schuldner nicht im Voraus erlassen werden kann (§ 276 BGB).

974 Außerdem sollten die künftigen Vertragsparteien aber die gesetzgeberische Intention beachten, wonach Haftungshöchstgrenzen bei einem **besonders vorwerfbaren Verhalten** teilweise keine Wirkung entfalten. Im Transportrecht hat der Gesetzgeber hierfür klargestellt, dass Haftungsbefreiungen und -begrenzungen nicht gelten, wenn der Schaden auf eine Handlung oder Unterlassung zurückzuführen ist, die der Frachtführer oder seine Leute vorsätzlich oder leichtfertig und in dem Bewusstsein, dass ein Schaden mit Wahrscheinlichkeit eintreten wird, begangen haben (§ 435 HGB). Derartige Regelungen finden sich auch in internationalen transportrechtlichen Abkommen und können bei Vereinbarung von Haftungshöchstgrenzen im Lagerbereich übernommen werden.

975 Ferner können die künftigen Vertragsparteien es hinsichtlich des Verschuldensmaßstabes bei der gesetzlich vorgesehenen Haftungsregelung belassen. Alternativ besteht die Möglichkeit, den Verschuldensnachweis abweichend zu regeln, etwa indem die Haftung in Abweichung von § 475 HGB nur bei nachgewiesenem Verschulden erfolgt, falls dies zulässig ist.

Logistikverträgen ist übrigens häufig eine isolierte Regelung bei **Inventurdif-** 976
ferenzen zu entnehmen, etwa die Haftungsbefreiung bei einer gewissen
Schwundquote. Für eine derartige Sonderbehandlung von Verlusten, die
durch Inventuren lediglich aufgedeckt werden, besteht jedoch kaum Anlass,
denn die Inventuren sind nicht schadensursächlich, sondern Maßnahmen zur
Verlustermittlung. Wenn der Auftraggeber Schwund akzeptiert, muss er damit rechnen, dass seine Güter in diesem Umfang einen geringeren Schutz erfahren können.

Dem steht auch nicht entgegen, dass Inventurdifferenzen durch Erfassungs- 977
fehler bei der Verwendung von EDV eintreten können, denn bei Akzeptanz
von Schwund schwindet eventuell zugleich das Interesse, die Gütererfassung
durch Dateneingabe zuverlässig zu gestalten und bei Unzuverlässigkeit zu
optimieren.

Im Zusammenhang mit Inventurdifferenzen ist deshalb lediglich eine Rege- 978
lung interessengerecht, wonach diese Mehr- oder Minderbestände miteinander verrechnet werden, indem Mehrbestände gegenüber Minderbeständen
binnen eines Zeitraums haftungsreduzierend zu berücksichtigen sind und bei
bereits erfolgtem Schadensausgleich einen Erstattungsanspruch auslösen
(§ 812 BGB). Dies ist allerdings nur praktikabel, wenn Vergleichszeiträume
gewählt werden, binnen derer noch keine Verjährung eingetreten ist, denn
dies kann bereits nach einem Jahr geschehen (§ 475a HGB), wobei übrigens
die Rechtsprechungsentwicklung zu beachten ist.

Herber, TranspR 2010, 357 ff.

Die Haftung des Logistikunternehmers für Beschädigung und Verlust von
Gütern bei der Lagerung richtet sich nach den lagerrechtlichen Vorschriften.

Die Höchsthaftung des Logistikunternehmers ist, soweit zulässig, allerdings
beschränkt auf einen Betrag in Höhe von [Haftungshöchstbetrag pro Scha-
densereignis/Kalender- oder Vertragsjahr].

Diese Haftungsbegrenzung gilt nicht, wenn ein Schaden durch den Logistikunternehmer leichtfertig und in dem Bewusstsein seines wahrscheinlichen
Eintrittes verursacht wurde.

Bei Verlustschäden, die durch Inventuren aufgedeckt werden, sind Minderbestände um etwaige Mehrbestände zu reduzieren.

Sollte bereits ein Schadensausgleich erfolgt sein, kann der Logistikunternehmer einen Erstattungsanspruch geltend machen, wenn er [binnen eines Zeit-
raums/binnen der Vertragslaufzeit] nachweist, dass die Minderbestände durch
Mehrbestände ausgeglichen werden.

b) Haftung bei Transporten

Bei Verlust, Zerstörung und Beschädigung von Transportgut haftet ggf. der 979
Logistikunternehmer, sofern er nicht nachweisen kann, dass der Schaden auf

Umständen beruht, die er auch bei größter Sorgfalt nicht vermeiden und deren Folgen er nicht abwenden konnte (§ 426 HGB).

980 Dies gilt nicht nur für den **vertraglichen Frachtführer**, sondern auch für den **ausführenden Frachtführer** (§ 437 HGB).

> *Zapp*, TranspR 2000, 106 ff.;
>
> *Ramming*, TranspR 2000, 277 ff.;
>
> *Knorre*, TranspR 1999, 99 f.

981 Außerdem kann er von der Haftung befreit sein, wenn der Schaden auf die vereinbarte Fahrzeugart, die ungenügende Verpackung, die Beschaffenheit des Gutes, die ungenügende Kennzeichnung oder die Beförderung lebender Tiere zurückzuführen ist (§ 427 HGB).

982 Gegenüber dem Lagerrecht gilt im Frachtrecht im Grundsatz ggf. eine **Beschränkung der Haftung** auf den Wert des Gutes (§ 429 HGB) und Schadensfeststellungskosten (§ 430 HGB).

983 Die Haftung ist nach dem deutschen Fracht- und Speditionsrecht im Handelsgesetzbuch zudem teilweise beschränkt auf 8,33 Rechnungseinheiten des Internationalen Währungsfonds pro Kilogramm des Gewichts der betroffenen Güter (§ 431 HGB). Dabei handelt es sich um eine Verrechnungswährung, deren Kurswert sich aus einer Mischung mehrerer Währungen ergibt. Der aktuelle Kurs ist jeweils abzufragen.

984 Die gewichtsbezogene Haftungshöchstgrenze basiert auf dem Umstand, wonach der Frachtführer und der Spediteur regelmäßig gewichtsbezogen vergütet wird.

985 Der deutsche Gesetzgeber hat den Vertragsparteien von Fracht- und Speditionsverträgen die Möglichkeit gegeben, die Haftungsfolgen für Transportschäden in seinem Umfang individuell zu vereinbaren. Einschränkungen bestehen allerdings u. a., sofern eine „nicht im Einzelnen ausgehandelte" Haftungsklausel verwendet wird. In diesem Fall kann eine Haftungssumme zwischen 2 und 40 Rechnungseinheiten des Internationalen Währungsfonds durch optische Hervorhebung vereinbart werden (§ 449 HGB). Zudem sieht § 449 HGB teils zwingendes Recht bei Verbraucherverträgen vor. Künftige Rechtsentwicklungen sind zu beachten.

986 Auch in ausgehandelten Haftungsklauseln ist gelegentlich eine Vereinbarung innerhalb der Marge nach § 449 Abs. 2 Satz 2 Nr. 1 HGB zu beobachten. Hier ist jedoch zu prüfen, ob der gewichtsbezogene Wert der betroffenen Güter oberhalb der gesetzlichen Haftungshöchstgrenze liegt und ob der volle Schadenausgleich eine entsprechend hohe Haftungshöchstgrenze erfordert (z. B. Mobiltelefone). Eine Anhebung der gesetzlich vorgesehenen Haftungshöchstgrenze ist eventuell nicht erforderlich, wenn der gewichtsbezogene Wert der Güter gering ist und die gesetzliche Haftungsregelung ohnehin zum vollen Schadensausgleich genügt (z. B. Kohle).

Hier liegt zugleich die Problematik der gesetzlichen Haftungshöchstgrenze, **987** denn diese ist **unabhängig vom tatsächlichen Wert der Güter** und setzt Logistikunternehmer, die höherwertige Güter transportieren, höheren Haftungsrisiken aus, als diejenigen, die minderwertige Güter transportieren, obwohl sich die geschuldete Logistikleistung nicht unterscheidet. Bei der Ausrichtung von Logistikunternehmen kann dies für den Logistikunternehmer Anlass sein, die Beförderung hochwertiger Güter zu meiden.

Bei **Überschreitung der Lieferfristen** kann die Haftung auf den dreifachen Be- **988** trag der Fracht, also der Transportvergütung, begrenzt sein (§ 431 Abs. 3 HGB).

Überdies sieht § 433 HGB ggf. eine **Begrenzung der Haftung auf das Drei- 989 fache** des Betrages, der bei Verlust des Gutes zu zahlen wäre, vor, wenn wegen der Verletzung einer mit der Ausführung der Beförderung zusammenhängenden vertraglichen Pflicht ein Schaden entsteht, der nicht durch Verlust, Beschädigung oder Lieferfristüberschreitung bedingt und weder Personen- noch Sachschaden ist. Da der Anwendungsbereich dieser Regelung im Hinblick auf die Auslegungsbedürftigkeit schwer abgrenzbar ist, sollte hierüber eine Verständigung stattfinden und die Anwendbarkeit von § 433 HGB bei sog. **reinen Vermögensschäden** konkretisiert werden.

Haftungshöchstgrenzen sind dem Transportrecht immanent und finden sich **990** auch in den internationalen Abkommen, wobei allerdings, abhängig vor allem vom eingesetzten Verkehrsmittel und dessen wirtschaftlicher Schutzwürdigkeit, die Höhe differiert.

Brinkmann, TranspR 2006, 146 ff.;

Haak, TranspR 2006, 325 ff.;

Kunz, TranspR 2006, 274 ff.

Betrachtet man die unterschiedlichen Verkehrsträger, so fällt auf, dass jeweils **991** unterschiedliche nationale und internationale Vorgaben besondere Beachtung verdienen.

Im Seetransportrecht finden sich diverse Abweichungen von den ansonsten **992** im Transportrecht geltenden Bestimmungen.

Referentenentwurf des Bundesministeriums der Justiz für ein Gesetz zur Reform des Seehandelsrechts, TranspR 2011, 249 ff.;

Czerwenka, TranspR 2011, 249 ff.;

Stellungnahme der DGTR zu dem Referentenentwurf für ein Gesetz zur Reform des Seehandelsrechts, TranspR 2011, 309 ff.;

Rabe, TranspR 2011, 323 ff.;

Trappe, TranspR 2011, 332 ff.;

Frantzioch, TranspR 2010, 8 ff.

Auf die Ausführungen von *Czerwenka* zu Haftungs- und Entschädigungsre- **993** gelungen in der Schifffahrt und die Harmonisierung durch Europarecht wird ebenfalls verwiesen.

Czerwenka, TranspR 2010, 165 ff.

994 Das Binnenschifffahrtsrecht umfasst seinerseits spezifische Regelungen, die eine Differenzierung nach Verkehrsträgern erfordern und die Komplexität von Logistikverträgen erhöhen. So gibt es beispielsweise Überlegungen zu einer etwaigen Verfassungswidrigkeit von Haftungsbeschränkungen im Binnenschifffahrtsrecht bei schuldhafter Schadensverursachung, was von *Manssen* aufgegriffen wird. Sie kommt zu dem Fazit, dass das Konzept der summenmäßigen Haftungsbeschränkung nach §§ 4 ff. BinSchG verfassungswidrig sei und ihrer Meinung nach offensichtlich gegen Art. 3 Abs. 1 GG verstoßen würde.

> *Manssen*, TranspR 2010, 140 ff.

995 Auch bei Eisenbahntransporten gibt es Besonderheiten.

> *Freise*, TranspR 2007, 45 ff.

996 Es hat sich angesichts dieser gesetzlichen Ausgangslage eine spezifische Rechtsprechung zur **Durchbrechung von Haftungshöchstgrenzen** im Logistikbereich entwickelt.

> *Pokrant*, TranspR 2011, 49 ff.;
>
> *Schriefers/Schlattmann*, TranspR 2011, 18 ff.;
>
> *Marx*, TranspR 2010, 174;
>
> *Thumes.*, TranspR 2010, 125 ff.;
>
> *ders.*, TranspR 2002, 1 ff.;
>
> *Grimme*, TranspR 2006, 339 ff.;
>
> *Herber*, TranspR 2004, 93 ff.;
>
> *Fremuth*, TranspR 2004, 99 ff.;
>
> *Heuer*, TranspR 2004, 114 ff.;
>
> *Werner*, TranspR 2003, 231 ff.;
>
> *Neumann*, TranspR 2002, 413 ff.;
>
> *Thume*, TranspR 2002, 1 ff.;
>
> *Gran*, NJW 2012, 34 ff.;
>
> *ders.*, NJOZ 2009;
>
> *ders.*, NJW 2007, 564 ff.;
>
> *ders.*, NJW 2004, 2064 ff.

997 Zu beachten ist vor diesem Hintergrund auch die Rechtsprechung zum **Mitverschulden** des Auftraggebers. Dieser liegt die Annahme zugrunde, wonach der Auftraggeber eines Transportunternehmens gehalten ist, das Schadensrisiko durch geeignete Maßnahmen zu reduzieren. Als solche Maßnahme kommen Hinweise auf den Wert des Gutes, Beauftragung des Transportunternehmers mit der Durchführung zusätzlicher Sicherheitsmaßnahmen oder das Unterlassen der weiteren Beauftragung des Transportunternehmers in Betracht.

> *Schmidt*, TranspR 2008, 299 ff. (hinsichtlich unterlassener Wertdeklaration);

Knorre, TranspR 2008, 162 ff. (hinsichtlich Grundsätze für Paketdienste und deren Anwendung auf Ladungsverkehre);

ders., TranspR 2007, 393 ff.;

Köper, TranspR 2007, 94 ff. (hinsichtlich der Beauftragung in Kenntnis fehlender Schnittstellenkontrollen);

Thume, TranspR 2006, 369 ff.;

ders., TranspR 1999, 85 ff.;

Gran, NJW 2007, 564 ff.;

ders., NJW 2004, 2064 ff.

In diesem Zusammenhang bestehen auch Vorgaben zu Haftbarhaltungen, **998** was bei Logistikverträgen bedacht werden kann.

Steinborn, TranspR 2011, 16 ff.

Die Rechtsprechung und die Gesetzeslage sollen an dieser Stelle nicht ver- **999** tieft betrachtet werden und bleiben den anderweitigen Ausführungen in diesem Buch vorbehalten. Entsprechende Kenntnisse sind aber nicht nur bei Rechtsstreitigkeiten, sondern auch bei der Vertragsgestaltung sehr hilfreich.

Die Haftung des Logistikunternehmers für Beschädigung und Verlust von Gütern und Lieferfristüberschreitung bei Transporten richtet sich nach den frachtrechtlichen Vorschriften.

Die Höchsthaftung des Logistikunternehmers ist allerdings entgegen den gesetzlichen Haftungshöchstgrenzen, soweit zulässig, beschränkt auf einen Betrag in Höhe von [Haftungshöchstbetrag pro Schadensereignis/Kalender- oder Vertragsjahr/Kilogramm des Sendungsgewichts].

Diese Haftungsbegrenzung gilt nicht, wenn ein Schaden durch den Logistikunternehmer leichtfertig und in dem Bewusstsein seines wahrscheinlichen Eintrittes verursacht wurde.

c) Haftung bei sonstigen Logistikleistungen

Schwierigkeiten bereitet die Gestaltung von Haftungsklauseln in Logistik- **1000** verträgen zudem im Hinblick darauf, dass Logistikunternehmer neben Lagerung, Spedition und Transport diverse zusätzliche Logistikleistungen erbringen. Hinsichtlich Verpackung, Kennzeichnung, Fertigung usw. sind die **besonderen Regelungen des Fracht- und Lagerrechts** teilweise nicht anwendbar, wobei aber Speditionsrecht greifen kann.

Ansonsten haftet der Logistikunternehmer bei solchen Tätigkeiten ggf. nach **1001**

- Werkvertragsrecht (§§ 631 ff. BGB),

- Dienstvertragsrecht (§§ 611 ff. BGB),

- Geschäftsbesorgungsrecht (§§ 675 ff. BGB), oder

- den allgemeinen schuldrechtlichen Haftungsregelungen (§§ 276 ff. BGB).

1002 Diese sehen vor, dass der Logistikunternehmer bei nicht widerlegtem Ver-
. schulden bzw. bei nachgewiesenem Verschulden den vollen, dadurch entstandenen Schaden auszugleichen haben kann (§ 280 BGB).

1003 Diese gesetzliche Ausgangslage sieht also keine Beschränkungen auf den
Wert der Güter oder auf die Höchstbeträge vor.

1004 Zu berücksichtigen ist ferner, dass diese sonstigen Logistikleistungen als der
Besorgung und Beförderung dienende speditionelle Tätigkeiten empfunden
werden können (§ 454 HGB). Dies gilt für vereinbarte auf die Beförderung
bezogene Leistungen, wie die Versicherung und Verpackung des Gutes, seine
Kennzeichnung und die Zollbehandlung (§ 454 Abs. 2 HGB). Dann würden
die Haftungsregelungen des **Speditionsrechts zur Anwendung** gelangen.

1005 De Abgrenzung von transportbezogenen und sonstigen Logistikleistungen
sind in der Praxis schwierig.

> Die Haftung des Logistikunternehmers für sonstige Schäden bei der Erbrin-
> gung von Logistikleistungen richtet sich nach gesetzlichen Vorgaben.

> Die Höchsthaftung des Logistikunternehmers ist allerdings, soweit rechtlich
> zulässig, beschränkt auf einen Betrag in Höhe von [Haftungshöchstbetrag pro
> Schadensereignis/Kalender- oder Vertragsjahr].

> Diese Haftungsbegrenzung gilt nicht, wenn ein Schaden durch den Logistik-
> unternehmer leichtfertig und in dem Bewusstsein seines wahrscheinlichen
> Eintrittes verursacht wurde.

27. Haftung des Auftraggebers

1006 Bei der Haftungsthematik ist auch zu bedenken, dass der Auftraggeber den
Logistikunternehmer schädigen kann. Er haftet dann grundsätzlich nach den
allgemeinen schuldrechtlichen Vorschriften, wonach ein vorsätzlich oder
fahrlässig dem Vertragspartner zugefügter Schaden zu ersetzen ist.

1007 Im deutschen **Transportrecht** ist die Haftung des Auftraggebers aber ggf.
beschränkt auf 8,33 Rechnungseinheiten des Internationalen Währungsfonds
pro Kilogramm des Gewichts der betroffenen Güter (§ 414 Abs. 1 HGB
i. V. m. § 431 Abs. 4 HGB). Künftige Rechtsanpassungen sind zu berücksichtigen.

1008 Sofern der Logistikunternehmer die Verpackung schuldet, kommt die gesetzlich vorgesehene Haftung des Auftraggebers bei Schädigung des Logistikunternehmers durch ungenügende Verpackung nicht in Betracht (§ 414 Abs. 1
Nr. 1 HGB) und sofern der Logistikunternehmer die Kennzeichnung schuldet, kommt die gesetzlich vorgesehene Haftung des Auftraggebers bei Schädigung des Logistikunternehmers durch ungenügende Kennzeichnung nicht
in Betracht (§ 414 Abs. 1 Nr. 1 HGB).

Die Haftung des Auftraggebers richtet sich nach den gesetzlichen Vorgaben.

Die Höchsthaftung des Auftraggebers ist allerdings, soweit rechtlich zulässig, beschränkt auf einen Betrag in Höhe von [Haftungshöchstbetrag pro Schadensereignis/Kalender- oder Vertragsjahr].

Diese Haftungsbegrenzung gilt nicht, wenn ein Schaden durch den Logistikunternehmer leichtfertig und in dem Bewusstsein seines wahrscheinlichen Eintrittes verursacht wurde.

28. Freistellung

Weil u. a. Logistikunternehmer oft auch Bereiche der Produktion von Waren oder der Endbearbeitung vor deren Auslieferung übernehmen (z. B. Montage von Fahrradteilen, Auffüllen von Chemikalien, Aufbügeln von Textilien, Reinigung von Fahrzeugen) kann es sein, dass durch diese Logistikleistungen Dritte geschädigt werden. **1009**

Der Logistikunternehmer haftet dann ggf. **gegenüber dem geschädigten Dritten** auf allgemeiner deliktsrechtlicher Grundlage (§§ 823 ff. BGB) oder bei Vorliegen eines Vertrags mit Schutzwirkung zugunsten Dritter bei entsprechender Anwendung des § 328 BGB, wenn der Dritte ersichtlich in den Schutzbereich des Logistikvertrages einbezogen ist. Des Weiteren ist eine Haftung nach **Produkthaftungsrecht** möglich, wobei sich Logistikunternehmen dieses Risikos häufig nicht bewusst sind. **1010**

Wird durch den Fehler eines Produkts jemand getötet, sein Körper oder seine Gesundheit verletzt oder eine Sache beschädigt, so ist demnach der Hersteller eines Produktes eventuell verpflichtet, dem Geschädigten den daraus entstandenen Schaden zu ersetzen (§ 1 ProdHaftG). Der Logistikunternehmer kann nach Ansicht von *Wieske*, abhängig von seinem Produktionsbetrag, **als Hersteller in diesem Sinne** angesehen werden, ggf. auch wenn er nur einen Grundstoff oder ein Teilprodukt hergestellt hat (§ 4 ProdHaftG). Logistikunternehmer müssen sich dieses Risikos insbesondere bewusst werden, wenn ihr Beitrag zum Endprodukt ein Produkthaftungsrisiko realistisch erscheinen lässt. Es bedarf vertiefter Betrachtung im Einzelfall. **1011**

> *Wieske*, TranspR 2002, 177 ff.

Darüber hinaus könnte man daran denken, dass eine Herstellereigenschaft des Logistikunternehmers ohne Montageleistungen entsteht. Demnach gilt als Hersteller ferner, wer ein Produkt zum Zweck des Verkaufs, der Vermietung oder einer anderen Form des Vertriebs mit wirtschaftlichem Zweck im Rahmen seiner geschäftlichen Tätigkeit in den Geltungsbereich des Abkommens über den Europäischen Wirtschaftsraum einführt oder verbringt. Ob die entsprechende Regelung durch Verwendung des Begriffes „verbringt" allerdings derart weit Anwendung finden kann, dass sie bereits die schlichte grenzüberschreitende Beförderung von Gütern für den Auftraggeber umfasst, ist umstritten. **1012**

> *Koller*, TranspR 2004, Sonderbeilage zu Heft 3-2004, XXIII ff.

1013 Ebenso möglich ist eine Haftung des Logistikunternehmers gegenüber Dritten für **Umweltschäden.**

1014 Unabhängig davon, welche Rechtsgrundlage Dritte in Bezug nehmen, um den Logistikunternehmer haftbar zu halten, kann diese Haftbarhaltung durch den Logistikvertrag grundsätzlich nicht verhindert werden. Da der jeweils Dritte nicht Vertragspartei ist, scheitert generell jede Regelung, durch die seine Rechte eingeschränkt werden sollen, an dem Verbot des Vertrages zu Lasten Dritter.

1015 Dem Logistikunternehmer bleibt aber die Möglichkeit, mit dem Auftraggeber zu vereinbaren, dass dieser ihn vor der Haftung gegenüber Dritten bewahrt. Hierzu kann ein **Freistellungsanspruch** vereinbart werden. Bei Vorliegen der Voraussetzungen muss dann der Auftraggeber den Logistikunternehmer in Höhe der Haftung gegenüber den Dritten freistellen, also die Schadensersatzforderung ausgleichen.

1016 Ein solcher Freistellungsanspruch wird insbesondere dort angebracht sein, wo der Logistikunternehmer kein Fehlverhalten an den Tag gelegt hat, sondern nur durch weitgehende Haftungsregelungen, zum Bespiel des Produkt- und Umwelthaftungsrechts, verantwortlich gehalten wird. Weil die Verantwortlichkeit für das Produkt bei dem tatsächlichen Produzenten, der das Produkt konzipiert und dessen Hauptfertigung durchgeführt hat, verbleiben soll, empfiehlt sich dort eine Risikoverteilung durch die Freistellungsklausel.

1017 Die allgemein angeregte Freistellungsklausel erleichtert daher lediglich den internen Ausgleich durch Präzisierung der jeweiligen Verantwortlichkeiten. Sie sollte, je nach der Beteiligung des Logistikunternehmers an dem Produkt, sachverhaltsbezogen gestaltet werden.

1018 Für den Logistikunternehmer stellt eine solche Freistellungsklausel aber keine uneingeschränkte Erleichterung dar, denn **im Fall der Insolvenz** des Auftraggebers kann sie für ihn wertlos sein und ein Ausgleich von Forderungen geschädigter Dritter ist dann grundsätzlich nicht mehr möglich.

Aus Sicht des Auftraggebers kann eine Freistellungsklausel ebenfalls Sinn machen, beispielsweise, wenn sie den Logistikunternehmer zur Freistellung verpflichtet, falls der Auftragnehmer in Anspruch genommen wird.

1019 Auch ein **Ausschluss der Freistellung für** vom Logistikunternehmer **vorsätzlich oder fahrlässig herbeigeführte Schäden** bei Dritten kann für den Auftraggeber wünschenswert sein.

> Der Auftraggeber wird den Logistikunternehmer unverzüglich von sämtlichen Schadensersatzansprüchen Dritter freistellen, soweit sie auf einer Sorgfaltspflichtverletzung des Auftraggebers beruhen.

29. Vertragsstrafe

Der Gesetzgeber hat Vertragsparteien die Möglichkeit zugestanden, eine Vertragsstrafe für den Fall, in dem eine Leistung nicht (§ 339 BGB) oder nicht ordnungsgemäß (§ 341 Abs. 1 BGB) erbracht wird, zu vereinbaren. **1020**

Der Auftraggeber kann auf dieser Grundlage von dem Logistikunternehmer eine Vertragsstrafe verlangen, die dann **unabhängig von** dem Malus der **Vergütungskürzung oder konkreten Schadensersatzforderungen** einen finanziellen Nachteil beim Logistikunternehmer auslöst. Im schlimmsten Fall bedeutet dies für den Logistikunternehmer, dass er nicht lediglich seine Vergütung einbüßt, sondern, auch ohne nachweisbaren Schaden des Auftraggebers, „draufzahlt". **1021**

Vertragsstrafen, auch in Form von pauschalierten Schadensersatzansprüchen, sind bei Logistikverträgen nicht besonders verbreitet, da sie **kaum versicherbar** und damit schwer verhandelbar sind. Dessen ungeachtet kann grundsätzlich eine entsprechende Vereinbarung zugunsten des Auftraggebers und zur Sicherung des Leistungsniveaus verhandelt werden, sofern dem bei entsprechender Verwendung allgemeines AGB-Recht oder sonstiges Recht nicht entgegensteht. **1022**

Die Androhung von Vertragsstrafen kann für den Auftraggeber ein sehr wirksames Instrument im Rahmen von Vertragsverhandlungen sein. Zieht der Auftraggeber seine Forderung nach einer entsprechenden Klausel, die faktisch ohnehin schwer durchsetzbar gewesen wäre, zurück, so kann er auf ein stärkeres Entgegenkommen seines Gegenübers bei anderen kritischen Punkten hoffen. **1023**

Bei Akzeptanz einer Vertragsstrafe durch den Logistikunternehmer ist zu beachten, dass diese nicht **unverhältnismäßig hoch** sein darf. Andernfalls kann sie durch eine gerichtliche Entscheidung herabgesetzt werden (§ 343 Abs. 1 BGB). Diese Rechtsgrundlage gilt allerdings gemäß § 348 HGB grundsätzlich nicht bei Abreden im Handelsgewerbe, so dass dort eine Kontrolle unmittelbar aus dem Gebot von Treu und Glauben abgeleitet werden muss (§ 242 BGB). **1024**

Zusätzlich kann bei einer formularmäßigen Vereinbarung § 307 Abs. 1 BGB einschlägig sein, der ebenfalls eine unangemessene Benachteiligung untersagt. Es empfiehlt sich daher immer, die Höhe der in Aussicht gestellten Vertragsstrafe unter Berücksichtigung der genannten Vorschriften zu prüfen. Andernfalls entfaltet sie eventuell keine Wirkung. **1025**

Wann die Zulässigkeitsgrenze überschritten ist, steht allerdings in Abhängigkeit von derart vielen Faktoren, dass jede **Prognose über die Angemessenheit** einer Vertragsstrafe äußerst risikobehaftet ist. **1026**

Der Logistikunternehmer verpflichtet sich, bei folgenden Verstößen gegen die Verpflichtungen aus diesem Vertrag eine Vertragsstrafe zu entrichten: [Vorgaben].

Die Höhe der Vertragsstrafe berechnet sich wie folgt: [Berechnungsgrundlage].

30. Versicherung

1027 Bei der Gestaltung von Logistikverträgen sollten die künftigen Vertragsparteien im Zusammenhang mit der Regelung von Haftung, Freistellung und Vertragsstrafe auch die Möglichkeiten der Versicherung besprechen und erforderlichenfalls Versicherungen einbinden.

1028 Allzu oft werden die Bereiche zu sehr vermengt. Um dies zu vermeiden, ist der Grundsatz zu beherzigen, wonach Haftung den Ersatz von Schäden durch den Schädiger und Versicherung den Ersatz von Schäden durch einen Dritten, den Versicherer, darstellt. Zweck der Versicherung ist es, die Schadensrisiken auf die Gemeinschaft der Versicherten zu verlagern und damit das individuelle Schadensrisiko kalkulierbarer zu machen.

1029 Die **Versicherungsmöglichkeiten** im Logistikbereich sind vielfältig.

> *Thume*, TranspR 2006, 1 ff.;
>
> *Heuer*, TranspR 2006, 22 ff.;
>
> *Freise*, TranspR 2006, 45 ff.;
>
> *Müller-Rostin*, TranspR 2006, 49 ff.;
>
> *Schwampe*, TranspR 2006, 55 ff.;
>
> *Abele*, TranspR 2006, 62 ff.

1030 Ein Überblick über die Versicherung in der Kontraktlogistik wird von *Krins* vorgenommen.

> *Krins*, TranspR 2007, 269 ff.

Grundlegend zu unterscheiden ist ferner zwischen der Versicherung des Auftraggebers einerseits und der Versicherung des Logistikunternehmers andererseits.

> *Abele*, TranspR 2005, 383 ff.;
>
> *ders.*, TranspR 2004, 152;
>
> *Häusser/Abele*, TranspR 2003, 8 ff.

1031 Der **Auftraggeber** hat die Möglichkeit, eine Versicherung einzudecken, die dann Wirkung entfaltet, wenn seine Güter zu Schaden kommen. Dies empfiehlt sich insbesondere bei sog. Elementarrisiken, also u. a. bei der Gefahr der Beschädigung und Zerstörung von Gütern durch Feuer und Löschwasser.

1032 Zudem decken Verlader häufig bei Transportversicherern Versicherungsschutz im Hinblick auf das Risiko von Transportschäden ein.

> *Ehlers*, TranspR 2006, 7 ff.

Hervorzuheben ist diesbezüglich, dass die Versicherungswirtschaft aktualisierte Versicherungsbedingungen ausgearbeitet hat, die, unabhängig von der Art des jeweils verwendeten Transportmittels, derartigen Versicherungsverträgen zugrunde gelegt werden können.

Es handelt sich dabei um die **Güterversicherungsbedingungen** DTV-Güter 2000/2011. Diese gehen auf eine Initiative des Fachbereiches Transportversicherung im Gesamtverband der deutschen Versicherungswirtschaft e. V. (GDV) zurück. **1033**

Die Bedingungen sind geschaffen worden, um die zuvor in diesem Bereich der Versicherungswirtschaft verwendeten Besonderen Bedingungen für die Güterversicherung (ADS Güterversicherung 1973 in der Fassung von 1994) sowie die Allgemeinen Deutschen Seeversicherungsbedingungen (ADS 1919) abzulösen. Sie ermöglichen es dem Industrie- und Handelsunternehmen, welches Versicherungsschutz hinsichtlich der Schadensrisiken bei Transporten sucht, den Versicherungsumfang grundsätzlich zu wählen. **1034**

Im gewerblichen Straßengüterverkehr bietet der Versicherungsmarkt Möglichkeiten des Versicherungsschutzes. **1035**

Heuer, TranspR 2006, 22 ff.

Versicherungen des gewerblichen Luftverkehrs weisen ebenfalls Spezifika im Hinblick auf diesen Verkehrsträger auf. **1036**

Müller-Rostin, TranspR 2006, 49 ff.

Die gewerbliche Seeschifffahrt hat ihrerseits spezifische Versicherungen. **1037**

Schwampe, TranspR 2006, 55 ff.

Mittlerweile sind die Allgemeinen Deutschen Seeschiffsversicherungsbedingungen 2009 (DTV-ADS 2009) zu erwähnen. **1038**

Gerhard, TranspR 2011, 67 ff.

Hinsichtlich der Binnenschifffahrt seien die AVB Flusskasko 2008 erwähnt. **1039**

Bremke/Gerhard, TranspR 2008, 297 ff.

Spezielle Versicherungen bestehen im gewerblichen Eisenbahnverkehr. **1040**

Freise, TranspR 2006, 45 ff.

Auswirkungen auf die Transportversicherungssparten hatte die Reform des deutschen Versicherungsvertragsrechts. **1041**

Schleif, TranspR 2009, 18 ff.;

Flach, TranspR 2008, 56 ff.;

Ehlers, TranspR 2007, 5 ff.;

Richartz, TranspR 2007, 300 ff. (zum Seeversicherungsrecht).

1042 Inhaltlich basieren die Versicherungsbedingungen ggf. auf dem Grundsatz der Universalität der Gefahren. Der Versicherer trägt deshalb grundsätzlich alle Gefahren, denen die Güter während der Dauer der Versicherung ausgesetzt sind. Ausgenommen davon werden die **nicht versicherten Gefahren**, die in einem Ausschlusskatalog aufgelistet sind.

> *Gehrhard*, TranspR 2011, 67 ff.;
>
> *Ehlers*, TranspR 2000, 11 ff.

1043 Liegen dem Logistikvertrag sog. Valoren – also typischerweise besonders wertvolle Güter – zugrunde, können die AVB Valoren-Transportversicherung Relevanz entfalten.

> BGH, TranspR 2012, 39 ff.;
>
> BGH, TranspR 2011, 270 ff.

1044 Speziell ist die Versicherung von Geldtransporten.

> *Thume*, TranspR 2010, 362 ff.

1045 Ebenfalls mit einem Sonderbereich befasst sich die Nebeninteressenfrachtausfallversicherung.

> *Nintemann*, TranspR 2009, 70 ff.

1046 Diese Versicherung des Auftraggebers muss grundsätzlich in dem Logistikvertrag keine ausdrückliche Erwähnung finden, sollte aber in die Vertragsverhandlungen einfließen. Wenn der Auftraggeber bereits über Versicherungsschutz verfügt, sollte er nämlich mit dem Versicherer klären, ob dieser individuelle Haftungsregelungen akzeptiert.

1047 Andernfalls kann beispielsweise bei der Vereinbarung von **Haftungshöchstgrenzen** mit dem Logistikunternehmer der Versicherer unter Umständen seine Versicherungsdeckungspflicht im Versicherungsfall mit der Begründung ablehnen, dass seine **Regressmöglichkeiten** eingeschränkt sind. Die Regressmöglichkeiten stehen ihm nach dem Gesetz zu, sobald er im Rahmen von Versicherungsschutz seine Versicherungsleistung erbracht hat, denn dadurch entsteht grundsätzlich ein gesetzlicher Forderungsübergang (§ 67 VVG a. F.; § 86 VVG n. F.).

1048 Bei der Regressführung des Transportversicherers kann das Quotenvorrecht eine Rolle spielen.

> *Bodis*, TranspR 2008, 1 ff.

1049 Wenn beispielsweise der Versicherer des Auftraggebers einen Brandschaden ausgleicht und Anhaltspunkte vorliegen, wonach der Brand in der Lagerhalle durch unzulängliche Feuersicherungsmaßnahmen ausgelöst wurde, wird er versuchen, den Logistikunternehmer dafür verantwortlich zu halten.

1050 Diese Regressmöglichkeit von Versicherungen ist zugleich der Grund, weshalb ein Logistikunternehmer nicht darauf vertrauen kann, dass seine Haftungsrisiken bei bestehender Versicherung des Auftraggebers gemindert sind. Im Schadensfall kann ggf. der Versicherer bzw. können die Versicherer diejenige Schadensersatzforderung gegen den Logistikunternehmer geltend machen, die grundsätzlich dem Auftraggeber zusteht.

Im Ergebnis läuft der Logistikunternehmer sogar Gefahr, dass der Versiche- **1051** rer weniger Rücksicht auf kommerzielle Erwägungen als der Auftraggeber nimmt und die Schadensersatzforderung konsequenter durchsetzt. Diese Möglichkeit kann dem Versicherer nicht durch den Logistikvertrag genommen werden, weil es sich dann um einen unzulässigen Vertrag zu Lasten Dritter handeln kann.

Denkbar ist, den Versicherer mit an den Verhandlungstisch zu holen und **1052** dessen Zustimmung zu einem **Regressverzicht** zu erlangen. Eine solche Zustimmung ist jedoch regelmäßig mit höheren Versicherungsprämien verbunden, weil der Versicherer dadurch die Möglichkeit zum Schadensausgleich aufgibt.

Strikt zu unterscheiden ist der vorab dargestellte Versicherungsschutz des **1053** Auftraggebers vom Versicherungsschutz des Logistikunternehmers.

Der **Versicherungsschutz des Logistikunternehmers** muss im Logistikver- **1054** trag ebenfalls nicht dargestellt sein. Der Logistikunternehmer kann aber vom Auftraggeber verpflichtet werden, seine Haftungsrisiken durch eine ausreichende Haftpflichtversicherung abzusichern, insbesondere damit ein Schadensfall nicht zu Liquiditätsproblemen führt.

Ferner ist die **Verkehrshaftungsversicherung** von Interesse, wobei eine Ver- **1055** sicherungsabstimmung erforderlich sein kann.

> *Abele*, TranspR 2009, 60 ff.;
> *ders.*, TranspR 2006, 62 ff.

Dabei ergeben sich versicherungsrechtlich Abgrenzungsthemen, beispiels- **1056** weise hinsichtlich des Begriffs „Großrisiko".

> *Heuer*, TranspR 2007, 55 f.

Mit einer Verpflichtung zum **Nachweis** der bestehenden Versicherung kann **1057** der Auftraggeber den Umfang des Versicherungsschutzes überprüfen und mittels einer zusätzlichen Klausel verhindern, dass sich während der Vertragslaufzeit Änderungen ohne Kenntnis des Auftraggebers vollziehen.

Durch diese gängige Verpflichtung des Logistikunternehmers zur Ein- **1058** deckung mit Versicherungsschutz entstehen allerdings Probleme, weil Logistikunternehmer am Markt teilweise nicht denjenigen Versicherungsschutz erhalten, der alle denkbaren Haftungsrisiken uneingeschränkt abdeckt. Sie stehen damit vor dem Problem, Schadensrisiken nicht verlagern und nicht kalkulieren zu können. Die Bereitschaft von Logistikunternehmern, hohe

Haftungsrisiken ohne Versicherungsschutz einzugehen, ist beschränkt und kann zum Scheitern der Vertragsverhandlungen führen.

1059 Bis zu welchem Maß ein Logistikunternehmer in Kenntnis fehlenden Versicherungsschutzes Haftungsrisiken zu übernehmen bereit ist, hängt vom Einzelfall, also insbesondere der Finanzlage des Logistikunternehmers, der Wirtschaftlichkeit des Logistikvertrages und der Schadensrisikoanalyse ab.

1060 Im **Bereich der Lagerung** ist der Lagerhalter außerdem gesetzlich verpflichtet, das Gut auf Verlangen des Einlagerers zu versichern (§ 472 HGB).

1061 Zu beachten ist diesbezüglich, dass der Gesetzgeber in verschiedenen Bereichen der Logistikbranche **Pflichtversicherungen** vorgesehen hat.

Reiff, TranspR 2006, 15 ff.

1062 Das Güterkraftverkehrsgesetz sieht eine Pflichtversicherung in § 7a GüKG für die Durchführung von Straßentransporten vor. *Knorre* beschreibt dessen Auswirkungen auf die Verkehrshaftungsversicherung.

Knorre, TranspR 2006, 228 ff.

1063 Vorgaben bestehen darüber hinaus beispielsweise im Luftfrachtrecht (z. B. Art. 50 MÜ).

Heuer, TranspR 2004, 454 ff.;

Knorre, TranspR 2004, Sonderbeilage zu Heft 3-2004, XXI ff.

1064 Neben der Versicherung des Auftraggebers und der Versicherung des Logistikunternehmers ist aber auch daran zu denken, dass beide durch ein einheitliches Versicherungsprodukt versichert werden können.

1065 Durch die **Allgemeinen Deutschen Spediteurbedingungen** (ADSp), die vor 2003 die Mindestbedingungen für die Speditionsversicherung im Anhang hatten, kam es früher häufig zum Abschluss einer solchen **kombinierten Versicherung** durch den Logistikunternehmer, die dem Auftraggeber einen Direktanspruch gegenüber dem Versicherer grundsätzlich einräumte und zugleich die Haftungsrisiken des Logistikunternehmers umfasste.

Bracker, TranspR 1998, 450 ff.

1066 Der Logistikunternehmer, insbesondere in Gestalt des „klassischen Spediteurs" sorgte automatisch für die Eindeckung mit dem kombinierten Versicherungsschutz, falls nicht etwas davon Abweichendes mit dem Auftraggeber vereinbart wurde.

1067 Wollte der Auftraggeber diese automatische und für ihn Zusatzkosten auslösende Eindeckung mit Versicherungsschutz verhindern, so erklärte er sich bei Auftragserteilung zum sog. Verzichtskunden oder, wie es früher in den ADSp hieß, zum sog. Verbotskunden. Da der entsprechende Versicherungsschutz am Versicherungsmarkt so **nicht mehr angeboten** wird, ist dieses Modell der Haftungsersetzung durch Versicherung grundsätzlich obsolet. Es empfiehlt sich allerdings, ungeachtet der Reform der ADSp im Jahre 2003, ein Hinweis, wonach ggf. keine Eindeckung von Versicherungsschutz durch den Auftragnehmer gewünscht wird.

Gestaltungsspielraum besteht beim Versicherungsthema auch hinsichtlich **1068** der **Übernahme von Versicherungsprämien**, etwa durch höhere Vergütung. Dies kann interessengerecht sein, wenn der Auftraggeber durch seinen spezifischen Bedarf, etwa Logistikleistungen in Verbindung mit sehr leicht verderblichen Waren, übermäßige Schadensrisiken beim Logistikunternehmer schafft.

> Der Logistikunternehmer ist verpflichtet, sich für die Schadensrisiken aus sämtlichen Logistikleistungen auf Grundlage dieses Logistikvertrages bei [Versicherungsgesellschaft] mit geeignetem Haftpflichtversicherungsschutz einzudecken und für die Vertragslaufzeit aufrechtzuhalten, der sich an den am Versicherungsmarkt erhältlichen Produkten zu orientieren hat.
>
> Auf entsprechendes Verlangen des Auftraggebers wird der Logistikunternehmer den Abschluss der erforderlichen Haftpflichtversicherung nachweisen.
>
> Der Logistikunternehmer wird den Auftraggeber unaufgefordert über jede Änderung der Haftpflichtversicherung in Kenntnis setzen.
>
> Der Auftraggeber wünscht keine Eindeckung mit eigenem Versicherungsschutz durch den Logistikunternehmer.

31. Vertragslaufzeit

Der Logistikvertrag bildet typischerweise als Dauerschuldverhältnis die zeit- **1069** lich festgelegte Hülle für die erteilten Einzelaufträge. Seine Laufzeit hat zentrale Bedeutung für seinen wirtschaftlichen Nutzen. Sie ist deshalb oftmals Gegenstand unterschiedlicher Verhandlungspositionen.

Bei der Klauselgestaltung ist zunächst der **Beginn** der Vertragslaufzeit fest- **1070** zulegen. Er kann kalendermäßig bestimmt werden oder von der Unterzeichnung des Logistikvertrages abhängen. Möglich ist grundsätzlich auch, den Beginn der Vertragslaufzeit auf ein Datum vor der Vertragsunterzeichnung zu vereinbaren, damit der Logistikvertrag rückwirkend Rechtsfolgen auslösen kann. Dies kann insbesondere interessengerecht sein, wenn, wie es häufig zu beobachten ist, die Logistikleistungen bereits erbracht werden, bevor eine vertragliche Übereinkunft erzielt werden kann.

Bei der **Bestimmung der Vertragslaufzeit** ist das Interesse des Logistikun- **1071** ternehmers grundsätzlich auf eine langfristige vertragliche Absicherung der Zusammenarbeit gerichtet, da ihm dies eine verlässliche Personal- und Kostenplanung ermöglicht. Das Risiko, mehr und mehr in wirtschaftliche Abhängigkeit zu geraten und andere Aufträge nicht annehmen zu können, muss dabei regelmäßig in Kauf genommen werden und ist auch eher hinnehmbar, wenn die Zusammenarbeit unter kommerziellen Gesichtspunkten attraktiv ist.

1072 Das Interesse an langfristiger Zusammenarbeit besteht regelmäßig ebenso beim Auftraggeber. Dieser läuft allerdings Gefahr, bei vertraglicher Bindung an einen Logistikunternehmer kostengünstigere Wettbewerber über geraume Zeit nicht nutzen zu können. Die Sorge, zu sehr in Abhängigkeit zu geraten, ist beim Auftraggeber, der für die Versorgungssicherheit verantwortlich ist, meistens stark ausgeprägt. Deshalb verlangen Auftraggeber bisweilen kürzere Laufzeiten, als sie von den Logistikunternehmern angeboten werden.

1073 Hierbei sind diverse unterschiedliche Laufzeitregelungen zu beobachten, Logistikverträge mit einer Laufzeit von vielen Jahren sind jedoch tendenziell weniger häufig, sofern nicht Investitionen, die der Logistikunternehmer amortisieren möchte, eine längere Vertragslaufzeit erfordern.

1074 Bei der Wahl der Vertragslaufzeit sind neben den kommerziellen Interessen der Vertragsparteien **kartellrechtliche Überlegungen** angebracht. Bei derartigen Vertragsbindungen ist nämlich, insbesondere in Verbindung mit einer Exklusivitätsklausel, eine unzulässige Marktbeeinträchtigung denkbar und Wettbewerber könnten Anstoß daran nehmen, dass sie bei langfristiger Bindung von potentiellen Auftraggebern durch andere Logistikunternehmer beeinträchtigt werden.

1075 Ob kartellrechtliche Bedenken bei der Laufzeit begründet sind, richtet sich ggf. grundsätzlich nach dem Gesetz gegen Wettbewerbsbeschränkungen (GWB) und EU-Recht sowie auch nach der sog. Gruppenfreistellungsverordnung, die für derartige vertikale Marktbindungen einschlägig ist. Überdies sind im Einzelfall wettbewerbsrechtliche Aspekte möglicherweise relevant.

1076 Die Bestimmung des jeweils relevanten Marktes bei Logistikleistungen und die marktbeherrschende Stellung durch einen Logistikrahmenvertrag ist stets anhand sämtlicher Anhaltspunkte des konkreten Einzelfalles zu ermitteln und sollte bei bestehendem Risiko dazu führen, dass eine zweifellos zulässige Vertragslaufzeit vorgezogen wird.

1077 In der Laufzeitklausel kann außerdem die Möglichkeit der **Vertragsverlängerung**, ggf. in abgestuften Abschnitten, und eine dem Auftraggeber zustehende, einseitige Verlängerungsoption, bezogen auf einen bestimmten Zeitraum, geregelt werden. Hierbei ist zu entscheiden, ob sich der Vertrag automatisch verlängern soll, wenn eine Kündigung ausbleibt. Diese sog. **Evergreen-Klausel** kann allerdings aus kartellrechtlichen Erwägungen heraus problematisch sein und sie birgt die Gefahr, dass sich die Vertragslaufzeit ungewollt verlängert, falls die Kündigungserforderlichkeit übersehen wird.

1078 Andererseits kann, um gegenseitig Vertrauen zu fördern, durch eine rechtlich unverbindliche Formulierung zum Ausdruck gebracht werden, dass die Vertragsparteien grundsätzlich an einer weiteren Zusammenarbeit interessiert sind. Dies wird häufig vom Logistikunternehmer gewünscht, wenn seinerseits Investitionen erforderlich sind und der Kreditgeber, Gesellschafter oder beteiligte Investoren von der langfristigen Zusammenarbeit und der sich daraus ergebenden Amortisierung von Kosten überzeugen möchte.

Neben kartellrechtlichen Bedenken sollten die künftigen Vertragsparteien 1079 beachten, dass eine sehr lange Vertragslaufzeit unzulässig sein kann. Die Rechtsprechung hat es als **sittenwidrig** i. S. v. § 138 BGB empfunden, wenn sich dadurch, insbesondere bei damit einhergehendem Ausschluss von Kündigungsmöglichkeiten, eine Vertragspartei in ihrer wirtschaftlichen Handlungsfreiheit unangemessen bindet. Längere Bindungen könnten dabei durch die Rechtsprechung auf das angemessene Maß zurückgeführt, sofern der Vertrag dann noch interessengerecht erscheint.

Bedenken können sich bei solchen Rahmenvereinbarungen ergeben, die auf 1080 Grund einer extrem langen Laufzeit, verbunden mit dem vollständigen Fehlen jeglicher Aufhebungs- oder Anpassungsmöglichkeiten, als **Knebelungsverträge** einzustufen sind.

Die Vertragslaufzeit kann übrigens auch durch sog. aufschiebende und auflö- 1081 sende Bedingungen modifiziert werden und danach beispielsweise in Abhängigkeit von äußeren Umständen unterschiedlich ausgestaltet sein.

> Dieser Logistikvertrag beginnt am [Datum] und hat eine Grundlaufzeit bis zum [Datum].

> Nach Ablauf der Grundlaufzeit verlängert sich dieser Logistikvertrag um eine Verlängerungslaufzeit bis zum [Datum].

> Bei Vertragsunterzeichnung gehen beide Vertragsparteien ohne eine rechtliche Verbindlichkeit davon aus, dass eine längere Laufzeit wünschenswert ist.

32. Kündigung

Basierend auf der Laufzeitregelung sollte eine Übereinkunft zu den Kündi- 1082 gungsmöglichkeiten getroffen werden, wobei zwischen

- der ordentlichen Kündigung, die ohne das Vorliegen eines Kündigungsgrundes möglich ist, und

- der außerordentlichen Kündigung, die einen wichtigen Kündigungsgrund voraussetzt, zu unterscheiden ist.

Die Diskussion über Kündigungsmöglichkeiten erweist sich als ein weiteres 1083 Kernproblem bei der Gestaltung von Logistikverträgen.

Sofern bei dem Logistikvertrag eine zulässige verbindliche **Grundlaufzeit** 1084 vereinbart wird, scheidet eine ordentliche Kündigung des Logistikvertrages binnen dieses Zeitraums grundsätzlich aus.

1085 Wenn der Vertrag keine bestimmte Vertragslaufzeit hat, sondern grundsätzlich unbegrenzt läuft, ist es sinnvoll, das Recht zur ordentlichen Kündigung ausdrücklich zu vereinbaren, um eine Beendigung herbeizuführen.

1086 Das Recht zur ordentlichen Kündigung des Logistikvertrages sollte jedenfalls vereinbart werden, wenn sich die Vertragsparteien für eine Verlängerungsoption bei der Laufzeitklausel entscheiden, denn dann sollte die Möglichkeit geschaffen werden, durch Kündigung die Verlängerung zu verhindern.

1087 In Ergänzung zu dem nachstehenden Formulierungsvorschlag kann eine Möglichkeit zur ordentlichen Kündigung während einer sog. **Probelaufzeit**, also während der Anfangsphase der Zusammenarbeit vereinbart werden. Dies gibt zwar dem Auftraggeber die Möglichkeit, bereits bei anfänglicher Unzufriedenheit die Vertragsbeendigung herbeizuführen, ist aber aus Sicht des Logistikunternehmers regelmäßig nicht akzeptabel.

1088 Bei der Kündigungsfrist besteht entweder die Möglichkeit, sie ab dem Zeitpunkt des Zuganges der Kündigungserklärung oder erst bei zusätzlichen Zeitvorgaben wirksam werden zu lassen, also etwa zum Monatsende, zum Jahresende oder zum Quartalsende.

1089 Nach dem Gesetz kann nämlich jeder Vertragsteil ein Dauerschuldverhältnis aus wichtigem Grund ohne Einhaltung einer Kündigungsfrist kündigen. Ein wichtiger Grund liegt demnach vor, wenn dem kündigenden Teil unter Berücksichtigung aller Umstände des Einzelfalls und unter Abwägung der beiderseitigen Interessen die Fortsetzung des Vertragsverhältnisses bis zur vereinbarten Beendigung oder bis zum Ablauf einer Kündigungsfrist nicht zugemutet werden kann (§ 314 BGB).

1090 Dieses Kündigungsrecht wird jedoch insoweit eingeschränkt, als es erst nach erfolglosem Ablauf einer zur Abhilfe bestimmten **Frist** oder nach **erfolgloser Abmahnung** entsteht, wenn der wichtige Grund in einer Vertragsverletzung zu sehen ist (§ 314 Abs. 2 BGB). Die Fristsetzung kann aber entberhlich sein, wenn die geschuldete Leistung ernsthaft und endgültig verweigert wird, durch Zeitablauf nicht mehr erbracht werden kann oder bei besonderen Umständen (§ 323 Abs. 2 BGB).

1091 Bereits die Formulierung des Gesetzes, die notgedrungen sehr allgemein bleiben muss, zeigt das Konfliktpotenzial, denn was „zumutbar" ist, wird sich im Vorfeld kaum zuverlässig festlegen lassen. Entsprechend dem sachverhaltsbezogenen Bedarf sollte deshalb, soweit verhandelbar, hier eine interessengerechte Risikoverteilung vereinbart werden, die Auslegungsspielräume beseitigt. Die künftigen Vertragsparteien des Logistikvertrages können dafür die beim Logistikvertrag denkbaren Probleme herausarbeiten und im Rahmen der Vertragsverhandlungen eine Kündigungsmöglichkeit, einschließlich einer etwaigen Kündigungsfrist, präzisieren. Auch zur Erforderlichkeit einer Abmahnung und Fristsetzung kann durch den Logistikvertrag mittels Vorgaben Klarheit geschaffen werden.

Regelmäßig werden Kündigungsrechte für den Fall von gesellschaftsrecht- **1092** lichen Veränderungen der Beteiligungsstruktur des Logistikunternehmers oder des Auftraggebers vereinbart (**Change of Control**), die teilweise sehr weitreichend sind. Dabei ist zu bedenken, dass dies für potentielle Investoren ein Hindernis bei einer etwaigen Beteiligung oder Übernahme des Logistikunternehmers oder des Auftraggebers sein kann, denn der Fortbestand der Vertragsbeziehung ist dadurch unsicher. Oft geht aber das Interesse der Vertragsparteien an derartigen Klauseln nicht allzu weit und es sollte deshalb überlegt werden, in welchem Umfang eine Beeinträchtigung des Vertragspartners sowie seines Gesellschafters oder seiner Gesellschafter tatsächlich erforderlich ist. Einen Kompromiss kann es diesbezüglich darstellen, wenn lediglich die Beteiligung eines eigenen Konkurrenten als Gesellschafter des Vertragspartners verhindert werden soll.

Im Zusammenhang mit der Kündigung des Logistikvertrages sollten die **1093** künftigen Vertragsparteien außerdem beachten, dass die Kündigungserklärung für ihre Wirksamkeit einem **Formzwang** unterworfen werden kann.

Außerdem ist eine Kündigung aus wichtigem Grund grundsätzlich nur inner- **1094** halb einer angemessenen Frist ab dem **Zeitpunkt der Kenntniserlangung** vom Kündigungsgrund möglich (§ 314 Abs. 3 BGB).

Überdenken sollten die künftigen Vertragsparteien des Logistikvertrages im **1095** Übrigen die Möglichkeit einer **Teilkündigung**, die nach der Rechtsprechung grundsätzlich nur besteht, wenn sie durch eine vertragliche Vereinbarung vorgesehen ist. Die Kündigung könnte dadurch auf einzelne Logistikleistungen oder sonstige abgrenzbare Bereiche, beispielsweise Standorte oder Güter, beschränkt werden. Dies ist bei Logistikverträgen besonders dann ratsam, wenn beide Vertragsparteien daran interessiert sind, die Zusammenarbeit ggf. zwar einzuschränken, aber nicht zwangsläufig insgesamt zu beenden.

Der Vollständigkeit halber muss aber noch erwähnt werden, dass neben der **1096** einseitigen Kündigungsmöglichkeit beide Vertragsparteien grundsätzlich jederzeit **einvernehmlich** die Vertragsbeendigung beschließen können. Vertragsparteien sind nämlich im Grundsatz frei in ihrer gemeinsamen Willensbildung, sich binden zu wollen oder die Bindung wieder aufzuheben.

Vor Ablauf der Grundvertragslaufzeit ist eine ordentliche Kündigung ausgeschlossen.

Während der Verlängerungslaufzeit kann dieser Logistikvertrag von jeder Vertragspartei unter Einhaltung einer Kündigungsfrist von [Zeitangabe] zum Monatsende beendet werden.

Unberührt davon bleibt das Recht beider Vertragsparteien zur außerordentlichen Kündigung während der Vertragslaufzeit.

Als Gründe für die außerordentliche Kündigung durch den Auftraggeber gelten insbesondere, aber nicht ausschließlich:

- Wiederholte Schlechterfüllung trotz Abmahnung [Vorgaben],

- Fehlen von Genehmigungen,

- Einsatz ungeeigneten Personals,

- wesentlicher Verstoß gegen gesetzliche Vorgaben,

- Verstoß gegen Wettbewerbsverbot trotz Abmahnung,

- Verstoß gegen das Vertraulichkeitsgebot

- sowie unterlassene Kontrollen [Vorgaben].

Als Gründe für die außerordentliche Kündigung durch den Logistikunternehmer gelten insbesondere, aber nicht ausschließlich:

- Wiederholter Zahlungsverzug trotz Abmahnung,

- Behinderung bei der Vertragserfüllung [Vorgaben] sowie

- jeglicher Verstoß gegen die Exklusivitätsklausel.

Die Teilkündigung ist zulässig, sofern es sich um einzelne Logistikleistungen handelt. Kündigt eine Vertragspartei diesen Logistikvertrag teilweise, bleibt er mit Ausnahme der betroffenen Logistikleistungen wirksam.

Jede Kündigung bedarf der Schriftform.

33. Rückabwicklung

1097   Bei den Verhandlungen über den Inhalt des Logistikvertrages sollte bedacht werden, wie eine Rückabwicklung bei Beendigung der Zusammenarbeit zu erfolgen hat, auch wenn dies wegen der gewissen Euphorie vor Beginn der Zusammenarbeit den verhandelnden Personen oft widerstrebt.

1098   Erhebliches Konfliktpotential liegt darin, dass der Logistikunternehmer nach Ausspruch einer Kündigung „alles stehen und liegen" lassen könnte. Um dem vorzubeugen und um die Gefahr des Zusammenbruchs der Logistikabläufe einzudämmen, kann eine entsprechende Klausel aufgenommen werden, die möglichst konkret und sachverhaltsbezogen die Abläufe der Rückabwicklung darstellen sollte.

1099   Die Verpflichtung zur Erbringung der Logistikleistungen für einen **Übergangszeitraum** sollte also auch fortbestehen, wenn ansonsten die Rechtsbindung des Logistikvertrages durch die Kündigungserklärung bereits entfallen ist.

1100   Hilfreich ist ferner eine vertragliche Klarstellung, wonach der Auftraggeber die **Herausgabe der Güter** bei Beendigung der Vertragslaufzeit verlangen kann. Dies kann sich bereits aus seiner Eigentümerstellung ergeben (§ 985 BGB), aber auch dadurch, dass er dem Logistikunternehmer eindeutig das Recht zum Besitz, also zur tatsächlichen Sachherrschaft entzieht (§ 854 BGB).

Rückabwicklungsregelungen können überdies das Personal, beispielsweise   1101
eine Risiko- und Kostenverteilung bei erneutem **Betriebsübergang** gemäß
§ 613a BGB, erfassen, was arbeitsrechtlich zu prüfen ist.

Denkbar ist es für den Auftraggeber, seine **Ausgleichsansprüche gegen den**   1102
Logistikunternehmer nach Vertragsbeendigung durch eine vertragliche Verpflichtung zum Abschluss einer Bankbürgschaft zu sichern.

Bei Beendigung dieses Logistikvertrages werden der Auftraggeber und der Logistikunternehmer gemeinsam eine Rückübertragung der Logistikleistungen
auf den Auftraggeber oder ein anderes Logistikunternehmen veranlassen.

Dazu ist der Logistikunternehmer über die Vertragslaufzeit hinweg, aber spä-
testens bis zum [Datum] verpflichtet, gegen entsprechende Vergütung, den
Auftraggeber bei der Überleitung der Logistikabläufe in der erforderlichen
Weise zu unterstützen.

Hierzu gilt Folgendes: [Vorgaben für die Rückabwicklung].

Nach Vertragsbeendigung hat der Logistikunternehmer sämtliche vom Auftraggeber überlassenen Gegenstände an diesen unaufgefordert herauszugeben.

34. Vorrangregelung

Da die Zusammenarbeit im Logistikbereich nicht allein durch den Inhalt des   1103
Logistikvertrages geregelt wird, sondern, zumindest zur Interpretation des
Vertragsinhaltes, sonstige Absprachen, Gepflogenheiten und Abläufe zu be-
achten sind, empfiehlt sich eine Regelung im Logistikvertrag, in welcher
Rangfolge diese Aspekte zueinander stehen sollen.

Zunächst können die künftigen Vertragsparteien des Logistikvertrages klar-   1104
stellen, dass bei Widersprüchen zwischen dem Vertragsinhalt und seinen Anlagen der Vertragstext vorgehen soll. Zwar sind die Anlagen spezifischer,
aber es besteht stets die Gefahr, dass dort Vereinbarungen „versteckt" sind,
die so nicht von denjenigen Personen, die den Logistikvertrag ausgehandelt
haben, gewollt wurden.

Außerdem können Allgemeine Geschäftsbedingungen ausgeschlossen wer-   1105
den. Durch einen als **Individualabrede** ausgestalteten Logistikvertrag lässt
sich das „Kleingedruckte" beider Vertragsparteien grundsätzlich ausschließen
(§ 305b BGB). Andernfalls sind Grundsätze und Grenzen bei Allgemeinen
Geschäftsbedingungen im kaufmännischen bzw. unternehmerischen Verkehr
zu betrachten.

Vogt, TranspR 2010, 15 ff.

Besondere Beachtung ist dabei den **Allgemeinen Deutschen Spediteurbe-**   1106
dingungen zu widmen, denn deren Einbeziehung wurde durch frühere
Rechtsprechung im Hinblick auf ihren ursprünglichen Charakter als „fertig
bereitliegende Rechtsordnung" im kaufmännischen Verkehr unterstellt.

Valder, TranspR 2004, Sonderbeilage zu Heft 3-2004, XLII ff.;

Herzog, TranspR 2001, 244 ff.;

Koller, TranspR 2001, 359 ff.;

Haverkamp, TranspR 1999, 217 ff.

1107 Sie galten kraft sog. stillschweigender Unterwerfung als Vertragsgrundlage. Spätestens seit Jahresbeginn 2003 ist allerdings davon auszugehen, dass die ADSp als „normale" Allgemeine Geschäftsbedingungen nur bei entsprechender **Einbeziehung** und bei Vorliegen der Wirksamkeitsvoraussetzungen Anwendung erlangen können. Auch ADSp werden also einer AGB-Kontrolle unterzogen, was von *Bahnsen* erläutert wird.

Bahnsen, TranspR 2010, 19 ff.

1108 Es kann aber, falls gewünscht, der Ausschluss der ADSp explizit dargestellt werden, wobei es den Vertragsparteien grundsätzlich unbenommen bleibt, Aspekte einzelner Klauseln der ADSp als Vertragsklauseln zu übernehmen und zum Gegenstand der Vertragsverhandlung zu machen.

1109 Auslegungsschwierigkeiten hinsichtlich der Auswirkungen der ADSp auf transportrechtliche Vorgaben können vorkommen.

Brinkmann, TranspR 2010, 216 ff.

1110 Es kommt hinzu, dass eine formalisierte Einbeziehung der ADSp in Anbetracht des § 449 HGB Herausforderungen mit sich bringt.

Schmidt, TranspR 2011, 398 ff.

1111 Ein Nachteil bei einer vollständigen Einbeziehung der ADSp in den Logistikvertrag ist ferner ihr beschränkter Anwendungsbereich, der für Rechtsunsicherheit sorgt. Denn die ADSp sind auf „speditionsübliche" logistische Leistungen beschränkt. Darüber hinaus sind ADSp in ihrer Wirksamkeit umstritten.

Heuer, TranspR 2003, 1 ff.;

Herber, TranspR 1999, 89 ff.;

Philippi, TranspR 1999, 375 ff.

1112 Der Ausschluss kann sich auch auf die sog. **Logistik-AGB**, einem Ergänzungswerk der ADSp, erstrecken, denn durch eine Individualvereinbarung kann der Nutzen dieser Vertragsbedingungen entfallen. Ihren Zweck erläutern *Valder* und *Wieske*.

Valder/Wieske, TranspR 2006, 221 ff.

1113 Zudem ist die Einbeziehung der **Vertragsbedingungen für den Güterkraftverkehrs- und Logistikunternehmer** (VBGL), ohne dass deren Zweckmäßigkeit ggf. bei Massengeschäften in Abrede gestellt werden soll, bei umfangreichen Logistikprojekten grundsätzlich weniger empfehlenswert. Generell ist nur eine Individualvereinbarung geeignet, die sachverhaltsbezogenen Besonderheiten zu würdigen. Außerdem erstrecken sich auch die VBGL nicht auf alle Logistikleistungen, denn sie setzen einen Zusammenhang der jeweiligen Leistung mit Beförderung oder Lagerung voraus.

Schindler, TranspR 2003, 194 ff.

Auch sonstige Klauselwerke können ggf. wenn dies Ergebnis der Vertragsverhandlungen ist, explizit ausgeschlossen werden. Dies gilt beispielsweise für die Geschäftsbedingungen des Großraum- und Schwertransportgewerbes und für die Beförderungsbedingungen im Luftfrachtverkehr nach Maßgabe einer Verbandsempfehlung des Dachverbandes der Fluggesellschaften, der International Air Transport Association (IATA). **1114**

Saller, TranspR 2000, 61 ff.;
Gran, TranspR 1999, 173 ff.

Überdies können die künftigen Vertragsparteien im Logistikvertrag zum Ausdruck bringen, dass sonstige Abreden keine Rechtswirkung erlangen sollen. Damit kann die ungewollte Rechtswirkung von Einzelabsprachen eher verhindert und die Aussagekraft des Logistikvertrages verbessert werden. **1115**

Nicht vollständig ausschließen lässt sich aber auf diese Weise, dass sonstige Abreden bei der Interpretation von Inhalten des Logistikvertrages herangezogen werden, denn sie sind oft Indiz dafür, was wirklich gewollt war. Der Gesetzgeber gibt hierzu den **Auslegungsmaßstab** vor, indem er in § 133 BGB eine Regelung aufgenommen hat, wonach bei der Auslegung von Verträgen der „wirkliche Wille zu erforschen" und nicht an „dem buchstäblichen Sinne des Ausdrucks zu haften" ist. **1116**

Abschließend kann in dieser Klausel geregelt werden, dass **bisherige Vereinbarungen**, sofern sie denjenigen des Logistikvertrages widersprechen, ihre Rechtswirkung verlieren. Dies ist in der Praxis wichtig, weil häufig Absichtserklärungen der Unterzeichnung des Logistikvertrages vorgeschaltet werden. Unabhängig davon, dass meist zweifelhaft bleibt, welche Rechtsfolgen solche Erklärungen mit der Bezeichnung „Letter of Intent" oder „Vorvertrag" haben, sollte möglichst ausgeschlossen sein, dass sie neben dem Logistikvertrag noch Belange der Zusammenarbeit regeln. Sofern eine fortdauernde Rechtsfolge aus der Vorvereinbarung gewünscht ist, kann die entsprechende Bestimmung in den Logistikvertrag übernommen werden. **1117**

Bei Widersprüchen zwischen den Regelungen dieses Logistikvertrages und den Regelungen im Pflichtenheft und in den Anlagen zu diesem Logistikvertrag gehen die Regelungen dieses Logistikvertrages vor.

Sonstige Vertragsklauseln der Vertragsparteien werden hiermit ausgeschlossen.

Unter anderem die Allgemeinen Deutschen Spediteurbedingungen (ADSp) und die Vertragsbedingungen für den Güterkraftverkehrs- und Logistikunternehmer (VBGL) finden damit auf diesen Vertrag keine ergänzende Anwendung.

Nebenabreden haben keine Wirkung, sofern sie im Widerspruch zu diesem Logistikvertrag stehen.

Bisherige Vereinbarungen der Vertragsparteien verlieren ihre Wirkung. Dies gilt insbesondere für [Bezeichnung einer Vorvereinbarung].

35. Zusammenhang mit anderen Verträgen

1118   Es kann erforderlich sein, die Rechtsfolgen des Logistikvertrages im Zusammenhang mit sonstigen Vertragsbeziehungen zu betrachten. Dies gilt sowohl für sein Inkrafttreten, wie auch für sein Fortbestehen. Die künftigen Vertragsparteien sollten in diesen Fällen erforderlichenfalls darauf achten, dass der Logistikvertrag erst in Kraft tritt, wenn sonstige Verträge rechtswirksam werden, und dass bei Beendigung des Logistikvertrages nicht sonstige unerwünschte Verträge entgegenstehen.

1119   Der Gesetzgeber bietet hierfür die Möglichkeit zur Vereinbarung von aufschiebenden und auflösenden Vertragsbedingungen an, damit Verträge in ihrer Rechtswirkung miteinander „stehen und fallen". Gemäß § 158 Abs. 1 BGB tritt die von der Bedingung abhängig gemachte Wirkung mit dem Eintritt der Bedingung ein, wenn ein Rechtsgeschäft unter einer aufschiebenden Bedingung vorgenommen wird. Gemäß § 158 Abs. 2 BGB endet die Wirkung eines Rechtsgeschäfts mit dem Eintritt der Bedingung, wenn es unter einer auflösenden Bedingung vorgenommen wird.

1120   Solche Bedingungen empfehlen sich regelmäßig, wenn Logistikleistungen nur mittels einer Logistikimmobilie erbracht werden können. Beispielsweise kann eine **Verbindung** zwischen dem Logistikvertrag und einem **Miet- oder Pachtvertrag** über die zur Erfüllung des Logistikvertrages benötigten Immobilien erforderlich sein, da der Logistikunternehmer ohne Nutzungsmöglichkeit der Logistikimmobilien seinen vertraglichen Pflichten gegenüber dem Auftraggeber nicht gerecht werden kann. Dann dienen die aufschiebende und die auflösende Bedingung hinsichtlich des Zustandekommens und Fortbestehens des verbundenen Vertrages der Absicherung des Logistikunternehmers.

1121   Die Verbindung kann aber auch im Interesse des Auftraggebers liegen, wenn dieser die Rechtswirkung des Logistikvertrages davon abhängig machen möchte, dass ihm eigene Rechte im Miet- oder Pachtvertrag eingeräumt werden. Wird der Logistikvertrag mit Pacht- oder Mietverträgen in dieser Weise verbunden, ist ggf. den mietrechtlichen Formanforderungen zu genügen. Möglich ist auch, dass der Auftraggeber die Unterzeichnung des Logistikvertrages davon abhängig macht, dass ihm eine Kaufoption oder ein Vorkaufsrecht hinsichtlich einer Logistikimmobilie eingeräumt wird.

1122   Aufschiebende und auflösende Bedingungen sind außerdem anzudenken, wenn der Auftraggeber die Rechtswirksamkeit des Logistikvertrages davon abhängig machen möchte, ob er seinerseits mit Kunden Verträge hat, die den

Bedarf an Logistikleistungen erst begründen. Dann könnte grundsätzlich die Wirksamkeit des Logistikvertrages an Kundenverträge gekoppelt werden und dadurch eine Risikogemeinschaft zwischen Logistikunternehmer und Auftraggeber entstehen.

Die künftigen Vertragsparteien des Logistikvertrages sollten bei den Vertragsverhandlungen aber immer bedenken, dass eine auflösende Bedingung durch ein **Sonderkündigungsrecht** entbehrlich werden kann. Beide Regelungen sind geeignet, die Beendigung des Logistikvertrages herbeizuführen, aber das Sonderkündigungsrecht bietet gegenüber der auflösenden Bedingung mehr Flexibilität, weil die Entscheidung über die Vertragsbeendigung noch vorbehalten bleibt. 1123

Sofern eine aufschiebende oder auflösende Bedingung vereinbart wird, deren Eintritt eine Vertragspartei nicht durch eigene Wahrnehmung feststellen kann, sollte die jeweils andere Vertragspartei dazu verpflichtet werden, unverzüglich nach Bekanntwerden den Bedingungseintritt der anderen Vertragspartei mitzuteilen. 1124

Die Vertragsparteien können eine solche Bedingung überdies an ein Datum knüpfen, mit dessen Verstreichen ersichtlich wird, dass die Bedingung nicht mehr erfüllbar ist und damit der Logistikvertrag keine Rechtswirkung entfaltet. Andernfalls schafft der eventuell wirksame Vertrag für beide Vertragsseiten Unsicherheiten. 1125

An dieser Stelle ist darauf hinzuweisen, dass sich häufig die Einhaltung von **vereinbarten Daten** nicht ermöglichen lässt. Sofern sich dies abzeichnet, kann die Unwirksamkeit des Logistikvertrages eventuell dadurch verhindert werden, dass eine einvernehmliche Zusatzvereinbarung über die Verlängerung des Zeitraums bis zum Bedingungseintritt erfolgt. Unterbleibt dies und ist der vereinbarte Zeitraum überschritten, kann der Logistikvertrag insgesamt neu unterzeichnet werden. 1126

> Dieser Logistikvertrag steht unter der aufschiebenden Bedingung, dass es zwischen dem Logistikunternehmer und [Vermieter der Logistikimmobilie] bis zum [Datum] zum Abschluss eines schriftlichen Mietvertrages über [Logistikimmobilie] kommt und darin ein Eintrittsrecht des Auftraggebers in den Mietvertrag für den Fall der Beendigung des Vertragsverhältnisses zwischen dem Logistikunternehmer und dem Vermieter eingeräumt wird.
>
> Dieser Logistikvertrag steht unter der auflösenden Bedingung des Fortbestandes des vorab beschriebenen Mietvertrages.
>
> Dieser Logistikvertrag steht ferner unter der auflösenden Bedingung, dass zwischen dem Auftraggeber und [Kunde des Auftraggebers] weiterhin [Beschreibung der Kundenbeziehung] besteht.
>
> Erlangt eine der Vertragsparteien Kenntnis vom Eintritt einer Bedingung, so ist sie verpflichtet, dies der jeweils anderen Vertragspartei unverzüglich mitzuteilen.

36. Kommunikation

1127 Um die Vertragserfüllung praktikabel zu gestalten, können Kommunikationsebenen sowie damit verbundene Eskalationsstufen vereinbart werden.

1128 Die künftigen Vertragsparteien können hierzu fachlich geeignete und mit dem Logistikprojekt möglichst **vertraute Personen** bestimmen, die für die Kommunikation oder für die Eskalation zuständig sind. Bedenken sollten die künftigen Vertragsparteien des Logistikvertrages dabei aber, dass ein **Vertrag zu Lasten Dritter** auch an dieser Stelle unwirksam erscheint und daher erforderlich ist, dass die gewünschte Tätigkeit von der betroffenen Personen zumindest auf arbeitsrechtlicher Grundlage verlangt werden kann.

1129 Das Benennen dieser Ansprechpartner sollten die künftigen Vertragsparteien des Logistikvertrages aber an die Klarstellung koppeln, über welche Vollmacht diese Personen verfügen, damit ungewollte rechtsverbindliche Erklärungen, beispielsweise die Änderung dieses Logistikvertrages, nicht rechtswirksam vorgenommen werden können. Dargestellt werden kann überdies, welche Personen keine Vertretungsmacht haben. Die Bedeutung der Ansprechpartner kann aus rechtlicher Sicht auf die Stellung des sog. **Boten** beschränkt sein. Deshalb gelten die rechtlich verbindlichen Erklärungen der Vertreter beider Vertragsparteien, insbesondere der Geschäftsführer, Vorstände und Prokuristen, als abgegeben, wenn diese über die Ansprechpartner zur Kenntnis gebracht und genommen werden (§ 130 Abs. 1 BGB). Die Vertreter beider Vertragsparteien behalten das Recht, bei Übermittlungsfehlern ihre rechtlich verbindliche Erklärung anzufechten (§ 120 BGB).

> Beide Vertragsparteien werden sich bemühen, eine präzise Kommunikation über die Erfüllung dieses Logistikvertrages zu ermöglichen.
>
> Die Parteien werden jeweils eine natürliche Person benennen, die befugt ist, Mitteilungen im Rahmen der durch diesen Logistikvertrag begründeten Geschäftsbeziehung an die andere Person mit Wirkung für den jeweiligen Vertragspartner zu übermitteln und entgegenzunehmen.
>
> Zur Änderung dieses Logistikvertrags einschließlich des Pflichtenhefts sind die Personen nicht befugt. Vertretungsmacht hat insoweit [Name, Funktion].
>
> Die Personen treffen sich [Zeitraum], um erforderliche Informationen auszutauschen und Schwierigkeiten bei der Erfüllung dieses Logistikvertrages auszuräumen.

37. Schiedsverfahren

1130 Wenn es über die vereinbarten Kommunikationsebenen nicht gelingt, Schwierigkeiten bei der Erfüllung des Logistikvertrages auszuräumen und Meinungsverschiedenheiten über die jeweiligen Rechte und Pflichten fortbestehen, können beide Vertragsparteien grundsätzlich gerichtliche Hilfe in Anspruch nehmen. Da Streitigkeiten aus Logistikverträgen häufig sehr sachverhalts-

und branchenbezogen sind, werden auch Schiedsklauseln benutzt, um die Möglichkeit, vor den ordentlichen Gerichten zu klagen, einzuschränken. Anlass dafür kann der Wunsch beider Vertragsparteien sein, die streitige Angelegenheit nicht öffentlich bekannt zu machen, denn ein ordentliches Gerichtsverfahren lässt in diesem Bereich üblicherweise die Öffentlichkeit zu.

Hierzu empfiehlt sich die Benennung **branchenerfahrener Schiedsrichter** 1131 und die **Festlegung der Rechtsgrundlagen** für deren Entscheidung.

Damit jedoch weniger Unsicherheit über den Rechtsweg entsteht, kann die 1132 Möglichkeit, ein Schiedsverfahren zu verlangen, **zeitlich befristet** werden.

Außerdem kann die Schiedsklausel in ihrer Anwendung auf bestimmte Strei- 1133 tigkeiten beschränkt sein, insbesondere, weil bei weniger komplexen Auseinandersetzungen, etwa über die Berechnung der Vergütung im Einzelfall, ein Schiedsverfahren unverhältnismäßig aufwendig sein kann.

Erforderlichenfalls ist das Internationale Privatrecht der Schiedsgerichte zu 1134 beachten.

Hartenstein, TranspR 2010, 261 ff.

Bei Streitigkeiten des Auftraggebers und des Logistikunternehmers aus diesem Logistikvertrag und den Einzelaufträgen kann jede der Vertragsparteien die Durchführung eines Schiedsverfahrens verlangen, wenn die Streitigkeit folgendes Ausmaß erreicht: [Vorgaben].

Als Schiedsrichter wird benannt: [Schiedsrichter].

Sollte dieser Schiedsrichter nicht zur Verfügung stehen, wird ein Schiedsrichter auf Vorschlag des Präsidenten des zuständigen Landgerichts bestimmt.

Der Schiedsrichter soll auf Grundlage der Zivilprozessordnung eine Streitentscheidung herbeiführen.

Erklärt sich dahingehend keine der Parteien binnen [Zeitraum] ab dem Zeitpunkt des Entstehens der Streitigkeit oder wird binnen dieses Zeitraums kein Schiedsrichter eingesetzt, so ist das ordentliche Gerichtsverfahren möglich.

38. Gerichtsstand

Wenn dies nicht bereits durch die Schiedsklauseln abweichend geregelt wird, 1135 kann der ordentliche Rechtsweg ggf. durch die Wahl eines Gerichtsstandes nach gesetzlichen Vorgaben beeinflusst werden.

Zum europäischen Erfüllungsgerichtsstand des Art. 5 EuGVVO mit Bezug 1136 auf Transportverträge erläutert *Mankowski*.

Mankowski, TranspR 2008, 339 ff.;

ders., TranspR 2008, 67 ff.

Eine solche Vereinbarung ist unter **Kaufleuten** möglich (§ 38 ZPO) und es 1137 kann sich diese sog. Prorogation als Einigung auf einen einzigen und ausschließlichen Gerichtsstand, dessen Gerichte bei Streitigkeiten entscheiden sollen, anbieten. Einschränkungen können bestehen (z. B. Art. 31 CMR).

> Für Rechtsstreitigkeiten des Auftraggebers und des Logistikunternehmers aus diesem Logistikvertrag und den Einzelaufträgen wird die ausschließliche Zuständigkeit der Gerichte in [Ortsangabe] vereinbart.

39. Anwendbares Recht

1138 Aus der Sicht des Transportrechts sind u. a. die EG-Verordnungen Brüssel I, Rom I und Rom II zu beachten, wobei Normenkonflikte zwischen diesen Verordnungen und den transportrechtlichen Rechtsinstrumenten von *Wagner* betrachtet werden.

> *Wagner*, TranspR 2009, 281 ff.;
>
> *ders.*, TranspR 2009, 103 ff.;
>
> *Mankowski*, TranspR 2008, 339 ff.;
>
> *ders.*, TranspR 2008, 177 ff.

1139 *Wagner* bezieht sich überdies auf kollisionsrechtliche Vorschriften für Beförderungsverträge in der ROM I Verordnung.

> *Wagner*, TranspR 2008, 221 ff.

1140 Das Internationale Privatrecht in Bezug auf den Stückgutvertrag wird u. a. von *Häußer* erläutert.

> *Häußer*, TranspR 2010, 246 ff.

1141 Den Bezug zum Seerecht stellen u. a. *Hartenstein*, *Mankowski* und *Ramming* dar.

> *Hartenstein*, TranspR 2008, 143 ff.;
>
> *Mankowski*, TranspR 2008, 418 ff.;
>
> *Ramming*, TranspR 2010, 284 ff.

1142 Erforderlichenfalls ist der Frage nachzugehen, ob ein Speditionsvertrag eine Güterbeförderungsvertrag i. S. d. Internationalen Privatrecht ist.

> *Fischer*, TranspR 2007, 145 ff.;
>
> *Rugullis*, TranspR 2007, 352 ff.

1143 Bei Verträgen mit Auslandsbezug ist eine Rechtswahlvereinbarung sinnvoll und durch das Internationale Privatrecht, dem sich nationale Rechtsordnungen unterworfen haben, im Grundsatz als freie Rechtswahl zulässig.

1144 Andernfalls muss das anzuwendende Recht durch Bestimmung des Rechts des Staates bestimmt werden, mit dem der Logistikvertrag die engsten Verbindungen aufweist, wozu eine Vermutung zugunsten des Staates gelten kann, in dem die Vertragspartei, welche die charakteristische Leistung schuldet, beim Vertragsschluss ihren Sitz hat.

Dies ist bei Logistikleistungen ggf. der **Sitz des Logistikunternehmers**, weil 1145
dessen Leistung, und nicht die Zahlung der Vergütung durch seinen Auftraggeber, für den Logistikvertrag charakteristisch ist.

Neben der Wahl oder Bestimmung einer nationalen Rechtsordnung unter- 1146
liegen Logistikverträge aber auch **internationalen Rechtsabkommen**, wenn
die Leistungen deren Anwendungsbereich entsprechen. Diese internationalen Rechtsabkommen richten sich nach dem eingesetzten Beförderungsmittel und sehen teilweise zwingendes Recht vor.

Internationale Rechtsabkommen gehen zudem oft den nationalen Rechts- 1147
ordnungen vor, wenn diejenigen Staaten, zwischen denen eine Beförderung
erfolgt, die internationalen Rechtsabkommen in nationales Recht umgesetzt,
also ratifiziert haben. Dies gilt insbesondere, aber nicht ausschließlich, für:

- Das Montrealer Übereinkommen (MÜ).

- Das Warschauer Abkommen (WA) beim grenzüberschreitenden Luft-
  frachtbereich.

    Ruhwedel, TranspR 2008, 89 ff.;

    ders., TranspR 2006, 421 ff.

- Die Convention relative au Contrat de transport international de merchandises par route (CMR) beim grenzüberschreitenden Straßentransport.

    Koller, TranspR 2006, 414 ff.;

    Haak, TranspR 2006, 325 ff.

- Die Règles uniformes concernant le contrat de transport international
  ferroviare des merchandises (CIM) beim grenzüberschreitenden Eisen-
  bahntransport.

    Freise, TranspR 2007, 45 ff.

- Das Budapester Übereinkommen (CMNI) und das Haftungsbeschrän-
  kungsübereinkommen (CLNI) beim grenzüberschreitenden Binnen-
  schifftransport.

    Hartenstein, TranspR 2007, 385 ff.;

    Jaegers, TranspR 2007, 141 ff.;

    Ramming, TranspR 2006, 373 ff.

- Seerechtliche Abkommen.

    Auf diesen Logistikvertrag findet deutsches Recht Anwendung.

    Sofern die Logistikleistungen einen internationalen Transport zum Gegen-
    stand haben, findet das für das jeweilige Beförderungsmittel relevante Rechts-
    abkommen Anwendung.

Lässt sich nicht ermitteln, welches Beförderungsmittel zum maßgeblichen Zeitpunkt zum Einsatz gekommen ist, so kann der Auftraggeber diejenige Rechtsnorm frei wählen, deren Anwendungsbereich möglich wäre.

40. Vertragsanpassung

1148 Die Notwendigkeit einer Vertragsanpassung kann sich ergeben, wenn sich die Grundlage der Zusammenarbeit derartig massiv verändert, dass ein Interessenausgleich nicht mehr realisierbar ist.

1149 Auch diese Thematik ist vom Gesetzgeber als **Störung der Geschäftsgrundlage** bereits bedacht worden. Die gesetzlich vorgesehene Rechtsfolge für den Fall, dass sich Umstände, die zur Grundlage des Vertrages geworden sind, nach Vertragsschluss schwerwiegend verändert haben und die Parteien den Vertrag, hätten sie dies vorausgesehen, nicht oder mit anderem Inhalt geschlossen hätten, ist oft eine Anpassung des Vertrages. Dies gilt aber unter der einschränkenden Bedingung, dass ein Festhalten am unveränderten Vertrag unter Berücksichtigung aller Umstände, insbesondere der vertraglichen und gesetzlichen Risikoverteilung, der betroffenen Vertragspartei nicht zugemutet werden kann (§ 313 Abs. 1 BGB).

1150 Wie bei dem **Kriterium der Zumutbarkeit** im Zusammenhang mit dem Recht zur Kündigung aus wichtigem Grund besteht die Möglichkeit, im Logistikvertrag zu regeln, was zumutbar und was nicht mehr zumutbar ist, um Auslegungsprobleme zu erleichtern.

1151 Daneben kann sich die Notwendigkeit der Vertragsanpassung aber auch daraus ergeben, dass dessen einzelne Regelungen unwirksam sind und damit das Gesamtgefüge des Vertrages eventuell nicht mehr im Gleichgewicht ist. Insoweit sieht das Gesetz lediglich vor, dass sich die Teilnichtigkeit auf andere Vertragsbestandteile ausweiten kann und der gesamte Vertrag nichtig ist, wenn nicht anzunehmen ist, dass er auch ohne den nichtigen Teil abgeschlossen worden wäre (§ 139 BGB).

1152 Aus diesem Grund verwendet man oft bei der Vertragsgestaltung überwiegend sog. **Salvatorische Klauseln**, deren Zweck insbesondere darin besteht, eine **Umkehr der Beweislast** im Hinblick auf die Vorgaben des § 139 BGB zu bewirken. Während nach der dortigen Vermutungsregelung tendenziell diejenige Vertragspartei, die am Vertrag festhalten möchte, darlegen und beweisen muss, dass der Vertrag auch ohne die nichtige Klausel geschlossen worden wäre, kann die sog. Salvatorische Klausel dazu führen, dass diejenige Vertragspartei, die sich vom Vertrag lösen möchte, die Darlegungs- und Beweislast dafür trägt, dass der Vertrag ohne die nichtige Klausel nicht geschlossen worden wäre.

1153 Entsprechendes kann für den Fall vereinbart werden, bei dem die Vertragsparteien einen regelungsbedürftigen Bereich der Zusammenarbeit übersehen haben und dadurch eine **Vertragslücke** entstanden ist, die eine Vertragsaus-legung erforderlich macht (§ 157 BGB).

In Fällen erforderlicher Vertragsanpassung kann als Rechtsfolge entweder **1154**
die Verpflichtung zur Verhandlung einer Vertragsanpassung oder ein Au-tomatismus vereinbart werden, nach dem die Vertragsanpassung keiner wei-teren Schritte bedarf. Die erste Variante ist als sog. **Sprechklausel** riskant, weil die jeweils benachteiligte Vertragspartei nur schwer durchsetzen kann, dass die andere Vertragspartei sich mit einer für diese ungünstigen Ver-tragsanpassung abfindet. Besser ist daher oft eine **automatische Vertragsan-passung**, deren Umfang allerdings naturgemäß zu Meinungsverschiedenhei-ten führen kann.

Eine Präzisierung ist zudem hilfreich, um beispielsweise die Folgen kartell- **1155**
rechtlicher Unzulässigkeit von Exklusivitäts- oder Laufzeitregelungen ein-zudämmen und möglichst zumindest den Bestand des Logistikvertrages im Übrigen aufrechtzuerhalten.

Beachten sollten die künftigen Vertragsparteien des Logistikvertrages für die- **1156**
sen Fall, dass eine kürzere Laufzeit aus Sicht des Logistikunternehmers nicht hinnehmbar sein kann, wenn die Vergütung durch Mengenrabatt auf Grund-lage einer längeren Laufzeit des Logistikvertrages kalkuliert wurde. Eventuell müsste dann eine Anpassung der Vergütungsstruktur erfolgen.

> Sofern sich die Rahmenbedingungen für das Erfüllen der durch diesen Logis-tikvertrag übernommenen Verpflichtungen maßgeblich ändern, tritt an die Stelle des Vereinbarten dasjenige, was die Parteien bei Kenntnis der Verände-rungen gewollt hätten.
>
> Allerdings erfolgt nur bei Vorliegen folgender Voraussetzungen eine Anpas-sung: [Vorgaben].
>
> Insbesondere bei Vorliegen folgender Voraussetzungen erfolgt keine Anpas-sung: [Vorgaben].
>
> Sollte eine Bestimmung dieses Logistikvertrags oder eine später in ihn aufge-nommene Bestimmung ganz oder teilweise nichtig sein oder werden oder sollte sich eine Lücke in diesem Vertrag herausstellen, wird dadurch die Wirksam-keit der übrigen Bestimmungen nicht berührt.
>
> An Stelle der nichtigen Bestimmung oder zur Ausfüllung der Lücke gilt mit Rückwirkung diejenige wirksame und durchführbare Regelung als vereinbart, die rechtlich und wirtschaftlich dem am nächsten kommt, was die Parteien ge-wollt haben oder nach dem Sinn und Zweck dieses Vertrags gewollt hätten, wenn sie diesen Aspekt beim Abschluss des Vertrags bedacht hätten.
>
> Beruht die Nichtigkeit einer Bestimmung dieses Logistikvertrages auf einem darin festgelegten Maß der Logistikleistung oder einer Zeitvorgabe, so gilt die Bestimmung mit einem dem ursprünglichen Maß am nächsten kommenden rechtlich zulässigen Maß als vereinbart.

41. Änderungen und Ergänzungen

1157 Um die Verbindlichkeit des Logistikvertrages für seine gesamte Laufzeit eher abzusichern, sind Vertragsklauseln gängig, die Änderungen und Ergänzungen unter Formzwang stellen.

1158 Hier bestehen unterschiedliche Auffassungen, ob sich Vertragsparteien vorab ihrer grundsätzlichen Möglichkeit, auch in mündlicher Form Abweichendes oder Ergänzendes zu vereinbaren, entledigen können. Dessen ungeachtet ist es jedenfalls ratsam, die Schriftform zu verlangen, um dadurch die Nachweisbarkeit zu erleichtern.

> Änderungen und Ergänzungen dieses Logistikvertrages bedürfen der Schriftform.

> Dies gilt auch für die Abänderung oder Aufhebung des Schriftformerfordernisses.

42. Unterzeichnung

1159 Bei der Vertragsunterzeichnung ist darauf zu achten, dass diejenigen Personen, deren Unterschriften dem Vertrag zur Rechtswirkung verhelfen sollen, zur Abgabe derartiger Erklärungen berechtigt sind.

1160 Da häufig die Vertragsparteien keine natürlichen Personen, sondern Gesellschaften sind, handeln die Unterzeichner nicht in eigenem, sondern in fremdem Namen als Vertreter (§§ 164 ff. BGB).

1161 Bei juristischen Personen, also insbesondere bei Gesellschaften mit beschränkter Haftung und Aktiengesellschaften, haben Geschäftsführer und Vorstand durch gesetzliche Regelungen die Vertretungsmacht, um in vertretungsberechtigter Anzahl durch ihre Erklärungen Rechtsfolgen mit Wirkung für und gegen die Gesellschaft zu begründen. Zu erwähnen ist hier auch der **Prokurist**, der durch gesetzliche Regelung eine weitreichende Vertretungsmacht erlangt (§§ 48 ff. HGB). Daneben kann die Vertretungsmacht durch Vollmachtserteilung eingeräumt werden (§§ 164 ff. BGB).

1162 Sollte nicht eindeutig sein, ob die unterzeichnenden Personen ausreichende Vertretungsmacht haben, kann dies auch ggf. durch Einblick in das **Handelsregister** oder durch Vorlage von **Vollmachtsurkunden** geklärt werden. Wichtig ist dies insbesondere bei Verträgen mit ausländischen Personen und Gesellschaften, denn dabei muss häufig nach ausländischem Recht geprüft werden, ob und in welchem Umfang Vertretungsberechtigung besteht.

1163 Ergänzend sind noch **Datum und Ort** der Unterzeichnung aufzunehmen. Außerdem ist zu empfehlen, dass **sämtliche Seiten** des Vertrages abgezeichnet werden, damit deren Zugehörigkeit zum Vertragstext nachweisbar ist. Im Einzelfall sind etwaige Formvorgaben zu prüfen (z. B. Protokollierungserfordernisse).

V. Logistik-AGB

Die vorstehenden Ausführungen sind grundsätzliche Überlegungen zur indi- **1164** viduellen Vertragsgestaltung. Sie sind verbunden mit der Anregung, die Vertragsinhalte im Einzelfall interessen- und bedarfsgerecht auszuhandeln.

Demgegenüber wäre grundsätzlich auch die Möglichkeit denkbar, **Standard-** **1165** **verträge** zu verwenden und auf ein Aushandeln der Einzelheiten zu verzichten.

• Der Vorteil von derartigen Standardverträgen ist in Zeit- und Kostenersparnis zu sehen. Außerdem kann vermieden werden, dass durch kontroverse Verhandlungen gegenseitiges Misstrauen aufgebaut wird.

• Nachteile sind hingegen insbesondere die unzulängliche Möglichkeit, einzelfallbezogen präzise Rechtsfolgen zu bestimmen, sowie die Rechtsunsicherheit, die sich bei Anwendbarkeit des Rechts der Allgemeinen Geschäftsbedingungen ergibt.

Wie bereits vorab betont, sind Logistikleistungen regelmäßig komplex. Des- **1166** halb ist es nicht möglich, durch verallgemeinernde Klauseln der Interessen- und Bedarfslage bei unterschiedlichen Konstellationen gerecht zu werden. Standardisierte Formularverträge verleiten jedoch dazu, sich auf die bereits vorbereiteten allgemeinen Regelungen zu verlassen und den Aufwand zu scheuen, einen individuell ausgehandelten Vertrag zu gestalten.

Der Gesetzgeber hat außerdem die Risiken beim einseitigen Auferlegen vor- **1167** formulierter Allgemeiner Geschäftsbedingungen erkannt und in §§ 305 ff. BGB rechtliche Vorgaben festgelegt, denen derartige Klauseln zu genügen haben.

Hierzu hat er in § 305c Abs. 1 BGB vorgegeben, dass Bestimmungen in All- **1168** gemeinen Geschäftsbedingungen, die nach den Umständen, insbesondere nach dem äußeren Erscheinungsbild des Vertrags, so **ungewöhnlich** sind, dass der Vertragspartner des Verwenders nicht mit ihnen zu rechnen braucht, nicht Vertragsbestandteil werden.

Außerdem gehen Zweifel bei der **Auslegung** Allgemeiner Geschäftsbedin- **1169** gungen gemäß § 305c Abs. 2 BGB zu Lasten des Verwenders.

Es kommt hinzu, dass Allgemeine Geschäftsbedingungen einer **Inhaltskon-** **1170** **trolle** zu unterziehen sind. Gemäß § 307 Abs. 1 BGB sind demnach Bestimmungen in Allgemeinen Geschäftsbedingungen unwirksam, wenn sie den Vertragspartner des Verwenders entgegen den Geboten von Treu und Glauben unangemessen benachteiligen. Dabei kann sich eine unangemessene Benachteiligung auch daraus ergeben, dass die Bestimmung nicht klar und verständlich ist.

§ 307 Abs. 2 BGB regelt, dass eine **unangemessene Benachteiligung** im **1171** Zweifel anzunehmen ist, wenn eine Bestimmung mit wesentlichen Grundgedanken der gesetzlichen Regelung, von der abgewichen wird, nicht zu vereinbaren ist oder wesentliche Rechte oder Pflichten, die sich aus der Natur des Vertrags ergeben, so einschränkt, dass die Erreichung des Vertragszwecks gefährdet ist.

1172 Vor diesem Hintergrund haben die nachfolgenden Ausführungen die sog. **Logistik-AGB** zum Gegenstand.

> *Wieske*, ABG für die Logistik?, VersR 2006, 336.

1173 Im Jahr 2006 wurden die von Vertretern aus Handel und Industrie sowie des Speditions- und Versicherungsgewerbes mit juristischer Unterstützung erarbeiteten Logistik-AGB vorgestellt. Es handelt sich um ein Klauselwerk, das die Erbringung logistischer Zusatzleistungen durch Speditions- und Verkehrsunternehmen zum Gegenstand hat.

1174 Die **Urheberschaft** dieser Logistik-AGB liegt beim Institut für Logistikrecht und Riskmanagement der Hochschule Bremerhaven (ILRM) sowie beim Deutschen Speditions- und Logistikverband e. V. (DSLV).

1175 Die Schaffer des Klauselwerkes haben erkannt, dass viele Speditionsunternehmen in den vergangenen Jahren dazu übergegangen sind, nicht nur Transporte für ihre Auftraggeber zu organisieren, sondern diverse logistische Zusatzleistungen anbieten, die beispielsweise mit Zulieferung, Produktion und Distribution von Gütern zusammenhängen. Diese Unternehmen werden tiefer in die Beschaffungs-, Produktions- und Absatzprozesse von Industrie- und Handelsunternehmen integriert und übernehmen Tätigkeiten, die unmittelbar mit der Produktion, also beispielsweise Vormontage, oder mit dem Handel von Waren, also beispielsweise Regalservice, im Zusammenhang stehen.

> *Valder/Wieske*, TranspR 2006, 221.

1176 Auf Herausforderungen, welche sich derartige Allgemeine Geschäftsbedingungen zu stellen haben, wurde bereits nach Bekanntwerden des Vorhabens hingewiesen.

> *Gran*, Auswirkungen der „Logistik-AGB" auf Konfliktvermeidung und Unternehmenswert, S. 91 ff.

Ob es derartiger Verbandsempfehlungen bedarf, wurde sogar generell in Zweifel gezogen.

> *Heuer*, TranspR 2006, 89 ff.

1177 Demgegenüber wurde der Standpunkt vertreten, jegliche kritische Anmerkung sei erst nach Veröffentlichung der endgültigen Fassung möglich.

> *Müller*, TranspR 2006, 227.

1178 Dem ist zu entgegnen, dass die grundsätzlichen Überlegungen zu Nutzen und Herausforderungen von derartigen Allgemeinen Geschäftsbedingungen bewusst keine detaillierte Inhaltswertung darstellen und bereits durch das Vorhaben, Logistikabläufe durch Formularklauseln zu regeln, angebracht sind.

Nachdem nun die Inhalte der Logistik-AGB seit Jahren bekannt sind, kann sich eine detailliertere kritische Befassung damit als hilfreich erweisen. Eine inhaltliche Betrachtung kann für die Vertragsgestaltung durchaus inspirierend sein. Nachfolgend werden einige Aspekte angedacht. **1179**

Wieske/Salzmann/Kollatz, Logistik-AGB, 2006, 1 ff.

1. Anwendungsbereich

Damit die Logistik-AGB Rechte und Pflichten wirksam regeln können, muss der Logistikunternehmer dem Auftraggeber die Gelegenheit zur Kenntnisnahme verschaffen. Diese **Einbeziehung** ist bei der Verwendung gegenüber einem Unternehmer leichter als bei Verwendung gegenüber einem Verbraucher, weil der Gesetzgeber davon ausgeht, dass im kaufmännischen Miteinander weniger Schutzbedürftigkeit besteht (§ 310 Abs. 1 BGB). **1180**

Valder/Wieske, TranspR 2006, 221, 226.

Sich darauf zu verlassen, dass die Logistik-AGB kraft stillschweigender Unterwerfung gelten, ist allerdings riskant. Dies hatte die frühere Rechtsprechung den Allgemeinen Deutschen Spediteurbedingungen in den vor 1998 geltenden Fassungen zugebilligt, wenn der Vertragspartner des Spediteurs i. S. d. Allgemeinen Deutschen Spediteurbedingungen wusste oder wissen musste, dass Spediteure üblicherweise nach den Allgemeinen Deutschen Spediteurbedingungen arbeiten. **1181**

Koller, Transportrecht, Vor Ziff. 1 ADSp Rn. 11.

Die Logistik-AGB sind demgegenüber ein Novum und der Umstand, wonach sie als ein Zusatzmodul zu den Allgemeinen Deutschen Spediteurbedingungen verwendet werden können, steht den allgemeinen Voraussetzungen für die Einbeziehung nicht entgegen. **1182**

Als Herausforderung, der die Logistik-AGB bei gerichtlicher Überprüfung standhalten müssen, fällt in diesem Zusammenhang bereits die **Definition des Anwendungsbereiches in Klausel 1** der Logistik-AGB auf: **1183**

- Nach Klausel 1.1 gelten sie für alle logistischen (Zusatz-)Leistungen, die nicht von einem Verkehrsvertrag nach Klausel 2.1 der Allgemeinen Deutschen Spediteurbedingungen – soweit vereinbart – oder von einem Fracht-, Speditions- oder Lagervertrag erfasst werden, jedoch vom Auftragnehmer im wirtschaftlichen Zusammenhang mit einem solchen Vertrag erbracht werden.

- Ferner ist in Klausel 1.1 der Logistik-AGB geregelt, dass die logistischen Leistungen Tätigkeiten für den Auftraggeber oder von ihm benannter Dritte sein können, wie beispielsweise die Auftragsannahme (Call-Center),

Warenbehandlung, Warenprüfung, Warenaufbereitung, länder- und kundenspezifische Warenanpassung, Montage, Reparatur, Qualitätskontrolle, Preisauszeichnung, Regalservice, Installation oder die Inbetriebnahme von Waren und Gütern oder Tätigkeiten in Bezug auf die Planung, Realisierung, Steuerung oder Kontrolle des Bestell-, Prozess-, Vertriebs-, Retouren-, Entsorgungs-, Verwertungs- und Informationsmanagements. Der Anwendungsbereich ist hierdurch bewusst weit gefasst.

Valder/Wieske, TranspR 2006, 221, 222.

- Allerdings könnte diese weite Definition als unklar empfunden werden, mit der Folge, dass Zweifel zu Lasten des Verwenders gehen. Bereits die Formulierung „logistischen (Zusatz-)Leistungen" lässt einen Auslegungsspielraum offen, da der Begriff „Logistik" weder gesetzlich definiert ist, noch im Sprachgebrauch einheitlich verwendet wird. Unter dem Begriff wird jedenfalls Materialfluss verstanden, was nicht zwangsläufig die aufgeführten Beispiele umfasst. Vielmehr kann Logistik als ein ganzheitliches Fließsystem verstanden werden, in dem durch Planung, Steuerung und Kontrolle der Material- und Warenfluss innerhalb und außerhalb eines Unternehmens optimiert wird. Dabei werden alle Bereiche der Güterbewegung von der Beschaffung über die Produktion bis zum Absatz erfasst und miteinander verknüpft.

Wieske, TranspR 2002, 177.

- Dieses ganzheitliche Element fehlt den Logistik-AGB, weil sie lediglich als Zusatzmodul zu den ADSp konzipiert sind und die Komponente des Materialflusses weitgehend fehlt. Wenn also nicht eindeutig feststeht, dass eine Leistung hierunter fällt, besteht die Gefahr, dass sie vom Anwendungsbereich nicht zweifelsfrei erfasst wird.

1184 Klausel 1.2 der Logistik-AGB enthält die Bestimmung, wonach **Auftraggeber** die Vertragspartei ist, die ihren Vertragspartner mit der Durchführung logistischer Leistungen in eigenem oder fremdem Interesse beauftragt.

1185 **Auftragnehmer** ist gemäß **Klausel 1.3** die Vertragspartei, die mit der Durchführung logistischer Leistungen beauftragt wird.

1186 Um **Abgrenzungsproblemen zwischen Logistik-AGB und den ADSp** zu begegnen, sieht die Klausel 1.4 der Logistik-AGB vor, dass die ADSp den Logistik-AGB vorgehen, wenn sich einzelne Klauseln widersprechen sollten oder ein Sachverhalt nicht einer Vertragsordnung zugeordnet werden kann.

1187 Anzumerken ist auch, dass die Logistik-AGB keine Anwendung auf Verträge mit **Verbrauchern** finden sollen, was Logistikunternehmer beachten sollten.

1188 Der Anwendungsbereich ist allerdings nicht auf Logistikgeschäfte mit verhältnismäßig geringer wirtschaftlicher Bedeutung oder rechtlich übersichtlicher Struktur beschränkt, sondern er umfasst grundsätzlich alle Formen der Zusammenarbeit. Damit besteht die Gefahr, dass selbst bei komplexen und wirtschaftlich bedeutenden Vertragsbeziehungen auf Grundlage der Standardklauseln zusammengearbeitet wird, um individuelle Verhandlungen zu vermeiden.

Auch wenn dies nicht in den Klauselformulierungen zum Ausdruck kommt, **1189** ist den Schaffern der Logistik-AGB sicher bewusst, dass eine **Individualvereinbarung grundsätzlich vorzuziehen ist.** Die Logistik-AGB sollen anscheinend dort verwendet werden, wo es sich um simple Zusatzaufgaben handelt, die sehr viel billiger durch den Spediteur erbracht werden können als durch den Auftraggeber.

Nach dem Ergebnis einer Untersuchung des Instituts für Logistikrecht und **1190** Risikomanagement an der Hochschule Bremerhaven werden Vereinbarungen über logistische Zusatzleistungen nur zu einem geringen Anteil in einem schriftlichen, detaillierten Einzelvertrag, dem ausführliche Verhandlungen vorausgehen, geregelt. Vielmehr erfolgen demnach Auftragserteilungen in den meisten Fällen auf „Zuruf", also mündlich, per Fax, telefonisch oder per Email.

> *Wieske*, Versicherungsrecht, S. 336 ff.;
>
> *Valder/Wieske*, TranspR 2006, 221, 222;
>
> *Müller*, TranspR 2006, 227 f.;
>
> *Rafsendjani/Stempfle*, Logistik + Recht aktuell 01/2006, 10, 11.

Die Grenze zwischen dem danach empfohlenen Anwendungsbereich für die **1191** Logistik-AGB und dem Anwendungsbereich von individuell ausgehandelten Logistikverträgen zu ziehen, ist praktisch kaum möglich. Es bleibt zu hoffen, dass die potenziellen Verwender der Logistik-AGB erkennen, wann ein individuelles Aushandeln vorzuziehen ist.

2. Elektronischer Datenaustausch

Nach **Klausel 2.1** Logistk-AGB ist jede Partei des Logistikvertrages berech- **1192** tigt, Erklärungen und Mitteilungen auch auf elektronischem Wege zu erstellen, zu übermitteln und auszutauschen, sofern die übermittelnde Partei erkennbar ist. Die übermittelnde Partei soll demnach die Gefahr für den Verlust und die Richtigkeit der übermittelten Daten tragen.

- Da der Logistikvertrag ohnehin grundsätzlich ein Konsensualvertrag ist, stellt das für sein Zustandekommen keine Besonderheit dar.

- Ob allerdings im Rahmen der Zusammenarbeit die Vorgaben dieser Logistik-AGB tatsächlich gewünscht sind, sollte individuell überprüft werden. Beispielsweise bei einer Kündigungserklärung kann es sinnvoller sein, diese nur in schriftlicher Form wirksam werden zu lassen, weil dabei die Wahrnehmung erfahrungsgemäß intensiver ist als bei Mitteilungen auf elektronischem Weg.

1193 **Klausel 2.2** bestimmt, dass der Logistikunternehmer die notwendigen Aufwendungen für die Einrichtung einer EDV-Schnittstelle bei erforderlicher Verbindung beider Datensysteme vom Auftraggeber erstattet bekommt. Außerdem soll jede Partei verpflichtet sein, die üblichen Sicherheits- und Kontrollmaßnahmen durchzuführen, um den elektronischen Datenaustausch vor dem Zugriff Dritter zu schützen sowie der Veränderung, dem Verlust oder der Zerstörung elektronisch übermittelter Daten vorzubeugen.

- Ob diese Kostenerstattungspflicht der Interessenlage entspricht, sollte in der konkreten Situation hinterfragt werden.

- Was die „üblichen Sicherheits- und Kontrollmaßnahmen" sind, müsste auch durch Auslegung ermittelt werden.

- Auffällig ist Klausel 2.2 vor dem Hintergrund, dass die Logistik-AGB, wie vorstehend dargestellt, lediglich das Ziel verfolgen, „Zurufgeschäfte" zu regeln, bei denen es aus praktischen Erwägungen heraus nicht zu einer Individualvereinbarung kommen kann. Wenn allerdings sogar bei der Zusammenarbeit die Gelegenheit besteht, die kostenverursachende Verbindung von Datensystemen einzurichten, so spricht dies gegen die Annahme eines Zurufgeschäfts.

1194 Für den Empfang von Informationen, Erklärungen und Anfragen für die Vertragsabwicklung soll gemäß **Klausel 2.3** jede Vertragspartei eine oder mehrere Kontaktpersonen bestimmen und deren Namen und Kontaktadressen der anderen Partei mitteilen. Unterbleibt eine solche Bestimmung, so soll diejenige Person als Kontaktperson gelten, die den Vertrag abgeschlossen hat.

- Hierbei ist zu beachten, dass ein Vertrag zu Lasten Dritter unwirksam ist und deshalb die jeweilige Kontaktperson ihrerseits rechtlich verpflichtet werden muss.

- Was allerdings deren genaue Funktion sein soll, ist zu hinterfragen, denn der Begriff „Kontaktperson" lässt nicht klar erkennen, ob es sich dabei um Vertreter gemäß §§ 164 ff. BGB oder um reine Empfangsboten handeln soll.

- Auffällig ist auch, dass anscheinend im Umkehrschluss der Zugang von derartigen Erklärungen bei sonstigen Personen keine Wirkung entfalten soll. Weshalb allerdings beispielsweise eine **Erklärung gegenüber Geschäftsführern** oder Vorständen nicht wirksam sein sollte, ist nicht nachvollziehbar, denn § 130 BGB lässt den Zugang bei Gesellschaftsorganen grundsätzlich für das Wirksamwerden von Willenserklärungen genügen.

1195 Abschließend regeln die Logistik-AGB beim elektronischen Datenaustausch in Klausel 2.4 noch, dass elektronisch und digital erstellte Urkunden schriftlichen Urkunden gleichstehen sollen.

3. Vertraulichkeit

Klausel 3.1 verpflichtet beide Parteien dazu, alle nicht öffentlich zugäng- **1196**
lichen Daten und Informationen vertraulich zu behandeln und ausschließlich
für den vorgesehenen Zweck zu verwenden. Nach dieser Klausel dürfen Daten und Informationen nur an Dritte (z. B. Versicherer, Subunternehmer)
weitergegeben werden, die sie im Zusammenhang mit der Erfüllung des Vertrages benötigen. Die gleichen Grundsätze sollen auch für die Vertraulichkeit
elektronischer Daten und Informationen gelten.

Ausgenommen von der Verpflichtung zur Vertraulichkeit sind gemäß **Klau-** **1197**
sel 3.2 Daten und Informationen, die Dritten, insbesondere Behörden, auf
Grund gesetzlicher Verpflichtungen bekannt zu machen sind, worüber die
andere Partei unverzüglich zu informieren ist.

- Die Vertraulichkeitsklausel ist **weit gefasst**, denn sie erstreckt sich grundsätzlich auf alle nicht öffentlich zugänglichen Daten und Informationen.
  Dadurch kann sich der Logistikunternehmer selbst die Möglichkeit nehmen, mit Referenzprojekten zu werben. Ob das insbesondere im Logistikbereich hilfreich ist, um Vertrauen zu schaffen, kann bezweifelt werden.

- Bei derart weitreichender Vertraulichkeit schrecken Logistikunternehmer
  möglicherweise auch Investoren ab, weil diesen gegenüber nicht offenge-
  legt werden kann, womit das Logistikunternehmer Geld verdient.

4. Pflichten des Auftraggebers, Schutz des geistigen Eigentums

Klausel 4.1 regelt Pflichten des Auftraggebers. Insbesondere wenn er als **1198**
„Systemführer" das Verfahren bestimmt, in dem der Auftragnehmer eingesetzt wird, soll danach der Auftraggeber verpflichtet sein, die für die Ausführung der logistischen Leistungen notwendigen Gegenstände, Informationen und Rechte zur Verfügung zu stellen und etwaige Mitwirkungshandlungen zu leisten. Dazu zählen nach den Logistik-AGB insbesondere das
Gestellen von (Vor-)Produkten und Materialien, die Information des Auftragnehmers über spezifische Besonderheiten der Güter und Verfahren und
damit verbundene gesetzliche, behördliche und berufsgenossenschaftliche
Auflagen, erforderlichenfalls die dahingehende Schulung von Mitarbeitern
des Auftragnehmers sowie die Entwicklung und Aktualisierung von Vorgaben, Verfahrens- und Materialbeschreibungen (Fertigungsanleitungen, Kon-
struktionen und Pläne) nebst Prüfung der Einhaltung durch den Auftragnehmer. Diese Vorleistungen und Mitwirkungshandlungen sind rechtzeitig
und vollständig zu erbringen, wozu auch alle notwendigen Informationen
zählen, die für eine optimale Kapazitätsplanung notwendig sind.

- Bei Lektüre dieser Logistik-AGB stellt sich die Frage, ob es sinnvoll ist,
  einen Auftraggeber auf dessen Pflichten hinzuweisen, bevor die eigene
  Bereitschaft zur ordnungsgemäßen Erbringung der vertraglich geschulde-

ten Leistung betont wird. Die Verpflichtung, „etwaige Mitwirkungshandlungen zu leisten", ist sehr weitgehend. Insoweit gehen Zweifel daran, was damit gemeint ist, zu Lasten des Logistikunternehmers. Der Begriff **„Systemführer"** ist definitionsbedürftig. Auch hier belegen die Beispiele, dass die Anwendbarkeit nicht auf Zurufgeschäfte beschränkt ist.

- Ob es hingegen dem Interesse von Logistikunternehmern entspricht, auf etwaige **Pfand- oder Zurückbehaltungsrechte** hinsichtlich übergebener Unterlagen pauschal zu verzichten, wie es in Klausel 4.2 vorgesehen ist, ist zweifelhaft. Um berechtigte Vergütungsansprüche durchzusetzen, könnte sich dies vielmehr als hilfreich erweisen.

5. Pflichten des Auftragnehmers

1199 Nach **Klausel 5.1** ist der Auftragnehmer verpflichtet, seine Leistungen entsprechend den Vorgaben des Auftraggebers nach Klausel 4 zu erbringen. Er ist berechtigt, aber nicht verpflichtet, diese Vorgaben zu überprüfen. Der Auftragnehmer, der logistische Leistungen innerhalb der betrieblichen Organisation des Auftraggebers oder auf dessen Weisung bei einem Dritten ausführt (z. B. Regalservice), erbringt gemäß **Klausel 5.2** diese Leistungen nach Weisung und auf Gefahr des Auftraggebers.

- Diese Logistik-AGB könnte keine Anerkennung in der Rechtsprechung finden, soweit sie ausnahmslos vorsieht, dass der Logistikunternehmer Leistungen auf Gefahr des Auftraggebers erbringt, wenn diese innerhalb der betrieblichen Organisation des Auftraggebers oder nach dessen Weisung erfolgen. Dies dürfte als **Haftungsausschluss** verstanden werden, der an den Vorgaben des AGB-Rechts scheitert (§§ 307, 309 Nr. 7 BGB).

- Es ist die vertragliche Pflicht des Logistikunternehmers, auch solche Logistikleistungen ordnungsgemäß und ohne Schädigung zu erbringen. Deshalb ist nicht ersichtlich, weshalb stets der Auftraggeber dafür verantwortlich sein soll, wenn der Logistikunternehmer seine Leistung nicht entsprechend erbringt. Weder die Einbindung in die betriebliche Organisation noch die Weisungsabhängigkeit sollten von der Pflicht zu ordnungs- und vertragsgemäßer Leistungserbringung entbinden, weil beides nicht zwangsläufig zu einer Risikoverlagerung auf den Auftraggeber führt. Falls im Einzelfall jedoch der Schaden beispielsweise auf die unzulängliche Weisung zurückzuführen ist, bleibt dem Logistikunternehmer die Berufung auf § 254 BGB ohnehin grundsätzlich unbenommen.

1200 Außerdem ist der Auftragnehmer gemäß **Klausel 5.3** verpflichtet, dem Auftraggeber Einwände oder Unregelmäßigkeiten, die bei der Vertragsausführung entstanden sind, unverzüglich anzuzeigen und diese zu dokumentieren.

1201 Diese Verpflichtung bedarf der Vervollständigung durch Beantwortung offener Fragen:

- Ist die Dokumentation auf Verlangen herauszugeben?
- Wie lange ist sie zu verwahren?
- Welche Rechtsfolge ist bei Zuwiderhandlung vorgesehen?

6. Leistungshindernisse, höhere Gewalt

Leistungshindernisse, die nicht dem Risikobereich einer Vertragspartei zu-   **1202**
zurechnen sind, befreien die Vertragsparteien gemäß **Klausel 6.1** für die Dauer
der Störung und den Umfang ihrer Wirkung von den Leistungspflichten. Als
Leistungshindernisse gelten nach dieser Logistik-AGB Streiks und Aussper-
rungen, höhere Gewalt, Unruhen, kriegerische oder terroristische Akte, behördliche Maßnahmen sowie sonstige unvorhersehbare, unabwendbare und
schwerwiegende Ereignisse.

- **Eine Regelung** der Auswirkungen von Leistungshindernissen auf die
  vertraglichen Pflichten ist **grundsätzlich entbehrlich**, soweit das Bürger-
  liche Gesetzbuch diesbezüglich Rechtsfolgen bereits bestimmt (§§ 275,
  326 BGB). Dabei unterscheiden sich Logistikleistungen auch nicht von
  sonstigen vertraglich geschuldeten Leistungen.

  Palandt-*Heinrichs*, BGB, § 275 Rn. 3.

- Kritisch ist die Bestimmung von **Streiks und Aussperrung** als derartiges
  Leistungshindernis. Wenn Personal beispielsweise begründet streikt, ist
  dies kein Vorfall, der nicht in die Risikosphäre einer Vertragspartei fällt.
  Auch behördliche Maßnahmen fallen üblicherweise in den Risikobereich
  einer Vertragspartei.

- Ergänzt werden diese Logistik-AGB durch die Verpflichtung jeder Partei, bei Vorliegen der Anwendungsvoraussetzungen der Klausel 6.1 die
  andere Partei unverzüglich zu unterrichten und die Auswirkungen für die
  andere Vertragspartei im Rahmen des Zumutbaren so gering wie möglich
  zu halten. Notgedrungen unpräzise ist auch diese Vorgabe. Überdies
  bleibt offen, welche Auswirkungen eine Unterstützung im Rahmen des
  Zumutbaren auf Vergütungsansprüche hat.

7. Vertragsanpassung

Nach **Klausel 7.1** beziehen sich Vereinbarungen über Preise und Leistungen   **1203**
stets nur auf die namentlich aufgeführten Leistungen und auf ein im Wesentlichen unverändertes Güter-, Auftragsaufkommen oder Mengengerüst. Sie
setzen zum einen unveränderte Datenverarbeitungsanforderungen, Quali-
tätsvereinbarungen und Verfahrensanweisungen und zum anderen unveränderte Energie- und Personalkosten sowie öffentliche Abgaben voraus.

- Dass sich die Klausel mit dem bei Logistikverträgen typischen Problem
  von Veränderungen beim Leistungsaustausch befasst, ist zu begrüßen.

Hierdurch werden die Vertragsparteien entsprechend sensibilisiert. Unklar ist jedoch, was „im Wesentlichen" bedeutet, denn der Auftraggeber könnte versucht sein, über diesen auslegungsfähigen Begriff unentgeltliche Zusatzleistungen vom Auftragnehmer zu verlangen, während der Auftragnehmer diese Auslegungsfähigkeit nutzen könnte, um bereits bei geringfügigen Abweichungen erhebliche Vergütungsforderungen zu stellen. Beides bedingt Konfliktpotenzial.

- Neben den Auswirkungen der geänderten Bedarfssituation auf die Vergütung ist bei Logistikverträgen typischerweise relevant, inwieweit der Logistikunternehmer seine Leistung zu erbringen hat. Für Auftraggeber ist es oft hilfreich, wenn sich der Logistikunternehmer damit einverstanden erklärt, dass der Auftraggeber den Umfang der Logistikleistungen seinem Bedarf entsprechend flexibel gestalten kann.

1204 Um diesem Konfliktpotenzial zu begegnen, sehen die Logistik-AGB in **Klausel 7.2** Rechtsfolgen vor: Ändern sich die dargestellten Bedingungen, können beide Vertragsparteien Verhandlungen über eine Vertragsanpassung mit Wirkung ab dem Ersten des auf das Anpassungsbegehren folgenden Monats verlangen, es sei denn, die Veränderungen waren der Vertragspartei, die die Anpassung fordert, bei Vertragsschluss bekannt. Die Vertragsanpassung hat sich an den nachzuweisenden Veränderungen einschließlich der Rationalisierungseffekte zu orientieren.

1205 **Klausel 7.3** der Logistik-AGB regelt ergänzend den Fall, in dem die Vertragsparteien innerhalb eines Zeitraums von einem Monat, nachdem Vertragsanpassung gefordert wurde, **keine Einigung** erzielen. Hierbei kann der Vertrag von beiden Parteien unter Einhaltung einer Frist von einem Monat bei einer Laufzeit des Vertrages bis zu einem Jahr bzw. einer Frist von drei Monaten bei einer längeren Laufzeit gekündigt werden. Diese Kündigung kann nur innerhalb eines Monats nach Scheitern der Vertragsanpassung erklärt werden.

- Die „**Sprechklausel**", durch die Hoffnung in den Erfolg von Nachverhandlungen gelegt wird, überzeugt nicht. Die wirtschaftlichen Interessen sind oft derart gegenläufig, dass solche Verhandlungen Zeitverschwendung sind.

- Eine bereits beim Vertragsschluss vereinbarte Leistungspflicht mit proportionaler Vergütungsanpassung bei derartigen Veränderungen wäre dann hilfreicher, denn die Aufhebung des gesamten Vertrages durch Kündigung stellt regelmäßig für beide Parteien keine befriedigende Lösung dar. Insbesondere aus der Perspektive des Auftraggebers wird eine Kündigung oft nicht gewünscht sein.

8. Betriebsübergang

Der bei Logistikprojekten regelmäßig entstehende Bedarf, die arbeitsrecht- **1206** lichen Auswirkungen der Fremdvergabe von Logistikleistungen zu regeln, wurde bei Schaffung der Logistik-AGB berücksichtigt. Sofern mit dem Vertrag oder seiner Ausführung ein Betriebsübergang nach § 613a BGB verbunden ist, verpflichten sich die Parteien gemäß **Klausel 8**, die wirtschaftlichen Folgen unter Berücksichtigung der Laufzeit des Vertrages zu regeln.

Valder/Wieske, TranspR 2006, 221, 222.

• Der Versuch, den komplexen rechtlichen Vorgang beim Betriebsübergang gemäß § 613a BGB in Allgemeinen Geschäftsbedingungen zu regeln, ist nicht Erfolg versprechend. Deshalb ist die Klausel eine weitere Sprechklausel. Wie allerdings diese Verpflichtung zur Not mit gerichtlicher Hilfe durchgesetzt werden soll, ist offen.

• Auffällig ist auch, dass dadurch die erforderliche Individualvereinbarung ohnehin herbeigerufen wird und man sich fragt, welche Funktion eine Formularklausel hat, die lediglich auf die **Erforderlichkeit einer Individualvereinbarung** verweist.

• Durch diese Klausel wird ferner deutlich, dass sich der Anwendungsbereich über die Zurufgeschäfte hinaus erstreckt. Bei einer Zusammenarbeit im Logistikbereich, die derart intensiv ist, dass sogar arbeitsrechtliche Konsequenzen entstehen, handelt es sich nicht um alltägliche Geschäfte mit wirtschaftlich untergeordneter Bedeutung.

9. Aufrechnung, Zurückbehaltung

Gegenüber Ansprüchen aus einem Vertrag über logistische Leistungen nach **1207** **Klausel 9** und damit zusammenhängenden außervertraglichen Ansprüchen ist gemäß Klausel 9 eine Aufrechnung oder Zurückbehaltung nur mit fälligen Gegenansprüchen zulässig, denen ein begründeter Einwand nicht entgegensteht.

Valder/Wieske, TranspR 2006, 221, 224.

• Ob Auftraggeber sich das gesetzlich grundsätzlich vorgesehene Recht, gegen die Vergütungsansprüche von Logistikunternehmern mit begründeten Schadensersatzforderungen aufzurechnen, nehmen lassen, bleibt abzuwarten.

• Die Klausel ist aber ohnehin angesichts der Vorgabe in § 309 Nr. 3 BGB problematisch, weil sie sogar die Möglichkeit nimmt, mit gerichtlich festgestellten Gegenansprüchen aufzurechnen.

10. Pfand- und Zurückbehaltungsrecht, Eigentumsvorbehalt

1208 Die Logistik-AGB umfassen Regelungen zum Pfandrecht und zu sonstigen Sicherungsrechten.

Valder/Wieske, TranspR 2006, 221, 224.

1209 Gemäß **Klausel 10.**1 hat der Auftragnehmer wegen aller fälligen und nicht fälligen Forderungen, die ihm aus den in Klausel 1.1 genannten Tätigkeiten gegenüber dem Auftraggeber zustehen, ein Pfandrecht und ein Zurückbehaltungsrecht an den in seiner Verfügungsgewalt befindlichen Gütern oder sonstigen Werten. Das Pfand- und Zurückbehaltungsrecht geht nicht über das gesetzliche Pfand- und Zurückbehaltungsrecht hinaus.

• In Kenntnis der Bedeutung einer funktionierenden Logistik ist zweifelhaft, ob Auftraggeber ein solches Pfand- oder Zurückbehaltungsrecht akzeptieren. Wenn Meinungsverschiedenheiten über eine Rechnung des Logistikunternehmers bestehen, kann der Auftraggeber kaum hinnehmen, dass seine Logistikabläufe durch verweigerte Herausgabe von Gütern empfindlich gestört werden. Erschwerend kommt hinzu, dass eventuell Güter einbehalten werden, deren Wert über die ausstehende Forderung deutlich hinausgeht.

• Das Pfand- und Zurückbehaltungsrecht dürfte auch zu weit gehen, weil es an den in der „Verfügungsgewalt befindlichen Gütern oder sonstigen Werten" entstehen soll, ohne Rücksicht darauf, ob diese im Eigentum des Auftraggebers stehen und ohne Rücksicht darauf, wie der Logistikunternehmer diese Verfügungsgewalt erlangt hat.

• Auffällig ist auch, dass sogar Forderungen, deren Fälligkeit noch nicht eingetreten ist, erfasst werden.

• Zwar soll dies lediglich in den gesetzlich vorgegebenen Grenzen relevant sein, doch setzt dies beispielsweise Kenntnis von § 647 BGB voraus, der ein Unternehmerpfandrecht nur eingeschränkt begründet.

1210 Gemäß **Klausel 10.**2 darf der Auftragnehmer ein Pfand- oder Zurückbehaltungsrecht wegen Forderungen aus anderen mit dem Auftraggeber abgeschlossenen Verträgen über logistische Leistungen i. S. v. Klausel 1.1 nur ausüben, soweit sie unbestritten sind oder wenn die Vermögenslage des Auftraggebers die Forderung des Auftragnehmers gefährdet.

• Diese Klausel birgt **Konfliktpotenzial**, weil nicht ersichtlich ist, wann eine Vermögenslage des Auftraggebers die Forderung gefährdet.

• Wenn sich ein Logistikunternehmer darauf berufen möchte, sollte er sich bewusst sein, dass die Beweislast ihn trifft und eine unberechtigte Herausgabeverweigerung unzulässig ist.

1211 Der Auftraggeber ist gemäß **Klausel 10.**3 berechtigt, die Ausübung des Pfandrechts zu untersagen, wenn er dem Auftragnehmer ein gleichwertiges

Sicherungsmittel (z. B. selbstschuldnerische Bankbürgschaft) einräumt. Bemerkenswert ist dabei, dass nur beim Pfandrecht, aber nicht beim Zurückbehaltungsrecht die Möglichkeit eines anderen Sicherungsmittels eröffnet ist.

Zudem soll gemäß **Klausel 10.**4 die Anwendbarkeit von Klausel 4.2 unberührt bleiben.   1212

Sofern der Auftragnehmer bei der Erbringung logistischer Leistungen nach   1213
Klausel 1.1 auch das Eigentum auf den Auftraggeber zu übertragen hat, verbleibt das Eigentum beim Auftragnehmer bis zur vollständigen Zahlung. Diesen Eigentumsvorbehalt regelt **Klausel 10.5.**

11. Abnahme, Mängel- und Verzugsanzeige

Soweit eine Abnahme der logistischen Leistung durch den Auftraggeber zu er-   1214
folgen hat, kann diese gemäß Klausel 11.1 wegen des kooperativen Charakters der logistischen Leistungen durch Ingebrauchnahme, Weiterveräußerung oder Weiterbehandlung des Werkes, Ab- und Auslieferung an den Auftraggeber oder an von ihm benannte Dritte erfolgen. Soweit logistische Leistungen nicht abnahmefähig sind, tritt an die Stelle der Abnahme die Vollendung.

- Die Konstruktion einer **Abnahmeerklärung**, eines gemäß § 640 BGB rechtlich verbindlichen Vorganges, geht zu weit, wenn jeder Ingebrauchnahme, Weiterveräußerung oder Weiterbehandlung die Bedeutung beigemessen wird, wonach der Auftraggeber die Logistikleistung uneingeschränkt akzeptiert.

- In der Praxis kann es beispielsweise durchaus vorkommen, dass auch bei mangelhafter Logistikleistung eine Weiterbehandlung erforderlich wird, aber nicht mit der rechtlich relevanten Abnahmeerklärung verbunden sein soll.

- Dem Auftraggeber sollte es also unter Beachtung von § 640 Abs. 2 BGB unbenommen bleiben, sich die in § 634 Nr. 1–3 BGB bezeichneten Rechte durch eine entsprechende Erklärung vorzubehalten.

Die Verpflichtung des Auftraggebers, offensichtliche Mängel dem Auftrag-   1215
nehmer bei Abnahme anzuzeigen, regelt **Klausel 11.2**. Die Anzeige ist demnach schriftlich oder elektronisch i. S. v. Klausel 2 zu erstatten. Zur Wahrung der Frist soll die rechtzeitige Absendung genügen, sofern die Anzeige den Auftragnehmer erreicht. Ergänzend dazu bestimmt **Klausel 11.3**, dass die logistische Leistung als vertragsgemäß gilt, es sei denn, der Auftragnehmer hat den Mangel arglistig verschwiegen.

Diese Verpflichtung des Auftraggebers, offensichtliche Mängel bei Abnahme   1216
anzuzeigen, geht über die gesetzlichen Vorgaben hinaus, was in dieser Weite **Wirksamkeitsbedenken** hervorruft.

Schließlich bestimmt **Klausel 11.4** in diesem Zusammenhang, dass Ansprü-   1217
che wegen der Überschreitung von Lieferfristen erlöschen, wenn der Auf-

traggeber gegenüber dem Auftragnehmer diese nicht innerhalb von einundzwanzig Tagen nach der Leistungserbringung anzeigt.

1218 Das **Erlöschen von Ansprüchen** wegen der Überschreitung von Leistungsfristen ist bedenklich, weil es unberücksichtigt lässt, dass nach dem Gesetz binnen der Verjährungsfrist auch nicht angezeigte Mängel zu Ansprüchen führen. § 309 Nr. 8 ff. BGB, der die Möglichkeit zur Erleichterung der Verjährung durch Allgemeine Geschäftsbedingungen einschränkt, dürfte dem entgegenstehen.

12. Mängelansprüche des Auftraggebers

1219 Die Logistik-AGB umfassen Regelungen über Mängelansprüche.

> *Valder/Wieske*, TranspR 2006, 221, 224.

Hierzu regelt **Klausel 12**, dass sich die Mangelhaftigkeit einer Leistung nach dem Inhalt des Vertrages und den gesetzlichen Regelungen bestimmt. Beschaffenheits- oder Haltbarkeitsgarantien werden vom Auftragnehmer nur übernommen, wenn diese im Vertrag im Einzelnen als solche bezeichnet sind.

- Der Versuch, die dem Gesetzeswortlaut entstammenden Begriffe „Beschaffenheitsgarantie" oder „Haltbarkeitsgarantie" auf solche Zusagen des Logistikunternehmers zu beschränken, die ausdrücklich entsprechend bezeichnet sind, überzeugt nicht. Die kaufrechtliche Vorgabe, wonach sich bei derartigen Garantien Rechte des Käufers ergeben (§ 443 BGB), stellt nicht auf die Bezeichnung der Verpflichtung, sondern auf deren Inhalt ab. Das Wort „Garantie" muss nicht verwendet werden.

- Vielmehr sind gleichbedeutende Begriffe möglich. Auch bei anderer Wortwahl muss sich der Auftraggeber also darauf verlassen können, dass die Logistikleistung der Vereinbarung entspricht.

> *Palandt-Weidenkaff*, BGB, § 443 Rn. 11.

1220 Der Anspruch des Auftraggebers auf **Nacherfüllung**, falls die logistische Leistung mangelhaft ist, wird von **Klausel 12.2** erfasst. Das Wahlrecht zwischen Mängelbeseitigung und Neulieferung/Neuleistung steht in jedem Fall dem Auftragnehmer zu. Führt die Nacherfüllung nicht zu dem vertraglich geschuldeten Erfolg, hat der Auftraggeber Anspruch auf eine zweite Nacherfüllung. Weitere Ansprüche auf Nacherfüllung bestehen nicht.

- Ob es stets der Interessenlage entspricht, ein zweifaches Nachbesserungsrecht zu vereinbaren, ist fragwürdig. Das Nachbesserungsrecht schützt den Logistikunternehmer, weil er dadurch die Möglichkeit hat, doch noch die volle Vergütung zu erhalten und Schadensersatzansprüchen zu entgehen. Wenn der Auftraggeber ihm dieses Recht öfter als zweimal zubilligt, sollte der Logistikunternehmer nicht pauschal darauf verzichten.

- Außerdem ist die Wirksamkeit dieser Klausel im Hinblick auf § 309 Nr. 8 BGB, angesichts § 307 BGB auch im unternehmerischen Bereich, zu hinterfragen.

- Wenn in den Logistik-AGB vom „Anspruch auf Nachbesserung" die Rede ist, wird die Interessenlage nicht ausdrücklich berücksichtigt, denn dem Auftraggeber bleibt bei fehlgeschlagener Nachbesserung dann nur die Möglichkeit, die in der Klausel dargestellten Rechte geltend zu machen.

- Ob insoweit die Beschränkung der Rechte auf die „einzelne, mängelbehaftete logistische Leistung begrenzt" werden kann, dürfte vom Einzelfall abhängen. Wenn solche Mängel auf andere Logistikleistungen ausstrahlen und diese damit unbrauchbar machen, wäre nach der gesetzlichen Ausgangslage auch ein weitergehender Minderungsanspruch denkbar.

13. Sonderkündigungsrecht

Klausel 13.1 regelt ein Sonderkündigungsrecht. Falls eine der Parteien zweimal gegen vertragswesentliche Pflichten verstößt und dies zu einer wesentlichen Betriebsstörung führt, hat die andere Partei das Recht, den Logistikvertrag mit angemessener Frist zu kündigen, nachdem sie der vertragsverletzenden Partei schriftlich eine angemessene Frist zur Beseitigung der Pflichtverletzung eingeräumt hat und diese Frist abgelaufen ist, ohne dass die Partei ihren Verpflichtungen nachgekommen ist.　1221

Unberührt davon bleibt gemäß **Klausel 13.2** das Recht zur **außerordentlichen Kündigung aus wichtigem Grund**.　1222

- Das Sonderkündigungsrecht ist zu pauschal geregelt, um der Interessenlage beim Logistikvertrag gerecht zu werden. Auslegungsbedürftige Begriffe wie „vertragswesentliche Pflichten", „wesentliche Betriebsstörung" oder „angemessene Frist" begründen derart viel Konfliktpotenzial, dass viel Raum für juristische Auseinandersetzungen verbleibt. Dabei wäre es hilfreich, in einer Individualvereinbarung gezielt die Vorgaben zu bestimmen.

- Bei der Kündigungsregelung berücksichtigen die Logistik-AGB übrigens nicht die Möglichkeit zur **Teilkündigung**, obwohl der Gesetzgeber es den Vertragsparteien überlässt, sich hierauf zu verständigen, und obwohl es in beiderseitigem Interesse liegen kann, dass der Vertrag nicht insgesamt steht oder fällt.

- Beachten sollten die Verwender von Logistik-AGB überdies, dass keine **Laufzeitregelung** enthalten ist, obwohl sie auf Dauerschuldverhältnisse anwendbar sind. Auch dahingehend bleibt eine individuelle Verständigung erforderlich.

14. Haftung

Auch die Haftungsthematik ist in den Logistik-AGB geregelt.　1223

Valder/Wieske, TranspR 2006, 221, 225.

1224 Der Auftragnehmer haftet gemäß **Klausel 14.1** nur, wenn ihn ein Verschulden an dem von ihm verursachten Schaden trifft. Die hieraus folgende gesetzliche und vertragliche Haftung des Auftragnehmers ist auf den vorhersehbaren, typischen Schaden begrenzt sowie der Höhe nach gemäß Klausel 14.1.1 auf 20.000 € je Schadenfall, gemäß Klausel 14.1.2 bei mehr als vier Schadenfällen, die die gleiche Ursache (z. B. Montagefehler) haben oder die Herstellung/Lieferung mit dem gleichen Mangel behafteter Güter betreffen (Serienschaden), auf 100.000 €, unabhängig von der Zahl der hierfür ursächlichen Schadenfälle. Diese Haftungsbegrenzung gilt auch bei Differenzen zwischen Soll- und Ist-Bestand der dem Auftragnehmer übergebenen Güter. Diese Differenz ist bei gleichzeitigen Mehr- und Fehlbeständen durch wertmäßige Saldierung zu ermitteln. Ferner ist die Haftung gemäß Klausel 14.1.3 für alle Schadenfälle innerhalb eines Jahres auf 500.000 € begrenzt.

- Dass diese **Haftungshöchstgrenzen** im Einzelfall stets Sinn machen, bleibt zu bezweifeln, denn es ist ein deutlicher Unterschied, ob ein Logistikunternehmer seine Leistungen beispielsweise im verhältnismäßig schadensträchtigen Elektronikbereich erbringt, wo hohe Güterwerte anvertraut werden, oder ob er in der Entsorgungsindustrie mit weniger wertvollen Gütern konfrontiert wird.

- Auch eine Differenzierung zwischen Güterschäden, Güterfolgeschäden und Vermögensschäden, wie sie im Transportrecht aus § 433 HGB hervorgeht, könnte sich anbieten. Wirksamkeitsbedenken sind zu vertiefen.

1225 Gemäß **Klausel 14.2** gelten die vorstehenden Haftungsbefreiungen und Haftungsbegrenzungen auch für **außervertragliche Ansprüche** gegen den Auftragnehmer, seine Mitarbeiter und sonstigen Erfüllungsgehilfen. Dies stellt eine Vertragsregelung zugunsten Dritter dar.

1226 **Klausel 14.3** bestimmt im Hinblick auf § 309 Nr. 7 BGB, dass die vorstehenden Haftungsbefreiungen und Haftungsbeschränkungen nicht gelten für die Verletzung des Lebens, des Körpers und der Gesundheit (Klausel 14.3.1) und soweit gesetzliche Haftungsbestimmungen, wie beispielsweise das Produkthaftungsgesetz, zwingend anzuwenden sind (Klausel 14.3.2).

- Dass die massiven Haftungsbeschränkungen nur unter diversen Einschränkungen greifen sollen, ist elementare Voraussetzung, weil sie ansonsten bereits auf den ersten Blick nach AGB-Recht unwirksam wären. Obwohl die Klausel zentrale Vorgaben des Gesetzgebers und der Rechtsprechung zu den Wirksamkeitsanforderungen bei Haftungsbeschränkungen berücksichtigt, verbleiben Unsicherheiten, weil die Rechtsprechung und die Kommentierungen uneinheitlich sind.

- Selbst wenn, soweit das angesichts der richterlichen Unabhängigkeit möglich ist, eine Verlässlichkeit der Haftungsbegrenzung erreicht wird, bleibt bei Verwendung dieser Haftungsklausel die Möglichkeit **weitergehender**

Haftungsbeschränkung ungenutzt. Diese wäre bei einer Individualverein-barung, bis auf vorsätzliche Schädigung, eher möglich (§ 276 Abs. 3 BGB).

Gemäß **Klausel 14.**4 können die Parteien gegen Zahlung eines Haftungszu-schlags vereinbaren, dass die vorstehenden Haftungshöchstsummen durch andere Beträge ersetzt werden. **1227**

Diese Möglichkeit der Haftungserweiterung ist vor dem Hintergrund der Rechtsprechung zum Mitverschulden des Auftraggebers bei unterlassener Wertdeklaration interessant. Hierzu wäre allerdings erforderlich, dass bei Zahlung des Zuschlages eine sicherere Behandlung durch den Logistikun-ternehmer zu erwarten ist. **1228**

15. Qualifiziertes Verschulden

Im Hinblick auf § 309 Nr. 7 BGB und § 276 Abs. 3 BGB sollen nach **Klausel 15** die Haftungsbefreiungen und Haftungsbeschränkungen nicht gelten bei grob fahrlässiger oder vorsätzlicher Verletzung wesentlicher Vertragspflich-ten durch den Auftragnehmer, seine leitenden Angestellten oder Erfüllungs-gehilfen oder sonstiger Pflichten durch den Auftragnehmer oder seine lei-tenden Angestellten (Klausel 15.1). Außerdem sollen die Haftungsbefreiun-gen und Haftungsbeschränkungen gemäß Klausel 15.2 nicht gelten, soweit der Auftragnehmer den Schaden arglistig verschwiegen oder eine Garantie für die Beschaffenheit der logistischen Leistung übernommen hat (Klausel 15.2). **1229**

- Die Erfahrungen mit Haftungsfällen im Transportbereich lassen darauf schließen, dass Auftraggeber und deren Versicherer geneigt sein werden, diese **Möglichkeit der Haftungserweiterung** zu nutzen. Durch den wirt-schaftlichen Zusammenhang von Transportleistungen und den durch die Logistik-AGB erfassten Logistikleistungen liegt dies nahe.

- Ob sich die Rechtsprechung zur Anwendbarkeit von § 435 HGB, der im Transportbereich ebenfalls eine Haftungserweiterung vorsieht, auch auf die sonstigen Logistikleistungen erstrecken wird, bleibt abzuwarten. Da aber auch in diesem Leistungssegment die Möglichkeiten der Feststel-lung von Schadensursachen durch den Auftraggeber beschränkt sind, könnte eine Anwendung der Grundsätze zur Einlassungsobliegenheit und zur Schnittstellenkontrolle erfolgen.

> Wieske, Anmerkungen zur neueren Rechtsprechung zum Logistik-recht, TranspR 2008, 388 ff.

16. Freistellungsanspruch des Auftragnehmers

Der Auftraggeber hat gemäß **Klausel 16** den Auftragnehmer und seine Erfül-lungsgehilfen von allen Ansprüchen Dritter nach dem Produkthaftungsge-setz und anderer drittschützender Vorschriften freizustellen, es sei denn, der Auftragnehmer oder seine Erfüllungsgehilfen haben grob fahrlässig oder vor-sätzlich den Anspruch des Dritten herbeigeführt. **1230**

- Dazu ist anzumerken, dass eine Freistellung nicht interessengerecht sein dürfte, falls der Schaden fahrlässig oder vorsätzlich vom Logistikunternehmer verursacht worden ist. Denkbar ist beispielsweise, dass der Schadensersatzanspruch eines Dritten nach dem Produkthaftungsrecht nur deshalb entsteht, weil der Logistikunternehmer die ihm übertragene Montageleistung für das Produkt sorgfaltswidrig durchgeführt hat. Hierbei ist nicht ersichtlich, weshalb der Auftraggeber diesen Schaden auszugleichen haben soll, da er sich darauf verlassen darf, dass der Logistikunternehmer ihm dieses Risiko abnimmt. Auftraggeber werden sich fragen, ob sie solche Zugeständnisse im Logistikbereich machen wollen, insbesondere, wenn sie ihrerseits weitgehenden Haftungsrisiken ausgesetzt sind.

- Interessengerechter wäre es, die Freistellung nur dort vorzusehen, wo die Tätigkeit des Logistikunternehmers den Schadensersatzanspruch des Dritten nicht oder nicht schuldhaft verursacht hat.

- Ergänzungsbedürftig wäre diese Klausel ferner hinsichtlich der zeitlichen Vorgaben für die Freistellung.

17. Verjährung

1231 Mit der Verjährungsthematik befasst sich **Klausel 17** und bestimmt in Klausel 17.1, dass Ansprüche aus einem von den Logistik-AGB erfassten Logistikvertrag in einem Jahr verjähren. Diese Verjährung soll gemäß Klausel 17.2 bei allen Ansprüchen mit Ablauf des Tages der Ablieferung, bei werkvertraglichen Leistungen mit Ablauf des Tages der Abnahme nach Klausel 11.1 beginnen. Allerdings gelten diese Verjährungsregelungen gemäß Klausel 17.3 nicht in Fällen qualifizierten Verschuldens, wie es in Klausel 15 beschrieben ist, bei Verletzung des Lebens, des Körpers, der Gesundheit oder soweit gesetzliche Verjährungsbestimmungen zwingend anzuwenden sind.

- Abweichungen von gesetzlich vorgesehenen Verjährungsregelungen durch Allgemeine Geschäftsbedingungen sind stets problematisch. Deshalb erheben die Logistik-AGB anscheinend nicht den Anspruch, zwingend anzuwendende Verjährungsbestimmungen zu verdrängen.

- Problematisch bleibt aber, ob die Vertragsparteien wissen, was damit gemeint ist. Diese Formulierung könnte dem bei der Verwendung von Allgemeinen Geschäftsbedingungen maßgeblichen Transparenzgebot gemäß § 305c Abs. 2 BGB widersprechen.

18. Haftungsversicherung des Auftragnehmers

1232 Neben der Haftungsthematik ist in den Logistik-AGB die Versicherungsthematik geregelt.

Valder/Wieske, TranspR 2006, 221, 225.

Gemäß **Klausel 18.**1 ist der Auftragnehmer verpflichtet, bei einem Versiche-   **1233**
rer seiner Wahl eine Haftungsversicherung zu marktüblichen Bedingungen
abzuschließen und aufrechtzuerhalten, die seine Haftung im Umfang der in
Klausel 14 genannten Haftungssummen abdeckt. Außerdem sieht **Klausel
18.**2 vor, dass die Vereinbarung einer Höchstersatzleistung je Schadenfall
und Jahr ebenso zulässig ist wie die Vereinbarung einer Schadenbeteiligung
des Auftragnehmers. Überdies hat der Auftragnehmer gemäß Klausel 18.3
auf Verlangen des Auftraggebers diesen Haftungsversicherungsschutz durch
eine Bestätigung des Versicherers nachzuweisen.

- Der Versuch, durch die Logistik-AGB **Logistikleistungen versicherba-
  rer zumachen**, ist grundsätzlich dankenswert. Er trägt dem Umstand
  Rechnung, wonach bisherige Versicherungsprodukte die Transport- und
  Lagerleistungen, nicht aber die logistischen Zusatzleistungen, zum Gegenstand hatten. Für Logistikunternehmer ist es aber zur Risikominimie-
  rung hilfreich, ein für deren Leistungsspektrum passendes Versicherungsprodukt erhalten zu können. Hier liegt ein wesentlicher Nutzen der
  Logistik-AGB.

  Abele, TranspR 2005, 383 ff.;
  Krins, TranspR 2007, 269 ff.

- Eine Selbstverpflichtung des Logistikunternehmers zur Haftpflichtversicherung mag aber nicht im Interesse jedes Logistikunternehmers liegen.

- Auffällig ist ferner, dass sich der Haftungsversicherungsschutz nicht auf
  das qualifizierte Verschulden erstreckt. Damit bleiben erhebliche Schadensrisiken weiterhin grundsätzlich unversichert.

- Ungeklärt bleibt auch die Rechtsfolge, wenn der Logistikunternehmer
  zwar die Logistik-AGB verwenden möchte, aber den Versicherungsschutz zu „marktüblichen Bedingungen" nicht wünscht.

19. Erfüllungsort, Gerichtsstand, anzuwendendes Recht

Nach **Klausel 19.**1 ist der Erfüllungsort für alle Beteiligten der Ort derjeni-   **1234**
gen Niederlassung des Auftragnehmers, an die der Auftrag gerichtet ist.

- Der Erfüllungsort gemäß § 269 BGB wird im Logistikbereich allerdings
  oft keineswegs der Ort derjenigen Niederlassung des Auftragnehmers
  sein, an die der Auftrag gerichtet ist. Vielmehr sind die Logistikleistungen oft am Sitz des Auftraggebers zu erbringen. Die Fiktion eines davon
  abweichenden Erfüllungsortes überzeugt nicht.

Der **Gerichtsstand** für alle Rechtsstreitigkeiten, die aus dem Auftragsver-   **1235**
hältnis oder im Zusammenhang damit entstehen, ist für alle Beteiligten, soweit sie Kaufleute sind oder diesen gleichstehen, der Ort derjenigen Niederlassung des Auftragnehmers, an die der Auftrag gerichtet ist. Für Ansprüche
gegen den Auftragnehmer soll dieser Gerichtsstand ausschließlich sein.

1236 Dass der Gerichtsstand am Sitz der Niederlassung nur für „Ansprüche gegen den Auftragnehmer" als „ausschließlich" bezeichnet wird, könnte Auftraggeber irritieren, denn sie wären dann gezwungen, dort zu klagen, während der Logistikunternehmer sich ein Wahlrecht vorbehält. AGB-Recht ist auch diesbezüglich vertieft zu prüfen.

1237 Für die Rechtsbeziehungen des Auftragnehmers zum Auftraggeber oder zu seinen Rechtsnachfolgern gilt gemäß **Klausel 19.**3 deutsches Recht unter Ausschluss des UN-Kaufrechts, wobei fraglich bleibt, ob UN-Kaufrecht bei Logistikleistungen ansonsten zur Anwendung kommen könnte.

20. Schlussbestimmungen

1238 Letztlich umfassen die Logistik-AGB in Klausel 20 mehrere allgemeine Bestimmungen zum Vertragsverhältnis.

1239 Bei der Bestimmung der Höhe der vom Auftragnehmer zu erfüllenden Ersatzansprüche sind gemäß **Klausel 20.1** die wirtschaftlichen Gegebenheiten des Auftragnehmers, Art, Umfang und Dauer der Geschäftsverbindung, etwaige Verursachungs- oder Verschuldensbeiträge des Auftraggebers nach Maßgabe von § 254 BGB und dessen Grad an Überwachung und Herrschaft der angewendeten Verfahren zugunsten des Auftragnehmers zu berücksichtigen. Insbesondere müssen die Ersatzleistungen, Kosten und Aufwendungen, die der Auftragnehmer zu tragen hat, in einem angemessenen Verhältnis zum Erlös des Auftragnehmers aus den Leistungen für den Auftraggeber stehen.

- Der Verweis auf § 254 BGB, wonach ein **Mitverschulden** berücksichtigt wird, ist grundsätzlich entbehrlich, weil er der Gesetzeslage entspricht. Allerdings bietet diese Klausel Konfliktpotenzial, denn sie bezieht sich pauschal auf wirtschaftliche Rahmenbedingungen, die aus rechtlicher Sicht in keinem Zusammenhang mit dem Grund von Ersatzansprüchen stehen. Hierbei ist nicht ersichtlich, wieso ein Auftragnehmer weniger Möglichkeiten haben sollte, gegen einen wirtschaftlich schwachen Logistikunternehmer vorzugehen, als gegen einen wirtschaftlich starken Logistikunternehmer, sofern die rechtlichen Voraussetzungen ansonsten identisch sind.

- Auch wenn dies auf den ersten Blick wirtschaftlich schwächere Logistikunternehmer zu schützen scheint, kann es im wirtschaftlichen Ergebnis dem Mittelstand des Logistikgewerbes Nachteile bringen, denn jeder Auftraggeber wird überlegen, eher mit den Marktführern ins Geschäft zu kommen, weil er dort nicht Gefahr läuft, auf seine Rücksichtnahmeobliegenheit verwiesen zu werden. Ob er vor diesem Hintergrund Vertrauen in kleinere Marktteilnehmer gewinnt, mag bezweifelt werden. Kritisch ist auch, dass sich Auftraggeber nach Lektüre dieser Schlussbestimmung möglicherweise hinsichtlich der **wirtschaftlichen Stabilität des Logistikun-**

ternehmers verstärkt interessiert zeigen und ergänzenden Einblick gewinnen möchten.

Stellt ein Vertragspartner seine Zahlungen ein oder wird das Insolvenzver- **1240** fahren über sein Vermögen oder ein außergerichtliches Vergleichsverfahren beantragt, so ist der andere gemäß **Klausel 20.**2 berechtigt, für den nicht erfüllten Teil vom Vertrag zurückzutreten.

- Diese Klausel begünstigt **lediglich den Auftragnehmer**, da dieser selbst nicht zu Zahlungen verpflichtet und damit von dem Wortlaut nicht erfasst ist.

- Der Auftraggeber dürfte aber ebenfalls ein Interesse daran haben, die Vertragsbeziehung zu beenden, wenn die wirtschaftliche Leistungsfähigkeit des Auftragnehmers in Anbetracht eines Insolvenzverfahrens oder eines außergerichtlichen Vergleichsverfahrens beeinträchtigt ist. Eine vertiefte Betrachtung von Insolvenz- und AGB-Recht hat auch insoweit zu erfolgen.

Sollte eine Bestimmung der Logistik-AGB und der getroffenen weiteren **1241** Vereinbarungen unwirksam sein oder werden, so wird dadurch die Gültigkeit des Vertrages im Übrigen gemäß **Klausel 20.3** nicht berührt. Die Vertragspartner sind verpflichtet, die unwirksame Bestimmung durch eine ihr im wirtschaftlichen Erfolg möglichst gleichkommende Regelung zu ersetzen.

- Mit einer **Salvatorischen Klausel**, wonach Teilunwirksamkeit des Vertrages nicht zur Gesamtunwirksamkeit führt, lässt sich letztlich die Herausforderung, wonach die Logistik-AGB den Wirksamkeitsanforderungen zu genügen haben, kaum bzw. nicht in den Griff bekommen.

- Zumindest hinsichtlich der einzelnen Klauseln gilt das Verbot der geltungserhaltenden Reduktion, mit der Folge, dass sie nicht auf den gesetzlich noch zulässigen Umfang beschränkt werden können, sondern insgesamt scheitern.

Zusammenfassend bleibt Folgendes festzustellen: **1242**

- Die Logistik-AGB enthalten diverse Bereiche nicht, über die eine individuelle Regelung sinnvoll wäre. Die Wirksamkeit mehrerer Klauseln ist zweifelhaft bzw. nicht gegeben. Dessen ungeachtet helfen die Logistik-AGB, das Verständnis für juristische Belange beim Logistikgeschäft zu fördern. Sie sollten also als dankenswerte Sensibilisierung für die juristischen Problembereiche genutzt, aber möglichst durch einen interessengerechten und ausgehandelten Rahmenvertrag ersetzt werden.

- Logistikverträge sind ggf. eher individuell auszuhandeln. Dabei sind jeweils Herausforderungen im konkreten Fall vertieft zu durchdenken. Verallgemeinerungen, auch bei Formulierungen, sind nicht möglich. Hilfreich ist aber eine Sensibilisierung für die Komplexität.

Stichwortverzeichnis

Abgrenzung Verlust – Beschädigung 242
Ablieferungsanspruch 335
Abrechnung 924 ff.
Absichtserklärungen 622 ff.
Absoluter Revisionsgrund 288
Abtretung 12 ff., 468 f.
Abtretungsverbot 936
ADSp 9 f., 198 ff.
AGB 4, 9 ff., 606, 666, 674, 988, 1060, 1062, 1107 ff.
– mehrere 205
Aktivlegitimation 338 ff.
Allgemeine Geschäftsbedingungen siehe AGB
Allgemeines Gleichbehandlungsgesetz (AGG) 869
Allgemeine Deutsche Spediteurbedingungen (ADSp) 1065 ff.
Anderweitige Rechtshängigkeit 451 ff.
Annahmeverweigerung 334 ff.
Anscheinsbeweis 83 ff., 362
Anschlussrevision 284 ff.
Anwendbares Recht 1 ff., 280 f., 322 ff., 337, 486 f., 511 ff.
Aufrechnung 212 ff., 219 f., 471
Aufrechnung (Logistik-AGB) 1207 f.
Aufrechnungsverbot 472, 931 ff.
Ausführender Frachtführer
– Direktanspruch der Empfänger 236
Ausgangskontrollen 36
Ausgliederung 615
Ausländisches Recht 294
Auslegung 312 ff.
Ausschlussfrist (Luftfracht) 564 ff.
Ausschreibung 618, 619 ff.

Bandeisen 722
Bedarfsänderung 772 ff.
Bedienstete 327, 378 f.

Befähigungsnachweis 69
Beförderung, grenzüberschreitende 249 ff.
Beförderungsvertrag, Begriff 314 f., 328 ff.
Befrachter, Vergütungspflicht 509
Befreiung von einer Verbindlichkeit 278 f.
Beginn der Frachtführerhaftung 23
Besondere Haftungsausschlusstatbestände 367
Betriebsorganisation, mangelhafte 116 ff.
Beschädigung 146 ff.
Beschädigung des Transportgutes (CMR) 423 ff.
Betriebsübergang 815 ff.
Betriebsübergang (Logistik-AGB) 1206 ff.
Beweisantrag 272
Beweisaufnahme, im Ausland 265 f., 291
Beweislast
– des Befrachters 490 ff.
– des Empfängers (CMR) 395 f.
– des Frachtführers 26 f., 69, 80 f., 147 ff.
– des Frachtführers (CMR) 355 ff.
– des Verfrachters 490 ff.
– des Versenders 72 ff., 80 f., 154 f.
– des Versenders (CMR) 395 f.
Beweislastumkehr 39
Beweislastverteilung 951
Beweisregel des § 314 Satz 1 ZPO 282 f.
Beweiswürdigung 82
Bewusste Leichtfertigkeit 69 ff.
Bietererklärung 620
Briefbeförderung 56 ff.

Call Option 808 ff.

Carnet TIR 431
Change of Control 1092
CMR 310 ff.
CMR-Haftung 101, 110
CMR-Übersetzungen 316 f.
Container 724 ff.

Darlegungslast des Befrachters
490 ff.
Darlegungslast des Empfängers
(CMR) 395 f.
Darlegungslast des Frachtführers
26 f., 69, 80 f., 147 ff., 587
Darlegungslast des Verfrachters
490 ff.
Darlegungslast des Versenders
72 ff., 80 f., 154 f.
Darlegungslast des Versenders
(CMR) 395 f.
Dauerschuldverhältnis 654 ff., 660,
1021, 1042, 1204
Deinvestment 894
Deliktshaftung 1011 ff.
Deutsche Post AG 249 ff.
Diebstahl 559
Diebstahlsgefahr 383
Diebstahlsicherung 62 f.
Dienstvertrag 634, 1001
Direktanspruch des Empfängers
236 f., 329
Dokumentation 766 ff.
Dokumentationspflichtverletzung
64
Dokumentationsverzicht 48 ff.
Doppellegitimation 342
Drittbegünstigter 238 f.
Drittschadenliquidation 15 ff., 19,
346 ff.

EDI-Verfahren 75 ff., 134 ff.
EDV 853 ff.
EDV (Logistik-AGB) 1192 ff.
Eigentumsvermutung 88 ff.
Eingangskontrollen 36

Einheitlicher Luftbeförderungs-
vertrag 578
Einlassungsobliegenheit 28 ff.
Einlassungsobliegenheit des Spedi-
teurs/Frachtführers 28 ff.
Einnicken 69
Elektronische Datenverarbeitung
siehe EDV
Empfängerrechte 329 ff., 338 ff., 354
Empfängerrechte (CMR) 476 f.
Entladefrist 747
Entladen 738 ff., siehe auch Ladung
Erfüllungsgehilfen 199, 327, 378 f.,
833
Erfüllungsort (Logistik-AGB)
1234 ff.
Erlassvertrag 195 ff.
EuGVÜ 446 ff.
EU-Richtlinie 637
EU-Verordnung 637
Evergreen-Klausel 1077

Fahrlässigkeit 69 ff.
Fahrlässigkeit, grobe 198, 371 f.,
380 ff.
Fertigung 697 ff.
Festplatzlagerung 685
Feuerschutz 683
Fifo-Prinzip 706
Firmierung 647
First Call 808
Fixkostenspediteur 710
Fixkostenverdünnung 898
Folgeschäden 159 ff., 412, 938
Formulierungsbeispiele 603
Fourth Party Logistics (4PL) 677
Fracht 888
Frachtbrief 328 ff., 352 f., 366, 427,
475
Frachtdokumente 430
Frachtführerpfandrecht
– konnexe Forderungen 244
– inkonnexe Forderungen 246
– gutgläubiger Erwerb 247

Frachtrecht 634, 708, 720, 860,
984 f., 997, 1062
Frachtvertrag, Zustandekommen
4 ff.
Frachtzahlung 186 f.
Funktionstest, LKW 68
Führung des Schiffes 503
Führungsklausel 14
Füllmaterial 722

Gain Share 910
Gefahrgut 400, 663, 740, 743, 805
Gefahrgutverordnung 663
Gehilfenverschulden 378
Geistiges Eigentum 1153 ff.
Genehmigungen 857 ff.
Gerichtsstand 1135 ff.
Gerichtsstand (Logistik-AGB)
1234 ff.
Gerichtsstandsvereinbarung 508 ff.
Geschäftsbesorgungsvertrag 634,
756, 1001
Geschäftsbeziehung, fortgesetzte
116 ff., 124 f.
Gesellschaftsform 648
Gewillkürte Prozeßstandschaft 269
Grenzüberschreitender Straßen-
güterverkehr (CMR) 310 ff.,
siehe auch dort
Grundurteil 274
Gutachterkosten 233 ff.
Güterversicherungsbedingungen
DTV-Güter 2000 1033 ff.

Haager Regeln von 1924 481 ff.
Haftbarhaltung 178
Haftung (Logistik-AGB) 1223 ff.
– der Deutschen Post AG
249 ff.
– des Auftraggebers 1006 ff.
– des Frachtführers 12 ff., 23 ff.,
145, 150 ff., 159 ff.
– des Frachtführers (CMR) 327,
338 ff., 355 ff.
– des Kommissionärs 221 ff.

– des Luftfrachtführers 533 ff.
– des Verfrachters 498 ff., 502 ff.
– für Bedienstete
– gemäß § 559 HGB
– ggü. Dritten 1011 ff.
– Logistikunternehmer 948 ff.
– wegen Einlieferung von Ver-
botsgut 7 f.
Haftungsabwägung 145 ff.
Haftungsausschluss 364 ff., 367 ff.,
1011 ff.
Haftungsausschluss gemäß § 607
Abs. 2 Satz 1 HGB 503 ff.
Haftungsbegrenzung 550 ff.
Haftungsbegrenzung (ADSp)
198 ff.
Haftungsbegrenzung (CMR) 407
Haftungserweiterung der ADSp
592
Haftungshöchstgrenzen 857,
939 ff., 964 ff., 1058
– des Luftfrachtführers 593 f.
Haftungssaussschluss (Logistik-
AGB) 1230 ff.
Haftungszeitraum 385
Handelsvertreter 614
Handelswert 91 ff.
Hauptfrachtführer 834 ff.
Hemmung der Verjährung 177 ff.
Hilfsvorbringen 273
Hinweispflicht 105 ff.
Höhere Gewalt 1202 ff.
Huckepack-Transport 481 ff.

Identity-of-carrier-Klausel 508
Individualabrede 658, 847, 1058 ff.
Inhalt der Sendung 83 ff.
Inkasso 754 ff.
International Air Transport
Association (IATA) 1114
Internationale Abkommen 1147
Internationale Zuständigkeit
(CMR) 433 ff., 454
– Luftfracht 576 f.

Internationales Privatrecht 280 f.,
304 ff., 324, 432
Internetauftrag 11
Inventur 692 ff.
Investitionen 804 ff.
Invitatio ad offerendum 618

Kapazitätsvorhaltung 678
Kartellrecht 1076 ff.
Kastenwagen 70, 383
Kaufmännischer Geschäftsverkehr
83
Kausalität 41 f., 126 ff., 146 ff., 370
Kennenmüssen 98 f.
Kenntnis, positive 117, 124 f., 145
Kennzeichnung 733 ff.
Klageschrift 270 f.
Koffer-LKW 70
Kollisionsrecht 280
Kommissionär 221 ff.
Kommissionierung 703 ff.
Kommunikation 1127 ff.
Konnossement 508 ff.
Konsignationslager 691
Kontrahierungszwang für Deutsche
Post AG 261 ff.
Kontrollmaßnahmen 34 ff., 44 ff.
Kontrollmaßnahmen beim Umver-
packen 37
Konzern 642, 645 ff., 650
Konzernverbund 197
Kosteneinsparung 632, 654
Kundenschutzklausel, absolute 248
Kühlung 683, 712

Ladungssicherung 743
Lagerhalter 192 ff.
Lagerorganisation 32
Lagerrecht 629, 631, 663, 671 ff.,
677, 682, 688, 747, 813, 839, 850,
864, 916, 942, 956, 967, 973
Lagerschein 768
Lagerung
– chaotische 685
– dynamische 685

– Schäden 963 ff.
– statische 685
Lagervertrag 200 f., 629, 1183
Landstrecke 302
Last Bid 831
Lastenheft 761
Leichtfertigkeit 69 ff.
– bewusste 371 ff., 381
Leistungshindernisse (Logistik-
AGB) 1202 ff.
Leistungsverweigerung 278 f.
Letter of Intent 622 f., 1117
„Leute"-Begriff WA 1955 551 f.
Lex fori 589
Lieferfrist 714, 747 f., 774, 789,
988 f., 1003, 1217
Lieferfristüberschreitung 414 f.
Lieferinteresse, besonderes 427
Lieferschein 83 f.
Logistik-AGB 1062, 1107 ff.
– Abnahme/Mängelanzeige
1214 ff.
– Anwendungsbereich 1180 ff.
– Aufrechnung 1207 f.
– Auftraggeberpflichten 1198
– Auftragnehmerpflichten
1199 ff.
– Betriebsübergang 1206 ff.
– EDV 1192 ff.
– Eigentumsvorbehalt 1208 ff.
– Erfüllungsort 1234 ff.
– Gerichtsstand 1234 ff.
– Haftung 1223 ff.
– Haftungsausschluss 1230 ff.
– Leistungshindernisse 1202 ff.
– Mängelansprüche 1219 ff.
– Pfandrecht 1208 ff.
– Rechtswahl 1234 ff.
– Schlussbestimmungen 1238 ff.
– Sonderkündigungsrecht
1221 ff.
– Verjährung 1231 ff.
– Verschulden, qualifiziertes
1229 ff.
– Versicherung 1232 ff.

– Vertragsanpassung 1203 ff.
– Vertraulichkeit 1196 ff.
– Verzugsanzeige 1214 ff.
– Zurückbehaltungsrecht
1207 f., 1208 ff.
Logistikbranche 609, 630, 638 f.,
1061
Logistikvertrag 627 ff.
Luftfracht 511 ff., 542
Luftfrachtbrief 522 ff.
Luftfrachtführer 527 ff.
– Haftungserweiterung durch
ADSp 592
– Obhutshaftung 581
– Sekundäre Darlegungslast 590
Luftfrachtvertrag 520 ff.

Mahnverfahren 175 f.
Make-or-buy-Entscheidung 633
Mängelansprüche (Logistik-AGB)
1219 ff.
Mängelhaftung 782 ff.
Mindestfrachtumsatz 171
Mitverschulden 547
Mitverschulden des Versenders
95 ff., 131, 135, 139 f., 144 f.
Mitverschulden des Versenders
(CMR) 419 ff.
Montrealer Übereinkommen
511 ff.
Multimodaler Transport 296 ff.,
319 ff., 363, 533 ff., 957
Mündliche Verhandlung 282 f.

Nachnahmesendung 142 f., 397 ff.
Nationaler Straßengüterverkehr 4 ff.
Nationales Gütertransportrecht 4 ff.
Nebenintervention 268 ff.

Obhutspflichten des Frachtführers
(CMR) 348
Oberflächenbeförderung 578, 586 ff.
Obhutshaftung des Luftfracht-
führers 581 ff.
Organisationsverschulden 147 ff.

Outsourcing 795 ff., siehe auch
Betriebsübergang

Paketdienstunternehmen 43
Paletten 724 ff.
Passivlegitimation 350 f.
Personaleinsatz 860 ff.
Pfandrecht 192 ff., 244, 936 ff.
Pfandrecht (Logistik-AGB)
1208 ff.
Pflichtenheft 761 ff.
Planen-LKW 70, 383
Postgesetz 249 ff.
Postpaketübereinkommen 258 ff.
Postuniversaldienstleistungs-
verordnung 261
Präambel 651 ff.
Prima facie 83 ff.
Primärhaftungsverhältnis 181
Proof of delivery (POD) 715
Prozessstandschaft 14, 269
Prozessuale Fragen 265 ff., 349
Pufferlager 683
Put Option 808 ff.

Qualitätssicherungssysteme 770,
siehe auch Service Levels

Radio Frequency Identifaction
(RFID) 887 f.
Rahmenvertrag 653, 655, 660, 809,
1238
Rangieren 303
Raub 365 f., 382
Rechnungseinheiten 987
Rechnungsstellung 926 ff.
Rechtsform 648
Rechtswahl 280 f.
Rechtswahl (Logistik-AGB) 1234 ff.
Reifenbrand, LKW 67
Reklamation 432, 465, 466 f.
Request for Proposal 618
Request for Quotation 618
Revision 284 ff.
– eingeschränkte 276 f.

RFID-Technologie 887 f.
Rückgriffsanspruch 180
Rückgriffsschuldverhältnis 181

Salvatorische Klausel 1152
Sammelladungsspediteur, Beendigung
   der Frachtführerhaftung 183
Sammelladungsspedition 710
Sammellager 688
Schaden
  – ungewöhnlich hoher 105 ff.,
    111 ff.
  – unvermeidbarer 364 ff.
Schadensanzeige 560 ff.
Schadensberechnung, bei Verlust
   401 ff., 417 f.
Schadensersatz aus abgetretenem
   Recht 12 ff.
Schadensgeneigtheit 713
Schadensnachweis 72 ff.
Schadensquote 61, 123
Schadensrecherchen 65
Schadensverdacht 157 f.
Schiedsklausel 1130 ff.
Schlechterfüllung speditioneller
   Nebenpflichten 229
Schnittstellenkontrollen 45 ff., 931,
   966
Schnittstellenkontrollen, Entbehr-
   lichkeit 53 ff.
Schnittstellenkontrollen, Verzicht
   48 ff.
Schockdetektoren 722
Schriftform 1158
Schriftliche Reklamation 178
Schrumpffolie 722
Seefrachtrecht 486 ff.
Seefrachtvertrag 299 ff., 486 ff.
Seestrecke, Ende 299 ff., 489
Seetüchtigkeit 498 ff.
Seetypische Gefahr 485
Sekundäre Darlegungslast
  – des Landfrachtführers 23 ff., 38
  – des Luftfrachtführers 590
  – des Verfrachters 490 ff.

Seetypische Gefahr 485
Sekundäre Darlegungslast
  – des Landfrachtführers 23 ff.,
    38
  – des Luftfrachtführers 590
  – des Verfrachters 490 ff.
Service Level 782 ff.
Sicherheitsmaßnahmen 34 f.
Sicherheitsmaßnahmen beim
   Umverpacken 37
Sicherungsabrede 204
Sicherungsabtretung 202 ff.
Sittenwidrigkeit 1080
Softwarelizenzen 854
Sonderkündigungsrecht (Logistik-
   AGB) 1221 ff.
Sorgfaltspflichten
  – des Frachtführers 44 ff.
  – des Frachtführers (CMR) 348,
    355 ff., 382 ff.
  – des Lagerhalters 200 f.
  – des Versenders 98 ff., 105 ff.,
    116 ff.
  – des Versenders (CMR) 419 ff.
Spediteur siehe Frachtführer
Speditioneller Nachlauf 184
Speditionsrecht 631, 916, 942, 957,
   970 f., 873 f., 1048 f., 1203
Speditionsvertrag 9 ff.
Standgeld 188 ff., 240 ff.
Standzeiten 240
Stapelvorschriften 683
Streitgegenstand 284
Streitverkündung 267
Subunternehmer 833 ff.

Tatsacheninstanz 282 f.
Teilkündigung 873 f., 1048 f., 1203
Teilregulierung 80 f.
Teilstrecke 299 ff.
Teilstreckenrecht, hypothetisches
   306
Temperaturvorgaben 683,
   siehe auch Kühlung
Third Party Logistics (3PL) 677

TIR-Übereinkommen 431
Tracking & Tracing 666, 832, 856
Transport 708 ff.
– Schäden 979 ff., siehe auch
Schaden
Transportausschlussklausel 479
Transportcontainer 87
Transportgut, Übergabe 75 ff.,
137 f.
Transportrechtsreformgesetz
(TRG) 1 ff., 165 ff., 635, 967
Transportsystem 136
Transportträgertypische Gefahr 481
Transportversicherer, Aktiv-
legitimatio 12 ff.
Transportversicherung 354
Treuhandverhältnis 219 f.

Übergangsregelung 165 ff.
Überladung 729
Übermüdung 69
Übernahmequittung 73 ff.
Umladen 713
Umpackung 722
Umstrukturierung 648, 801 f.
Umverpacken 37
Umweltschäden 1013
Ungewöhnlich hoher Schaden
123 ff.
Unterfrachtführer 834 ff.
– Direktanspruch des Empfängers
236 f., 329
Unterfrachtvertrag 18, 188 ff.,
330 ff.
Unterfrachtvertrag (CMR) 473 ff.
Unternehmenskauf 648, 802 f.
Unternehmenstransaktion 603, 850
Ursachenzusammenhang 231
Urteilstatbestand 282 f.

Verbotsgut 4, 6, 145
Verderbliche Güter 663
Verfrachterhaftung 492 ff.
Vergabe 613, 621, 697, 808, 875,
971, 1206

Vergütung 899 ff.
Verhandlungsposition 625, 1069
Verjährung 165 ff., 276 f., 532
– außervertragliche Ansprüche
171
– Beginn 180
– Hemmung 177 ff.
– schriftliche Reklamation 178
– Textform 178
– vertragliche Ansprüche 171,
172 f.
Verjährung (Logistik-AGB) 1231 ff.
Verjährungsfrist (CMR) 458 ff.
Verjährungsfristverkürzung 167
Verjährungsfristverlängerung
168 ff.
Verjährungshemmung 172 ff.
Verjährungshemmung (CMR) 465
Verjährungsunterbrechung 175 f.
Verladefehler 368 f., 747
Verladepflicht des Frachtführers
223 ff.
Verladepflicht, Übernahme 223 ff.
Verlader 640, 1032
Verladung 302, 738 ff.
Verladungsfehler 150 ff.
Verlust des Transportgutes 142,
364, 366, 370
Verlust des Transportgutes (CMR)
389 ff.
Verlust, teilweiser 413
Verlustfiktion 394
Vermischung 688
Vermögensschäden 933, 944, 964,
999, 1206
Verpackung 720 ff., siehe auch
Umpackung
Verpackung des Spediteurs 226
Verpackungspflicht 226 ff.
Versandliste 144
Versandverfahren 136
Verschulden 69 ff., 145 ff., 371 ff.,
siehe auch Mitverschulden
– nautisches 502, 507
– qualifiziertes 102 f.

– qualifiziertes (Logistik-AGB) 1229 ff.
– vermutetes 499
Verschulden bei Vertragsschluss 7
Verschulden des Frachtführers 198 ff.
Verschuldensquote 145 ff.
Versicherung 1027 ff.
Versicherung (Logistik-AGB) 1232 ff.
Vertrag siehe auch Logistik-AGB
– Änderung 1157, 1148 ff.
– Ergänzung 1157 ff.
– Exklusivität 824 ff.
– Geltungsbereich 656 ff.
– Kündigung 1034 ff., 1082 ff.
– Laufzeit 1069 ff.
– Leistungskontrollen 875 ff.
– Leistungsumfang 669 ff.
– Lücke 1153
– Probephase 1087
– Rechtswahl 1145 ff.
– Rückabwicklung 1097 ff.
– Transportgut 666 ff., 952
– Überleitung 795 ff.
– Unterzeichnung 1161
– Verlängerungsoption 1086
– Zusammenhang 1118 ff.
Vertragsanbahnung 617 ff.
Vertragsanpassung 894 ff.
Vertragsbedingungen für den Güter-
kraftverkehrs- und Logistikunter-
nehmer (VBGL) 1113
Vertragsparteien 197, 644 ff.
Vertragsschluss, Vorüberlegungen 610 ff.
Vertragsstatut 304
Vertragsstrafe 1020 ff.
Vertragstypen 631, 634, 916, 973, 1007
Vertraulichkeit 848 ff.
Vertraulichkeit (Logistik-AGB) 1196 ff.
Vertretbare Sachen 94

Vertretungsmacht 646, 1129, 1163 f.
Vertriebsstruktur 614
Verwiegen 731 ff.
Verzögerungsschaden 208
Verzug 414 f.
Verzugsanzeige (Logistik-AGB) 1214 ff.
Videoüberwachung 683
Vorlagerung des Gutes 25
Vorrangregelung 1103 ff.
Vorsatz 198
Vorvertrag 622, 1117

Währung 986
Warnhinweise 733
Warschauer Abkommen 520 ff., 530 f.
Weisungen 352 f., 842 ff.
Weltpostvertrag 249 ff.
Werbemaßnahmen 870 ff.
Werkschutz 866
Werkvertrag 631, 688, 706, 916, 968, 1218
Wert des Frachtgutes 548 f.
Wert der Sendung 83 ff., 91 ff.
Wertdeklaration 96 f., 126 ff.
– unterlassene 96 ff.
Wettbewerbsvereinbarungen 890 ff.
Wiederbeschaffungswert 94, 549
Wiegesystem 731

Zeitpunkt für Hinweis auf hohe Schadensgefahr 109
Zinsen 428 f.
Zollamtliche Abwicklung 748 ff.
Zubringerdienst 586
Zurückbehaltungsrecht 757, 936 ff.
Zurückbehaltungsrecht (Logistik-AGB) 1207 ff.
Zurufgeschäft 652, 1143, 1154, 1174
Zusatzprotokoll Nr. 4 577
Zusatzvergütung 206